General Finance Series

通用财经类系列

投资银行学

（第二版）

⊙ 常 巍　赵玉娟　主编

复旦大学出版社

内容提要

证券化是当今金融领域发展的基本趋势和方向。作为证券业的核心机构，投资银行在整个金融体系和金融市场中的重要地位日益显现。本书从投资银行的本质和功能入手，系统阐述了投资银行的承销和交易等本源业务，项目融资、兼并收购、资产证券化、风险投资、基金管理和量化投资等重点业务，投资银行的国际化、网络化趋势及其内部控制与外部监管。

本书既可作为高等院校财经类各专业学生学习投资银行学的教材，又可作为广大金融工作者掌握与从事投资银行业务的参考读本。

第二版前言

现代意义上的投资银行的发展已经有了一百多年的历史。随着全球资产证券化程度的提高,直接融资比例的逐年增长,投资银行的发展日新月异。数字化和金融科技更是带来投资银行业颠覆性的变革,我国135家券商面临着转型和改变。

2012年,我国证券市场改革的重心着眼于证券发行制度改革、退市制度和分红制度建设。2013年,全国中小企业股份转让系统正式运行,境内符合条件的股份公司都可申请在全国股转系统挂牌。同年,时隔18年后的国债期货正式在中国金融期货交易所上市交易。同时,明确了IPO重启的时间,新的退市制度也正式运行。2014年,沪港通正式推出,加速中国资本市场改革,也是人民币国际化的重要里程碑。农业银行首发优先股,用于补偿一级资本。新三板确定实施做市转让方式。2015年,上海证券交易所开展股票期权交易试点。2016年,我国上市公司数量突破3 000家,新三板挂牌公司总数达到10 000家,并实施分层管理。深港通启动,沪深港三地证券市场实现互联互通。2017年,实现新股发行常态化,主板发审委与创业板发审委合并。6月21日,A股纳入MSCI新兴市场指数和全球基准指数。2018年,原油期货上市。CDR试点意见发布,银行间市场推出债券指数产品。2019年,科创板正式开板,注册制扬帆起航。取消QFII和RQFII投资额度限制。A股纳入富时罗素全球指数和标普新兴市场指数。沪伦通开通。2020年,新《证券法》正式实施。创业板注册制启动,科创50指数发布,退市机制进入常态化,新三板板内分层制度继续推进。

国际经济金融形势更是发生了颠覆性的变化,次贷危机爆发后,美国股市虽受重创,并受主权债务危机影响出现震荡。2014年美国联邦公开市场委员会停止资产购买计划,这意味着实施六年的量化宽松政策结束。2016年英国脱欧公投带来国际金融市场新的不确定性。2020年,新冠疫情使全球经济蒙上了阴影。

本教材就是在这样的国内外背景下,展开了第二版的修订工作,增补了新的相关内容和资料。修订后的第二版,从内容到结构上,都更加充实和完整。本次修订的主要内容包括以下几个方面:

一、对第一版中的错误和不妥之处进行纠正和修改,尽可能将疏漏降至最低。

二、对相关规定和条例进行更新,补充能够收集到的最新数据。

三、增加了资产管理业务、量化投资业务、财务顾问、研发与咨询四个章节内容。

四、每章后附拓展阅读或案例分析。

第二版修订工作由苏州大学商学院常巍和赵玉娟两位老师完成,各篇章修改分工如下:第一、二、五、六、九、十、十一、十二章,常巍;第三、四、七、八、十三、十四、十五、十六章,赵玉娟。在写作过程中相互之间进行了交叉修改,全书由常巍负责总撰和定稿。

在本次修订过程中,继续得到了苏州大学商学院、复旦大学出版社有关领导和专家的帮助与支持,在此表示衷心的感谢。当然,本书还可能存在不足和疏漏之处,恳请广大读者给予批评指正,并提出宝贵意见和建议。

常　巍

前　言

证券化是当今国际金融领域发展的基本方向与基本趋势。投资银行作为证券业的核心金融机构,不仅是现代金融体系的一个主要组成部分,也是证券市场的灵魂、连接宏观经济调控与微观主体行为的枢纽。世界各国投资银行运作与发展的实践证明,投资银行具有提供金融中介服务、推动证券市场发展、提高资源配置效率等功能和作用。

20世纪70年代以来,随着世界经济格局的调整、跨国公司的兴起、科学技术的进步,国际金融领域产生的意义深远的变革包括金融与产业资本的融合与集中;金融产品的创新;金融管制的放宽;金融业务的融合;金融的国际化、自由化与证券化趋势;等等。与此同时,投资银行的经营范围与运作功能大力拓展,逐步形成了现代投资银行的传统业务与新型业务相互支持、相互融合、共同拓展的新趋势。

《投资银行学》一书力求从理论与实践两个方面,全面系统地论述与介绍投资银行的内涵、发展趋势、业务运作与监管。本书的特色主要体现在:

1. 全面性

外部环境的变化与内在动力的驱动,现代投资银行跳出了证券承销与证券经纪的狭窄业务框架,跻身于金融业务的多样化、证券化、国际化与创新之中。本书全面论述了投资银行的证券发行业务、证券交易业务、金融衍生产品业务、项目融资业务、兼并收购业务、资产证券化业务、风险投资业务、基金管理业务、投资咨询业务、国际业务、网上业务、营销业务,基本涵盖了现代投资银行的主要业务种类。

2. 实践性

本书在撰写过程中参考、总结与借鉴国外著名投资银行的操作惯例与实践经验,使读者不仅能够充分了解投资银行的基本理论知识,更能深入地了解现代投资银行业务运作的实践。

3. 新颖性

现代投资银行是集动态竞争与适应调整为一体的新型行业。本书注意把握投资银行适应世界经济、金融、科技发展的趋势特征,全面阐述影响现代投资银行变革的因素,投资银行业务与监管的最新发展动向。

本书共分三部分16章。第一部分是投资银行的概论;第二部分是投资银行的业务运作,也是本书的核心;第三部分是投资银行的监管。

第一章导论。投资银行与其他金融机构一样,都是从事融资活动的中介,但两者的业务重心和功能各有侧重。本章主要阐述投资银行的本质及主要功能。

第二章投资银行发展。在西方国家经历了几百年发展的投资银行,由于当代外部环境的变化和内在动力的驱使得以迅速发展,显示其强有力的持续的竞争力。本章主要阐述国际投资银行的发展与趋势,我国投资银行的发展与完善。

第三章证券发行业务。证券市场是指证券发行和交易的场所，按其功能可分为发行市场和交易市场。发行市场又称一级市场，是通过发行证券进行筹资活动的市场，它是证券活动的起点。发行市场一方面为资金的需求者即发行者提供筹集资金的渠道；另一方面为资金提供者即投资者提供投资的场所，而投资银行则是发行者与投资者之间的桥梁，它通过提供发行承销服务将资金需求与供给结合起来。本章主要阐述股票和债券发行业务。

第四章证券交易业务。证券交易市场又称二级市场，是指已发行证券进行买卖与转让的市场。在证券交易市场上，证券可以不断地进行买卖交易，因此该市场一方面为证券持有者提供了变现通道；另一方面为证券投资者提供了投资机会。证券交易市场又是发行市场得以生存和发展的条件，一方面证券交易市场创造"流动性"功能，给以发行市场极大的支持；另一方面证券交易市场为投资银行提供市场信息，有助于其争取发行市场的承销业务。按照投资银行在证券交易业务中的角色差异，本章主要阐述投资银行的经纪业务、做市业务与自营业务。

第五章金融衍生产品业务。金融创新是20世纪70年代末以来世界金融领域发生的一场深刻变革，其中金融衍生产品创新与发展尤为引人注目。金融衍生产品是商业银行与投资银行竞争的领域，也为投资者提供了以小博大的理财工具。本章主要阐述期货、期权与互换三种衍生产品的特征，收益与风险等相关问题。

第六章项目融资业务。项目融资不同于传统的融资方式，它主要依靠项目的未来现金流量和项目本身的资产价值作为还款的资金来源，由于其所需资金量大，风险相对较大，参与方也逐渐增多。投资银行在其中主要承担融资顾问的角色，将与项目有关的政府机关、金融机构、投资者及项目发起人等紧密联系，协调律师、会计师、工程师等进行项目可行性研究，进而通过发行债券、基金、股票或拆借、拍卖、抵押贷款等形式组织项目投资所需的资金。本章主要阐述项目融资的内涵与主要当事人、项目融资的结构与方式、项目融资的风险与分担。

第七章兼并收购业务。兼并收购是投资银行核心业务之一。它被视为投资银行业中的"财力与智力"的高级结合。国际著名投资银行都有规模庞大的并购部门，部分中小型投资银行甚至以并购业务为其特色业务或专营业务。本章主要阐述兼并收购的内涵与理论基础、兼并收购业务的运作、杠杆收购的发展以及反并购的策略。

第八章资产证券化业务。证券化是20世纪70年代以来国际金融领域的主要创新之一。证券化形式可分为融资证券化和资产证券化两大类型。融资证券化是指资金筹措者通过发行证券而不是向金融机构借款的方式筹集资金，亦即金融理论中的"脱媒"或"非中介化"。资产证券化是指将缺乏流动性，但能够在将来产生稳定的、可预见的现金流收入的资产，转换成为可以在金融市场上出售与流通的证券，这类证券又称资产支持证券。本章主要阐述资产证券化的内涵与特征、资产证券化的运作机制与基本模式。

第九章风险投资业务。二战后，以美国为代表的西方国家逐步形成了较为完备的风险投资机制，而且运作效果良好。这种新兴的投资机制对一国乃至世界经济产生了重大影响，主要表现在两个方面：一是促进科技成果转化为现实生产力；二是以市场需求为导向推动科技进步。这两方面互相促进形成一个良性的循环过程。正是科学发现，企业家才能和风险投资的三大关键因素的有机结合推动了新兴产业的产生与发展，并导致社会变革。本章主要阐述风险投资的内涵、特点与功能，风险投资的活动主体与投资过程。

第十章基金管理业务。投资银行在基金的运作过程中，发挥着越来越重要的作用。首先，投资银行可以作为基金的发起人,发起和设立基金;其次,投资银行可作为基金管理者管理基金;第三,投资银行可以作为基金的承销人,帮助基金发行人向投资者发售投资基金。本章主要阐述投资基金的内涵与发起设立、基金投资方针与政策的制定、投资组合的构建与调整、基金管理的业绩评价。

第十一章投资咨询业务。21世纪投资银行的主攻方向之一是投资咨询与顾问。作为投资银行业务延伸的切入点,咨询服务所串连成的诸如企业的资产重组、兼并收购、新股发行、债券发行等"业务链",给予投资银行一个极为广阔的市场,形成一个潜在的利润增长点,并带来巨大的无形收益,诸如投资银行的品牌、实力、声誉等等。本章主要阐述投资银行咨询业务运作及管理。

第十二章国际业务。现代投资银行的业务种类已从传统的证券承销、自营和经纪业务扩展到包括企业并购、重组、资产管理、基金管理、金融衍生产品交易等更广泛的范畴,成为资本市场上重要的金融中介。随着经济全球化、金融国际化和金融自由化时代的到来,投资银行也逐渐走上了全球化道路,国际业务日益受到重视,并成为众多投资银行新的利润增长点。本章主要阐述投资银行国际业务的种类、国外投资银行拓展国际业务的经验。

第十三章网上业务。因特网改变了传统金融业的发展步伐。作为金融业中最为活跃、逐利性最强的金融机构,投资银行自然不会忽视运用因特网来达到降低运行成本、提高运行效率、增加获利能力的目的。本章主要阐述证券的网上发行业务、网上交易业务和网上结算业务。

第十四章营销业务。根据我国所作出的入世承诺,国内投资银行机构将在不久的将来与世界知名的投资银行产生正面的交手,投资银行业激烈的竞争将不可避免。如何提升投资银行的国际竞争力,加快发展投资银行营销业务将是一条必经之路。本章主要阐述投资银行营销业务的内涵与特征、营销战略管理与营销策略组合。

第十五章投资银行的内部控制。风险是投资银行业务的固有特性,与投资银行相伴而生。投资银行在经营活动中会涉及各种各样的风险,如何恰当而有效地识别、评价、检测和控制每一种风险,对其经营业绩和长期发展关系重大。本章主要分析投资银行面临的各种风险、并探讨投资银行作为风险内部控制主体如何来应对这些风险。

第十六章投资银行的外部监管。金融监管是保证一国金融和经济体制安全稳定,保障国民经济健康发展的重要手段。由于投资银行业务面广,业务风险大,主要业务领域又是在居国民经济核心地位的证券市场,因而对其监管就显得特别重要。本章主要阐述金融监管、投资银行管理体制、投资银行的资格管理、投资银行的业务管理和投资银行保险制度。

本书的具体分工如下:贝政新,第一章、第三章、第四章、第五章、第七章、第八章、第九章;常巍,第六章、第十章、第十二章、第十四章;冯恂,第二章、第十一章、第十五章、第十六章;薛誉华,第十三章。全书由贝政新提出撰写思路与大纲,并总纂定稿。

在本书撰写过程中,我们参阅了国内外大量文献,吸收专家们的最新研究成果;得到了苏州大学财经学院、复旦大学出版社有关领导与专家的指导与帮助,在此一并表示衷心的感谢。由于作者专业水平有限,加之研究撰写时间较短,疏漏之处,还望读者给予指正。

作　者

2003年3月

目 录

第一章 导论 ... 1
第一节 投资银行的本质 ... 1
第二节 投资银行的功能 ... 4
第三节 投资银行在我国经济发展中的作用 ... 6
第四节 国际投资银行的发展与趋势 ... 7
第五节 我国投资银行的发展与完善 ... 11
拓展阅读 ... 16
复习思考题 ... 17

第二章 证券发行业务 ... 18
第一节 证券发行业务概述 ... 18
第二节 股票发行与企业上市 ... 21
第三节 债券的发行业务 ... 30
第四节 各类债券的发行与承销 ... 34
拓展阅读 ... 40
复习思考题 ... 41

第三章 证券交易业务 ... 42
第一节 证券交易业务概述 ... 42
第二节 证券经纪业务 ... 48
第三节 证券做市业务 ... 59
第四节 证券自营业务 ... 63
拓展阅读 ... 66
复习思考题 ... 67

第四章 金融衍生产品业务 ... 69
第一节 金融衍生产品概述 ... 69
第二节 金融期货 ... 72
第三节 金融期权 ... 78
第四节 金融互换 ... 82
拓展阅读 ... 86
复习思考题 ... 89

第五章 项目融资业务 ... 90
第一节 项目融资业务概述 ... 90

  第二节 项目融资的结构和方式·· 94
  第三节 项目融资的风险及分担·· 103
  拓展阅读··· 108
  复习思考题·· 110

第六章 兼并收购业务·· 111
  第一节 兼并收购业务概述··· 111
  第二节 兼并收购的运作·· 117
  第三节 杠杆收购·· 122
  第四节 反收购策略·· 125
  拓展阅读··· 128
  复习思考题··· 130

第七章 资产证券化业务·· 131
  第一节 资产证券化业务概述··· 131
  第二节 资产证券化业务的运作·· 136
  第三节 资产证券化的基本模式·· 141
  拓展阅读·· 144
  复习思考题·· 145

第八章 风险投资业务·· 146
  第一节 风险投资概述·· 146
  第二节 风险投资的活动主体·· 149
  第三节 风险投资的投资过程·· 155
  拓展阅读·· 162
  复习思考题·· 163

第九章 基金管理业务·· 164
  第一节 投资基金概述·· 164
  第二节 投资方针和政策的制定·· 168
  第三节 投资组合的构建与调整·· 170
  第四节 基金管理的业绩评价·· 175
  拓展阅读·· 179
  复习思考题·· 183

第十章 资产管理业务·· 185
  第一节 资产管理业务概述·· 185
  第二节 资产管理业务的运作·· 189
  第三节 对冲基金·· 196
  拓展阅读·· 199
  复习思考题·· 201

第十一章 量化投资业务·· 202
  第一节 量化投资业务概述·· 202

第二节　量化投资的发展概况 ··· 204
　　第三节　量化投资常用研究方法概述 ··· 208
　拓展阅读 ·· 218
　复习思考题 ··· 220

第十二章　国际业务 ·· 221
　　第一节　国际业务概述 ·· 221
　　第二节　我国投资银行国际业务的拓展 ····································· 225
　　第三节　国外投资银行拓展国际业务的经验借鉴 ························ 231
　拓展阅读 ·· 234
　复习思考题 ··· 235

第十三章　财务顾问 ·· 236
　　第一节　财务顾问业务概述 ·· 236
　　第二节　政府财务顾问业务 ·· 241
　　第三节　企业财务顾问业务 ·· 243
　　第四节　我国投资银行的财务顾问业务 ····································· 246
　拓展阅读 ·· 252
　复习思考题 ··· 255

第十四章　研发与咨询 ··· 256
　　第一节　研发业务概述 ·· 256
　　第二节　投资咨询业务 ·· 258
　　第三节　投资咨询业务管理 ·· 264
　拓展阅读 ·· 269
　复习思考题 ··· 271

第十五章　投资银行的内部控制 ··· 272
　　第一节　投资银行内部控制概述 ·· 272
　　第二节　投资银行内部控制的主要内容 ····································· 276
　　第三节　投资银行的内部控制系统构建 ····································· 279
　拓展阅读 ·· 285
　复习思考题 ··· 288

第十六章　投资银行的外部监管 ··· 289
　　第一节　金融监管概述 ·· 289
　　第二节　投资银行监管体制 ·· 291
　　第三节　投资银行资格管理 ·· 293
　　第四节　投资银行业务监管 ·· 298
　　第五节　投资银行保险制度 ·· 301
　拓展阅读 ·· 302
　复习思考题 ··· 304

主要参考文献 ·· 305

第一章 导　　论

证券化是当今国际金融领域发展的基本方向与基本趋势。作为证券业的核心金融机构，投资银行在整个金融体系与金融市场中的重要性日益显现。投资银行与商业银行一样，都是从事融资活动的中介，但两者的业务重心和功能各有侧重。本章主要阐述投资银行的本质及其主要功能，以及投资银行在国内和国际的发展动态。

第一节　投资银行的本质

研究投资银行，首先必须把握投资银行的本质与特征。

一、投资银行的含义

投资银行产生于西欧，发展于北美，全面兴起于世界各地，已经成为当今国际金融市场中的重要金融机构，发挥着不容忽视的积极作用。正是其发展历史的影响，不同国家对其的称谓各不相同，如美国称为投资银行，英国称为商人银行，日本称为证券公司等。称谓的不同在某种意义上也反映了不同国家投资银行的业务范围的差异。由于投资银行业不断出现新领域、新产品，特别是二战以后投资银行的发展更为迅速，进入20世纪90年代投资银行与商业银行业务又呈现混合发展的趋势，因此，对投资银行做科学的界定是十分困难的。

美国著名的金融投资专家罗伯特·库恩根据投资银行业务的发展和趋势，曾对投资银行下过以下四个定义：

① 最广义的定义：任何经营华尔街金融业务的银行，都可以称为投资银行，它不仅包括从事证券业务的金融机构，还包括保险公司和不动产经营公司。

② 第二广义的定义：只有经营一部分或全部资本市场业务的金融机构，才是投资银行。这里所说的资本市场是与货币市场对应的称呼，即指期限在一年以上的中长期资金市场。因此，证券包销、公司资本筹措、兼并与收购、咨询服务、基金管理、风险资本及证券私募发行等都应当属于投资银行业务，而不动产经纪、保险、抵押等则不应属于投资银行业务。

在罗伯特·库恩看来，这一定义最符合美国投资银行的现实状况，因而是目前投资银行的最佳定义。不过，他根据"以为公司服务为准"的原则指出，那些业务范围仅局限于帮助客户在二级市场上出售或买进证券的金融机构不能称作投资银行，而只能叫作"证券公司"或"证券经纪公司"。

③ 更狭义的定义：投资银行业务仅仅包括某些资本市场业务，如包销业务、兼并收购等，而基金业务、风险资本、风险管理和风险控制工具的创新等其他资本市场业务则被排除在外。

④ 最狭义的定义：投资银行仅指在一级市场上承销证券、筹集资本和在二级市场上交易

证券的金融机构。这一定义排除了当前各国投资银行所现实经营的许多业务,因而已经不合时宜。

应当指出的是,从上述四种定义的顺序倒过来看,正好反映了投资银行不同发展阶段的现实,体现出其内涵的合理性。我们认为,将投资银行定义为从事以证券的承销和交易为基础性业务,并在此基础上发展其他业务为经营范围的金融机构则更为科学,其突出了投资银行与其他金融机构的本质区别:即只要从事证券承销与交易业务,这类金融机构就是投资银行,而不论其是否还有其他业务;反之,不管一个金融机构有多少业务,只要不从事证券承销与交易业务,那它就不属投资银行范畴。

二、投资银行与其他金融机构

投资银行和其他金融机构都是金融市场的主要组织者与参与者,它们共同建立和维护这个相互依存、相互竞争的现代金融市场。当然,投资银行与其他金融机构有着千丝万缕的联系。

1. 投资银行与商业银行

在全球范围内,商业银行已经发展为资本金额最大、分支机构最多、业务范围最广、影响最深远的金融百货公司。概括而言,商业银行的业务基本上可以归纳为:①负债业务即商业银行以自有资本为基础吸收外来资金的业务,主要由存款与借款两部分组成,其中最本源的是存款业务。②资产业务即商业银行运用自有资本和负债以获取收益的业务活动,主要由贷款与投资两部分组成,其中最本源的是贷款业务。资产业务和负债业务的基本情况可以在商业银行的资产负债表上反映出来,因而又称之为表内业务。③表外业务即商业银行在表内业务的基础上,利用其资金、信息、信誉、人才、技术等优势发展起来的其他金融服务业务,如结算业务、融资租赁业务、信托业务、信用卡业务、贸易融通类业务、信用保证业务、金融衍生产品交易等等。可见,存贷业务是商业银行业务的本源和实质,其他业务则是在其基础上的衍生和发展。

投资银行虽然其业务领域极为广泛、业务活动极为复杂,但正如库恩的第四定义所指出,投资银行最本源的业务是证券承销与交易业务,其他任何投资银行业务诸如基金管理、兼并收购、咨询服务等都是在其基础上的衍生与发展。

正是由于本源和实质的不同,投资银行与商业银行之间存在着明显的区别,如表1-1所示:

表1-1 投资银行与商业银行的区别

	投资银行	商业银行
本源业务	证券承销与交易	存款与贷款
功能	直接融资,且侧重中长期融资	间接融资,且侧重短期融资
利润主要来源	佣金	存贷利差
经营方针与原则	在控制风险的前提下注重开拓	坚持安全性、收益性与流动性结合的稳健原则
宏观管理	证管部门、自律组织与证交所多层次管理	中央银行
保险制度	投资银行保险制度	存款保险制度

同时，投资银行与商业银行在许多业务领域存在着竞争，主要表现在：①商业银行通过信托业务提供经纪服务，与投资银行竞争；②商业银行为商业票据与国债进行承销，与投资银行竞争；③商业银行的咨询业务，尤其是针对兼并与收购的财务顾问服务，是投资银行竞争的强大对手；等等。

当今，投资银行与商业银行的界限也越来越不明显，主要表现为：①在国际金融市场及金融创新领域，投资银行与商业银行业务已无差别，如金融衍生产品的交易等。②在实行全能银行制的国家中，投资银行与商业银行合为一体。③金融集团（或金融控股公司）这一组织形式的发展已呈趋势，投资银行与商业银行业务进一步混合。

2．投资银行与其他非银行金融机构

随着金融产品的创新与发展，新金融市场的开拓与金融管制的放松，各类金融机构的业务呈趋同倾向。投资银行与其他非银行金融机构的竞争日益加剧的同时，双方的相互合作、相互配合的趋势正进一步呈现。

（1）投资银行与保险公司。保险公司是非常重要的非银行金融机构，随着保险市场的发展与新品种保险的推出，其掌握的资金数量越来越巨大，投资银行可以通过与保险公司的密切合作来提高双方的经营业绩。投资银行与保险公司的竞争合作主要表现为：①投资银行作为保险公司的财务顾问，可以为其提供投资运作、投资策略、调整投资组合、控制市场风险的建议；②投资银行可以代理、帮助保险公司进行证券买卖；③投资银行承销的证券尤其是私募发行证券中很大一部分由保险公司购买；④投资银行在兼并与收购融资中，需要保险公司提供资金的支持；⑤投资银行在发起组织基金时，与保险公司存在着竞争；⑥有些投资银行已经与保险公司合并，借此提供更广泛的金融服务。

（2）投资银行与养老基金。养老基金是社会保障基金的主体，随着经济发展与人民生活水平的提高、社会保障制度的完善，养老基金掌握金融资产总量越来越大。投资银行必须与养老基金谋求合作，相互促进，共同发展。投资银行与养老基金的合作关系主要表现为：①投资银行作为养老基金的财务顾问，可以为其提供投资运作、投资策略、调整投资组合、控制市场风险的建议；②投资银行可以代理、帮助养老基金进行证券买卖；③养老基金是投资银行承销证券的购买者之一。

（3）投资银行与投资基金。投资基金是指由投资公司将广大投资者的资金筹集起来，在专家管理与运作下，分散投资于证券市场或货币市场的多样化金融资产的一种投资组织形式。投资基金具有多样化投资组合，分散风险提高收益；专家经营管理，避免盲目性和降低错误的概率；流动性高，变现性好；品种多样，选择余地大等特征，适合于各类投资者的投资，因此其在金融市场上的影响越来越大。投资银行与投资基金的合作关系主要表现为：①投资银行可以代理帮助投资基金进行证券买卖。②投资银行可以发起基金管理公司参与基金的运作管理。③投资银行可以代理客户管理基金份额。

三、投资银行与金融市场

投资银行是现代经济中最活跃的力量之一，它参与了所有种类的金融市场，并在多种金融市场上具有举足轻重的作用。投资银行与不同种类金融市场的关系，如表1-2所示：

表 1-2　投资银行与不同种类金融市场的关系

金融市场的种类	与投资银行的关系
货币市场	① 投资银行设立专业投资基金，投资货币市场 ② 投资银行购买短期证券以满足其证券投资组合对流动性的需要 ③ 投资银行是商业票据的承销商
债券市场	① 投资银行进行债券承销，代客买卖债券，并作为客户的顾问向其提供投资债券的建议 ② 投资银行设立债券基金投资债券市场 ③ 投资银行根据其投资组合的要求买卖债券 ④ 投资银行通过发行垃圾债券（高收益债券）帮助客户从事兼并与收购
股票市场	① 投资银行进行股票承销，代客买卖股票，并作为客户的顾问向其提供投资股票的建议 ② 投资银行根据其投资组合的要求买卖股票
期货与期权市场	① 投资银行作为客户的顾问，建议其如何利用期货与期权工具进行套期保值防范风险 ② 投资银行作为经纪人帮助客户进行期货与期权交易 ③ 投资银行根据其投资组合的要求进行期货与期权交易
抵押市场	① 投资银行通过资产证券化业务，使金融机构的抵押资产证券化
借贷市场	① 投资银行承销某些由发行者资产作为抵押的证券 ② 这是商业银行的传统业务领域，但投资银行正在进入这一市场

第二节　投资银行的功能

按照系统论的观点，现代市场经济运行体系在纵向上可分为 3 个层次：最高层是政府的宏观调控，其主要职能是维护社会、经济秩序，为微观经济主体运作提供良好的环境；最基层是以一般商品与劳务为运作对象的企业；在两者之间存在着一个极为复杂庞大而又具有活力的中间层，承担着收集、分析、处理信息，寻找商业机会，配置社会资源的职能。投资银行正是这一中间层次的重要组成部分，在市场经济运行中发挥着其特有的功能。从世界各国投资银行运作及其效果的分析，投资银行的功能主要体现在以下几个方面。

一、提供金融中介服务

投资银行是资本市场的枢纽，作为资金供需双方的中介机构，其一方面可以向资金供给者即投资者推荐资金需求方即发行者发行的股票与债券，另一方面可以为投资者提供适合的投资机会，发挥咨询、策划与操作的中介作用。但是投资银行并不介入投资者与发行者之间的权利与义务之中，投资者与发行者互相交易其拥有的权利及承担相应的义务，这种融资方式称为直接融资。而商业银行对于资金需求方来说是资金供给方；对于资金供给方来说又是资金需求方。因此，事实上的资金需求方与资金供给方并不相互承担任何的权利与义务，彼此间不存在契约的直接约束。资金供需双方都与商业银行发生关系，因而是一种间接信用关系，这种融资方式称为间接融资。

商业银行必须保持其资产的安全性、收益性与流动性的统一。因而对贷款的质量与期限有很高的要求。尤其在 20 世纪 40 年代以前，在真实票据论、转换理论等商业银行经营管理理论的影响下,商业银行仅向客户提供短期贷款。即使是20世纪中后期预期收入理论、负债管理理论占据主流,商业银行普遍开始对资产与负债进行比例管理,以中长期负债来支持中长期信贷,但其在中长期资金市场上所占的份额仍然十分有限。而对于中长期资金需求方来说,通过投资银行发行债券与股票所获得资金具有长期性与稳定性的特征,并且发行手段、发行时间、证券种类、期限等可以灵活选择,甚至证券的回报可与企业经营状况联系,这些都是商业银行贷款所不能比拟的。

因此,商业银行是侧重于短期资金的间接融资;而投资银行则是侧重于中长期资金的直接融资。双方以不同的方式与侧重提供金融中介服务。

二、推动证券市场发展

证券市场是市场体系重要的组成部分。证券市场由证券发行者、证券投资者、市场监管者以及中介机构四个主体构成,其中投资银行作为中介机构的核心,起着联系着不同市场主体、推进证券市场发展的作用。

从证券发行市场分析。证券发行是一项极为复杂的工作,证券发行者必须准备各种资料,提供各种技术条件,办理复杂的手续,进行大量的宣传活动,因此仅仅依靠自身的力量往往事倍功半。所以,证券发行一般需要投资银行的专业服务方能顺利完成。投资银行在证券发行方面的专业服务包括:咨询、承销、分销、代销以及私募等。可见,没有投资银行的专业服务,就不可能有高效的证券发行市场。

从证券交易市场分析。在证券交易市场上投资银行扮演着做市商、经纪商与自营商的角色,起着重要作用:①维持价格。证券承销完毕后的一段时间内,投资银行以做市商的身份维持其所承销证券上市后的价格相对稳定。②接受委托。在证券交易过程中,投资银行以经纪商的身份接受客户委托,进行证券买卖,提高交易效率、保障交易活动的顺利进行。③价格发现。投资银行以自营商的身份进入证券交易市场,收集与处理市场信息,预期市场趋势,吞吐大量证券,既发挥了价格发现的职能,又保障了证券价格的连续性和稳定性。

从金融产品创新分析。投资银行是金融领域内最少保守的开拓型机构,它们推陈出新,从事金融产品的创新,开拓新的业务领域。金融创新产品的推出不仅活跃了包括证券市场在内的各类金融市场,也为投资银行有效控制风险、保障收益的稳定提供了多样化的操作工具。

从证券市场运行效率分析。投资银行通过代理发放债息、股息、红利,偿还本金等业务,在一定程度上降低了投资者与证券发行者的有关成本,提高了证券市场运行效率。同时,投资银行通过收集、处理有关资料,提供咨询;介入交易,推动了证券信息的传播,便利投资者与发行者做出正确投融资决策,提高了证券市场的有效性。

三、提高资源配置效率

提高资源配置效率,是一国经济发展的关键。投资银行在资源配置方面起着重要的作用。

投资银行的金融中介作用,使资金余缺得到充分协调。其一方面使能获取高收益的企业通过发行证券获得发展所需的资金,另一方面为资金供给方提供能获取更高收益的途径,从而提高了整个社会的经济效率,促进了资源的优化配置。

投资银行的发展便利了政府债券的发行,使政府可以获得足够的资金用于提供公共产品,加强基础设施建设,从而为社会的稳定与经济的发展奠定基础。同时,政府还可以通过买卖政府债券的方式,调节货币供应量,保证社会经济的稳定发展。

投资银行帮助企业发行股票、债券,使企业经营管理置于广大股东和债权人的监督之下,有利于建立有效的激励机制与约束机制以及产权明晰的企业制度,从而推动企业的发展。

投资银行的兼并收购业务推动了劣势企业被兼并或被收购,壮大了优势企业的实力,实现了规模经济,从而促进了产业结构的合理调整。

投资银行的风险基金管理业务有利于尚处创建阶段,经营风险很大的高新技术企业获得发展资金的支持,从而推动了产业的升级换代和经济结构的进步。

第三节 投资银行在我国经济发展中的作用

我国经济体制改革的目标是建立社会主义市场经济体制,因而我国投资银行具有市场经济国家投资银行所共有的特征:即提供金融中介服务,推动证券市场发展和提高资源配置效率。但是,我国现阶段还没有建立起完全的市场经济体制,我国投资银行还须在经济发展与经济改革中发挥其特有的作用。

一、完善企业治理结构

企业治理结构从内部而言,需要建立股东大会、董事会、监事会、聘请经理层,采用"用手投票"机制形成所有者对经营者的激励与约束;从外部而言,需要股权的交易流动即采用"用脚投票"机制形成市场对经营者的评价与约束。因此,完善企业治理结构要求企业形成多元投资主体即股权的分散化,以及股权的流动性配合。通过投资银行运作为企业股票发行上市、交易流动服务,有利于企业股权的分散化,提高企业股权的流动性,推动企业治理结构的完善。

二、实施国有经济的战略性调整

实施国有经济"有所为有所不为"的战略性调整,要求国有经济从一般的竞争性行业逐步退出,同时加大对社会公共产品领域与国有经济战略发展产业的投入。投资银行通过提供资产评估、企业定价、交易沟通等中介服务,可以为国有经济的战略性调整,进而为优化产业结构做出贡献。

三、推动企业集团化的发展

我国经济要走向国际化、中国企业要同国际跨国公司竞争,必须按照现代化大生产与现代企业制度要求形成一批实力雄厚、活力旺盛、能够发挥规模经济优势、具有强大创新能力的大型企业集团。但是企业集团如果以政府推动、行政手段来构建,以原有国有企业低效率模式来经营,即使其规模再大,也缺乏竞争能力和创新能力。以投资银行为中介,通过市场推动上市公司的资本经营,才能真正创建高效率的企业集团。事实上,我国的部分上市公司在投资银行筹划下,开始建立企业系,通过控股、参股、分拆、收购、兼并、托管等手段,控制多家上市与非上市企业,实现了小资本带动大资本的目标。

四、促进高新技术产业发展

21世纪是高新技术产业迅速发展的知识经济时代。但是处于创建阶段的高新技术企业往往受到融资困难的制约。商业银行因为风险和收益的非均衡性,不愿向高风险的初创企业贷款。投资银行可以从以下两个方面参与高新技术企业的融资:一是参与风险资本的筹资与运行,向高新技术企业进行股权投资;二是推荐成功的高新技术企业上市筹资。目前我国正在筹建的创业板市场,就是为创新型的中小高新技术企业上市服务的场所。

第四节 国际投资银行的发展与趋势

在西方国家经历了几百年发展的投资银行,在当代由于外部环境的变化以及证券市场融资的增长得以迅速发展,资本实力大为增强,显示其强有力的持续的竞争力。本章主要阐述国际投资银行的发展与趋势,我国投资银行的发展与完善。

投资银行业产生于商品经济最早得到发展的欧洲,于19世纪传入美国并在美国得到迅速的发展。

一、国际投资银行的发展历程

限于篇幅,以下概要介绍美国投资银行的发展历程。

1. 1929年大萧条前的投资银行

在美国内战前,许多投资银行业务是由私人银行家经营的,主要是为政府和基础设施建设筹措资金。内战期间,政府大量筹集资金的需求,使投资银行功能与作用日益增强。内战之后,由于迅速发展的基础设施建设需要筹措资金,工业企业的形成与发展,对投资银行的服务需求日益增大,投资银行的声望与影响进一步提高。第一次世界大战之初,投资银行帮助协约国在当时中立的美国发行债券20多亿美元。美国参战后,投资银行积极参与和领导了"自由"债务运动,"胜利"债务运动,同时还为生产战争物资的私营公司销售证券。这一过程不仅使投资银行发展壮大,而且投资于证券获利的示范效应吸引了大量投资者,从而激发了第一次世界大战后至1929年大萧条之前的证券市场日益繁荣与膨胀。

1929年之前是投资银行迅速成长的时期,主要有以下因素起着突出的推动作用。

(1) 股份公司的兴起与发展。股份公司是在16、17世纪随着西欧各国海外贸易与殖民扩张的兴起而兴起,在18、19世纪逐步完善与发展。股份公司的产生与发展需要发行股票来筹集资金,这使投资银行作为企业与社会公众之间的资金中介地位得以确立。

(2) 基础设施的建设。资本主义经济的迅速发展,给交通能源等基础设施造成巨大的压力,为缓解矛盾,18、19世纪欧美各国掀起了基础设施建设的高潮,资金缺口很大,投资银行在为基础设施建设融资的过程中得到了发展。

(3) 战争的爆发。1929年之前爆发了美国南北战争、第一次世界大战以及众多的殖民战争,有关国家为筹集军费发行了各种债券,投资银行在债券发行中发挥了主要的中介作用,也推动了自身的发展。

(4) 企业的收购与兼并。在资本主义经济的发展中,市场竞争与优胜劣汰机制的作用下,企业的收购与兼并的浪潮迭起。在帮助企业融资以促进并购活动的实施中,投资银行逐步开展起收购兼并方面的财务顾问业务。

(5) 证券交易所的设立。1773年伦敦证交所的成立,1792年纽约证交所与1878年东京证交所的成立,为各国投资银行的发展提供了坚强的后盾,证券承销与证券交易成为投资银行的主要业务。

2. 1929—1933年大萧条中的投资银行

1929年之前美国经济的持续繁荣带来了证券业的发展,证券市场上的投资、投机、承销、经纪活动空前活跃。投资银行与商业银行没有严格区分,商业银行利用其资金实力的优势涉足证券市场,并参与证券投机,加之当时监管的乏力,为1929—1933年经济大危机埋下了祸根。1929年10月24日,"黑色星期四"拉开了整个世界20世纪30年代经济大危机的序幕,证券市场出现了毁灭性的大暴跌,冲击了金融业与世界经济,"泡沫"破灭了,繁荣消失了,取而代之的是破产、挤兑、倒闭、失业,导致了1929—1933年的世界性经济大危机。1929—1933年,纽约证交所上市股票价值从897亿美元暴跌到156亿美元,其中美国钢铁公司的股票价格由310美元跌至70美元,通用汽车公司的股票价格由97美元跌至7美元。股市的崩溃引爆了世界历史上空前持久的经济危机,美国工业生产从1929年5月危机前的最高点到1932年7月危机时的最低点,下降了55.6%,退回到了20世纪初的水平。无数的银行、工厂破产倒闭,成千上万的工人失业,数以万计的财富付诸东流。在这一灾难中,银行业是首当其冲的受害者,从1929年末到1933年末,仅美国银行就由23 695家减少到14 325家,4年内净减近万家银行,出现了世界金融史上绝无仅有的局面,投资银行业遭受重创,陷入了萧条的低谷。

但也正是这场世界性的经济大危机引起人们的反思、总结,其主要原因可归纳如下:

① 商业银行与投资银行业务的交叉与融合,使得大量的短期资金盲目地运用到长期性、高风险的证券市场。银行资产经营向证券投资和证券买卖倾斜虽为追求高收益所致,却促使银行经营风险加剧,为1929—1933年经济大危机的爆发埋下了祸根。

② 银行资本与产业资本的相互渗透与资本的高度集中,形成一些巨大的金融寡头,从而使整个证券市场的竞争性相对减弱,证券市场波动的人为因素增大,一旦某个关键环节出了问题,必然导致整个证券市场的连锁反应。金融寡头的产生并操纵证券市场,为1929—1933年经济大危机的形成提供了条件。

③ 金融管理体系和金融管理法规的不健全,使许多银行机构及其业务游离于政府管辖范围之外,不受金融法规的约束,这使1929—1933年经济大危机爆发有了可能性。

沉重的代价促使美国政府着手规范投资银行。20世纪30年代美国政府制定一系列的金融监管法规,其中1933年美国国会通过的《格拉斯-斯蒂格尔法》(又称《1933年银行法案》)影响较大。该法案的出台不仅标志着现代商业银行与现代投资银行的诞生与分离,而且还为证券业与银行业分业管理提供了借鉴样板。该法案的主要内容包括:

① 商业银行必须与投资银行分开。任何以吸收存款业务为主要资金来源的商业银行,不能同时经营证券投资等长期性资产业务;而任何经营证券业务的投资银行,也不能经营吸收存款等商业银行业务。另外还规定,商业银行的人员不得在投资银行兼职;商业银行不得设立从事证券业务的分支机构或附属机构;等等。

② 建立联邦存款保险公司。该公司通过经营商业银行的存款保险业务,执行银行监督、管理职能,主要负责监督管理所有不参加联邦储备系统的州立银行的经营,以保证存款人的安

全，维护金融业的稳定。

投资银行和商业银行分业经营以后，许多同时从事商业银行业务与投资银行业务的大银行将两种业务分离，成立了专门的投资银行与商业银行。例如，JP摩根公司根据《1933年银行法案》规定，于1935年决定维持原有的商业银行业务，而其部分高级合伙人与员工退出公司，成立摩根士丹利证券公司，由此，前者为专业的商业银行，后者为专业的投资银行。还有部分银行在两者之间做出选择，成为专业的商业银行或投资银行。例如：花旗银行、大通银行等成为专业的商业银行；而所罗门兄弟公司、美林公司和高盛公司等则成为专业的投资银行。

3. 大萧条后的投资银行

经过经济大危机之后，美国经济乃至世界经济在罗斯福"新政"的刺激下开始复苏。1934年后，以美国华尔街为代表的世界证券市场逐渐从经济大危机的阴影中走出，沉寂多时的投资银行又重新活跃。虽然不久以后，欧洲和亚洲等陷入了战争的灾难之中，但远离第二次世界大战主战场的美国证券市场则在日益完善的法律的护航下平稳发展了数十年。第二次世界大战以后，美国证券市场更是突飞猛进。20世纪50年代末，美国的股价和交易量同步增长，1963年股票交易量首次超过1929年的水平，1968年股票交易量比1963年增长3倍。在此过程中，美国投资银行获得了迅速的发展，为其成为世界上最具代表性、实力最雄厚的投资银行奠定了坚实的基础。

但是，随着证券交易额的大幅上升，证券交割制度愈显落后，并对美国投资银行的发展造成了严重伤害。1968年12月末交割金额达41亿美元，清算的差错率高达25%—40%，人工交割的落后和未交割业务的堆积使100多家投资银行因此倒闭。这次投资银行危机促进了证券业电子技术的普遍运用。此外，美国政府于1970年颁布了《证券投资者保护法》，建立了与商业银行存款保险制度类似的"投资银行保险制度"，并在此基础上建立了"证券投资者保护协会"。

4. 20世纪70年代至次贷危机前的投资银行

进入20世纪70年代以后，美国金融机构间的竞争日益激烈。金融创新的步伐加快，投资银行通过抵押债券、期货、期权和杠杆收购等创新产品吸引客户，与商业银行的业务交叉开始增加。1975年，美国正式取消固定佣金制，进一步加剧了投资银行的竞争。进入20世纪80年代，垃圾债券开始盛行，投资银行获取了高额的承销费收入。但是在1987年股灾之后，垃圾债券风险暴露。进入90年代，随着美国经济进入持续增长阶段，投资银行的业务迅速扩大，1999年11月4日，美国通过了《金融服务现代化法案》，废除了《格拉斯-斯蒂格尔法》中限制商业银行、投资银行和保险公司综合经营的条款。美国开始出现金融机构间的并购，涌现出花旗集团、摩根大通、美国银行等金融集团，提供包括存贷款、股票债券发行和保险等全方位的金融服务。

5. 次贷危机中的投资银行

美国次贷危机从2007年年初开始显现，8月席卷欧美、日本等世界主要金融市场，并引发了全球金融危机和经济危机。2008年3月，贝尔斯登被摩根大通银行收购；9月，美国政府接管房利美和房地美；雷曼兄弟申请破产保护；美林证券被美国银行收购；美联储接管美国国际集团（AIG）；高盛和摩根士丹利转型成为银行控股公司。投资银行在此次金融危机中，既参与了次贷证券的发起、承销和二级市场做市、自营，又为对冲基金提供抵押融资，与保险公司和对冲基金进行信用违约互换（CDS）交易等多种业务，既促成了次贷市场的过度膨胀，也在泡沫破裂中遭遇了巨大的损失。

2010年,美国通过了《多德-弗兰克法案》,成立了金融稳定监管委员会,实行系统性风险监管,防范系统性风险;设立消费者金融保护局;限制金融大机构的投机性交易;强化衍生品监管。监管机构更加重视交易对手风险,避免个别风险向整个市场扩散。投资银行也更加重视内部的风险控制和防范,避免危机的再次发生。

二、国际投资银行的发展趋势

20世纪70年代末以来,世界经济格局调整,西方国家的经济发展进入了一个新的时期,这个时期突出的特点是:经济增长速度放缓、通货膨胀加剧、资本国际流动频繁、电子技术广泛运用等。这些外部环境的变化,给投资银行的发展带了机遇与挑战。

1. 投资银行的发展机遇

(1) 科技进步的推动。新技术革命的蓬勃发展,电子技术的普遍运用,成为推动社会进步与经济增长的强大动力,也为投资银行的发展提供了广阔的天地。其一,由于科技发展,出现了电子、生物工程、新型材料等新兴产业,这些新兴产业为投资银行开展风险投资业务提供了良机。其二,由于电子技术的发展运用给金融领域带来了巨大的变化:一是金融业务的电子化提高了工作效率,从而使金融业务多样化、专业化和创新成为可能;二是科技进步的推动与互联网的运用,促进了资本的国际化。

(2) 资本市场融资的发展。在战后建立起来的严格的金融管制的条件下,西方国家大量的剩余资本纷纷涌向海外,而发展中国家为实施赶超战略普遍产生对资本流入的需求,这样,资本的国际化,国际金融市场一体化发展就成为必然。资本市场融资的发展增大了对投资银行业务的需求,投资银行为适应国际资本流动的新需求,积极开拓新的业务领域,开发新的业务品种,推动了国际资本市场的发展。

(3) 企业兼并收购的推动。在企业兼并与收购活动中,投资银行一方面向收购方提供有关被收购企业及市场状况的咨询服务,提出收购策划方案,甚至承诺提供贷款;另一方面可向被收购方提供有关产权转让、交易定价等方面的咨询服务,提出反收购策划方案。

(4) 民营化浪潮的推动。为解决国有企业经营效率低下的问题,各国政府纷纷推出国有企业的民营化政策。在民营化浪潮中,投资银行积极开拓自身的业务领域。一些国家政府在推动民营化过程中,聘请投资银行提供咨询、策划国有企业出售方案及相关事宜。民营化企业也聘请投资银行为其设计股权出售方案和承销股票业务,以及承担后续活动的咨询业务。

2. 投资银行面临的挑战

(1) 科技进步的挑战。科技进步不仅给投资银行业的发展带来机遇,也由于金融证券交易方式与交易技术的创新给投资银行带来压力。由于互联网的形成,使得投资者与投资者之间、发行者与投资者之间证券交易与发行,可以绕开通常的经纪人,通过电子计算机网络进行直接交易。

(2) 金融管制放松的挑战。放松金融管制的措施,其中主要包括:降低国与国之间金融机构在活动范围上的壁垒;放宽或解除外汇管制;放宽对各类金融机构在营业范围上的限制;放宽对债券、票据发行条件的限制;等等。所有这些放松管制的措施为各类金融机构参与证券市场活动提供了契机,从而加剧了金融业的全面竞争。

(3) 金融证券创新的挑战。金融市场的变化和波动,如通货膨胀率、利率、汇率等经常浮动,使工商企业、金融机构以及居民个人面临着更大程度的市场不确定性,为回避金融市场的风险,一批金融衍生产品应运而生。由于现有的金融法律对商业银行与投资银行的这些业务活动没有限制和约束,因而新的金融市场和金融产品成为商业银行与投资银行激烈竞争的场所与对象。

3. 投资银行的发展趋势

(1) 投资银行业务多样化趋势。由于金融管制的不平衡会造成不公平竞争:在国际上,金融管制过严的国家在国际金融竞争中处于不利地位,从而丧失竞争能力和市场份额;在国内,不同的金融领域与金融机构实行宽松不一的管制,会造成金融机构之间的不公平竞争。加之利率、汇率的动荡不定,金融衍生产品的创新,使各国金融当局不得不放松管制。在商业银行与其他非银行金融机构的业务多样化发展下,投资银行的业务也必然向多样化方向发展。投资银行业务的多样化,既包括同一投资银行业务的多样化发展,又包括在证券市场中投资银行与其他金融机构业务相互交叉混合的多样化。投资银行不但经营其传统的代理发行证券业务、经纪业务,而且还发展了理财业务、资产管理和投资咨询业务等,并且还以其特有的灵活性和创新性,渗透到商业银行领域,帮助客户进行"现金管理"、为企业融资(租赁、贴现等)、为消费者融资(分期付款、抵押贷款等)以及风险投资等与商业银行业务边缘交叉的一些业务。

(2) 投资银行业务专业化趋势。专业化分工和协作是社会化大生产的必然要求,在整个金融体系的多样化发展过程中,投资银行业务的专业化业也成为必然。由于历史和现实的多种因素的综合影响所致,投资银行尤其是各大投资银行在业务拓展多样化、交叉化发展的同时,也各有所长地向专业化方向发展。投资银行业务的专业化发展,既可表现为投资银行在证券市场上只单纯从事一种或某几种业务,并不具有多样化的特色,又可表现为投资银行在从事多样化的业务中,主要突出某一种或几种业务。证券市场业务的全面竞争,使各家投资银行按照自身的独特优势即企业核心竞争力向各具所长的方向发展。

(3) 投资银行业务的集中化趋势。第二次世界大战以后,经济和金融的复苏与成长,各大财团的竞争与合作,使得金融资本越来越集中,投资银行也呈现集中趋势。美国众多的投资银行原先是各自为战,后来几经起伏。然而,近年来投资银行受到商业银行、保险公司以及其他金融机构的竞争压力,兼并与集中仍在进行之中。

(4) 投资银行业务的全球化趋势。在世界经济高度一体化的今天,全球金融市场已经基本上联成一个不可简单分割的整体。与此相适应,投资银行已经彻底地跨越了地域和市场的限制,经营着日益广泛的国际性业务。投资银行业务的全球化发展,主要集中在:①业务机构的全球化;②业务内容的全球化;③投资市场的全球化;④金融工具的国际化。

第五节 我国投资银行的发展与完善

可以说,目前中国还没有完全意义上的真正的投资银行,证券公司、信托投资公司及其他一些金融机构只是体现了投资银行的部分业务职能,或者说由于中国股份制改革时间较短及证券市场还不很成熟,决定了目前国内投资银行业务的单一化及企业对投资银行的低层次需求。但是,作为一个行业的长远发展,我们认为,中国券商的投资银行之路是大势所趋,这也是我国券商适应国际竞争的迫切需求。

一、我国券商发展的历史变迁

我国券商产生于市场经济发展的初级阶段,大体经历了五个历史发展时期。

第一阶段:1986—1991年两个证交所成立前这一时期为萌芽阶段。1986年,工商银行上海分行静安信托投资公司成立专门的证券业务部,公开挂牌代理买卖股票,这是我国最早的证券商。1987年9月,深圳经济特区证券公司成立,次年4月开始代理买卖"深发展"的股票。此后,随着证券市场日趋壮大,证券商及其营业网点日趋增多。

第二阶段:1992—1995年《中华人民共和国商业银行法》(下简称《商业银行法》)颁布实施前这一时期为起步阶段。这一时期,由于股市扩容速度的加快,且正值广大投资者压抑已久的"投资饥渴症"爆发之际,单边的卖方市场使得证券公司仅靠一级市场上承销证券就可获得高额收益,这种比较效益刺激了银行、信托投资公司、各级政府的财政部门以及其他企事业单位。在资金和技术准备并不充分的情况下,短期内竞相投资创建证券公司和证券营业部,初步奠定了我国20世纪券商的规模。

第三阶段:1995—1999年《中华人民共和国证券法》(下简称《证券法》)颁布实施前这一阶段为调整阶段。《商业银行法》规定,商业银行不得从事证券业务,必须与所属的信托公司或证券公司实行分离。依此规定,全国1 000多家证券业务部关停并转,"舢板级"的券商面临生存危机,一些大证券公司趁此机会扩充势力范围,如华夏证券收购了40家营业部,南方证券收购了22家营业部,等等。分业经营为我国券商跨入重组之门提供了最初的台阶。

第四阶段:1999—2008年,重组发展阶段。1999年7月1日《证券法》实施后,我国券商步入重组、发展阶段。2001年下半年出台的《关于证券公司增资扩股有关问题的通知》和《中外合营证券公司审批规则(征求意见稿)》等,为券商增资扩股和中外合作的步伐的加快提供了制度保证。2004年开始按照国务院部署,中国证监会对证券公司实施了三年的综合治理,关闭、重组了一批高风险公司,化解了行业历史遗留风险,并且推动证券市场基础性制度进一步完善,证券公司合规管理和风险控制能力显著增强、规范运作水平明显提高,证券业由此步入规范发展轨道。

第五阶段:2008年次贷危机后的规范发展阶段。2009年5月26日,为有效实施证券公司常规监管,合理配置监管资源,提高监管效率,促进证券公司持续规范发展,中国证券监督管理委员会现公布《证券公司分类监管规定》,自公布之日起施行。根据《证券公司分类监管规定》,证券公司分为A(AAA、AA、A)、B(BBB、BB、B)、C(CCC、CC、C)、D、E等5大类11个级别。A、B、C三大类中各级别公司均为正常经营公司,其类别、级别的划分仅反映公司在行业内风险管理能力及合规管理水平的相对水平。D类、E类公司分别为潜在风险可能超过公司可承受范围及被依法采取风险处置措施的公司。按照现行规定,券商分类评级将直接影响其风险准备金规模要求,及缴纳的投资者保护基金比例。分类结果还将作为证券公司申请增加业务种类、新设营业网点、发行上市等事项的审慎性条件,各类创新性业务也将优先从A类券商开始试点。

从2019年证券公司分类结果来看,38家证券公司获得A类以上评级,获得B级至BBB级的证券公司则有50家。其中,国泰君安、国信证券、海通证券等10家证券公司获得AA级评价。此外,获得C级至CCC级的则有国融证券、九州证券等8家证券公司。华信证券和网信证券获得了D级的评级。

二、我国证券公司的发展现状

我国证券公司从发展到现在只有三十几年的时间,应该说仍处于初级阶段,但无论从规模还是从市场功能上来看,都有了很大的进步。

1. 规模扩大、数量增多,竞争实力逐渐增强

如前所述,我国证券公司经过三十多年的发展,无论从数量、规模还是从行业集中程度来看,均有了较大幅度的增长。中国证券业协会对证券公司2019年度经营数据进行了统计。证券公司未经审计财务报表显示,133家证券公司2019年度实现营业收入3 604.83亿元,各主营业务收入分别为代理买卖证券业务净收入(含席位租赁)787.63亿元、证券承销与保荐业务净收入377.44亿元、财务顾问业务净收入105.21亿元、投资咨询业务净收入37.84亿元、资产管理业务净收入275.16亿元、证券投资收益(含公允价值变动)1 221.60亿元、利息净收入463.66亿元,2019年度实现净利润1 230.95亿元,120家公司实现盈利。

据统计,截至2019年12月31日,133家证券公司总资产为7.26万亿元,净资产为2.02万亿元,净资本为1.62万亿元,客户交易结算资金余额(含信用交易资金)1.30万亿元,受托管理资金本金总额12.29万亿元。

表1-3 我国2018年度证券公司总资产前十位排名

序号	公司名称	总资产(万元)
1	中信证券	50 804 114
2	国泰君安	33 489 805
3	广发证券	31 614 503
4	海通证券	31 056 417
5	申万宏源	29 252 053
6	华泰证券	28 508 487
7	招商证券	28 308 916
8	银河证券	22 644 211
9	中金公司	20 503 046
10	国信证券	19 700 706

资料来源:中国证券业协会。

表1-4 我国2018年度证券公司净资产前十位排名

序号	公司名称	净资产(万元)
1	中信证券	13 050 256
2	国泰君安	12 352 980

(续表)

序号	公司名称	净资产(万元)
3	海通证券	10 964 836
4	华泰证券	10 058 977
5	广发证券	7 961 028
6	招商证券	7 794 725
7	申万宏源	6 489 897
8	银河证券	6 470 793
9	国信证券	5 151 891
10	东方证券	5 127 453

资料来源：中国证券业协会。

2. 业务种类多样化

从2008年金融危机之后，各大券商为避免金融危机冲击，纷纷大幅下降佣金和增加券商营业部来抢占客户，使得行业平均佣金率从2008年的1.78‰下滑至2017年第3季度的3.94‱。受到2015年股市波动、股权质押业务的调整等因素影响，信用业务整体逐步趋稳。2012年券商创新大会后，资管业务迅速发展，尤其是以通道业务为主的定向资管业务呈现爆发式增长。但由于通道类业务附加值较低，即使规模较大，但业绩贡献仍较小，以及政策限制通道业务，券商纷纷开始向主动管理转型。从资产管理收入结构来看，除集合资管业务收入同比下降，定向资产、公募基金、专项资产等其他管理业务均有不同程度的增长。主动管理成为资管主要收入来源。2017年自营业务已经成为券商最重要的一个收入来源。在2017年的投行业务中，承销与保荐、财务顾问收入分别为276.70亿元、78.51亿元，降幅分别为27.59%、24.59%。

3. 国际化趋势日益明显

截至2016年底，优质券商的国际化收入水平和比例已经明显增加。典型券商如中信、海通的国际化实践虽各有特色，但在市场拓展、组织扩张、业务发展上与美国投行、日本券商的国际化路径基本一致。均采取"立足香港(地区)、布局亚太、面向全球"的步骤。先将中国香港地区作为国际化的第一站，进而在东亚地区确立市场份额，再以东亚市场为基础，拓展覆盖欧美市场的业务网络。业务发展方式上，股权和债券承销业务是进入国际市场的切入点，进而向经纪业务、资管业务和投资业务拓展。

在国际化进程方面，截至2018年年底，共有31家证券公司在中国香港地区设立了子公司，有18家证券公司成为H股的上市公司，其中A+H股的上市券商有11家。境外业务的收入占比在稳步提升，一部分证券公司的境外收入已经超过了公司本身收入的10%。

三、我国投资银行的发展趋势

随着中国证券市场规模的不断扩大，业务创新不断涌现，证券行业内部竞争不断加剧，国外投资银行不断向综合化、现代化发展，可以预见未来中国投资银行的发展将呈现如下基本趋势：

1. 投资银行经营规模和竞争实力逐步扩大

众所周知,中国以券商为主体的投资银行在21世纪初国内资本市场的发展和国企改革中扮演了十分重要的角色。它除了作为中介机构,担当筹资者与投资者之间的桥梁外,同时,还借助资本市场,帮助企业盘活巨额国有资产存量资本,促进跨地区、跨行业的大型国有企业集团的建立。因此,扩大经营规模,实现规模效益,是一些国内券商在当前激烈的市场竞争格局中谋求生存的途径。目前有不少券商多次增资配股,但仍有相当一部分券商自有资本金严重短缺,远未达到规模经营的水平。

增加自有资本金,扩大资产规模,更是国内券商走向国际证券市场大舞台的必然要求,如果国内的券商以目前的实力去投入国际市场竞争,或者国际上著名的投资银行跻身国内A股市场的竞争行列,其结果都是可想而知的。

总之,从国内券商生存发展的角度看,一般都存在着较强的增资扩股需求。一些业内人士呼吁,国家应该快速催生和扶植一批具有相当实力的券商,以适应市场发展的需要。特别是对一些已形成竞争实力与业务规模的证券机构,可通过增资扩股注入资金或兼并一批基础相对薄弱的机构的方式,使其实力迅速增加。

2. 投资银行兼并重组方兴未艾,区域性重组将成为阶段性特征

从国际上现代投资银行业的深化看,行业集聚是二战以后的一个基本现象,这一趋势在近些年来表现尤为突出。无论是美国、日本还是欧洲的投资银行业,都有很多参与者,但是随着业务的增长,投资银行需要越来越多的资本,许多投资银行被卷入兼并浪潮,很多20年前存在的小公司甚至一些较大的公司如今已难觅踪影。

在不断扩大资本的过程中,收购兼并是券商谋求发展的一个重要手段。近些年来,西方发达国家投资银行业兼并浪潮更加高涨,各大券商纷纷采取行动,或通过购并以自保,或通过跨国兼并扩大规模,增强竞争实力。

中国证券市场券商数量出现较大的增长,但由于券商业务差异化不明显,规模还不足以和国际投行抗衡,缺乏竞争实力的情况普遍存在。"强者恒强,弱者恒弱"的市场竞争法则,将使中国券商也走向收购兼并、资产重组的道路,通过市场的优胜劣汰最终形成合理的行业结构与布局。而由于证券业的进入壁垒较高,行业内部的资产重组更是大势所趋。从阶段性发展特征看,地方政府为推动当地的证券市场服务企业改革,将会继续撮合本地券商之间的合并,形成更具市场竞争力的大型证券公司,预计这仍将是未来券商重组的显著特点之一。

3. 梯级化的行业结构将在市场竞争中逐渐形成

从全球范围内现代投资银行所提供的服务看,主要可分为两类,即综合服务和专项服务。即使对那些为数不多的综合性投资银行来说,一方面业务形成多样化、交叉化发展,另一方面又根据自身的规模及业务特长,各有所长地向专业化方向发展。除数家颇具实力影响的主导投资银行外,下一层是能提供全方位服务,但资本、实力及顾客基础都相对不足的券商,再往下是地区性证券公司及专门从事某一项业务领域的专业性证券公司。

可以预计,通过行业内部的重组与整合以及市场竞争的优胜劣汰,中国证券业未来将形成更加合理的行业分工布局,建立起以全国性大型券商为主体、地区性券商为依托、各专业化公司为主导的行业结构。

4. 实力较强的跨国投资银行将逐步涌现

随着全球经济一体化进程和跨国公司全球化发展战略的不断推进,国际上的跨国兼并风起云涌。这种经济发展的大趋势,给作为资本市场和证券市场核心的投资银行提供了更大的舞台,各国实力强大的投资银行纷纷进入国际市场,业务经营上呈现出国际化的发展趋势,而且其海外业务收入占总收入的比重呈日益上升之势。中国券商国际业务的发展空间究竟有多大呢?考虑红筹股在内,中国目前在国际资本市场融资已超过国内资本市场融资。而且,国家已经从战略上将海外市场特别是香港市场,作为未来融资的主渠道之一。单从这一个侧面就可以感受到,中国券商国际业务的发展困难与机遇同在,无论是对中国国际金融公司和中国工商银行东亚金融控股有限公司这两家合资投资银行来说,还是对国内实力雄厚并具有一定的海外业务基础的大券商来说,未来建成具有较强国际竞争力的跨国投资银行的重任责无旁贷。这也是中国大券商在国际大舞台中寻求发展的必然选择。

5. 投资银行业务与商业银行业务从长远发展上趋于融合

在包括美国在内的一些西方国家金融市场中,投资银行与商业银行一般都经历了"融合—分立—融合"的发展过程。从资本市场的发展水平看,银证分合的选择与市场经济的发展水平和监管水平密切相关。由于国内资本市场现阶段属于发展初期,无论从市场组织系统、法规建设与监管能力,还是从市场参与者的金融风险防范意识上看,中国目前阶段选择银企分离模式都有着必然性与合理性。然而从长远发展看,商业银行要在证券市场中寻找新的利润增长点,投资银行也需要得到商业银行的大力支持,中国金融市场未来将顺应世界各国金融一体化发展的大趋势,逐渐走向银证复合经营的道路。

中国券商正处在一个充满机遇和挑战的特殊历史时期。与一些西方国家的证券行业相比,必须承认国内券商目前发展时间毕竟较短,在今后的发展中需要政府给予一定的宏观指导,并且在诸如券商体制、增资扩股、融资渠道等方面,还需要管理层不断赋予具体的政策支持,使中国券商在有序的市场竞争环境中逐渐走向成熟。

拓展阅读

外资绝对控股的券商来了 证券业竞争格局将被改写

首家外资控股比例超过51%的券商终于来了。11月30日晚间,中国证监会发布消息称,依法核准 UBS AG(瑞银集团)增持瑞银证券有限责任公司的股比至51%,核准瑞银证券有限责任公司变更实际控制人。这意味着证券行业的竞争格局将被改写。

2018年4月28日,中国证监会正式发布了《外商投资证券公司管理办法》(下简称《办法》)。其中第一条就明确了允许外资控股合资证券公司。在《办法》发布后,瑞士银行有限公司申请将持有的瑞银证券有限责任公司的股权比例从24.99%增至51%,6个月后,瑞银证券成为证监会核准的首家外资控股证券公司。

据了解,目前还有多家外资机构向证监会提交变更公司实际控制人或者设立合资证券公司的申请材料。

中国证券业协会公开资料显示,截至目前,我国共有131家证券公司。统计显示,其中合资证券公司有11家,包括中金公司、瑞银证券、高盛高华、中德证券、瑞信方正、摩根士丹利华鑫、东方花旗、华菁证券、申港证券、东亚前海、汇丰前海。

很多人担心,对外资投资证券公司的"松绑"将会对国内券商机构造成一定冲击。对此,笔者认为,外资机构绝对控股后将对国内证券业产生两方面的影响。

一方面,将会抢占国内券商的市场,对国内证券行业形成冲击,但当前,因为外资进入得不会太快,所以这种冲击以及压力还比较小,但是,任何事情都要未雨绸缪,随着中国证券市场的开放速度越来越快,外资的进入也会加速,这必然会对国内券商的竞争格局产生重要影响,改变是必然的,只是时间的快慢。

另一方面,随着外资机构绝对控股的券商增多,国内券商将会经历一个竞争加剧、行业集中度提升的过程,小券商面临的挑战或将更加严峻,将会加大证券业整合的力度,加剧国内券商的市场化竞争,有利于国内券商机构的竞争意识得到实质性的提升。

资料来源:《外资绝对控股的券商来了　证券业竞争格局将被改写》,《证券日报》,2018年12月3日。

复习思考题

1. 罗伯特·库恩对投资银行有几种定义?
2. 投资银行与商业银行存在哪些主要区别?
3. 投资银行有何基本功能?
4. 投资银行是如何推动证券市场发展的?
5. 投资银行在我国经济发展中有何特殊意义?
6. 当前世界投资银行业面临的发展机遇与挑战主要表现在哪些方面?
7. 当前世界投资银行业发展有何特征?
8. 我国投资银行业现存哪些问题?
9. 我国投资银行的发展趋势如何?

第二章 证券发行业务

证券市场是指证券发行和交易的场所,按其功能可分为发行市场和交易市场。发行市场又称一级市场,是通过发行证券进行筹资活动的市场,它是证券活动的起点。发行市场一方面为资金的需求者即发行者提供筹集资金的渠道,另一方面为资金提供者即投资者提供投资的场所,而投资银行则是发行者与投资者之间的桥梁,它通过提供发行承销服务将资金需求与供给结合起来。

第一节 证券发行业务概述

证券发行是指企业或政府机构为筹集资金,依据法律规定的条件和程序,向社会投资者出售代表一定权益的有价证券的行为。

一、证券发行活动的市场主体

证券发行活动的市场主体主要由发行者、投资者以及承销证券的投资银行等三方组成。

1. 发行者

证券发行者是指为筹集资金而发行股票、债券等有价证券的企业、政府与公共机构。但作为股票的发行者只能是股份有限公司;债券的发行者则可是各类企业或机构。

2. 投资者

这里的证券投资者又称证券认购者,他们是资金的供给者。尽管投资者的目的各不相同,其自身的情况各不相同,但大致可将投资者归为以下三类:①个人投资者,即以个人身份用自己的资金买卖证券者。②机构投资者,即以企业法人或具有法人资格的事业单位和社会团体用其依法可支配或可经营的资金买卖证券者。具体又可分为企业、金融机构和各种非营利性机构。③外国投资者,即指外国的个人、企业、金融机构以及国际性的机构和团体等。

3. 投资银行

作为承销证券的投资银行又称为证券承销商,是发行者与投资者之间的证券买卖得以有效顺利进行的中介,其在证券发行市场上起着联结供求、沟通买卖的作用。

二、证券发行的方式

证券发行方式多种多样,不同的发行方式会对证券的销售产生不同的影响。

1. 按发行对象的不同

证券发行可分为公募发行和私募发行。①公募发行。公募发行是指公开向不特定的投资者广泛募集资金的证券发行方式。在公募发行下,所有合法的投资者都可以参与证券的认购。

为了保护投资者的合法权益,各国对公募发行都有严格的要求,发行者要有较高的信用,并符合证管部门规定的各项发行条件和程序才能发行。②私募发行。私募发行是指专向特定投资者筹集资金的一种证券发行方式。参与私募发行的证券认购者一般为与发行者有一定关联的供应厂商、客户以及金融机构等。相比公募发行,私募发行的金额通常较少,认购者对发行者的信用有较深的了解,因此,发行手续较为简便。

2. 按发行主体的不同

证券发行可分为直接发行和间接发行。

① 直接发行。直接发行是指证券发行者直接向投资者销售证券筹措资金的行为,证券中介机构不参与或者只参与小部分的辅导工作。直接发行虽然使证券发行者节约了委托证券中介机构发行的手续费用,却要独立承担证券发行的责任与风险,过大的发行风险可能会影响其资金的筹集。②间接发行。间接发行是指证券发行者委托证券中介机构代为销售证券筹措资金的行为。证券中介机构拥有众多的专业人才和发达的销售网络,了解市场状况和发行技巧,所以由其代为销售证券,证券发行者虽然承担较高的发行费用,但风险较小。

3. 按发行证券种类的不同

证券发行大致可分为股票发行、债券发行和基金单位发行三种类型。

三、证券发行的原则

为了保障证券市场的健康发展和各市场主体的合法权益,各国在规范证券发行行为中,都制定了相应的法律法规。虽然各国的国情不同,其法律法规的内容与形式存在差异,但证券立法的基本原则有着共同特征即"三公"原则。

1. 公平原则

在证券市场上,各有关当事人的法律地位是平等的。公平原则要求证券发行与交易必须在平等、自愿、等价有偿、诚实信用的基础上进行。无论是中小投资者,还是机构投资者,其在证券的发行与交易市场上均享有平等的法律地位,不允许因资金、信息、投资者身份等因素影响在证券发行与交易活动中出现偏袒一方或压制一方的现象存在。

2. 公开原则

公开原则主要体现在信息的公开制度。证券是一种虚拟资本,投资者在不了解发行者的财务与经营状况的前提下,无法判断其发行证券的价值。信息公开制度实质上是对发行者的外部法律约束,旨在避免证券发行与交易过程中不正当行为(如欺诈行为等)的发生,使投资者对其所购买证券及其权益具有充分、真实、准确、完整并且不受误导的了解。信息公开制度通常包括两方面内容:即证券信息的首次披露与持续披露。

3. 公正原则

公正原则主要是针对除中小投资者外的各市场主体的行为而言。它要求证券管理部门、证券发行者、证券中介机构和机构投资者及有关人员行为必须公正,禁止欺诈、操纵以及内幕交易等一切不正当的违法违规行为。

四、证券发行的管理制度

由于各国经济发展状况的不平衡,尤其是证券市场发育程度的差异,以及政治、文化、历史等多种因素的影响,各国对证券发行管理的具体形式存在一定的差异。概括而言,大体可分为两种基本的证券发行管理制度。

1. 注册制

注册制是指证券发行者在准备发行证券时,必须将依法公开的各种资料完全、准确地向证券主管部门呈报并申请注册。注册制实质上是一种证券发行者的财务与经营信息公开制度,它要求发行者对所提供信息的真实性、可靠性承担法律责任。注册制遵循的是公开原则。它并不禁止质量差、风险大的证券发行。

如果证券发行者在注册申报的资料中有意谎报、瞒报,并蒙骗证券主管部门,使发行注册生效,根据相关法律,证券购买者有权起诉,对下列各当事人追究民事及刑事责任:证券发行者,承销证券的投资银行,参与证券注册申报资料起草与审定并在其上签章证明属实的注册会计师及律师等。

注册制比较适合证券市场发展历史较长,各项法律法规健全,行业自律规范,投资者素质较高的国家和地区。

2. 核准制

核准制是指证券发行者不仅必须依法公开其发行证券的真实情况,而且该证券必须经证券主管部门审查符合条件者才能获准发行。核准制遵循的是实质管理原则,它是在信息公开的基础上,把那些不符合要求的低质量证券拒之于证券市场之外。

证券主管部门审核证券发行条件一般包括:①发行主体的营业性质、管理人员的资格、能力;②资本结构是否合理、稳健;③公开资料是否充分、真实;等等。

核准制一般适合证券市场处于发展初期,法律法规尚需健全,投资者结构不甚合理的国家和地区。

五、发行者与投资银行的双向选择

在采用公募发行方式筹资时,发行者可以自己组织力量发售证券,但通常都依靠投资银行来完成,特别是在首次公开招股(IPO)过程中,需要利用投资银行网点广布、经验丰富、有能力组建承销集团的优势,完成高难度、高风险、高筹资额的公开招股。

一般情况下,发行者一旦做出公募发行的决定,首要工作就是着手组建工作团队,选择并落实工作团队的最重要成员——投资银行。公募发行的成功在很大程度上取决于担任主承销商或独立承销商的投资银行,这是因为投资银行居于公募发行工作的枢纽地位,在发行作业流程中担负着与有关各方联络、沟通信息的重要任务。

1. 发行者选择投资银行

发行者选择投资银行一般基于以下因素:

(1) 声誉、能力与实力。发行者总是倾向于选择有成功纪录的投资银行。大型投资银行由于信誉卓著、业绩优良,知名度高,因而受到发行者的重视。一般用以衡量投资银行实力标准的有股本、权益资本、流动资金、管理层素质等。

(2) 发行业务特色。在市场竞争过程中,投资银行逐步形成特有的核心竞争力。有的投资银行擅长债券发行;有的则擅长股票发行;有的投资银行对传统行业有深入的了解;有的则善于把握高新技术行业的发展趋势;等等。因此处于不同行业的发行者发行不同的证券会倾向于符合自身状况的有业务特色的投资银行。

(3) 市场能力与跨度。为确保可在任何市场为发行者提供最佳发行机会与价格,投资银行必须建立起投资者的信心和市场网络。世界著名的投资银行都拥有固定的机构投资者作为客户基础,并在各成熟证券市场和新兴证券市场建有分支机构与战略联盟。强大的市场能力与跨度吸引着发行者和投资者,使得这类投资银行最有机会充当发行者与投资者的桥梁。

(4) 辅助服务。发行者常常要求投资银行能支持其新发行证券在二级市场上的交易,如担任"做市商",维持价格平稳,为投资者提供证券分析等,因此投资银行的研究力量与研究水平,也成为发行者选择时所考虑的重要因素。

2. 投资银行对发行者的选择

投资银行为减少风险,保证发行成功,一般愿意承销以下发行者证券:①政府及公共机构;②处于高成长行业或新兴产业的公司;③掌握某些专利与尖端技术,或有独占许可协议,能生产独特产品或提供独特服务的公司,因为垄断力量使公司具备出众的增长潜力。此外,投资银行还会关注证券市场当前与未来的投资热点,因为当某个市场热点形成,市场对该类证券就产生了浓厚的兴趣和较高的需求。

第二节　股票发行与企业上市

股权融资是公司直接融资的最主要方式之一。按股票发行对象的不同,股票发行有公募发行与私募发行两种类型。

一、股票的公募发行

股票的公募发行是指在证券市场上,发行公司向非指定的广大投资者公开销售股票的方式。

1. 股票公募发行的特点

(1) 股票公募发行的优点。股票公募发行对发行公司而言,主要有以下优点:

① 增加公司资本,调整财务结构。筹集资金是公司发行股票最直接的目的。通过股权融资在量上可以扩大公司经营规模,追加投资,拓展市场;在结构上可以调整公司的财务结构,保持适当的资产负债比例。

② 提高公司知名度。股票公募发行及上市需要进行首次信息披露与持续信息披露,同时各媒体传播的上市股票的交易信息,将会产生巨大的广告效应,提高公司的知名度。而公司知名度的提高则可推动公司的产品销售与市场开拓,提高公司的经营业绩。

③ 提高公司运作效率。股票公募发行及上市,使股票在不同投资者之间不断流动与转换,利于股权的分散化或集中化,一方面提高了公司内部"用手投票"机制的约束效率;另一方面有利于形成外部市场"用脚投票"机制的约束效率,促进公司管理层改善经营,提高效益。

(2) 股票公募发行的缺点。对发行公司而言,股票的公募发行主要有以下缺点:

① 发行过程复杂、费用昂贵。股票的公募发行必须按照有关法律法规的要求经过一系列的发行程序,需要投资银行、会计师事务所、资产评估机构、律师事务所等中介机构的协助,整个发行工作费时费力,还要支付中介机构的服务费用。

② 不利于商业秘密的保护。股票的公募发行与上市必须遵循公开原则，首次信息披露与持续披露信息无疑有利于投资者正确地选择投资对象，但同时，也会使公司的商业秘密泄露于竞争对手，从而影响公司的竞争能力。

③ 不利于公司控制权的把握。股票的公募发行与上市，公司股权按照规定要有一定程度的分散；信息公开披露，使公司内部情况比较透明；加上公司上市的种种优点，往往会使该公司成为其他公司兼并收购的目标，威胁到现有大股东对该公司的控制权。

2. 股票公募发行的承销方式

股票公募发行通常都依靠投资银行来完成。投资银行承销公募股票的方式，一般包括全额包销、代销与余额包销。

(1) 全额包销。全额包销是指投资银行按议定价格直接从发行者那里购进将要发行的全部证券，然后再出售给投资者。采用这种销售方式，发行公司可以保证能够获得所需的资金，但发行失败的风险却从发行公司转移到承销商，因此承销商往往要求通过扩大包销差价即提高承销收益的方式来得到补偿。

(2) 代销。代销是指承销商只作为发行公司的证券销售代理人，而不承担按规定价格购进证券的义务。采用这种方式时，投资银行与发行者之间的关系是纯粹的代理关系。投资银行为推销证券而收取代理手续费，它既不会因证券销售不出而承担风险，也不会因证券全部售出而获得额外报酬，发行失败的风险由发行公司自身承担。采用这种方式的原因在于：声誉卓著的发行公司为减少发行费用或投资银行对发行公司的信心不足。

(3) 余额包销。余额包销，通常发生在股东行使其优先认购权时，即再融资的上市公司在增发新股之前，向现有股东按其所持股份提供优先认购权，在现有股东认购股份后若还有余额，承销商有义务全部买进剩余股票，然后再出售给其他投资者。为鼓励股东行使优先认购权，认购价通常会低于市价。一般来说，认购价若低于市价，现有股东会行使其认购权；但在行使有效期内，若发生市价下跌，出现市价低于认购价时，那么股东就会放弃认股权。因此发行公司为防止因认股权被放弃而无法完成既定的融资计划，一般与投资银行签订余额包销协议，由投资银行按事先议定的价格买进剩余的股份。这时投资银行可能要承担风险，为此投资银行往往根据预计发行股票金额的一定比例收取承销费，作为承销风险的代价或补偿。

3. 股票公募发行的程序

由于各国证券发行管理制度的不同，必然导致证券具体发行程序上的差异。作为主承销商的投资银行在股票公募发行的不同阶段主要发挥以下作用：

(1) 签订承销意向书。发行公司发行公募股票，必须与其选定的投资银行接触，在双方有意就股票发行事宜进行合作的基础上，签订承销意向书，基本明确发行公司与作为承销商的投资银行各自的权利与义务。承销意向书的主要内容应包括发行证券的种类、发行数量、发行价格的确定方式、发行费用等等。

(2) 尽职调查。尽职调查是以投资银行业公认的业务标准和道德规范，对发行公司及所处行业的有关情况及有关文件的真实性、准确性、完整性进行的核查、验证等专业调查。

各国证管部门都要求公开发行证券的公司必须尽可能向潜在的投资者提供所有的资料与信息，以便投资者做出投资选择。因此，投资银行必须尽可能广泛地、深入地搜集与发行公司有关的各种资料，主要包括：①发行公司所在行业资料：如所在行业发展趋势和最新动态，发行公司最主要的同行业竞争者等。②发行公司的经营资料：如发行公司的历史沿革，主要产品，主要客户和供应厂商，公司的组织结构，经营策略和远景规划等。③发行公司的财务状况，如公司的主要财务报表、主要合同和保险项目、税务状况、与银行的关系等。

(3) 编制、递交规定的文件。尽职调查结束后，要将有关文件归档，递交证管部门以便注册登记或等待核准。在多数情况下，注册登记或等待核准，主要是从完成证管部门规定的文件表格开始的。

规定的文件主要分为两部分：一是招股说明书，是用来向证管部门注册或由证管部门核准和向投资者销售证券最主要的文件，它必须向所有潜在投资者保证，这是充分公正的信息披露。二是各种类型的证据性文件，如财务审计报告、资产评估报告、法律意见书等。

(4) 组织承销团与分销团。作为主承销商的投资银行负有组织承销团的全部责任和权限，如承销团成员的选择、每个成员的承销比例、承销手续费的分配等重要事项由主承销商负责决定。

承销团成员要自负盈亏，负责承销一定比例的证券；而分销团成员则是指那些不属于承销团的机构，通常不自行约定承销额，而是从承销团成员那里购得证券再出售给公众，并按销售额计收手续费。

主承销商拥有的声望、实力、市场能力和研究水平，在很大程度上决定了首次公开发行能否成功以及证券在二级市场上的表现。主承销商必然要通过自身的机构网络销售大部分证券，同时也有责任保证证券的流动性。主承销商之所以不单独承销发行，而通过组建承销团，共同销售证券，是因为：一是在全额包销的情况下主承销商要投入巨资并承担极大的市场风险，而单个投资银行的客户基础和销售力量毕竟有限；二是单独承销，其他投资银行就会失去在二级市场吸纳该证券的兴趣，丧失分析研究、提供咨询服务的动机，这将可能使发行的证券在上市后难有表现，并在流动性上受到影响。

(5) 路演。路演是发行公司和投资银行在向证券主管部门递交注册登记文件或审核批准之后所进行的具有关键作用的营销活动。路演致力于沟通信息，它为发行公司提供将公司介绍给潜在投资者的机会。路演期间，投资银行人士陪同发行公司的高管人员前往各主要金融中心城市，拜访潜在的投资者和证券分析人士，使投资者有机会通过巡回宣传活动评价发行公司的经营状况与管理水平，并向公司提出质询；同时，投资银行与发行公司通过巡回宣传了解市场人士对此次发行的反应。路演的成功实施可以达到以下目的：①创造对新证券的需求；②使新证券在发售上市后表现良好；③树立公司的良好形象，坚定投资者长期投资的信心。

更为重要的是，通过路演，作为主承销商的投资银行能够较为准确地估计投资者对新股的需求水平。并据此调整最终的发行价格及发行数量。

(6) 销售。证券销售是证券发行的最后阶段，投资银行在证券销售中的业务可以包括：

① 证券预销。许多承销商为确保其承销份额尽快销售并获取承销收益，往往采用向投资者预售的办法。每个承销商都由其客户经理与客户联系，试图从客户那里得到购买证券的许诺，但双方也都有收回许诺的权利。这种在最终销售未达成前就得到客户许诺的过程称为证券预销。

证券预销中客观上存在着诚信的考验。从客户经理的角度来说，向投资者预售证券是有效的,一旦时机成熟投资者便可买进,但如果投资者多次食言,那么客户经理就不会再与他有业务往来;反之,如果承销商事前夸下海口,但事后不能售给投资者事先许诺的证券数量,其信誉将受到损失。所以,预销对双方都应有一个切合实际的基本估计。

② "绿鞋"安排。"绿鞋"是指一种主承销商在获得发行公司许可情况下可以超额配售股份的发行方式,其目的是为了防止股票发行上市后股价下跌至发行价及以下,以支持和稳定二级市场上该股票的交易。

"绿鞋"安排的具体运作:在股票发行时主承销商和发行公司达成协议,允许投资银行在既定的股票发行规模基础上,可视市场情况使用发行公司所授予的股份超额配售权。主承销商如果使用这种超额配售权,就处卖空部位,一旦股票下跌至发行价时,主承销商就可以按发行价购买被抛售的股票,从而达到支撑股价的目的。一旦股票上市后股价上涨,则主承销商不必花高价从二级市场购买,只需发行公司多发行相应数量的股份给主承销商即可。

"绿鞋"这一名称来自佩恩·韦伯公司在 1963 年为佛蒙特州的绿鞋公司发行股票首次采用的一种期权。订立"绿鞋"安排的发行规模及有效期限都应在注册登记文件中加以说明。"绿鞋"安排主要是在市场状况不佳,对发行结果不乐观或难以预料的情况下使用。

③ 提供稳定报价。提供稳定报价是指主承销商在承销期中为发行的证券提供一个稳定性报价,即在新证券宣告发行之日到新证券的付款截止日期间,主承销商报出一个不低于发行价的买入价,市场上任何该证券的卖家都可以按这个报价出售该证券,这个报价就是支持与稳定该证券的价格,直到发行完毕。提供稳定报价对首次公开发行的公司十分重要,其实质是为了树立投资者对该证券的信心。

4. 股票公募发行的定价

发行定价是投资银行在股票公募发行尤其是首次公开发行中最困难的一项工作。这不仅是因为在全额包销方式下,定价的高低决定了承销商承担风险的大小,而且还因为定价的高低涉及发行公司、投资银行与投资者各方的直接利益。

(1) 承销定价方式。在实际操作中,各个国家和地区根据其市场特点的不同,逐步形成几种通行的承销定价方式。

① 美国式的"累积订单方式"。累积订单方式是指最终发行价格在发行开始时没有完全确定,只是确定了其可能的发行价格区间,最终发行价格将由主承销商同发行公司根据推销活动的"订购需求"等因素在最终定价会议上确定。这种定价方式能视市场的情况变动与新股需求量变动而调整发行价格,现有较多的国家和地区的证券市场开始采用这一方式或朝这一方式努力。在累积订单方式下,主承销商一般要进行以下三次定价:

第一次估计发行价格。发行公司在选择主承销商时,往往要求竞标的各家投资银行给出各自预期的发行价格。在其他条件基本相同的情况下,发行公司总是倾向于选择估价较高的投资银行作为主承销商。需要指出的是,第一次估计发行价格往往带有一定的乐观偏差。

第二次确定发行价格区间。在基本完成尽职调查后,主承销商对发行公司的业务和经营状况有了全面的了解。主承销商在决定发行价格区间时,首先要在召集投行内部各相关部门人员从各个不同角度探讨合适的价格区域,并据此与发行公司协商。由于双方的出发点差异,发行公司提出的发行价格区间必然会高于主承销商提出的价格区间。

主承销商与发行公司要取得一致,必须客观评价与定价相关的事宜,做出与定价相关的预测,也即就定价的基础取得一致的认识。定价的基础一般包括:a.公司的价值与业绩;b.市场的需求及趋势;c.其他投资银行的反映与可能行为等。

在确定发行价格区间时,投资银行和发行公司都应认识到,市场心态和氛围很大程度上决定着新股上市后的市场表现。如果新股上市首日,交易价格在发行价格之上10%—15%浮动,那么良好的市场心态可能会激发投资者以更大的信心与热情去追捧新股;相反,如果新股上市首日,交易价格基本上在发行价格之下进行,那么不利的市场心态会引出巨大的抛盘,从而使股价继续下沉。因此,双方如能达成此共识,发行价格宜定为股票上市预期交易价格的90%左右。

由主承销商与发行公司经过协商,确定了一个双方认可的定价区间后,承销团与分销团成员在此定价区间内分别向自己的客户推介,促销所发行的证券,并将各自征集的客户满意的价位和购买数量意愿反馈给主承销商。

第三次决定最终发行价格。前两次决定的价格或价格区间并不具备法律的约束力,主承销商还有更改的机会,而最终发行价格一旦确定,进入正式的招股说明书,就具备了法律的约束力,主承销商及其承销团其他成员必须按此价格发售新股,并购买未售出的剩余股票。

主承销商在汇总承销团与分销团征集的订单,计算出各个不同价位上的需求总量后,将会同发行公司召开最终定价会议。由于发行公司的各方面情况已在上述定价讨论中得到广泛而准确的披露,因此最终定价会议的核心内容是确定能够反映该股票总体需求,保证交易市场交易表现良好的最终发行价格。

② 中国香港式的"固定价格方式"。固定价格方式是指主承销商和发行公司在公开发售前确定某一固定价格,然后再根据这一确定价格进行公开发行。在这一定价方式中,不存在像"累积订单方式"中的推介与促销,一般由主承销商与发行公司通过商业谈判确定,因此价格的确定往往与双方谈判能力直接相关。由于主承销商与发行公司都难以判断在此价位水平投资者对该股票的需求程度,主承销商为了降低风险,保证首日公开招股成功,所以这种定价方式下的发行价格一般会低于"累积订单方式"下的发行价格。

(2) 定价的确定方法。前述的承销定价方式是指各国或地区股票发行定价的制度。在这一制度的前提下,主承销商与发行公司协商发行价格或发行价格区间时,还有着定价的不同确定方法。

① 市盈率法。市盈率法是将上市公司的盈利能力作为核定公司内在价值的关键。其计算公式:

$$发行价格(P_0) = 每股税后利润 \times 市盈率 \qquad (2-1)$$

市盈率法的主要理论依据是比较公司价格,即以证券市场上同类公司的市盈率为定价的参照系,以发行公司的每股税后利润乘以所拟定的市盈率即可算出发行公司股票的发行价格。

② 现金折现法。现金折现法是根据预期在一段时期内股价变动和派送股利的收入来估计股票的发行价格,即股票的发行价格(P_0)是股票今后股利(D)和未来股价(P_n)的现值之和。其基本计算公式为:

$$P_0 = D_1/(1+R) + D_2/(1+R)^2 + \cdots\cdots + (D_n + P_n)/(1+R)^n \qquad (2\text{-}2)$$

式(2-2)中 R 为市场公允的折现率。

国际证券市场往往对高速公路、桥梁、港口等基础设施公司股票的估值与发行定价采用现金折现法。因为这类公司的前期投资大、回报低,上市时的利润水平一般不高,如果采用市盈率法定价则会低估其价值。而采用现金折现法,则可较准确地估计与反映这类公司的整体与长远价值。

③ 净资产倍率法。净资产倍率法是将上市公司的净资产作为核定公司内在价值的关键因素。其计算公式为:

$$发行价格(P_0) = 每股净资产 \times 溢价倍率 \qquad (2\text{-}3)$$

国际证券市场常常对房地产公司及资产现值要重于商业利润的公司股票的估值与发行定价采用净资产倍率法。这种方式确定股票发行价格时不仅应考虑公司净资产确定的科学性与合理性,还须考虑市场所能接受的溢价倍率。

二、股票的私募发行

股票的私募发行是指发行公司不通过公开的证券市场而直接向少数的特定的认购人销售股票的方式。私募发行的股票中以优先股为多。

1. 私募发行的特点

(1) 私募发行的优势。私募发行的优势主要表现在以下几个方面:

① 审查较为宽松。大多数国家对私募发行的审查较公募发行宽松。在美国,私募发行股票的公司只需向证管部门递交私募备忘录备案即可,不须证管部门批准同意。

② 市场压力较轻。私募发行不必在公开媒体上刊登招股说明书,不需广泛而详尽地对外披露公司的相关信息,可以避免公众投资者对公司经营的监督,发行公司管理层受到的市场压力较轻。

③ 投资者专业素质较高。私募发行的对象一般以与发行公司有业务往来的公司、专业机构投资者为主,他们具有比较丰富的专业知识,投资决策较为理性,对发行公司的分析较为深入,有助于发行公司改善经营管理。

④ 保护公司控制权较易。发行公司管理层在私募发行股票时可以选择投资者,能较容易地保住公司的控制权,或可将公司控制权分散至发行公司管理层认可的投资者。在美国,股票私募发行公司可以保留拒绝向某投资者出售股票或限制其购买数量的权力。

⑤ 发行费用较低。私募发行所耗用的支出较公募发行为少,尤其是募集资金金额不大的发行,这个差距更为明显。

(2) 私募发行的缺陷。私募发行的缺陷主要表现在:

① 发行难度大。私募发行不能借助公众媒体进行推介活动;证管部门对私募发行的投资者人数、范围、发行数量、流动性等方面都有规定限制;以及私募股票的流动性差等原因,往往增加了私募发行的难度。

② 流动性差。私募发行不能借助公众媒体的推介导致发行公司知名度不高;证管部门对私募证券流动性的限制导致私募证券主要是在场外市场交易,而场外市场的交易一般较为清

淡等诸多因素,最终都会影响私募证券的流动性。

③ 发行价格低。由于私募证券的流动性差,发行难度较大,以及发行公司经营风险等因素的影响,私募证券必须提供较高的投资回报率水平。因而,私募发行股票的发行价格一般都比较低。

④ 股权过于集中。私募证券投资者因投资金额较大,或合约规定的特殊条款,往往能对发行公司日常的经营管理运作进行较多的干涉。

(3) 私募证券的投资者。私募证券的投资者主要有以下类型:

① 业务关联的公司。业务关联公司主要是指发行公司的客户与供应厂商。这些公司了解发行公司的业务状况与经营水平,出于组成战略联盟的需要,愿意出资帮助发行公司的发展。

② 专业投资机构。专业投资机构主要是指保险公司、养老基金、风险投资基金等,这些专业机构往往看好发行公司所处行业的发展前景、发行公司管理层的技术业务水平,而愿意加盟发行公司,试图从发行公司发展成长过程中获取资本收益。

(4) 私募发行的公司。发行公司采用私募发行的原因可以大致归类如下:

① 筹资数量较少的公司。发行公司采用私募发行最普遍的原因是其需要筹资的数量未达到公募发行的最低标准。

② 考虑筹资成本的公司。公募发行时必要文件的编制与注册登记手续、发行公司与中介机构为准备发行花费的时间与费用等并不会因发行金额少而省略或同比例减少。采用私募发行手续较少且简便,可缩短准备发行的工作时间,还可节省发行费用。

③ 有不良记录的公司。有些公司目前经营状况良好,但过去曾经陷入经营困难以及经营危机,市场对这些公司有不良的印象,证券评级机构因重视最劣记录,评级结果必然偏低,会增加发行公司公募发行的难度及增加发行公司筹资成本。因此这类公司往往会倾向私募发行。

④ 特殊情况的公司。有特殊情况的公司主要包括以下两类:根据特殊的组织或复杂的契约进行项目融资的公司。因其涉及复杂而专业的法律、金融等问题,一般投资者以及证券评级机构等难以判断其投资的价值和安全性。但拥有强大分析能力的专业投资机构与熟悉情况的业务关联公司,只要认为发行公司的各方面条件较好,便可能会参与投资。

所需资金太大又难以采用公募发行方式达到目的的公司。当发行公司所筹集的资金数量太大时,分次在公募市场筹资不但不受投资者与证券评级机构的欢迎,而且手续费用也会随发行次数的增加而增加。在这种情况下,采用私募发行只要能通过投资银行的合理安排,仍有可能在较少冲击证券市场的前提下完成筹资工作。

2. 私募发行的操作

投资银行作为私募证券的发行代理,主要完成以下工作:

(1) 寻找可能的投资者。投资银行为发行公司寻找合适的机构投资者,并按发行公司的要求,排列出机构投资者的顺序,供发行公司选择。因此,作为私募发行代理的投资银行关键在于其掌握了多少机构投资者以及实力雄厚的程度,与投资银行关系的密切程度。当发行公司已经找到了投资者,那么投资银行便作为发行公司的顾问,提供咨询服务。

(2) 准备各项文件。私募发行要准备的各项文件一般包括:私募备忘录、认购协议等。

① 私募备忘录。私募备忘录的性质类似于公募发行中的招股说明书,只不过私募发行的公司向证券主管部门递交该文件后,不须等待批复就可进行私募发行股票的操作。

私募备忘录的正文内容通常包括:私募发行的综述、资金的用途、汇总财务报表以及公司管理部门对报表的分析、资本总额的估计值、公司经营与行业状况的详细介绍、发行公司管理层的介绍、完整的财务报表等。

为从广度和深度上都满足机构投资者的需要,发行公司被要求披露的信息资料包括:行业和行业细分类的介绍,公司主导产品和服务,主要市场与销售渠道,原材料的来源和供应的可靠性,公司拥有的专利、商标、执照、特许权的情况、有效期及其影响,季节性因素和周期性因素,客户,已接受的订单,对利润估计或合同终止有实质性影响的因素,发行公司的竞争地位与市场份额,发行公司发展与研究活动等等。

② 认购协议。认购协议是私募发行的又一重要文件,认购协议经发行公司、投资银行及双方的顾问共同起草、协商、定稿,然后寄发给潜在的投资者。认购协议应具体列出本次发行的证券数量、证券面值与售价,还应包括确认认购有效性的条款。

(3) 尽职调查。在私募发行中,投资银行如公募发行一样,也应就发行公司及其所在行业状况,公司管理层及管理能力,公司财务状况等为投资者作充分的尽职调查。投资者主要是机构投资者在接到购买要约后,通常还会亲自对发行公司进行调查研究,然后做出是否购买决策。因此,在私募发行中,发行公司要接受多次的彻底调查。

三、上市公司再融资

再融资是指上市公司通过配股、增发和发行可转换债券等方式在证券市场上进行的直接融资。再融资可以对上市公司的发展起到较大的推动作用。上市公司发行证券,可以向不特定对象公开发行,也可以向特定对象非公开发行。

1. 发行股票

(1) 配股。向原股东配售股份,简称"配股",除符合一般规定外,还应当符合下列规定:①拟配售股份数量不超过本次配售股份前股本总额的30%;②控股股东应当在股东大会召开前公开承诺认配股份的数量;③采用证券法规定的代销方式发行。

(2) 增发。向不特定对象公开募集股份,简称"增发",除符合一般规定外,还应当符合下列规定:①最近三个会计年度加权平均净资产收益率平均不低于6%,扣除非经常性损益后的净利润与扣除前的净利润相比,以低者作为加权平均净资产收益率的计算依据;②除金融类企业外,最近一期期末不存在持有金额较大的交易性金融资产和可供出售的金融资产、借予他人款项、委托理财等财务性投资的情形;③发行价格应不低于公告招股意向书前二十个交易日公司股票均价或前一个交易日的均价。

2. 发行可转换公司债券

可转换公司债券,是指发行公司依法发行、在一定期间内依据约定的条件可以转换成股份的公司债券。公开发行可转换公司债券的公司,除应当符合一般规定外,还应当符合下列规定:(1)最近三个会计年度加权平均净资产收益率平均不低于6%。扣除非经常性损益后的净利润与扣除前的净利润相比,以低者作为加权平均净资产收益率的计算依据;(2)本次发行后累计公司债券余额不超过最近一期期末净资产额的40%;(3)最近三个会计年度实现的年均可分配利润不少于公司债券一年的利息。

可转换公司债券的期限最短为一年,最长为六年。可转换公司债券每张面值一百元。可转换公司债券的利率由发行公司与主承销商协商确定,但必须符合国家的有关规定。公开发行可转换公司债券,应当委托具有资格的资信评级机构进行信用评级和跟踪评级。资信评级机构每年至少公告一次跟踪评级报告。上市公司应当在可转换公司债券期满后五个工作日内办理完毕偿还债券余额本息的事项。公开发行可转换公司债券,应当约定保护债券持有人权利的办法,以及债券持有人决议的权利、程序和生效条件。

上市公司可以公开发行认股权和债券分离交易的可转换公司债券,简称"分离交易的可转换公司债券"。发行分离交易的可转换公司债券,除符合一般规定外,还应当符合下列规定:①公司最近一期期末经审计的净资产不低于人民币十五亿元;②最近三个会计年度实现的年均可分配利润不少于公司债券一年的利息;③最近三个会计年度经营活动产生的现金流量净额平均不少于公司债券一年的利息;④本次发行后累计公司债券余额不超过最近一期期末净资产额的40%,预计所附认股权全部行权后募集的资金总量不超过拟发行公司债券金额。

分离交易的可转换公司债券应当申请在上市公司股票上市的证券交易所上市交易。分离交易的可转换公司债券中的公司债券和认股权分别符合证券交易所上市条件的,应当分别上市交易。分离交易的可转换公司债券的期限最短为一年。

3. 非公开发行股票

非公开发行股票是指上市公司采用非公开方式,向特定对象发行股票的行为。

非公开发行股票的特定对象应当符合下列规定:①特定对象符合股东大会决议规定的条件;②发行对象不超过35名。发行对象为境外战略投资者的,应当遵守国家的相关规定。

上市公司非公开发行股票,应当符合下列规定:①发行价格不低于定价基准日前20个交易日公司股票均价的80%;②本次发行的股份自发行结束之日起,6个月内不得转让;控股股东、实际控制人及其控制的企业认购的股份,18个月内不得转让;③募集资金使用符合《上市公司证券发行管理办法》(下称《管理办法》)的规定;④本次发行将导致上市公司控制权发生变化的,还应当符合中国证监会的其他规定。

上市公司申请公开发行证券或者非公开发行新股,应当由保荐人保荐,并向中国证监会申报。保荐人应当按照中国证监会的有关规定编制和报送发行申请文件。上市公司发行证券,应当由证券公司承销;非公开发行股票,发行对象均属于原前十名股东的,可以由上市公司自行销售。保荐机构及保荐代表人应当对公开募集证券说明书的内容进行尽职调查并签字,确认不存在虚假记载、误导性陈述或者重大遗漏,并声明承担相应的法律责任。

保荐人需要勤勉尽责,认真做好合规性督导、尽职调查和推荐申报工作。保荐人应该协助、督促发行人严格按照《管理办法》,结合章程指引和股东大会规则,规范内部决策程序,慎重做出董事会决议和股东大会决议。决议的事项和内容必须符合《管理办法》的规定,并按照新的规定及时披露信息。上市公司再融资方案对投资者具有加大的敏感性,对于不符合《管理办法》规定的事项和内容,发行后应当督促上市公司及时予以纠正,避免对投资者形成重大误导。

尽职调查报告对调查的每个重要事项必须包括调查过程、基本情况和调查结论。保荐人应当结合规定,协助上市公司建立募集基金专项存储制度,确保募集资金必须存放于公司董事会决定的专项账户,并对募集资金管理制度是否健全进行尽职调查。保荐人应当按照新的申请文件目录和信息披露准则,认真制作申请文件。

保荐人要加强公开发行承销环节的协调和风险管理。对配股项目,要督促控股股东在股东大会召开前承诺认配股份的数量,刊登配股说明书前必须做好发行失败、将资金返还已经认购的股东的预案;对公开增发和可转债项目,应当适应市价发行的要求,加强对推介和销售工作的规范和管理,注重控制市场风险,做好大额包销的预案。

在承销过程中,要贯彻上市公司及其全体股东利益最大化的原则。在尊重发行人管理层自主权的同时,应当与发行人共同做好簿记建档工作,综合考虑特定对象是否属于老股东、上下游战略伙伴,以及特定对象申报的数量、价格、持有期限等因素,制定选择发行对象的合理标准,最终选择发行价格和发行对象。不能因为管理层和承销商享有一定的自主权,而擅自将股份发行给不符合公司利益标准的内部人。

第三节 债券的发行业务

按债券发行对象的不同,债券发行同样有公募发行与私募发行两种类型。

一、债券的私募发行

在证券市场较为成熟的市场经济国家,债券的私募发行的手续比较简单,一般不需要向证管部门提交相关文件报批,私募发行人可以自由发行,即直接与机构投资者如养老基金、人寿保险公司、投资基金等接洽,商谈债券的种类、期限、利率等具体条件,无需投资银行的介入。

债券的私募发行也可有投资银行的参与,但其承担的业务较少,主要是让投资银行帮助寻找投资者,或充当发行人的财务顾问,帮助设计能满足发行与投资双方要求的发行方案。此外,投资银行也可以包销全部或部分私募债券或直接充当私募债券的投资者。

二、债券的公募发行

债券的公募发行一般发行金额较大,面对广大投资者,要求较强的流动性,因而发行的要求比较高,手续较为复杂,必须要有投资银行的参与。

1. 债券的信用评级

债券的信用评级是指专业的证券评级机构就某一特定债券对其发行人的信用等级的一种评价。

对债券进行信用评级的根本目的是将债券发行人的信誉和偿债的可靠程度公诸投资者,以保护投资者的利益,使其在投资证券时避免因信息不对称而造成损失。

债券信用评级的主要依据包括:①债券发行人的偿债能力即发行人的盈利预期、资产负债比例和按期还本付息的能力等;②债券发行人的资信状况,主要考察发行人的过去偿债情况及市场信誉等;③投资者承担的风险水平,主要分析发行人破产或重组的可能性大小,一旦出现意外,债权人所受保护的程度等。

根据债券风险程度的大小,债券的信用级别一般可分为十个等级,最高级是 AAA 级,最低级是 D 级。十个等级的债券,大致又可分为两类:前四级为投资级;BB 级(含 BB 级)以下为投机级,但投机程度有很大差别。

表 2-1 债券的信用等级及含义

符号	符号含义	品质说明
AAA	最高级	最高级品质,本息偿还具有最大的保障
AA	高级	高级品质,对本息偿还的保障条件略逊于最高级
A	中高级	中上品质,对本息偿还的保障尚属适当,但保障条件不及以上两种债券
BBB	中级	中级品质,目前对本息偿还的保障尚属适当,但未来经济状况发生变化时,约定的条件可能不足以保障本息的安全
BB	中低级	中下品质,具有一定的投机性,保障条件属中等
B	半投机级	具有投机性,而缺乏投资性,未来的本息缺乏适当的保障
CCC	投机级	两者都具有投机性,CC 级比 CCC 级更差。债息尚能支付,但是经济状况不佳时,债息可能停付
CC		
C	充分投机级	债信不佳,本息可能已经违约停付,专指无力支付债息
D	最低等级	品质最差,不会履行债券,前途无望

2. 债券发行的招投标

根据公募债券是否公开招标发行,投资银行有两条获取发行业务的途径。

一是投资银行主动与发行人接触,在了解发行人的设想与要求之后,主动编制发行方案的建议书提交发行人。发行建议书应包括债券发行的全部要素,承销团组织的设想,主承销商及承销团成员的认购计划,债券的分销计划,等等。如果发行人对发行建议书比较满意,就会与投资银行进一步磋商与修订有关细节。在发行建议书进一步完善后,发行人与投资银行签订债券发行合同,由该投资银行担任主承销商并组建承销团。

二是参加竞争投标。公募债券发行人为降低债券的发行成本,获取最佳的发行方案,常常采用投标方法来选择投资银行。投资银行应主动参与投标。投标的标书一般有统一的格式,其主要内容应包括债券发行的全部要素,最主要的是利率的设定,承销费用的计算等。投资银行可以单独投标,也可联合其他金融机构组成投标团,以示实力。发行人在规定的截止日期前将各家标书全部收齐,然后进行开标。一般以最符合发行人要求的投标人或投标团中标,发行人与中标人或中标团签订债券的承销合同。

(1)招标发行方式。在招标发行中,从招标竞争标的物看,有缴款期招标、价格招标和收益率招标三种形式。

① 缴款期招标。投标人以缴款时间作为竞争标的物,发行人按由近及远的原则确定中标人,直至募满发行额为止。缴款期是招标人将所认购债券的价款划入发行人指定账户的时间。缴款期招标方式通常在发行价格和票面利率已经确定的条件下采用,一般适用于招标机制不很健全的环境。

② 价格招标。投标人以发行价格为竞争标的物，发行人根据投标价格由高到低的顺序确定中标人和中标额。贴现债券多采用价格招标，如果附息债券或附有票面利率的零息债券采用价格招标必须先将票面利率确定，附有票面利率的债券的中标收益率在中标价高于其面值时低于票面利率；否则，高于票面利率。

③ 收益率招标。投标人以债券投资收益率为竞争标的物，发行人按由低到高的顺序确定中标人和中标额。不论是贴现债券还是附息债券均可采用收益率招标方式。事实上，所有债券招标方式在本质上都是收益率招标，因为最终都反映在收益率的差异上。对附有票面利率的债券，通过招标过程确定的票面利率，一般为所有中标收益率的加权平均数。收益率招标时，中标人的盈亏是由其缴款价格相对于面值的差额体现，即当中标收益率低于加权平均数时，则缴款价格高于面值，相对亏损；反之，则相对盈利。

在招标发行中，从确定中标的规则来看，有荷兰式招标与美国式招标两种形式：

① 荷兰式招标。又称单一价格招标，是指在招标规则中，发行人按募满发行额为止的最低中标价格作为全部中标人的最后中标价格，也即每一中标人的认购价格是同一的。只是，当以价格为竞争标的物时，最后中标认购为所有中标价格的最低价格；当以收益率为竞争标的物时，最后中标认购收益率为所有中标收益率的最高收益率。当以加权平均中标收益率作为票面利率时，将会使票面利率低于最高中标收益率，则全部中标人的认购缴款价格将低于面值，显然对发行人不利。因此，荷兰式招标中，一般以最高中标收益率为票面利率。

② 美国式招标。又称多种价格招标，是指在招标规则中，发行人按每一投标人各自的投标价格确定中标人及中标认购数量，招标结果一般是各个中标人有各自不同的认购价格，及不同的收益率水平。

不论是缴款期，还是价格或收益率作为竞争标的物，均可采用美国式招标方式。当以发行价格为竞争标的物时，一般是对贴现债券采用这种方式，因为可以事先不确定票面利率，事实上，由发行人事先单方面确定票面利率，很难符合债券市场供求的实际状况。如果是附息债券，则往往根据所有中标收益率的加权平均数作为票面利率。

美国式招标因各自中标价格及收益率水平的不同，最能体现每一投标人的分析与决策能力，公平竞争更为明显。需要指出的是，与荷兰式招标相比，市场需求旺盛时，美国式收益率招标所确定的票面利率相对较低；市场需求不大时，美国式招标确定的发行利率相对较高。

（2）投标的基本依据。各种招标方式均有各自的特点，发行人可以根据不同的市场环境选择采用，也可以将不同的招标方式结合运用。

在发行人确定招标方式的前提下，投标人应全面分析这种招标方式的特点，提高投标的技术。一般情况下，投标人应当事前充分了解本次债券的种类、期限、发行时间，市场资金的供求现状，二级市场收益率变动趋势，中央银行的货币政策及可能的变动，以及投标人自身的资金状况等。其中二级市场收益率变动趋势是最主要的影响因素之一，可采用债券收益率曲线来分析。

收益率曲线是一种表明各种不同剩余期限债券的到期收益率的曲线图，其横坐标为期限，纵坐标为到期收益率。收益率曲线可以提供对现时债券市场利率期限结构的估计值，并且这一估计值随着到期收益率的变化而变化。

一般来说，收益率曲线大致有四种类型，如图 2-1 所示。

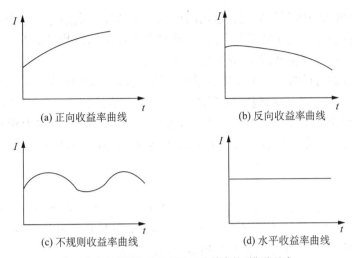

注：t 为债券的剩余到期期限，I 为债券的到期收益率。

图 2-1　收益率曲线的基本类型

（a）正向收益率曲线是最常见的收益率曲线，其形态为向上倾斜，收益率与期限呈正相关关系，即随着期限的延长，到期收益率逐渐上升，表明长期债券的收益率高于短期债券的收益率。正向收益率曲线内含着对未来利率水平上升的预期及风险补偿的因素。

（b）反向收益率曲线，其形态是向下倾斜，收益率与期限呈负相关关系，即随着时间的延长，到期收益率逐渐下降，这种情况常发生在通货紧缩、银根抽紧时期。反向收益率曲线也同样内含着对未来利率预期和风险补偿。只是未来利率下降预期的影响大于风险补偿因素。

（c）不规则收益率曲线，其形态是高低起伏，收益率与期限的相关方向不定，即随着时间的延长，收益率曲线作无序变化。这种情况通常发生在过于紧缩的货币政策时期，该收益率曲线表现为短期利率突然上升，而过了一段时期短期利率逐步下跌，长期利率逐步升高。

（d）水平收益率曲线，其形态是水平状，收益率与期限呈不相关，即到期收益率与时间变化没有联系。这种收益率曲线在实际生活中较为少见。

就发行人或参与发行的投资银行而言，利用收益率曲线分析，可以把握各种债券的收益率水平，以及已公开发售的到期日债券总量，有利于把握发行时间，及推出市场所接受、利率水平较合适的债券品种。就投标人而言，利用收益率曲线分析，有利于其把握参与投标的关键因素的确定。作为债券投资人，利用收益率曲线分析，则有利于其把握债券投资时机，选择最佳的债券投资对象。

3. 组建承销团

承销阶段的一项核心工作是组建一个承销团，又称承销辛迪加。承销辛迪加主要由经理集团与承销集团组成。

经理集团为中标的投标团，其成员都为实力雄厚的大型投资银行或商业银行，由其负责向发行人投标，其中首席经理银行为主承销商，中标后负责与发行人签约。经理集团负责本次债券的全部承销工作，并认购其中大部分债券，其内部配额一般按首席经理银行、一般经理银行、协同经理银行从多到少排列。

承销集团成员由一般的投资银行和商业银行组成，主要承销经理集团负责部分之外的债券,它由包销商和承销商两部分组成。包销商从承销辛迪加一次购进一定数量的债券进行分销,独立承担分销风险;承销商则仅负责摊销,其收入是按摊销的数量提取手续费。经理集团要与承销集团成员签订协议书,明确双方的权利与义务。

组建承销辛迪加的目的是为了将债券尽快销售出去,这涉及承销团成员的两个问题:一是诚信,即承销团成员必须在合同规定的到期日将款项交给发行人;二是风险,即承销团成员还承担着市场价格下跌而受损的风险。同时,投资银行或商业银行作为承销团成员仅承销本次债券的一部分,是因为其还参与了其他证券的承销,或者说在进行组合承销,以分散承销风险。

4. 销售

组建承销团并确定承销团各成员的责任后,便进入了债券的销售阶段。债券销售是否顺利,不仅与债券的本身质量与条件有关,还与承销辛迪加及其成员的实力、销售网络、市场形象等因素有关,而销售策划的好坏还会影响债券销售的实绩。

债券按销售结果的处理方式的不同,可分为推销、余额包销与全额包销。具体做法参阅本章第二节有关内容。

第四节 各类债券的发行与承销

一、国债的发行与承销

我国国债的发行方式——凭证式国债发行完全采用承购包销方式,记账式国债发行完全采用公开招标方式。

1. 公开招标方式

记账式国债又称无纸化国债,它是指将投资者持有的国债登记于证券账户中,投资者仅取得收据或对账单以证实其所有权的一种国债。

公开招标方式是指通过投标人的直接竞价来确定发行价格(或利率)水平,发行人将投标人的标价,自高价向低价排列,或自低利率排到高利率,发行人从高价(或低利率)选起,直到达到需要发行的数额为止。记账式国债发行采用荷兰式、美国式、混合式招标方式,招标标的为利率、利差、价格或数量。

(1) 荷兰式招标方式。标的为利率或利差时,全场最高中标利率或利差为当期国债票面利率或基本利差,各中标国债承销团成员(以下简称中标机构)均按面值承销;标的为价格时,全场最低中标价格为当期国债发行价格,各中标机构均按发行价格承销。

(2) 美国式招标方式。标的为利率时,全场加权平均中标利率为当期国债票面利率,中标机构按各自中标标位利率与票面利率折算的价格承销;标的为价格时,全场加权平均中标价格为当期国债发行价格,中标机构按各自中标标位的价格承销。标的为利率时,高于全场加权平均中标利率一定数量以上的标位,全部落标;标的为价格时,低于全场加权平均中标价格一定数量以上的标位,全部落标。背离全场加权平均投标利率或价格一定数量的标位为无效投标,全部落标,不参与全场加权平均中标利率或价格的计算。

(3) 混合式招标方式。标的为利率时,全场加权平均中标利率为当期国债票面利率,低于或等于票面利率的标位,按面值承销;高于票面利率一定数量以内的标位,按各中标标位的利率与票面利率折算的价格承销;高于票面利率一定数量以上的标位,全部落标。标的为价格时,全场加权平均中标价格为当期国债发行价格,高于或等于发行价格的标位,按发行价格承销;低于发行价格一定数量以内的标位,按各中标标位的价格承销,低于发行价格一定数量以上的标位,全部落标。背离全场加权平均投标利率或价格一定数量的标位为无效投标,全部落标,不参与全场加权平均中标利率或价格的计算。

2. 承购包销方式

凭证式国债,是指国家采取不印刷实物券,而用填制国库券收款凭证的方式发行的国债。它是以国债收款凭单的形式来作为债权证明,不可上市流通转让,但可以提前兑付。提前兑付时按实际持有时间分档计付利息。我国从1994年开始发行凭证式国债。凭证式国债具有类似储蓄、又优于储蓄的特点,通常被称为储蓄式国债,是以储蓄为目的的个人投资者理想的投资方式。

承购包销方式是指由发行人和承销商签订承购包销合同,合同中的有关条款是通过双方协商确定的。目前主要运用于不可上市流通的凭证式国债的发行。

二、地方政府债券的发行

地方政府债券(Local Government Bond)也被称为市政债券(Municipal Securities)。

《中华人民共和国预算法》第三十五条规定地方各级预算按照量入为出、收支平衡的原则编制,除本法另有规定外,不列赤字。经国务院批准的省、自治区、直辖市的预算中必需的建设投资的部分资金,可以在国务院确定的限额内,通过发行地方政府债券举借债务的方式筹措。举借债务的规模,由国务院报全国人民代表大会或者全国人民代表大会常务委员会批准。省、自治区、直辖市依照国务院下达的限额举借的债务,列入本级预算调整方案,报本级人民代表大会常务委员会批准。举借的债务应当有偿还计划和稳定的偿还资金来源,只能用于公益性资本支出,不得用于经常性支出。除前款规定外,地方政府及其所属部门不得以任何方式举借债务。除法律另有规定外,地方政府及其所属部门不得为任何单位和个人的债务以任何方式提供担保。国务院建立地方政府债务风险评估和预警机制、应急处置机制以及责任追究制度。国务院财政部门对地方政府债务实施监督。

地方政府债券发行先后采取了"代发代还""自发代还"和"自发自还"三种模式。

2009年3月,财政部制定了《2009年地方政府债券预算管理办法》,为弥补财政减收增支形成的缺口,国务院同意地方发行2 000亿元债券,由财政部代理发行,列入省级预算管理。以省、自治区、直辖市和计划单列市政府为发行和偿还主体,由财政部代理发行并代办还本付息和支付发行费的可流通记账式债券,即"代发代还"模式。地方政府债券统一由财政部代理,按照记账式国债发行方式,面向记账式国债承销团甲类成员招标发行。地方财政部门指定观察员现场观察招标过程。中标的承销机构可以采取场内挂牌和场外签订分销合同的方式分销。挂牌分销为承销商在证券交易所交易系统挂牌卖出;协议分销为承销商同其他机构或个人投资者签订分销协议进行分销认购。地方政府债券发行后可按规定在全国银行间债券市场和证券交易所市场上市流通。财政部代理发行地方政府债券,有利于充分利用财政部多年来发行国债积累的丰富经验、成熟的技术以及与投资者之间形成的良好关系;有利于降低地方政府融资成本,提高债券发行效率;有利于保障投资者按时收到本金和利息,提升地方政府债信用等级,充分保护投资者利益;有利于根据地方政府需求和债券市场情况,统筹安排发行节奏,促进债券市场稳定。

2011年,地方政府债券的发行模式进行了改革。《2011年地方政府自行发债试点办法》启动了上海、浙江、广东、深圳四省(市)的地方政府自行发债试点,并明确"自行发债是指试点省(市)在国务院批准的发债规模限额内,自行组织发行本省(市)政府债券的发债机制"。试点省(市)可发行3年和5年期债券,实行年度发行额管理,还本付息仍由财政部代办执行,即"自发代还"模式。2013年起,增加了江苏和山东成为"自发代还"试点地区,延长了发债期限(3年、5年和7年),增加了发债规模,2012年和2013年地方政府债券的批准额度分别达到2 500亿元和3 500亿元。

2014年5月22日,财政部印发《2014年地方政府债券自发自还试点办法》,推进地方政府债券改革。首先,地方政府债券首次以地方政府信用资质为基础,由地方政府自主发行和偿还;其次,地方政府债券期限由以前的3年、5年、7年拉长至5年、7年和10年;最后,首次要求地方政府债券要进行信用评级,并公开披露发债主体的经济、财政状况,以及债务数据。地方政府债券市场完成了"代发代还"向"自发自还"的试点转变。

2020年前2个月,全国发行地方政府债券12 230亿元;其中,发行一般债券2 732亿元,发行专项债券9 498亿元。地方政府债券平均发行期限15.2年,其中一般债券17.5年,专项债券14.5年;地方政府债券平均发行利率3.44%,其中一般债券3.39%,专项债券3.46%;地方政府债券支付利息529亿元。截至2020年2月末,全国地方政府债务余额225 302亿元。其中,一般债务121 426亿元,专项债务103 876亿元;政府债券223 413亿元,非政府债券形式存量政府债务1 889亿元。

三、金融债券的发行

金融债券包括一般金融债券、次级债券和混合资本债券3种。

1. 一般金融债券

一般金融债券是指依法在我国境内设立的政策性银行、商业银行、企业集团财务公司及其他金融机构法人发行的、按约定还本付息的有价证券。金融债券因发行主体的不同,其发行条件和应报送的文件也有很大差异。

金融债券可以在银行间债券市场公开发行或者定向发行。

发行金融债券时,发行人应组建承销团,金融债券的承销可以采用招标承销或协议承销等方式。以招标承销方式发行金融债券的,发行人应与承销团成员签订承销主协议。以协议承销方式发行金融债券的,发行人应聘请主承销商,由发行人与主承销商协商安排有关发行工作。主承销商应与承销团成员签订承销团协议。

以定向形式发行金融债券的,应优先选择协议承销方式。定向发行对象不超过两家,可不聘请主承销商,由发行人与认购机构签订协议安排发行。采用簿记建档方式协议承销发行的金融债券,发行人应选定簿记管理人;在簿记建档前,簿记管理人应向承销团成员公布簿记标的、中标确定方式等簿记建档规则;在簿记建档过程中,簿记管理人应确保簿记建档过程的公平、公正和有序,并对簿记建档所涉及的有关文件予以妥善保存。

主承销商应切实履行以下职责:(1)以行业公认的业务标准和道德规范,对金融债券发行人进行全面尽职调查,充分了解发行人的经营情况及其面临的风险和问题;(2)为发行人提供必要的专业服务,确保发行人充分了解有关法律制度和市场管理政策,以及所应承担的相关责任;(3)会同律师事务所、会计师事务所核查发行人申请材料的真实性、准确性和完整性;(4)督促发行人按照有关要求进行信息披露,并会同律师事务所、会计师事务所核查信息披露文件的真实性、准确性和完整性;(5)按照签订协议,做好金融债券推介和销售工作,主承销商应具备对所承销金融债券做市的能力;(6)金融债券发行结束后10个工作日内,应向中国人民银行书面报告当期债券承销情况。

金融债券发行结束后10个工作日内,发行人应向中国人民银行书面报告当期金融债券发行情况。

为金融债券发行提供专业服务的承销商、信用评级机构、会计师事务所、律师事务所等专业机构及有关人员,应当按照本行业公认的业务标准和道德规范,对提供服务所涉及的文件进行认真审阅,确认其不存在虚假记载、误导性陈述或重大遗漏,并出具有关专业报告或意见,同时应出具承诺函,确认已履行上述义务。

2. 次级债券

次级债券是指由银行发行的,固定期限不低于5年(含5年),除非银行倒闭或清算不用于弥补银行日常经营损失,且该项债券的索偿权排在存款和其他负债之后的商业银行长期债券。商业银行发行次级债券,须向中国银保监会提出申请,提交可行性分析报告、招募说明书、协议文本等规定的资料。

次级债券可以私募方式发行,也可以在全国银行间债券市场公开发行并正常交易。商业银行发行次级债券应聘请证券信用评级机构进行信用评级。其发行可采取一次足额发行或限额内分期发行的方式。发行人应组成承销团,承销团在发行期内向其他投资者分销次级债券。次级债券的承销可采用包销、代销和招标承销等方式。

经中国银保监会认可,商业银行发行的普通的、无担保的、不以银行资产为抵押或质押的长期次级债券工具可列入附属资本,在距到期日前最后5年,其可计入附属资本的数量每年累计折扣20%。

为了规范保险公司次级债券的定向募集、转让、还本付息和信息披露行为,保证保险公司的偿付能力,2011年10月6日,中国保监会发布了《保险公司次级定期债务管理办法》。该办法所称保险公司次级债券是指保险公司经批准定向募集的,期限在5年以上(含5年),本金和利息的清偿顺序列于保单责任和其他负债之后、先于保险公司股权资本的保险公司债务。与商业银行次级债券不同的是,保险公司次级债券的偿还只有在确保偿还次级债券本息后偿付能力充足率不低于100%的前提下,募集人才能偿付本息;并且募集人在无法按时支付利息或偿还本金时,债权人无权向法院申请对募集人实施破产清偿。

3. 混合资本债券

混合资本债券是一种混合资本工具,它同时兼有一定的股本性质和债务性质,但比普通股票和债券更加复杂。我国的混合资本债券是指商业银行为补充附属资本发行的、清偿顺序位于股权资本之前但列在一般债务和次级债务之后、期限在15年以上、发行之日起10年内不可赎回的债券。按照现行规定,我国的混合资本债券具有如下四个基本特征:

(1)期限在15年以上,发行之日起10年内不得赎回。发行之日起10年后发行人具有一次赎回权,若发行人未行使赎回权,可以适当提高混合资本债券的利率。

(2) 混合资本债券到期前,如果发行人核心资本充足率低于4%,发行人可以延期支付利息;如果同时出现以下情况:最近一期经审计的资产负债表中盈余公积与未分配利润之和为负,且最近12个月内未向普通股股东支付现金红利,则发行人必须延期支付利息。在不满足延期支付利息的条件时,发行人应立即支付欠息及欠息产生的复利。

(3) 当发行人清算时,混合资本债券本金和利息的清偿顺序列于一般债务和次级债务之后、先于股权资本。

(4) 混合资本债券到期时,如果发行人无力支付清偿顺序在该债券之前的债务,或支付该债券将导致无力支付清偿顺序在混合资本债券之前的债务,发行人可以延期支付该债券的本金和利息。待上述情况好转后,发行人应继续履行其还本付息义务,延期支付的本金和利息将根据混合资本债券的票面利率计算利息。

商业银行发行混合资本债券应具备的条件与其发行金融债券完全相同。但商业银行发行混合资本债券应向中国人民银行报送的发行申请文件,除了应包括其发行金融债券的内容之外,还应同时报送近三年按监管部门要求计算的资本充足率信息和其他债务本息偿付情况。

混合资本债券可以公开发行,也可以定向发行。但无论公开发行还是定向发行,均应进行信用评级。在混合资本债券存续期内,信用评级机构应定期和不定期对混合资本债券进行跟踪评级,每年发布一次跟踪评级报告,每季度发布一次跟踪评级信息。对影响发行人履行债务的重大事件,信用评级机构应及时提供跟踪评级报告。

四、公司债券的发行与承销

1. 发行条件

2021年,《公司债券发行与交易管理办法》规定,公司债券是指公司依照法定程序发行、约定在一定期限还本付息的有价证券。公司债券可以公开发行,也可以非公开发行。

公开发行公司债券,应当符合下列条件:①具备健全且运行良好的组织机构;②最近三年平均可分配利润足以支付公司债券一年的利息;③具有合理的资产负债结构和正常的现金流量;④国务院规定的其他条件。

公开发行公司债券,由证券交易所负责受理、审核,并报中国证监会注册。存在下列情形之一的,不得再次公开发行公司债券:①对已公开发行的公司债券或者其他债务有违约或者延迟支付本息的事实,仍处于继续状态;②违反《证券法》规定,改变公开发行公司债券所募资金用途。

非公开发行的公司债券应当向专业投资者发行,不得采用广告、公开劝诱和变相公开方式,每次发行对象不得超过二百人。

2. 发行程序

申请发行公司债券,主要程序如下:

(1) 决议。由公司董事会制定方案,由股东会或股东大会对发行债券的数量、向公司股东配售的安排、债券期限、募集资金的用途等事项做出决议;发行公司债券募集的资金,必须符合股东会或股东大会核准的用途,且符合国家产业政策。

(2) 保荐。发行公司债券,应当由保荐人保荐,并向证券交易所申报。保荐人应当按照证券交易所的有关规定编制和报送募集说明书和发行申请文件。保荐人应当对债券募集说明书的内容进行尽职调查,并由相关责任人签字,确认不存在虚假记载、误导性陈述或者重大遗漏,并声明承担相应的法律责任。

(3) 申报。发行人和保荐人应该按照要求披露的内容和格式制作公司债券筹集说明书以及公开发行公司债券申请文件申报,完成后报送证券交易所。

公司全体董事、监事、高级管理人员应当在债券募集说明书上签字,保证不存在虚假记载、误导性陈述或者重大遗漏,并声明承担个别和连带的法律责任。为债券发行出具专项文件的注册会计师、资产评估人员、资信评级人员、律师及其所在机构,应当按照依法制定的业务规则、行业公认的业务标准和道德规范出具文件,并声明对所出具文件的真实性、准确性和完整性承担责任。债券募集说明书所引用的审计报告、资产评估报告、资信评级报告,应当由有资格的证券服务机构出具,并由至少2名有从业资格的人员签署。债券募集说明书所引用的法律意见书,应当由律师事务所出具,并由至少2名经办律师签署。债券募集说明书自最后签署之日起6个月内有效。债券募集说明书不得使用超过有效期的资产评估报告或者资信评级报告。

(4) 受理和审核。自2015年年初《公司债券发行与交易管理办法》发布以来,公开发行公司债券由证券交易所上市预审核、由证监会采用简易核准程序的发行监管制度,基本上非常贴近注册制。2020年3月1日,证监会发布的《关于公开发行公司债券实施注册制有关事项的通知》显示,自3月1日起,公司债券公开发行实行注册制;公开发行公司债券,由证券交易所负责受理、审核,并报证监会履行发行注册程序。注册制实施后,所有拟在交易所上市的公开发行公司债券均由交易所受理、审核,审核通过后报送证监会履行发行注册程序,非公开发行公司债券则仍按照现有规定执行。同日,国家发改委发布了《关于企业债券发行实施注册制有关事项的通知》,提出企业债券发行由核准制改为注册制;国家发改委为企业债券的法定注册机关,发行企业债券应当依法经国家发改委注册。

(5) 发行和上市。新证券法对公开发行公司债券相关制度做出修订,对公司债券申请上市交易条件做出调整,删除了"公司债券的期限为一年以上"等条件,授权证券交易所对公司债券上市条件做出具体规定。完善了持续信息披露要求,扩大信息披露义务人范围,对重大事件披露内容做出具体界定。

五、短期融资券与中期票据的发行

2008年4月,中国人民银行颁布《银行间债券市场非金融企业债务融资工具管理办法》,我国非金融企业的发展进入了新的时期。用国际通行的自律管理代替了原来的行政监管,鼓励市场主体的自律管理,在发行监管方面由备案制转变为注册制,管理流程简化,发行效率提高。在发行机制上,债务融资工具注册有效期为2年,一次注册可以分期发行,首次建立了逆向询价机制。

1. 短期融资券发行条件

短期融资券,是指具有法人资格的非金融企业在银行间债券市场发行的,约定在1年内还本付息的债务融资工具。按照《银行间债券市场非金融企业短期融资券业务指引》要求,企业发行短期融资券应具备以下条件:①应依据《银行间债券市场非金融企业债务融资工具注册规则》在交易商协会注册;②募集资金应用于企业生产经营活动,短期融资券待偿还余额不得超过企业净资产的40%;③应披露企业主体信用评级和当期融资券的债项评级,并应按交易商协会《银行间债券市场非金融企业债务融资工具信息披露规则》在银行间债券市场披露信息;④应由已在中国人民银行备案的金融机构承销。

2. 中期票据发行条件

中期票据,是指具有法人资格的非金融企业在银行间债券市场按照计划分期发行的,约定在一定期限(3—5年)还本付息的债务融资工具。根据《银行间债券市场非金融企业中期票据业务指引》,除去包含短期融资券所有的发行条件外,发行中期票据的条件还包括:①企业应制定发行计划,在计划内可灵活设计各期票据的利率形式、期限结构等要素,还应于中期票据注册之日起3个工作日内,在银行间债券市场一次性披露中期票据完整的发行计划;②企业应在中期票据发行文件中约定投资者保护机制,包括应对企业信用评级下降、财务状况恶化或其他可能影响投资者利益情况的有效措施,以及中期票据发生违约后的清偿安排;③中期票据投资者可就特定投资需求向主承销商进行逆向询价,主承销商可与企业协商发行符合特定需求的中期票据。

3. 发行主要程序

发行程序有五大步骤:

(1) 向承销机构表达发行意向,确立初步意向。

(2) 承销机构开展尽职调查。签署主承销协议(或联合主承销协议)后,承销机构组成尽职调查项目小组,对发行人历史沿革、股权结构、产品市场、财务状况、募集资金用途、发展前景等进行调查分析研究,对发行人可能面临的各项风险及规避措施进行调查和披露,对有关部门及投资者关注的重要问题进行调查和披露。

(3) 完成申请及注册文件。尽职调查项目小组在完成尽职调查工作后,应会同发行人及有关中介机构按照交易商协会有关规定制作完成发行短期融资券和中期票据的申报及注册文件。

(4) 注册。由主承销商将注册文件送交银行间市场交易商协会。银行间市场交易商协会接受注册后,出具"接受注册通知书",有效期为2年。

(5) 发行。接到"接受注册通知书"后,准备发行:首先,根据企业现金流要求确定各期短期融资券和中期票据的发行时间或自主选择发行时机。之后根据发行时机及对未来利率走势的判断,确定发行的期限品种。随后进行发行前的材料报备及各项信息披露,通过招投标或询价确定发行价格。最后,发行工作结束,承销团缴款、债券过户。

拓展阅读

中国农业发展银行发行金融债券

经中国人民银行批准,农发行决定面向境内外投资者公开发行政策性金融债。

(1) 信用评级:农发行的主体信用评级与中国国家主权评级一致。

(2) 发行日期:2021年6月16日。

(3) 招投标方式:本次债券发行采用公开招标方式。

（4）债券品种及金额：本次发行的债券为2021年第四期1年期债券、2021年第五期10年期债券、2021年第三十期30年期债券，各期发行量分别不超过50亿元、100亿元、30亿元，总计不超过180亿元；首场招标结束后，发行人有权对2021年第四期1年期、2021年第五期10年期债券进行追加发行，追加金额均不超过10亿元。

（5）托管机构：本次为2021年第四十一次在中央国债登记结算有限责任公司（以下简称"中央结算公司"）发行债券，中央结算公司为本次债券发行提供登记、托管和结算服务，香港金融管理局债务工具中央结算系统(CMU)为境外投资者提供登记、托管和结算服务。

（6）募集资金用途：本次发行债券所募集的资金，将主要用于农发行支持国家粮食安全、巩固拓展脱贫攻坚成果与乡村振兴有效衔接、农业现代化、农业农村建设、区域协调发展和生态文明建设等重点领域的贷款投放。

（7）上市：在中国银行间债券市场上市。

本次发行债券适用于中国境内法律，解释权归农发行所有。

请农发行金融债券承销做市团成员做好与境内外投资者之间的沟通协调工作，并积极参与投标。欢迎境内外投资者通过承销做市团成员投标认购。

资料来源：中国农业发展银行，《中国农业发展银行关于2021年第六十二次发行金融债券的公告》，http://www.chinamoney.com.cn/chinese/gj/?bondCode=hjacfnxzrf。

复习思考题

1. 证券发行有哪些基本类型？
2. 证券发行应遵循哪些基本原则？
3. 试述两种证券发行管理制度的内涵及主要区别？
4. 试述发行者与投资银行间的双向选择？
5. 股票公募发行有何特点？
6. 投资银行承销公募证券有几种方式？
7. 试述路演的目的。
8. 何谓"绿鞋"安排？
9. 试述"累积订单方式"的三次定价？
10. 股票私募发行有何特点？
11. 试述债券信用评级的主要内容？
12. 试述债券招标发行方式？
13. 试述债券收益率曲线的类型及功能？

第三章　证券交易业务

证券交易市场,又称二级市场,是指已发行证券进行买卖与转让的市场。在证券交易市场上,证券可以不断地进行买卖交易,因此该市场一方面为证券持有者提供了变现通道;另一方面为证券投资者提供了投资机会。证券交易市场又是发行市场得以生存和发展的条件,一方面证券交易市场创造"流动性"功能,给发行市场以极大的支持;另一方面证券交易市场为投资银行提供市场信息,有助于其争取发行市场的承销业务。按照投资银行在证券交易业务中的角色差异,投资银行证券交易业务又有经纪商业务、做市商业务与自营商业务之分。

第一节　证券交易业务概述

证券交易市场是证券交易业务活动的场所,具有提供流动性,转化资金期限,维持证券价格以及引导资金流向等方面功能。

一、证券交易市场体系

证券交易市场主要由证券交易所市场与场外市场两部分组成。

1. 证券交易所市场

证券交易所市场,又称场内交易市场,是指有组织的专门经营证券交易的固定市场,是证券集中买卖交易的场所,也是证券交易市场的核心。证券交易所的主要功能包括:提供证券交易的场所和设施;制定证券交易所的业务规则;接受上市申请;组织、监督证券交易;对上市公司进行监管;设立证券登记结算机构;管理和公布市场信息等。

(1) 证券交易所的组织形式。证券交易所市场的职能是创造公平、公开的环境,为保证证券交易的正常运行提供便利。世界各国证券交易所的组织形式一般分成公司制和会员制两种类型。

① 会员制证券交易所。会员制证券交易所是由会员自愿出资共同组成,不以营利为目的的社团法人,交易所的会员必须是出资的证券经纪商和自营商。交易所由会员共同经营、共担费用,也只有拥有会员资格的券商才能进场交易。交易所的最高权力机构是会员大会,由会员大会选举产生理事会,理事会是交易所的决策管理机构。会员制证券交易所强调自律性原则的管理方式。

② 公司制证券交易所。公司制证券交易所是由股东出资组成,以赢利为目的的公司法人。交易所的股东可以是银行、证券公司、信托公司以及其他各类公司。交易所为证券经纪商和自营商提供集中交易证券的场所、设施和服务。交易所的最高权力机构是股东大会,由股东大会选举产生的董事会是交易所的决策机构,董事会聘请总经理负责交易所的日常管理,此外

还设有监事会。交易所的主要收入是收取证券上市费和证券交易佣金。由于公司制证券交易所以赢利为目的,因而交易费用往往高于会员制证券交易所。

为适应世界经济金融一体化潮流,提高证券交易所的竞争力,在各证券交易所联合与兼并之中,会员制证券交易所呈现改制为公司制证券交易所的趋势。

(2)证券上市。证券上市是指证券发行者经批准后将其证券在交易所挂牌交易。

证券上市条件又称证券上市标准,是指证券交易所对申请上市公司所规定的条件和要求。一般包括:公司的最低资本额;公司的盈利能力和偿债能力;公司的资本结构和股权结构;公司的开业时间;等等。由于设立主板市场与创业板市场的目的不同,因而两个市场的上市条件存在显著的差别。

证券上市程序是由各国证券法规做出基本规定,各证券交易所视情况加以具体规定。一般程序为:证券上市申请的提出;证券上市申请的审查;证券上市合同的订立和核准;等等。

证券上市的暂停又称停牌,是指已上市证券在遇到特殊情况下被暂时取消上市资格。其中,自动暂停上市通常适用于上市公司增发新股或发放股息红利等期间;通知暂停上市是由于上市证券出现某些原因而不宜继续上市时,由证券交易所提出或上市公司申请并经证管部门批准后的上市资格的暂时取消。证券上市的终止又称摘牌,是指上市公司被取消上市资格。一般包括:上市公司已不具备上市条件且在限期内未能达到;公司决议解散;依法关闭;宣告破产;等等。

2. 场外交易市场

场外交易市场是指在证券交易所外进行证券买卖的市场。场外交易市场的一个共同特点是它们都是在国家法规限定的框架内,有成熟的投资者参与,接受政府管理机构的监督。事实上,美国有三分之一的普通股、大部分的公司债券和所有的政府债券、市政债券,都是在场外交易市场进行买卖活动的。场外交易市场主要是由柜台交易市场和计算机网络交易市场所组成。

(1)柜台交易市场。柜台交易市场又称店头交易市场,是指通过券商营业网点的柜台进行证券买卖的市场。柜台交易市场是证券流通最早形成的市场。证券交易所诞生后,柜台交易市场之所以依然能够存在并进一步发展,是因为:一是证券交易所的交易容量与上市条件的限制,使许多证券不能进入证券交易所交易,而这些证券客观上存在流动性需求,柜台交易市场的存在与发展满足这方面需求。二是柜台交易市场的交易方式比较简便、灵活,交易地点分散于全国各地,满足了投资者的交易需求。

(2)计算机网络交易市场。计算机网络交易市场是指通过计算机网络系统进行证券买卖的市场。这类交易市场具有交易成本低,信息传输快捷,成交迅速等特点,并且可将分散在场外的交易行情集中于网上反映,深受投资者欢迎,成为当前国际上非常流行的一种场外交易市场。

近年来,为扶植高成长高科技的创新型中小企业的发展,各国纷纷推出创业板市场(又称二板市场),其或由证券交易所组织成为附属型创业板市场;或与计算机网络交易市场融合成为独立型创业板市场。

二、证券交易的原则和机制

证券交易的特征主要表现为证券的流动性、收益性和风险性,这些特征互相联系。证券需要有流动机制,因为只有通过流动,证券才具有较强的变现能力。而证券之所以能够流动,就是因为它可能为持有者带来一定收益。而经济发展过程中的许多不确定性,使证券在流动中存在因其价格的变化给持有者带来损失的风险。因此,证券交易要在一定的交易原则之下,通过相应的交易机制完成证券运作。证券交易的原则和机制保证了证券交易能平稳有序地进行。

1. 证券交易的原则

证券交易的原则是反映证券交易宗旨的一般法则,应该贯穿于证券交易的全过程。为了保障证券交易功能的发挥,有利于证券交易的正常运行,证券交易必须遵循"公开、公平、公正"三个原则。

(1) 公开原则。公开原则又称为信息公开原则,指证券交易是一种面向社会的、公开的交易活动,核心要求是实现市场信息的公开化。根据这一原则的要求,证券交易参与各方应依法及时、真实、准确、完整地向社会发布有关信息。例如:上市的股份公司财务报表、经营状况等资料必须依法及时向社会公开,股份公司的一些重大事项也必须及时向社会公布,等等。

(2) 公平原则。公平原则是指参与交易的各方应当获得平等的机会。它要求证券交易活动中的所有参与者都有平等的法律地位,各自的合法权益都能得到公平保护。不能因为交易主体的资金数量、交易能力的差异而给予不公平的待遇或者使其受到某些方面的歧视。

(3) 公正原则。公正原则是指应当公正地对待证券交易的参与各方,以及公正地处理证券交易事务。例如:公正地办理证券交易中的各项手续,公正地处理证券交易中的违法违规行为,等等。

2. 证券交易的机制

证券交易机制涉及证券交易市场的微观结构,不同的证券交易市场可能会有不同的交易机制。

(1) 证券交易机制目标。通常,证券交易机制的目标是多重的。其主要的目标有流动性、稳定性和有效性。

① 流动性。证券的流动性是证券市场生存的条件。如果证券市场缺乏流动性,或者不能提供充分的流动性,证券市场的功能就要受到影响。从积极的意义上看,证券市场流动性为证券市场有效配置资源奠定了基础。证券市场流动性包含两个方面的要求,即成交速度和成交价格。如果投资者能以合理的价格迅速成交,则市场流动性好。单纯是成交速度快,并不能完全表示流动性好。

② 稳定性。证券市场的稳定性是指证券价格的波动程度。一般来说,稳定性好的市场,其价格波动性比较小,或者说其调节平衡的能力比较强。从证券市场健康运行的角度看,保证证券价格的相对稳定、防止证券价格大幅度波动是必要的。证券市场的稳定性可以用市场指数的风险度来衡量。由于各种信息是影响证券价格的主要因素,因此,提高市场透明度是加强证券市场稳定性的重要措施。

③ 有效性。证券市场的有效性包含两个方面的要求:一是证券市场的高效率;二是证券市场的低成本。其中,高效率又包含两方面内容:首先是证券市场的信息效率,即要求证券价格能准确、迅速、充分反映各种信息。根据证券价格对信息的反应程度,可以将证券市场分为强式有效市场、半强势有效市场和弱式有效市场。其次是证券市场的运行效率,即证券交易系

统硬件的工作能力,如交易系统的处理速度、容量等。低成本也包含两方面:一是直接成本,如投资者参与交易而支付的佣金和缴纳的税款;二是间接成本,如投资者收集证券信息所发生的费用等。

(2)证券交易机制种类。证券交易机制种类可以从不同角度划分。

① 从交易时间的连续特点划分,有集合交易系统和连续交易系统。集合交易系统中,成交的时点不连续。在某一段时间到达的投资者的委托订单并不马上成交,先存储起来,然后在某一约定的时刻加以匹配。集合交易系统的特点在于:批量指令可以提供价格的稳定性,指令执行和结算成本相对比较低。

连续交易系统中,并非意味着交易一定是连续的,而是指营业时间里订单匹配可以连续不断进行。投资者下达的买卖指令,只要符合交易条件就可以立即成交,不必再等待一段时间定期成交。连续交易系统的特点在于:市场为投资者提供了交易的及时性和交易过程中可以提供更多的市场价格信息。

② 从交易价格的决定特点划分,有指令驱动系统和报价驱动系统。指令驱动系统是一种竞价市场,也称为"订单驱动市场"。在竞价市场中,证券交易价格是由市场上的卖方订单和买方订单共同驱动的。如果采用经纪商制度,投资者在竞价市场中将自己的买卖指令报给自己的经纪商,然后经纪商持买卖订单进入市场,市场交易中心以买卖双向价格为基准进行撮合。指令驱动系统的特点在于:证券交易价格由买方和卖方的力量直接决定;投资者买卖证券的对手是其他投资者。指令驱动系统纯粹依赖投资者的买卖指令驱动,适合于流动性好的股票和中小投资者。

报价驱动系统是一种连续交易商市场,或称"做市商市场"。这一市场中,证券交易的买价和卖价都由做市商给出,做市商将根据市场的买卖力量和自身情况进行证券的双向报价。做市商在其所报的价位上接受投资者的买卖要求,以自有资金或证券与投资者交易。做市商的收入来源是买卖证券的差价。报价驱动系统的特点在于:证券成交价格的形成由做市商决定;投资者买卖证券都以做市商为对手,与其他投资者不发生直接关系。报价驱动系统适合流动性差的股票和机构投资者,在创业板、三板市场和大宗交易中比较适用。

三、证券的交易方式

证券的交易方式主要有以下几种:

1. 现货交易

现货交易是指证券买卖成交后即时履行交割的一种交易方式。这里的"即时"可以是成交的当时,也可以是该交易所规定的日期。

2. 信用交易

信用交易又称保证金交易或垫头交易,是指投资者通过交付一定的保证金从券商那里取得信用,借入资金或证券入市操作,并在规定时间内归还所借资金或证券、支付利息的一种交易方式。通过信用交易,投资者不仅可以扩大其投资规模,还可以根据需要或预计市场行情趋势进行信用买空交易(即多头)或信用卖空交易(即空头)。

3. 期货交易

期货交易是指证券买卖成交后,在约定时期(一般为 30 天、60 天、90 天等)进行交割的一种交易方式。通过期货交易方式，投资者可以根据需要或预计市场行情趋势进行期货买空交易(即多头)或期货卖空交易(即空头)。

4. 期权交易

期权，全称期货合约选择权，是指期权的买入者支付一定的期权费后，可在规定的时间内具有按交易双方协定价格购买(即看涨期权)或出售(即看跌期权)一定数量的某种证券的权利。期权交易就是一定期限内买卖证券资产选择权的一种交易方式。

期权买入者可以在合约规定的期限内行使这一权利，也可到期不行使这一权利任其作废。是否行使这一权利，关键在于期权买入者按协议价格购买或出售一定数量的某种证券所得的收益：如所得收益为正且大于期权费，期权买入者行使权利，盈利为两者之差；如所得收益为正但小于期权费，期权买入者行使权利，减亏额即为所得收益；如所得收益为负，期权买入者不行使权利，最大亏损额即为期权费。

四、证券交易的运行

根据证券交易的运行场所不同，证券交易的运行可以分为场内证券交易业务和场外证券交易业务。

1. 场内证券交易业务

在证券交易所内有组织的、集中进行的证券交易业务就称为场内证券交易业务。场内证券交易业务的特点：交易地点、交易时间、交易规章、交易人员都比较固定，信息披露比较公开、公正和及时；交易价格的形成不是通过"一对一"协商，而是通过众多买者和众多卖者分别叫价竞争(即"多对多")，然后撮合成交。

证券交易所是场内证券交易业务的重要载体。证券交易所是有组织的市场，又称为场内交易市场，是指在一定的场所、一定的时限、按一定的规则，集中买卖已发行证券而形成的市场。在我国，证券交易所是经国务院批准设立的、提供证券集中竞争交易场所的、不以营利为目的的社会团体法人。证券交易所作为证券交易的场所，本身并不持有证券，也不决定证券的价格，而只是构造一个证券价格生成的平台。证券交易所的宗旨是创造公开、公平、公正的市场环境，保证二级市场的正常运行。

(1) 证券交易所的运行架构。证券交易所的主要作用在于：一是为各种类型的证券提供便利而充分的交易条件；二是为各种交易证券提供便利而充分的价格竞争，以发现合理的交易价格；三是实施及时有效的信息披露；四是提供安全、便利、迅速的交易与交易后的服务。

证券交易所的运行构架通常包括四个部分：

第一部分是交易系统：包括撮合主机、通信网络、柜台终端等；

第二部分是结算系统：包括清算系统、交割(交收)及过户系统等；

第三部分是信息系统：包括卫星通信网、交易所信息服务网、互联网、指定信息披露媒体等；

第四部分是监察系统：包括实时行情监控、异常交易监控、库存证券监控、库存资金监控等。

证券交易所为证券商提供的交易席位包括有形席位和无形席位两种。从传统意义上理解，交易席位是投资银行在证券交易所进行交易的固定位置，而实际上它还包含了一种交易资格的意思，即取得了交易席位后才能从事实际的证券交易业务。同样，有形席位和无形席位的区别也要分两个层次，从表面上看，有形席位是在证券交易所交易厅内有实际工作位置的席位；无形席位则是在证券交易所交易厅内无实际工作位置的席位。但从实质上看，两者主要是由于交易资格不同导致报盘方式的不同，有形席位属于一种场内报盘，即由证券商的柜台工作人员以电话等通信方式向交易所内的出市代表（俗称"红马甲"）转达买卖指令，该证券商的场内交易员接到指令后，再将其输入本公司席位上与交易所电脑撮合主机联网的报盘终端；而无形席位则属于一种场外报盘，即证券商利用现代通信技术，将本公司柜台电脑终端与交易所撮合主机联网，无须再向交易所派驻场内交易员。主要由公司柜台的电脑交易系统直接向交易所电脑主机发送买卖证券的指令就可以了。

证券商采用场外无形席位报盘方式，与场内有形席位相比较，一个特点是速度有了提高。这种方式节省了报盘时间，也使得一笔交易从下单到收到成交回报的时间缩短。另一个特点是无形席位省去了场内红马甲的人工报盘环节，使交易申报的差错率降低，可有效防止投资者与证券商、证券商与交易所之间因申报错误而发生纠纷。如果全部采用无形席位交易，交易所甚至连交易大厅也没有必要开设。事实上，无形席位交易已成为国际金融市场的发展趋势之一。目前我国深交所全部采用了无形席位交易，上交所则采用有形席位与无形席位相结合、以无形席位为主的交易方式，这顺应了国际化潮流。当然，由于各种原因，目前世界上还有少数国家的证券交易所仍坚持采用有形席位人工报盘方式，比如美国纽约证券交易所。

(2) 证券交易所的交易程序。从事证券交易，一般须经过开户、委托、竞价成交、清算交割、过户等环节。

① 开户。一是指开设证券交易专用账户；二是指开设资金账户。

② 委托。投资者将证券交易的要求告知券商，券商受理后代为进场申报，参加竞价成交，这一指令传递过程即为委托。委托的形式主要包括递单委托、电脑终端委托、电话委托和其他诸如电报、电传、信函等委托方式。目前网上交易委托已成为新的重要的委托方式。

③ 竞价成交。证券买卖双方通过中介券商的场内交易员分别委托报价，公开竞价，若买卖双方的价位与数量合适，交易即可达成；否则竞价过程继续进行。这种公开竞价过程完全透明，并以价格优先与时间优先为原则。

④ 清算交割。是指证券买卖双方成交后交收证券、结清价款的过程，即证券出售方收取价款、交付证券，证券买入方付清价款、收取证券。

⑤ 过户。是指买入股票的投资者到证券发行机构或指定代理机构办理变更股东名册记载的手续。

2. 场外证券交易业务

在证券交易所以外的其他证券交易市场进行的证券交易业务就称为场外证券交易业务。场外证券交易业务的特点是交易场所相对不固定，交易活动呈现出非集中性；交易价格的形成是通过买卖双方"一对一"协商，不可能产生众多买者内部和众多卖者内部的出价、要价竞争。

场外证券交易市场的稳定性与流动性均不及证券交易所，而且表现形式多样化。它主要的形式包括：

(1) 柜台交易市场(也称店头交易市场)。这是场外证券交易市场最初的形式。在这种方式下，各个证券商分别组织证券交易活动，它们成为证券交易的直接组织者，同时也可以是证券交易的直接参加者。柜台交易转让价格一般由证券商报出,并根据投资者的接受程度进行调整。

(2) 第三市场(又称三板市场)。第三市场主要是为原来在证券交易所挂牌上市但由于各种原因而退市的证券提供流通转让场所。比如我国的券商代办股份转让市场,它除了为退市公司提供转让服务之外,还为原STAQ、NET系统历史遗留问题股票(尚不具备主板上市条件或正在重组的)提供流通便利,但这个市场并不是由证券交易所组织的,它从本质上属于以证券商为主体的三板市场。

(3) 第四市场。随着柜台交易市场的发展,一部分在该市场做交易的投资者更倾向于双方直接进行交易,而不需要投资银行等中介机构的参与,即可以绕开证券经纪商和经纪人,彼此间利用网络直接进行大宗交易,以达到减少交易费用的目的,这样就形成了第四市场,需要指出的是,与柜台市场和第三市场不同,在第四市场中证券商的参与比例十分有限,它一般是接受客户委托,为其寻找交易对手,只收取很少的手续费、介绍费或根本不收费。因此,第四市场的出现只会使证券商失去一部分场外交易业务的份额。

在柜台市场和第三市场中,证券商都发挥着积极的作用,与场内交易业务不同,这时它们的角色更像一个做市商或自营商,由于没有交易所的参与,证券商更需要对证券二级市场的流动性负责,并有义务引导和维持市场价格的稳定。

五、投资银行的角色

投资银行在证券交易市场以多种身份参与证券交易,由于投资银行在证券交易业务中的角色差异,投资银行证券交易业务一般有经纪商业务、做市商业务与自营商业务之分。

第二节 证券经纪业务

证券经纪业务是投资银行的本源与传统业务的主要组成部分,证券经纪商是证券交易市场中买者与卖者的集中代表,在证券交易市场具有十分重要的地位。

一、证券经纪业务概述

1. 证券经纪商的类型

证券经纪商是指直接代理证券买卖双方,进入证券市场参与交易并收取佣金的投资银行。从不同角度出发,证券经纪商有不同的类型。

(1) 按接受委托对象与职能的不同,证券经纪商可分为:①佣金经纪商,是指直接代理投资者的委托,进行证券交易的经纪商;②二元经纪商,是指专门接受佣金经纪商的委托,代理买卖证券的经纪商,又称经纪商的经纪商。

(2) 按佣金收费的不同,证券经纪商可分为:①全职服务经纪商,其为投资者提供全方位的证券交易服务,一般包括:投资研究、投资建议、代理交易、清算交割、资产管理等服务内容;②折扣经纪商,一般只是接受投资者委托,代理投资者进行交易与清算,其服务层次很低。折扣经纪商是在20世纪70年代美国证券经纪商佣金管制松动后,证券市场激烈竞争背景下出现的。

(3) 按服务对象的不同,证券经纪商有致力于批发业务的经纪商与从事零售业务的经纪商之分。

2. 证券经纪业务的基本要素

投资银行证券经纪业务是指具备证券经纪商资格的投资银行通过其设立的证券营业部接受客户委托并代理客户买卖有价证券的业务。证券经纪业务的基本要素包括：

(1) 委托人。在证券经纪业务中，委托人是指依国家法律、法规的规定，可以进行证券买卖的自然人或法人。委托人实际上就是证券投资者，他们是买卖证券的主体。委托人可以自由选择一家或多家证券经纪商作为自己日常交易的代理人，其选择的依据主要是经济上的信誉状况、收费标准、服务质量等。

委托人如果是自然人，不能是证券市场禁入者（如未经法定监控人代理或允许的未成年人、违反证券法规并正在接受处罚者、被破产宣告者等）；委托人如果是法人，则必须提供法人授权开户证明书。证券经纪商在接受委托时，有权对委托人资格进行审查，而委托人也应对自身资金来源的合法性负全责。

(2) 证券经纪商。证券经纪商之所以存在，其重要原因之一就是现实条件不可能允许绝大部分投资者进入证券交易所内进行交易。证券经纪商以代理人的身份从事证券交易，与客户是委托代理关系。因此，投资者如果需要从事证券交易，都必须通过某家投资银行为其代理买卖。目前，我国合法的证券经纪商是指在证券交易中代理买卖证券的证券公司。证券经纪商的纽带作用，主要表现在两方面：一是充当证券买卖的媒介，成为买卖双方的经纪人，迅速、准确地为客户执行指令和代办手续，起到沟通的作用；二是为客户提供及时、准确的信息和咨询服务，包括上市公司详细资料、公司及行业研究报告、经济前景的预测分析和展望研究、股票市场变动态势商情报告、资产组合及个股的评价推荐。

证券经纪业务关系到投资者的利益和证券市场的稳定，因此，各国对投资银行证券经纪业务资格都有严格规定。笼统地讲，投资银行经营证券经纪业务应当具备的条件一般有：第一，投资银行必须向当地证券监管部门和证券交易所提出资格申请并获准；第二，投资银行必须拥有充足的资本金、固定合法的营业场所、完善的管理制度、能够保证交易正常进行的通信设备等条件，其员工必须具有经济人资格；第三，投资银行在获得证券交易所提供的交易席位后，每年要向交易所交纳一定数量的资格会费。

(3) 证券交易所。证券交易所是有组织的市场，又称"场内交易市场"，是指在一定的场所、一定的时间，按照一定的规则集中买卖已发行证券而形成的市场。证券交易所应当创造公开、公平、公正的市场环境，保证证券市场的正常运行。在证券交易所交易的情况下，交易地点是固定的，即在交易所的交易大厅进行；进场参加交易的机构是固定的，即证券交易所会员。

符合条件的投资银行可以申请成为证券交易所的会员从而获得交易席位，之后就能够通过向场内派驻出市代表或者场外报盘等方式将客户的操作指令送达交易所电脑主机。事实上，场外交易活动并不必然需要证券商的全面介入，而证券商也根本无法参与所有的场外交易活动。因此，场外经纪业务发生的比例并不算高，目前大部分的经纪业务还是通过交易所进行的。

(4) 证券交易的对象。证券交易对象就是证券买卖的标的物。在委托买卖的情况下，证券交易对象就是委托合同中的标的物。按照交易对象的品种划分，证券交易的种类有股票、债券、基金以及其他衍生品工具的交易等。证券经纪商的经纪业务是为客户寻找他所指定的证券，经纪关系一经确立，经纪商就应按照委托合同中的有关条款，在受托的权限范围内寻找交易对象或办理委托事项。

3. 证券经纪业务的特点

证券经纪业务一般具有如下特征：

（1）业务对象的广泛性与变化性。所有上市交易的股票、债券和证券投资基金都是证券经纪业务的对象，因此，证券经纪业务对象具有广泛性的特点。同时，由于证券经纪业务的具体对象是特定价格的证券，而证券价格受宏观经济运行状况、上市公司经营业绩、市场供求情况、投资者心理因素、主管部门的政策及调控措施等多种因素影响，经常涨跌变化，一种证券在不同时间会有不同价格，因此，证券经纪业务对象还具有多变性的特点。

（2）证券经纪商的中介性。证券经纪业务是一种代理活动，证券经纪人不以自己的资金进行证券买卖，也不承担交易中证券价格涨跌的风险，而是充当证券买卖双方的代理人，发挥沟通买卖双方的媒介作用，即按一定的要求和规则迅速、准确地执行指令并代办手续，尽量使买卖双方按自己的意愿成交，因此具有中介性的特点。

（3）客户指令的权威性。在证券经纪业务中，客户是委托人，经纪商是受托人，经纪商要严格按照委托人的要求办理委托事务，这是经纪人对委托人的首要义务。委托人的指令具有权威性，证券经纪商必须严格地按照委托人指定的证券、数量、价格和有效时间买卖证券，不能自作主张，擅自改变委托人的意愿。如果情况发生变化，即使是为维护委托人的权益而不得不变更委托人的指令，也要事先征得委托人的同意。证券经纪商如果故意违反委托人的指示，在处理委托事务中使委托人遭受损失，应当承担赔偿责任。

（4）客户资料的保密性。在证券经纪业务中，委托人资料关系到其投资决策的实施和投资赢利的实现，关系到委托人的切身利益，因此证券经纪商有义务为客户保密，但法律另有规定的除外。保密资料包括客户开户的基本情况；客户委托的有关事项；资金账户中的资金余额、股东账户中的库存证券种类和数量等。如因证券经纪人泄露客户资料而造成客户损失，证券经纪人应承担赔偿责任。

二、证券经纪业务程序

证券经纪业务涉及证券购买者的代理经纪商与证券出售者的代理经纪商，两者都在同一证券交易所市场中交易。证券经纪业务的运作流程如图 3-1 所示：

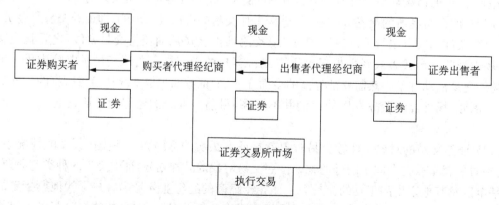

图 3-1　证券经纪业务的运作流程

在证券经纪业务中,证券经纪商作为受托人,而投资者作为委托人,一旦经纪商接受了投资者的委托买卖指令,双方的经纪关系即宣告成立。在这一经纪关系中,经纪商只是在证券交易所市场以自己的名义代替客户进行证券买卖,必须严格按照客户的委托指令进行交易,经纪商不能随意决定买卖的价格及数量。在证券经纪业务中,证券经纪商不动用自己的资金和证券,只是收取客户支付的佣金,除了履行代理人的法律义务外并不承担交易本身的风险,证券买卖双方才是一次交易中真正的交易主体。

作为证券经纪商的投资银行,其从事证券经纪业务一般包括以下程序:

1. 申请会员资格

投资银行参加证券交易所组织的证券交易,无论从事证券经纪还是从事自营,首先要成为证券交易所的会员。证券交易所通常从申请入会的证券经营机构的经营范围、证券营运资金、承担风险及责任的资格和能力、组织机构人员素质等方面规定入会的条件。

我国沪深交易所对此规定基本相同,主要条件:经国家证券管理部门依法批准设立的并具有法人地位的证券经营机构;注册资本、净资产和净资本等达到规定金额以上;具有良好的信誉和经营业绩;组织机构和业务人员符合证券主管机关和交易所规定的条件;承认证券交易所章程和业务规则,按规定缴纳各项会员经费。

具备上述条件的证券经营机构向证券交易所提出申请,并提供必要文件,经证交所理事会批准后,即可成为交易所会员。成为会员后,证券经营机构还要申请交易席位。包括:有形席位和无形席位。区别在于报盘方式不同。

2. 业务准备阶段

投资银行从事证券经纪业务,除了获得证券交易所会员资格和交易席位外,还必须做好开通业务准备。主要包括:准备用于接收投资者委托指令的柜台委托系统;准备传输买卖指令的手段和设备,如通信线路、计算机网络、通信设备等;建立用于播放证券交易所发布的即时行情、成交回报和信息公告等的信息披露手段;派员参加证交所的出市代表、清算员的培训;向证交所划拨结算保证金和清算头寸,开立资金结算账户等。

3. 受理投资者委托代理证券买卖

投资银行做好以上准备之后,就可以接受投资者委托代理证券买卖业务,完成其经纪业务。而证券投资者首先要在证券经纪商处开立证券交易专用账户与资金账户才可进行证券交易。由于投资者无法直接进场交易,故其买卖证券的业务均要通过经纪商来代理。投资者将其买卖证券的要求即委托指令告知经纪商,经纪商接受后代为进场申报,参加竞价成交,这一指令传递过程即为委托。

(1) 委托指令的基本内容。证券交易的委托指令一般包括以下内容:①投资者的证券账号与资金账号;②委托交易的类别即买进还是卖出证券;③委托交易证券的具体名称及代码;④委托交易证券的数量;⑤委托价格的方式;⑥委托有效期等。

(2) 委托价格的方式。委托价格方式一般有以下几种:

① 市价委托。市价委托是投资者要求经纪商按当时的市场对方报价成交其委托,即投资者买进证券委托按市场对方卖出报价成交;投资者卖出证券委托按市场对方买入报价成交。市价委托的最大优点:一是保证投资者迅速成交其委托;二是在价格优先机制下,成交价格是市场当时的最好价格即市场当时最低的卖出价或最高的买入价。但市价委托也会给投资者带

来风险,主要是在行情突变情况下,报单到成交这一时间差中市场价格朝不利于投资者方向变化。

② 限价委托。限价委托是指投资者在委托经纪商买卖证券时,限定证券买入或卖出的价格,经纪商只能在投资者事先限定的价格内进行交易,即经纪商买入证券时不得超过投资者规定的最高限价;卖出证券时不得低于投资者规定的最低限价。限价委托相比市价委托的优点在于:价格风险的可预期性与可控制性,即最坏情况是成交价等于限价。但限价委托也同样面临风险,一是市场行情的变动,导致投资者的限价委托无法进行;二是投资者对市场行情预期错误,导致投资者限价委托在最坏情况下成交。

③ 停止损失市价委托。停止损失市价委托是指投资者委托经纪商在指定证券的价格上升或下降到某一指定价格时立即按照市价买进或卖出该种证券。

④ 停止损失限价委托。停止损失限价委托是指投资者委托经纪商在指定证券的价格上升或下降到某一指定价格时,按事先规定限价进行该种证券的交易,即经纪商只能在此限价的范围内为投资者买卖证券。

两种停止损失委托虽在委托价格上存在差异,但目的是一致的,都是为了保障投资者既得的账面收益或限制可能受到的损失。

(3) 委托指令的下达。投资者为买卖证券而向经纪商下达委托指令有多种形式:

① 递单委托。递单委托是一种当面委托方式,它由投资者填写委托单,并持身份证以及账户卡,递交券商柜台工作人员,经审核确认,签章接受后,由报单员将委托指令通过电话告知券商在证券交易所的出市代表,由其将委托指令输入证交所电脑自动撮合系统。递单委托是一种较为传统的委托方式,其手续烦琐,指令输送环节多,容易出现差错,效率较低,与行情瞬息万变的证券市场不相适应。

② 电话委托。电话委托是指投资者利用券商的电信自动委托专线,通过语音提示,输入委托指令。电话委托的整个过程由券商的电脑主机控制,差错率很低,投资者远在外地也可利用长途电话下达委托指令,提高了效率。但采用电话委托,投资者还须具有了解证券市场即时行情的其他手段,以避免投资的盲目性。

③ 电脑委托。电脑委托是指投资者通过与券商自动委托交易系统联结的电脑终端,按系统发出的指令输入证券买卖委托指令,以完成证券买卖委托和有关信息查询的一种较为先进的委托方式。券商一般在其营业网点为进行电脑委托的投资者提供电脑终端。电脑委托系统不仅可以进行证券买卖委托,还可以查阅市场行情与个股资料,有利于提高投资者的投资效率。

④ 网上委托。网上委托是指投资者通过因特网将其电脑与券商的服务器联结,不仅可以进行证券买卖委托,还可享受券商提供的各种信息服务,包括即时行情、走势分析、成交概况、热点介绍等。随着家用电脑与移动电脑的普及,网上委托将成为主要的委托指令下达形式,这不仅是因为网上委托给投资者带来了种种便利,还因为网上委托拓展了券商活动的空间,并节省券商营业网点设置和手工操作的费用,提高了券商的工作效率。

三、证券经纪业务的新动向

其他经纪服务是指经纪商为支持与推动其传统经纪业务发展而提供的多种相关辅助业

务。虽然各经纪商提供的辅助业务种类与服务程度上存在差异,但其提供辅助业务的目的具有一致性,即在于推动传统经纪业务的拓展,并在传统经纪业务量增长中获取佣金。

1. 网上交易业务

目前通常所指的网上交易就是利用互联网系统进行的网上证券经纪系统。网上证券经纪系统通过互联网将投资者和证券经纪商联系起来,完成两者之间买卖指令和交易结果的传输过程。一笔证券交易可分成两个环节:投资者和证券经纪商之间的指令传输和成交回报;以及证券经纪商和交易所之间的指令传输和成交回报。具体做法是:投资者通过网上证券经纪系统,从互联网上直接通过证券经纪商的网站下单买卖股票、查询、交流投资信息,还可以接收实时行情、成交回报等信息;而证券经纪商则可以联系市场参与者,发布信息,进行证券交易,服务客户。

网络经纪最早出现于1994年的华尔街。美国是最早开展网上经纪业务,也是网上经纪业务最为发达的国家。在亚洲,网上经纪交易也得到了迅猛发展,日本、韩国、新加坡以及我国台湾和香港地区的网上证券经纪业务的市场份额越来越大,向传统的证券经纪业务提出了严峻挑战。我国大陆网上经纪业务的发展与国外相比并不太晚,1996年年底就已有证券公司营业部尝试推出网上交易,当时的闽发证券(现已关闭)、华夏证券(现为中信建投证券)、江苏证券(现为华泰证券)、华融信托等券商相继推出了网上经纪系统,标志着网上经纪业务在国内的正式起步。随着证券市场竞争的不断加剧,互联网突破了地域限制。提供巨量信息服务的特点正好和证券经纪公司(尤其是中小规模的地区性证券公司)多样化服务、低成本运作的要求不谋而合。

网上交易对传统证券经纪业务产生了巨大的深远影响,主要要表现在:

(1) 改变经纪业竞争环境。网上经纪交易系统迅速发展的主要原因在于其价格优势。传统经纪与网上经纪在市场占有率方面发生了激烈的争夺,从而导致价格竞争日趋激烈。另一方面,公司要在基本服务上争得优势,必须通过多种渠道(即传统与网上两方面双管齐下)来提供全面的综合服务以及创新的服务组合。从发展趋势来看,网上交易将更广泛地普及起来,并有可能分裂成两大类:一类是极其廉价的全自助式经纪;另一类是根据个人化的市场信息以及投资专家的意见提供高质量顾问服务式经纪。

(2) 促进证券经纪业务与银行业务相结合。网上经纪交易系统为提供证券经纪、商业银行结算、信用卡等综合服务打开了方便之门,从而有利于促进证券业与银行业的有机结合,最大限度地提高资金运营效率。

(3) 缩小开展经纪业务的证券公司的差别。由于证券经纪受到时间和空间的限制越来越小,证券公司在市场竞争中的地位将更大程度地取决于其提供资讯的准确和全面的程度。资讯的深度和广度将成为证券公司核心竞争力的一个关键内核。因为互联网使各地的客户缩短了时空距离,投资者无论身在何处,都有可能成为某个证券公司的潜在客户,这对于以收取交易手续费而盈利的经纪类证券公司无疑具有强大的吸引力。

(4) 改变证券公司竞争异常激烈的格局。一方面,在竞争中获得优势的证券公司会因此获得规模经济效应,出现强者更强、弱者更弱的局面,并由此推动证券公司的合并;另一方面,网上交易将使大型证券公司不能光依靠营业部众多、覆盖地域广阔而取得优势,一些在网上交易起步早、技术力量雄厚的中小证券公司也有可能异军突起。

2. 信用经纪业务

信用经纪业务是指投资银行作为经纪商，在代理投资者买卖证券时，以投资者提供部分资金或证券作担保为前提，为其代垫交易所需资金或证券的差额，从而帮助投资者完成证券交易业务行为。

信用经纪业务是投资银行融资功能与一般经纪业务相结合的产物，是对传统经纪业务的创新。信用经纪业务具有以下特征：①经纪商提供信用的对象必须是委托经纪商代理证券交易的投资者；②经纪商不承担证券交易的风险，也不获取证券交易所产生的收益；③经纪商虽然动用了自有资金，但资金的性质是借出而不是投资，并且以投资者所提供资金和证券作担保，收取一定的利息；④经纪商开展信用经纪业务在于吸引投资者，以获取更多的佣金收入。

（1）信用经纪业务的类型。信用经纪业务有两种类型：融资做多与融券做空，根据对市场未来行情预期加以选择，既扩大了投资实力，又增加了投资获利机会。

融资做多是指客户委托买入证券时，投资银行以自有或融入的资金为客户垫支部分资金以完成交易，以后由客户归还本金并支付利息。投资者这种借入资金购买证券的行为，就是通常所说的"做多""买空"。投资者通过融资实现了财务杠杆，证券价格上涨，投资者将加大获利；证券价格下跌，投资者也将加重损失。

融券做空是指客户委托卖出证券时，投资银行以自有、客户抵押或借入的证券为客户代垫部分或全部证券以完成交易，以后由客户买入归还所借证券且按与证券相当的价款计付利息。投资者这种卖出自己实际并不持有的证券的行为即通常所说的"做空""卖空"。其基本立足点为投资者对后市看淡。如果投资者后来买入证券的价格低于卖出的价格，投资者将获利。与买空一样，由于实施卖空操作，风险和收益对投资者来说都加大了。

（2）信用经纪业务的主要规则。信用经纪业务中存在很多交易规则，我们这里主要强调以下三种投资者比较常见的规则：裸卖空、报升规则及保证金规则。

① 裸卖空。裸卖空（Naked Short Selling）是指卖空者本身不持有股票，也没有借入股票，只需缴纳一定的保证金并在规定的 T+3 时间内借入股票并交付给买入者的卖空方式。如果在结算日卖空者未能按时借入股票并交付给买入者，那么这被称为交付失败，交付失败并非违法。即使交付失败，此项交易依然会继续下去，直至交付完成。

起初，裸卖空在美国并不是违法的，仅当滥用裸卖空并对股价进行操纵时才是不合法的。2008 年 7 月 15 日，美国证券交易委员会紧急下令禁止对房利美和房地美及花旗、高盛、雷曼兄弟等 19 家金融类上市公司股票的裸卖空，以减少金融类股票价格的波动。同年 9 月 17 日，美国证券交易委员会实行了更加严格的禁止裸卖空措施，并指出对裸卖空滥用行为已经达到了零容忍的程度。

《深圳证券交易所融资融券交易试点会员业务指南》中指出，客户不得卖出超过其信用证券账户证券数量的证券，表明了卖空者必须在借入股票之后才能进行卖出，并且卖出量不得超过信用证券账户中的标的证券的数量。

② 报升规则。报升规则（Uptick Rule），又称为上升抛空、波幅检验规则。即卖空的价格必须高于最新的成交价。即卖空只能在以下条件下才能进行：其一，某只股票的售价高于前一次交易的价格；其二，某只股票的交易价格与前次相比没有什么变化，但前一次交易的价格必须高于再前一次的价格。

该项规则起初是为了防止金融危机中的空头打压导致暴跌。报升规则起源于美国,不过美国从2005年开始逐步取消报升规则,2007年彻底废除了报升规则,在此次金融市场动荡中也未对报升规则进行回复。我国香港地区在1995年取消了报升规则,在1998年亚洲金融危机后,1998年9月7日再度实施报升规则,至今仍然执行。欧洲地区一般不在卖空交易中设置该规则。

《上海证券交易所融资融券交易试点实施细则》和《深圳证券交易所融资融券交易试点实施细则》规定了融券卖空中的报升规则:融券卖出的申报价格不得低于该证券的最近交易价;当天还没有产生成交的,其申报价格不得低于前收盘价。低于上述价格的申报为无效申报。

③ 保证金规则。信用保证金分为初始保证金和维持保证金。投资者在开立证券信用交易账户时,需存入初始保证金。设立维持保证金则是为了防止信用交易的标的股票因市价变动而可能对券商产生的授信风险。

上交所和深交所公布的融资融券实施细则清楚地规定了融资融券交易初始保证金比例不得低于50%,维持担保金比例(客户的总资产/总负债)不得低于130%,并且客户如果补缴维持保证金,该比例必须回到150%以上的水平。

(3) 信用经纪业务的利弊分析。投资银行提供信用交易需要衡量利弊。信用交易制度的好处在于:客户能够超出自身所拥有的库存资金或证券力量进行交易,大大方便其操作安排。因为在进行证券交易时通常有这样一种情况:当客户很有把握地预测到某证券价格将要上涨,准备大量买进该证券,但手头却无足够的资金;或者信心十足地预测到某证券价格将下跌,企图大量抛售它,可手中又恰好没有这类证券。如果采用一般的交易方式,此时是无法进行任何交易的,只能坐失良机。信用交易制度正好解决了这个问题,它在投资银行和客户之间架设了信用通道,通过融资融券业务满足了客户的需要,同时推动市场更加活跃。

信用交易具有杠杆作用。信用交易提供给客户以小博大的机会。例如,我们假定某客户自有资金为1万元,他预计X股票的价格将要上涨,于是以每股1元的市价购入1万股,后来X股票价格果然从1元上升到2元,1万股X股票的市值就变成2万元,获利1万元,其盈利与自有资金比率为100%。如果投资银行为该客户提供信用交易服务,收取其1万元作为保证金,然后以20%的保证金比率给其融资,这样客户便能购买X股票5万股,价格如上所述上涨后,5万股X股票价值就变成10万元,扣除投资银行垫款4万元和资本金1万元后,可获净利5万元(假设利息、佣金和所得税不计),盈利与自有资金之比率提高为500%,这样的利润率是十分可观的。

信用交易制度的弊端主要是风险较大。如果证券市场行情未按客户预料的方向变动,那么采用信用交易给客户造成的损失同样也是巨大的,如果这些损失无法追回就会形成投资银行自身的坏账包袱。

同上例:假如投资银行为该客户提供信用交易服务,后来X股票的价格不涨反跌,从每股1元跌到0.5元(假设仍未被除牌),这时5万股X股票的市值为2.5万元,损失2.5万元(假设利息、佣金和所得税不计),其损失与自有资金比率为250%,除了本金全部赔掉之外,还倒赔本金的1.5倍之多。而假如该客户没有使用信用交易方式,那么以1万元自有资本,在X股票每股价格1元时,只能购入1万股,以后当每股价格同样从1元下跌到0.5元之后,该客户只损失了5 000元,其损失率仅为50%,大大低于信用交易方式的损失率。

另外，从整个市场看，过多使用信用交易，会造成市场虚假需求，人为地形成股价波动。为此，各国对信用交易都进行严格的管理。例如，美国从1934年开始，由联邦储备银行负责统一管理。该行的监理委员会，通过调整保证金比率的高低来控制证券市场的信用交易量。各证券交易所也都订有追加保证金的规定。例如当股票价格下跌到维持保证金比率之下时，经纪人有权要求客户增加保证金，使之达到规定的比率，不然的话，经纪人就有权出售股票，其损失部分由客户负担。同时证券公司为了防止意外，当客户采用信用交易时，除了要求他们支付保证金外，证券公司还要求他们提供相应的抵押品，通常被用作抵押品的，就是交易中委托买人的股票，以确保安全。

尽管如此，信用交易仍是当前西方国家金融市场上最受客户欢迎的，使用最广泛的交易方式之一。

(4) 我国融资融券业务的实践。融资融券交易是发达资本市场上重要的金融工具之一。最初这种交易方式在我国是被严格禁止的。如1998年颁布的《证券法》明文规定，禁止证券公司"从事为客户融资或者融券的交易活动"。从而导致我国交易方式一直停留在现货交易上，缺乏卖空机制。这种状况严重制约着我国证券市场金融工具的丰富和金融市场的发展。2005年修订的《证券法》第142条规定："证券公司为客户买卖证券提供融资融券服务，应当按照国务院的规定并经国务院证券监督管理机构批准。"这一规定的修改为开展融资融券交易扫清了法律上的障碍。

2006年6月30日，证监会发布《证券公司融资融券业务试点管理办法》，并于8月1日起实施。之后又发布了一系列相关的交易细则和自律规范文本，如：2006年沪深交易所发布《融资融券交易试点实施细则》、中国证券登记结算公司发布《中国证券登记结算有限责任公司融资融券试点登记结算业务实施细则》、证券业协会制定并公布《融资融券合同必备条款》和《融资融券交易风险揭示书必备条款》，进一步规定了我国证券融资融券交易制度的基本模式、交易结算规则和风险控制制度。

2008年10月5日，中国证监会宣布启动融资融券试点。融资融券业务将按照试点先行、逐步推开的原则进行。根据证券公司的净资本规模、合规状况、净资本风险控制指标和试点方案的准备情况择优批准首批符合条件的试点证券公司，之后将根据试点的情况，在总结经验完善办法的基础上逐步扩大试点范围。

2008年10月25日—11月8日，共有11家证券公司进行了融资融券业务全网测试。测试的主要内容包括为各类融资融券交易和证券划转、客户信用证券账户配号和销号、融资融券相关权益处理、融资融券交易的清算交收、行情和闭市后数据接口测试、证券融资融券权限实时调整功能测试等，根据各参与券商的回馈，测试顺利完成，达到了预期效果。

2010年01月08日，国务院原则上同意开设融资融券业务试点。2010年3月30日，深沪交易所通知融资融券交易试点3月31日正式启动。首日沪深两市融资融券交易总量约659万元。融资融券交易量之比高达66∶1，两市融资买入额为655万元，融券卖出额不足10万元。截至2020年6月30日，融资余额达到11 314亿元，融券余额达到323.9亿元。

2015年6月3日《证券公司融资融券业务管理办法》通过，并于2015年7月1日开始施行。经中国证监会批准，上海证券交易所、深圳证券交易所对《融资融券交易实施细则》进行了修订，并于2016年12月12日起实施。修订内容主要有两个方面：调整可充抵保证金证券折算率要求,将静态市盈率在 300 倍以上或者为负数的股票折算率下调为 0%;同时,两所还同步扩大了融资融券标的股票范围。

3. 其他业务

(1) 代办股份转让。代办股份转让业务,是指经中国证券业协会批准,并报中国证监会备案,由具有代办非上市公司股份转让服务业务资格的证券公司采用电子交易方式,为非上市公司提供的股份特别转让服务。这种股份并没有在证券交易所挂牌,而是通过证券公司进行交易。在这项业务中,提供股份转让业务的证券公司是主办券商。

三板市场(中国的柜台交易市场)就是代办股份转让业务的平台,于 2001 年 7 月 16 日正式开办。2002 年 12 月 27 日,《证券公司从事代办股份转让主办券商业务资格管理办法(试行)》颁布,5 个月之后广发证券与兴业证券成为《办法》出台后首批获得该资格的券商。首批挂牌交易公司包括大自然、长白、清远建北、海国实、京中兴和华凯,全部是原 NET、STAQ 市场的挂牌企业。STAQ 和 NET 是两个法人股流通市场,1992 年到 1993 年为解决股份公司法人股的转让问题,在国务院体改委领导下,由中国证券市场研究设计中心(联办)和中国人民银行牵头分别成立的。但由于监管力度不足和其他方面的原因,上市交易企业只有 17 家。而原本面向法人投资者的市场,流通股份 90% 被自然人所持有。1999 年 9 月 9 日在国家治理整顿场外交易的背景下 STAQ 和 NET 市场被停止交易,大量资金被套其中。直到 2001 年三板开设,这些股份才重新得以交易。可见,解决历史遗留问题是三板市场创建伊始所承担的重要任务。而三板开设的另一个目的是承接主板的退市股票,在特定的时期起到化解退市风险的作用,并弥补证券市场的结构性缺陷。

三板市场根据其内容,分为老三板市场和新三板市场。老三板市场包括原 STAQ、NET 系统挂牌公司和退市公司。新三板市场是指自 2006 年起专门为中关村高新技术企业开设的中关村科技园区非上市股份有限公司股份报价转让系统。新三板挂牌对象和条件:合法存续三年;主营业务突出,有持续经营的记录;公司治理结构合理,运作规范;面向国家级高科技园区企业;有限责任公司须改制后才可挂牌。新三板市场的挂牌企业在证券业协会备案后,可以通过定向增资实现企业的融资需求。从 2002 年 9 月 20 日开始,根据股份转让公司的质量,在三板市场上实行股份分类转让制度。2012 年 8 月 3 日,经国务院批准,决定扩大非上市股份公司股份转让试点。首批扩大试点除北京中关村科技园区外,新增上海张江高新技术产业开发区、武汉东湖新技术产业开发区、天津滨海高新区。

新三板的雏形是 2006 年 1 月 16 日为了解决中小企业融资难的问题,在北京试点的"代办股份转让系统"。由于中小企业融资难问题加剧,2011 年新三板扩容,筹建全国股份转让市场;2013 年 1 月 16 日全国股份转让系统正式运营,成为继沪深交易所后第三家全国性证券交易场所;2020 年新三板改革,包括增设精选层、修改股票交易规则(增加连续竞价)、降低投资者准入标准,以及加强信息披露、异常交易行为的监管。截至目前,券商作为做市商,做市股票仅有 656 只,而作为主办券商,目前督导的新三板企业有 8 262 家。新三板上市时间会根据不同类型的公司而定,一般需要 6 个月或者一年以上时间;平均融资 1.22 亿元(包括已摘牌公司,2013—2019 年,共有 6 524 家公司完成定增融资,平均累计融资规模为 7 978.87 亿元)。

(2) 权证业务。权证的实质反映了发行人与持有人之间的一种契约关系,持有人向权证发行人支付一定数量的价金之后,就从发行人那获取了一个权利。这种权利使得持有人可以在未来某一特定日期或特定期间内,以约定价格向权证发行人购买/出售一定数量的资产。持有人获取的是一个权利而不是责任,其有权决定是否履行契约,而发行者仅有被执行的义务。为获得这项权利,投资者需付出一定的代价(权利金)。权证(所有期权)与远期或期货的分别在于:前者持有人所获得的不是一种责任,而是一种权利;后者持有人需有责任执行双方签订的买卖合约,即必须以一个指定的价格,在指定的未来时间,交易指定的相关资产。

投资者可以在经交易所认可的具有会员资格的证券公司的营业部买卖权证。投资者买卖权证前应在其券商处了解相关业务规则和可能产生的风险,并签署由上海证券交易所统一制定的风险揭示书。只有在签署风险揭示书后,投资者才能进行权证交易。权证的买卖与股票相似,投资者可以通过券商提供的诸如电脑终端、网上交易平台、电话委托等申报渠道输入账户、权证代码、价格、数量和买卖方向等信息就可以买卖权证。所需账户就是股票账户,已有股票账户的投资者不用开设新的账户。

权证交易单笔申报数量不超过 100 万份,权证买入申报数量为 100 份的整数倍;申报价格最小变动单位为 0.001 元人民币;与股票交易当日买进当日不得卖出不同,权证实行 T+0 交易,即当日买进的权证,当日可以卖出。权证作为证券衍生产品,其价值主要取决于对应标的股票的价值,由此权证价格和对应标的股票的价格存在密切的联动关系。根据交易所规定:对应标的股票停牌的,权证相应停牌;对应标的股票复牌的,权证相应复牌。此外,交易所还规定根据市场需要有权单独暂停权证的交易。

(3) 期货 IB 业务。IB(Introducing Broker)业务是指证券公司接受期货公司委托,为期货公司介绍客户参与期货交易并提供其他相关服务的业务活动。证券公司将自己的客户介绍给期货公司,并从中收取介绍佣金,但不得接触客户资金,不得办理期货保证金业务,不承担期货交易的代理、结算和风险控制等职责。证券公司开展期货 IB 业务,应在场地、人员配备、业务流程及规则等各方面遵守《民法典》《期货交易管理条例》《证券公司为期货公司提供中间介绍业务试行办法》及其他相关法律、法规的规定。

券商获得 IB 业务资格的条件:申请日前 6 个月各项风险控制指标符合规定标准;已按规定建立客户交易结算资金第三方存管制度;全资拥有或者控股一家期货公司,或者与一家期货公司被同一机构控制,且该期货公司具有实行会员分级结算制度期货交易所的会员资格、申请日前 2 个月的风险监管指标持续符合规定的标准;配备必要的业务人员,公司总部至少有 5 名、拟开展介绍业务的营业部至少有 2 名具有期货从业人员资格的业务人员;已按规定建立健全与介绍业务相关的业务规则、内部控制、风险隔离及合规检查等制度;具有满足业务需要的技术系统;中国证监会根据市场发展情况和审慎监管原则规定的其他条件。

证券公司各营业部提供专营场地,开展期货 IB 业务。在专营场地内,设立办公室,供证券公司及期货公司 IB 业务人员办公使用;设立期货客户交易区,供期货客户了解期货行情及期货交易使用;设立专栏,介绍期货公司、期货交易基本知识、IB 业务员情况,进行期货交易风险揭示以及其他相关内容。证券公司每个营业部,确定两名具有期货从业资格的期货专管员。期货公司派两名人员,一名市场开发人员、一名客户服务人员,长驻证券公司营业部,负责具体期货业务。IB 业务的一般流程:证券公司期货专管员负责将期货客户介绍给期货公司;证券公司在专栏上介绍期货公司及相关工作人员情况;证券公司期货专管员向客户宣传期货基本知识,并进行期货交易风险教育。

第三节 证券做市业务

投资银行的做市业务是指作为做市商的投资银行为证券交易创造市场,通过证券交易报价为证券市场创造流动性的一项业务。现实的证券市场必然与经济学理论上的完全市场偏离,投资者在任何时间买入或卖出证券都有可能出现暂时性的不均衡。这种不均衡使证券交易和价格形式的连续性遭到破坏。为了弥补证券市场的这一缺陷,投资银行的做市业务应运而生。

一、证券做市业务的概述

1. 做市商制度的概念及特点

做市商机制也称庄家制度,即"报价驱动交易系统",由一名或多名做市商负责提供买卖双边报价,投资者可以按照做市商报价及数量随时买入或卖出证券,不会因为证券交易双方的供需失衡而导致交易中断或价格突变。做市商是指运用自己账户从事证券买卖,通过不断地报价,维持证券价格的稳定性和市场流动性,并从买卖报价差额中获取利润的金融服务机构。做市商的作用在于提高市场流动性;保证市场稳定;准确发现价格。这一证券价格形成机制中的主导是作为做市商的投资银行。实行做市商制度的纳斯达克市场,获得了极大成功,并为全球创业板市场所效仿。在纳斯达克市场上,高盛、美林、摩根士丹利等顶级投资银行都在从事做市商业务。

投资银行只要遵守证券法律法规与行业自律规范,达到规定的条件与要求,均可提出申请指定其为某种证券的做市商。做市商必须在其做市的证券上拥有一定的仓位,并在此基础上买入或卖出该证券,从而调整自己的持仓数量。

证券做市业务具有以下特点:做市商给出某一证券的买入价与卖出价(包括买入与卖出数量),且随时准备在该价位上买入或卖出;所有投资者(不论是买入方还是卖出方),均与做市商进行交易,证券成交价格的形成由做市商决定;做市商从买卖报价差额中获取收益,同时买卖差价也是衡量市场流动性、价格连续性和市场深度的一个重要指标;当市场行情波动剧烈,做市商也可以退出做市。由于同一证券存在多个做市商,个别做市商的退出不会影响市场的正常运作。

2. 做市商制度的组织形式

世界各国的做市商的组织形式大致可分为两种类型,一是多元做市商制,即分散在场外交易市场的做市商通过电子网络系统进行买卖报价。这种组织形式以美国纳斯达克市场为代表,每一证券均有若干做市商,投资者可在相互竞争的做市商报价中选择最有利的报价进行证券交易。这种组织形式实质上是通过做市商的报价,将分散在各地的场外交易在一定程度上连接集中起来。二是特许做市商制,也称为专营商制。是证券交易所指定的特种会员(专业会员),主要职责是为其专营证券交易提供市场流通性并维持价格的连续和稳定。这种组织形式以美国纽约交易所为代表。实行特许交易商制是纽约证券交易所区别于世界上其他证券交易所的重要特征之一。交易所有将近 400 个特许交易商,而一个特许交易商一般负责几种或几十种证券。特许交易商是唯一可以根据市场状况用自己的账户报价的交易商。因此,特许交易商是单一做市商,特许交易商制也被视为"垄断"做市商制。

3. 投资银行充当做市商的动机

投资银行只要遵守证券法律法规与行业自律规范,达到规定的条件与要求,均可提出申请指定其为某种证券的做市商。做市商必须在其做市的证券上拥有一定的仓位,并在此基础上买入或卖出该证券,从而调整自己的持仓数量。

投资银行参与做市业务的目的主要有:一是赚取买卖报价的差额。价差是证券市场对做市商提供做市服务即创造市场的流动性,维持证券价格的稳定性的报酬。二是积累竞价技巧。通过做市业务,投资银行可以积累二级市场交易经验与定价技巧,来支持与推动自己的一级市场的承销业务,即在控制风险的前提下,通过为发行人提供较为有利的发行价格,争取更多的承销业务。三是提供发行与做市的一体化服务,维系与发行人的良好关系。

二、证券做市业务的运作

国外投资银行的做市商业务起源于柜台市场,但并不局限于柜台市场,近年来这项业务在多方面得到了扩展。以美国为例,做市商业务的运作包括两类:一类是证券交易所的做市商业务;另一类是场外交易市场的做市商业务,二者存在较大的不同。

1. 证券交易所的做市商运作

有些指令驱动系统(如纽约证券交易所)存在辅助性质的做市商活动。当买卖盘不均衡或市况不佳时,做市商以其自身报价进行交易,它们被称为证券交易所的做市商。

证券交易所的做市商必须符合纽约证券交易所的要求,基本条件包括:最低资本金要求(目前为 100 万美元)和头寸承付能力要求(目前为 15 000 股)等。在市场出现短暂的不平衡或缺乏交易动机时,交易大厅的经纪商和自营商可能无法获取某种股票的报价,这时它们就必须求助于该股票的做市商,按照做市商的报价与之进行交易以平衡手中的头寸。作为证券交易所的做市商有如下两个特点:

(1) 交易所对做市商数量有一定限制。交易所的做市商可以为多只股票做市,但是每只股票却只能有一个做市商。因此,拥有近 3 000 家上市公司的纽约证券交易所目前只有 100 多家做市商。

(2) 交易所做市商承担的义务相对较多。纽约证券交易所规定做市商有义务维持市场公平和有序,若不能完成该任务就会丧失做市商资格。1987 年 10 月股灾发生后,纽约证券交易所有 11 家会员公司就因为没有履行维护市场公平秩序的职责而被取消了做市资格。

2. 场外交易市场的做市商

美国的纳斯达克市场(即全美证券商协会自动报价系统,National Association of Securities Dealers Automated Quotations,NASDAQ)是场外交易市场做市商制度的一个典型代表和成功范例。投资银行如果想进入柜台市场成为做市商,首先必须符合非挂牌股票的管理者——全美证券商协会(NASD)所要求的条件:证券商只有在该协会登记注册后才能够成为纳斯达克市场的做市商;做市商有最低资本金要求,同时必须在参与做市的股票上拥有一定的头寸。

投资银行成为场外市场的做市商之后,必须履行其为做市的股票连续报价的义务。为确保每只股票在任何时候都有活跃交投,每个做市商都承担所需资金,以随时应付任何买卖。做市商报出的价格必须与前一交易日的市场价格(收盘价)有一定的相关性,所报的买卖价差必须保持在规定的最大幅度内。美国全国证券商交易协会的自动报价系统,可显示出当时所有做市商该股票的全部买价和卖价,并注明最高的买价和最低的卖价。经纪商可代表其客户打电话或发传真给做市商,通知做市商它已接受了即时的买价,并卖出了客户的股票,或接受了即时的卖价,并为客户买入了股票,经纪商的客户一般看不到买卖价差。做市商可通过纳斯达克证券市场工作台的电子终端网络随时动用资金进行自行买卖纳斯达克证券市场各类上市公司的股票,并且由公司的交易商通过微机工作站进行报价。

纳斯达克系统的做市商必须接受全美证券商协会的监督。在开市期间,做市商必须就其负责做市的证券一直保持双向买卖报价,做市商的买卖差价不能超过全美证券商协会规定和发布的最大买卖差价(比如5%)。1997年起全美证券商协会还引入了"投资者报价机制"(指令驱动机制),防止在缺乏价格竞争的情况下做市商故意加大买卖差价、使投资者遭受损失。

场外交易市场的做市商有如下两个特点:

(1) 场外市场对做市商数量一般没有限制。在纳斯达克市场,对特定股票报价的做市商数目并无限制,每只证券至少要有两家做市商为其股票报价,一些规模较大的公司甚至可以拥有多达40—50名做市商。这种做市商制度具有竞争性,价差将会尽可能缩小,舞弊行为也得到遏制。在一笔交易成交后90秒内,每位做市商通过计算机终端网络报出某一股票有效的买入价和卖出价及已完成交易成交情况,买卖数量和价格的交易信息随即转发到世界各地的计算机屏幕,通过相互竞争的方式来吸引投资人。纳斯达克证券市场的证券价格正是通过激烈竞争来确定的。

(2) 场外市场做市商承担的义务相对有限。面对非正常大幅波动的市场,做市商一般没有义务继续做市,如在1987年"黑色星期一",那天,美国许多场外交易市场做市商均停止了交易。

在国外,各大投资银行均对做市业务给予了相当程度的重视。因为做市业务能够获取比较稳定的差价收入;更重要的原因在于它会带动投资银行一级市场发行承销业务的开展。大部分发行公司都希望自己的股票上市后有较好的表现,以维护公司形象和再融资资格,因此投资银行往往需要同时兼任发行公司的承销商和做市商,至少在上市初期要保持其所承销股票的价格稳定,直到有新的做市商介入才可退出,如果做不到这一点,就会对承销业务产生负面影响,进而削弱投资银行在业内的资信地位。

三、做市商的成本与收益

投资银行是否承担做市商业务的关键,是权衡做市的成本与收益。

1. 做市商承担的成本

做市商承担的成本主要包括以下三个方面:

(1) 直接交易成本。直接交易成本主要包括处理投资者买卖证券的委托指令的成本、清算成本、通信费用、场地与设备成本等。

(2) 存货成本。做市商开展做市业务,必然需要拥有一定的证券存货,以保证市场交易的连续性。存货成本主要包括三个方面:一是存货的管理成本,即做市商既保证市场交易的连续性需求,又不至于使证券存货过多承担超额的市场风险,而设计与保持最佳证券存货数量所付出的管理费用。二是存货的风险成本,即做市商保持一定量的证券存货可能导致的损失,这种损失来源于该证券未来价格的不确定性。三是存货的货币时间价值,即做市商保持一定量的证券存货必然产生占用相应的货币资金的成本,主要表现为资金的市场利率。

(3) 信息不对称成本。信息不对称成本主要包括两个方面:一是做市商与发行公司之间的信息不对称,即做市商未全面掌握发行公司的非系统性风险而造成证券价格下跌。二是某做市商与投资者及其他做市商之间的信息不对称,即个别投资者与其他做市商可能掌握了更充分的市场信息(私人信息),获得一个更好的成交价格,导致某做市商蒙受损失。

2. 做市商获得的收益

做市商开展做市业务的收益主要来自其买卖证券报价的差价。影响因素包括:

(1) 保留差额。保留差额是指做市商能够用来抵补执行下一笔交易边际成本的差额,其金额大小综合反映了委托单位处理成本和风险承担补偿。能够产生保留差额的买卖价格,被认为是保留价格,适当的保留价格可以确保做市商连续不断而又非常顺利地向公众投资者报出证券买卖价格。委托单位处理成本包括经营必需的设备成本、管理人员及操作人员的费用。成本费用越低,买卖差价就越小。20 世纪 60 年代以来,随着计算成本及训练有素的职员费用的降低,这类成本已经下降。

做市商还必须为承担风险而得到补偿。做市商在某一证券上维持多头或空头头寸,会产生三种风险:

① 价格风险。未来证券价格具有不确定性,即持有多头头寸的做市商担心证券价格下跌,持有空头头寸的做市商担心证券价格上涨。

② 时间风险。即与解开头寸预计需要的时间及其不确定性有关,这主要取决于证券买卖委托单抵达市场的速度。

③ 信息不对称风险。尽管做市商有可能比一般客户获得更为充分的有关委托单流量的信息,但在某些交易中,有可能是做市商的交易对手占有更为充分的信息,结果是交易对手获得一个更好的价格,使做市商蒙受损失。

只有当市场需求条件达到允许做市商的报价超过其保留差额时,做市服务才能得以提供。保留差额应该是做市商向市场提供买卖报价差额的最低盈亏线。

(2) 市场竞争。市场竞争是指做市商之间的竞争。竞争决定着做市商报价能够超过其保留差额的程度。即做市的报价到底多大,能否超出其保留价格是由市场竞争力量决定的。纳斯达克证券市场规定,每一种证券必须至少有两家做市商做市,以限制任何做市商的垄断报价能力,确保一定程度正当竞争的开展。当几家做市商做市一种证券时,买卖报价因做市商的不同而各异,这样为公众参与者提供了多种选择的机会,但市场竞争的结果会使特定证券的价格趋于一致,因为市场是公开和进出自由的。

(3) 限制性委托。做市商的买卖报价还面临着来自普通公众投资者通过限制性委托而施加的竞争压力。在纽约证券交易所,尽管特许交易商们在证券交易中拥有特权,但个人投资者若发现买卖差额太大,则可以就此下达限制性委托指令;显然,这种限制性指令有缩小差额的作用。

做市商的做市行为并非完全取决于自身的利益意愿,更不是无所限制的非理性行为,竞争和交易单流向,能够确保不同做市商的买卖报价不至于相互偏离太多,也就是市场相互竞争的制衡力量将做市商的报价限定在一定的范围内。

（4）其他影响因素。证券的交易量越大，差额趋向于越小。从某种程度上讲，交易量大的证券，其流动性也大，所以可以缩短做市商持有的时间，从而减少其库存风险；同时，还能够使做市商在交易时容易实现一定的规模经济，也会由此减少成本，差额也就没有必要太大。

证券的变动性越大，其差额也会越大。因为对于做市商来说，在给定的持有期间内，收益率变动较大的证券所产生的风险比那些收益率变动小的证券要来得大，作为对该风险的补偿，收益率变动较大的证券其差额自然也就越大。

证券价格越高，比例差额越小。按理来说，证券价格应当对买卖价差产生很小的影响，但事实与此相反，原因就在于证券价格能够反映一定量的其他因素的影响。所以，价格较低的证券交易额会趋于减少，以及正因为价格低，才要求有较大的比例性差额来弥补交易过程中的固定成本。

证券交易中的做市商越多，差额越小。做市商的数量越多，竞争性越强，各种约束力量就越是有力地倾向于限制任何做市商的保留差额的偏离程度。而且，拥有做市商数量越多的证券的交易，越是趋于活跃，流动性越大，其中做市商的风险也就越小，作为风险补偿的差额也就越小。

第四节　证券自营业务

自营业务是投资银行在二级市场上开展证券交易业务中的一项主要内容。它是指投资银行以自主支配的资金或证券直接参与证券交易活动，并承担证券交易风险的一项业务。自营业务可以给投资银行带来资本利得和股利、债息、红利等收入，也可推动投资银行其他业务的发展。

一、自营业务的特征与原则

自营商又称交易商，是指为自己的账户买卖证券而不是作为经纪代理买卖证券的金融机构。投资银行的自营业务，则是以营利为目的并以自有资金和依法筹集的资金，通过以自己名义开设的账户买卖证券的行为。

自营业务的运作根据其获利的来源差别，可分为投机与套利两大类型。从绝对价格变动中获利的行为称为投机；而从相对价格差异中获利的行为称为套利。

1. 自营业务的特征

与经纪业务相比，自营业务具有以下特征：①自主性。自营的实质是自主经营，投资银行开展自营业务的自主特征表现在交易行为、交易对象、交易方式以及交易价格等方面的自主决策。这与经纪业务按照投资者委托指令代理证券交易完全不同。②风险性。受系统性风险与非系统性风险的影响，证券投资收益存在很大的不确定性，证券投资收益的不确定性决定了自营业务的风险性。这与经纪业务仅收取佣金而收益与风险由投资者承担完全不同。

虽然自营商与做市商都持有某种证券存货，以自己的账户进行交易，收益的来源主要是证券的买卖差价，但两者也存在明显的区别。①自营商持有证券仓位，是期望从价格水平变动中获利，而做市商持有证券仓位，是为了创造市场并从中获利。②自营商为了从证券买卖差价中获利,承担了极大的市场风险,而做市商是在限定的买卖报价区间从事交易,因而赚取差价有限,承担的市场风险相对较小。

2. 自营业务的原则

上述自营业务的特征,决定了投资银行在开展自营业务过程中应当遵守以下原则:

(1) 客户优先原则。投资银行往往从事经纪业务与自营业务于一身,但应将经纪业务放在优先地位,即对于同一证券,客户与自营部门申报委托同时发生,且价格相同时,经纪部门应优先执行客户的委托指令。

(2) 公开交易原则。投资银行通常拥有资金、信息、技术等方面的优势,但不得利用这些优势从事操纵市场、欺诈等不正当交易。投资银行从事自营业务强调公平交易原则,一方面是为了保证证券市场的公开、公平与公正;另一方面也是投资银行加强自身风险控制的要求。

(3) 维护市场秩序原则。投资银行是依托证券市场而生存发展的,维护证券市场正常运行是投资银行固有的职责;同时,投资银行拥有资金、信息等多方面优势,也有能力来维护证券市场的秩序与安全。因此,投资银行应严格遵守有关的法律法规,倡导理性投资,保证证券市场的连续性与稳定性。

(4) 加强内部控制原则。自营业务是投资银行从事各项业务中风险最大的一项业务。自营业务的成败直接关系到投资银行的生存与发展。因此,投资银行应明确自营部门机构与人员的各自职责,建立运行高效、控制严格的内部控制机制,制定科学合理、切实有效的内部控制制度,以预警与防范经营风险。

二、投机业务

这里的投机业务是指投资银行在自营业务活动中通过对证券价格的预期,采用高抛低吸的方式谋取收益的行为。如果自营商预期某证券价格将上升,就会买入该证券,待证券价格上升后抛出;如果预期某证券价格将下跌,就会卖出甚至卖空该证券,待价格回落再在低位回补。如果自营商判断正确,可获取差价收益;反之,则会亏损。

自营商的投机活动不是赌博。因为投资银行进行投机业务操作,首先要对证券市场及该证券进行详尽的基本分析与技术分析,以尽可能降低投资风险。自营商的投机活动也不是操纵市场。操纵市场是凭借资金、信息与技术等方面的优势去控制证券价格的变化,以损害他人利益来获取收益,而投资银行进行投机业务操作是依靠正确的判断与预期来获取收益。

因此,任何国家与地区证券市场都不排斥适度的投机活动,相反,适度的投机活动还是证券市场的润滑剂。投机活动的适度运作,有着以下效用:①证券市场的润滑剂作用。投机业务的目的是追求短期获利,其行为是快进快出,这在客观上使得每笔证券成交价格间变动幅度缩小,致使整个市场的价格变动趋势显得非常平滑。因此,投机业务能够促使市场交投,提高证券市场的流动性,并利于整个市场的平稳运行。②价格发现功能。投资银行通过下属的研发机构与相关人员的调研,发现价格被高估或低估的证券或价格有上升或下降动向的证券,并及时进行买卖。投资银行的研究分析及买卖行为有助于不同证券品种在市场上形成若干种证券价格的有序排列。③资源配置功能。通过投机业务,使证券价格向其内在价值逼近,其结果是资本流向运作效率高的公司或行业,推动其快速发展;同时,由于绩差公司与行业的证券缺乏需求,导致其融资困难,而发展缓慢。④分散风险作用。由于投机业务追求的是短期价差,使证券连续成交价格间的价差缩小,因此在发生较大风险的情况下,每个投资者分担的风险也是很小的。

需要指出的是,单个自营商的投机买卖行为通常不足以影响市场行情,但数量巨大的同向投机行为则足以改变市场价格,出现证券价格暴涨暴跌的实质是某些重大信息的出现所致,自营商的投机行为只是促使这些信息造成的影响迅速显现。因此,加强对信息披露的监管与宏观经济政策的连续性是证券市场平稳发展的根本性前提。

投机业务的运作。自营商开展投机业务必须进行尽可能详尽的技术分析与基本分析,以减少投资风险。投机业务的主要运作有:①内在价值分析,即自营商根据某种证券价格与其内在价值的差异程度的预期,来调整其持有的证券仓位;②经济政策分析,如预期利率、汇率等的变动,来调整其持有的证券仓位;③技术分析,如预期证券市场行情或某种证券价格变动趋势及其改变,来调整其持有的证券仓位等。

三、套利业务

套利业务是指投资银行在自营业务活动中通过对证券相对价格差异的发现与预期,采用高抛低吸的方式谋取收益的行为。一般来说,套利业务可以分成无风险套利与风险套利两种类型。

1. 无风险套利

投资银行观察到不同市场或同一市场上同一证券或相关证券价格的差异,然后抛售高估证券,买进低估证券。由于投资银行的套利行为是同时进行的,其利润可以确定,而且套利行为不存在时滞,其风险为零。因此,称之为无风险套利。只要市场上存在无风险套利机会,将会吸引众多投资者参与,其结果是使同一证券价格趋于一致,相关证券价格趋于合理比价,套利机会消失。

无风险套利主要有以下运作:

① 空间套利,又称地域套利,是指投资银行利用不同市场上相同或相关证券的价格差异,同时买进低估证券卖出高估证券以谋取收益的交易行为。

② 时间套利,又称跨期套利,是指投资银行利用现货市场与期货市场上同一证券的价格差异,同时买进现货、卖出期货;或卖出现货、买进期货以谋取收益的交易行为。

③ 品种套利,是指投资银行利用同一市场上具有高度相关性的不同证券的价格差异,同时买进低估证券卖出高估证券以谋取收益的交易行为。

2. 风险套利

风险套利主要涉及证券市场上的兼并收购或其他股权重组活动。通常情况下,收购方要向被收购方的股东支付溢价才有可能得到被收购方股东的支持和股权的让渡。所以,并购若能成功,被收购公司的股价将上升,而收购公司的股价将下跌。因此,投资银行可在并购之前买入被并购方的股票而抛出并购方的股票,等到并购成功后再做反向操作,以获取收益。

风险套利与无风险套利的根本区别在于:前者为套利而进行的买卖交易之间存在时差,且风险随着时差的增加而增加。而且投资银行进行风险套利活动还承担并购失败的风险。

在当今世界的并购活动中,大多数公司采用以股换股方式来替代现金支付。但是,收购方的股票市价与被收购方等量股票的市场价格常常存在差异。这一差异来源于:收购方向被收购方股东提供的收购溢价;收购宣布时间到投资者期望收购成功时间的差距,构成了差价中的时间报酬;收购失败的风险报酬。

投资银行通过市场并购活动进行风险套利,希望获取上述的差价收益,但同时必须承担时差引发的风险与并购失败的风险。因此,投资银行从事风险套利活动,必须进行周密的分析与调研,制定详尽的套利方案,以减少投资风险。

第一种情况,在并购宣布以前。投资银行利用其专业技术的优势,观察分析市场上的异动股票,研讨与把握可能出现并购的概率及并购成功的可能性,在权衡收益与风险的基础上决策。如果出现并购及并购成功的概率很大时,可以采用出清收购方股票,买进被收购方股票,并相机而动的策略。

第二种情况,在并购宣布时。投资银行应根据收购方的出价条件,并购双方股价以及并购成功可能性大小进行决策。

例如甲公司现行股价 80 元,乙公司现行股价 25 元,现在甲公司宣布对乙公司发动收购,支付条件是以 1 股甲公司股票换取 2 股乙公司股票。风险套利商经过调研,认为本次收购成功的概率较高,因此出价每股 35 元购买乙公司的股票。这样,乙公司股东面临两种选择:一是当场以每股 35 元的价格卖给风险套利商,兑现每股 10 元的确定性收益;二是等待收购成功,以 2 股乙公司股票换取 1 股甲公司股票,这样每股可赚取 15 元收益,但如果收购失败则无收益可言(假定两种股价保持不变)。因此,对乙公司股东而言,选择第二种方案需要承担一定的风险。

假设乙公司股东为避险选择第一种方案。风险套利商买得乙公司股票同时以每股 80 元价格抛出或卖空甲公司股票,从而将收益锁定在每股 5 元即 $80 \div 2 - 35 = 5$ 元。若收购成功,风险套利商则以 2 股乙公司股票换取 1 股甲公司股票,从而实现每股 5 元的收益。可见,在这一交易中,乙公司股东将并购失败的风险转移给了风险套利商,作为风险的承担者,风险套利商可以获取一定的或有收益。一旦收购失败,乙公司股价回归至 25 元,风险套利商将付出损失每股 10 元的代价。

拓展阅读

创业板注册制交易规则解读

作为 2020 年资本市场改革的一件大事,创业板注册制备受各方瞩目与期待。首批创业板注册制企业已于 8 月 24 日上市,那么创业板注册制交易规则有哪些改动呢?

交易规则改动要点:

1. 涨跌幅提高至 20%

随着创业板注册制的全面实施,创业板交易规则将发生深刻变化。新股上市前 5 个交易日不设涨跌幅限制,5 个交易日后涨跌幅限制比例由之前的 10% 提高至 20%,存量的创业板股票也将同步实施!这一规则与运行已一年的上交所科创板完全接轨。当首只注册制创业板公司上市,所有创业板股票以及相关基金均会自动变为 20% 涨跌幅。

2. 完善新股上市初期交易机制

对于无涨跌幅限制股票,当盘中成交价较当日开盘价格首次上涨或下跌达到或超过

30%、60%的,各停牌10分钟。盘中临时停牌期间,可以申报,也可以撤销申报,复牌时已接受的申报实行集合竞价。

3. 实施盘后定价交易

允许投资者在竞价交易收盘后,按照收盘价买卖股票。

盘后定价申报时间:交易日9:15至11:30、13:00至15:30。

盘后定价交易时间:交易日15:05至15:30。

盘后定价交易期间,以收盘价为成交价、按照时间优先原则对盘后定价申报进行逐笔连续撮合。

4. 增加连续竞价期间"价格笼子"

在连续竞价阶段,限价申报的买入申报价格不得高于买入基准价格的102%;卖出申报价格不得低于卖出基准价格的98%。

基准价格是什么呢?一般情况下,买一、卖一就是基准价格。举个简单例子,假设买一是5元,卖一是5.01元,如果你想买,下单价格不能高于卖一的102%,也就是$5.01 \times 102\% \approx 5.11$元,你想卖的话,下单价格不能低于买一的98%,也就是$5 \times 98\% = 4.9$元。

5. 设置单笔最高申报数量上限

在单笔数量方面,限价申报不超过10万股,市价申报不超过5万股。保留现行创业板每笔最低申报数量为100股的制度安排。

6. 调整交易公开信息披露指标

当日收盘价格涨跌幅偏离值±7%调整为涨跌幅±15%、价格振幅由15%调整为30%、换手率指标由20%调整为30%、连续3个交易日内日收盘价格涨跌幅偏离值累计达到±20%调整为±30%,取消其他异动指标;增加严重异常波动指标。

7. 优化两融交易机制

创业板注册制下发行上市股票首个交易日起可作为两融标的。

8. 新增股票特殊标识

创业板注册制实施之后,部分股票出现字母标识,比如"N""C""U""W""V",不同字母代表不同含义。

N——首次公开发行上市股票及存托凭证上市首日;

C——上市后次日至第五日;

U——发行人尚未盈利;若发行人首次实现盈利,该特别标识取消;

W——发行人具有表决权差异安排;若发行人不再具有表决权差异安排,该特别标识取消;

V——发行人具有协议控制架构或者类似特殊安排;若上市后不再具有相关安排,该特别标识取消。

资料来源:南方财富网,《创业板注册制交易规则解读　注册制创业板进入倒计时》,http://www.southmoney.com/gupiao/glg/202008/6792528.html。

复习思考题

1. 简述证券交易的原则。

2. 简述指令驱动系统和报价驱动系统的内涵。它们各有什么特点?
3. 经纪业务有何特点?
4. 简述证券经纪业务的基本要素。
5. 简述证券经纪业务程序。
6. 网上交易对传统证券经纪业务产生的深远影响主要表现在哪些方面?
7. 简述融资融券业务的内涵及特点。
8. 试述信用经纪业务的利弊。
9. 简述做市商机制的内涵和基本特征。
10. 试述投资银行参与做市业务的目的。
11. 简述场内和场外交易市场的做市商的特点。
12. 试述做市业务的成本与收益。
13. 影响做市商买卖报价差额的主要因素?
14. 试述自营业务的特征。
15. 试述投机业务的效用。
16. 何谓无风险套利?无风险套利有哪些方法?
17. 在风险套利中,风险套利商将承担哪些风险?

第四章　金融衍生产品业务

金融创新是20世纪70年代末以来世界金融领域发生的一场深刻变革,其中金融衍生产品创新与发展尤为引人注目。金融衍生产品是商业银行与投资银行竞争的领域,也为投资者提供了以小博大的理财工具。本章主要讨论期货、期权与互换三种衍生产品的特征、收益与风险等相关问题。

第一节　金融衍生产品概述

金融衍生产品是指以货币、债券、股票等传统金融产品为基础,以杠杆性的信用交易为特征的新型的金融产品。它既指一类特定的交易方式,也指这种交易方式形成的一系列合约。远期交易、金融期货、金融期权、金融互换是金融衍生产品的四种基本类型,此外还有以初级金融衍生产品为衍生基础的二级、三级以至更高级别的金融衍生产品。

一、金融衍生产品的产生背景

金融衍生产品是在一定的客观背景中,一系列因素的促进下产生的。20世纪70年代初,维系全球的以美元为中心,实现"美元、黄金双挂钩"的固定汇率制——布雷顿森林货币体系连续出现危机并于1973年正式瓦解,浮动汇率制取而代之成为世界各国新兴的汇率制度。这一世界金融史上前所未有的大动荡使得每一个经营或持有货币的金融机构、企业和个人随时随地面临因汇率变动而造成损失的风险。同时,以自由竞争和金融自由化为基调的金融创新浪潮席卷整个西方国家,各国纷纷放宽或取消对利率的管制,放松对金融机构及其业务的限制,使汇率、利率,股价等金融价格进入难以预料的波动之中。金融市场的种种变动,使金融机构、企业和个人时时刻刻生活在价格变动风险之中,迫切需要规避市场风险,而传统金融市场的风险却难以通过传统金融产品本身来规避,尤其是系统性风险。这样,整个西方国家产生了规避风险的强大需求。为迎合这一强大的市场需求,作为新兴风险管理手段以远期、期货、期权和互换为主体的金融衍生产品应运而生。这些新兴金融产品能将传统金融市场上的风险进行有效分离,并且在特定市场上进行风险的重新分配转移,使投资者能以低廉的代价将风险有效转嫁出去,也给投机者提供了以承担风险来获取高收益的机会。因而,金融衍生产品一经产生,便满足了市场的强大需求,从而获得了迅速发展。

二、金融衍生产品的作用

1. 积极作用

金融衍生产品从总体上来说具有极大的积极作用。它规避了价格风险,降低了借贷成本,

提高了证券市场流动性,发现了未来价格,促进了金融业的发展。这使其成为现代金融市场的重要组成部分,其正向效应主要包括:

(1) 规避风险。金融衍生产品的产生与发展推动了金融市场的发展与完善,金融市场内形成了许多既相互联系又相互独立的子市场。通过传统金融产品与金融衍生产品的组合,或者若干金融衍生产品的组合,投资者在一个市场上的损失可以由另一个市场的收益来弥补,其实质是将汇率、利率、股价等的变化锁定在较小范围内,即使出现意外发生风险,其损失也将大为减少。从整个市场看,通过金融衍生产品之所以能够规避风险,一是投资者面临不同的风险,通过市场达成对各自有利的交易,从而控制了总体风险。如进出口双方达成一笔发货三个月内支付货款的协议,则汇率上升对进口商不利,而汇率下降对出口商不利,为防范汇率风险,他们分别可与本地银行订立三个月的外汇买进(或卖出)期权,并支付一笔期权费,就可使风险对冲;二是市场上存在为获利而愿意承担风险的投资者。如上例中的出口商所在地银行承担了汇率下跌的风险,但是如果汇率上升或出口商不要求履约,出口商所付出的期权费就成为该银行的盈利。

(2) 投资获利。金融衍生产品的价格变动会产生盈利的机会,由于金融衍生产品业务存在显著的杠杆效应,投资者如果判断正确、操作得当可以获得较高盈利率。如每一份期货合约的标的为 10 000 元面值的国债,交纳保证金 1 000 元,当每元国债上涨 5 分钱,持有多头合约的投资者就可以获得 50% 的浮动盈利。金融衍生产品能够根据不同的经济状态设计及选择,增加了投资者的盈利机会。如在股票现货市场上只有做多即先买后卖才有可能获利,股价下跌则无利可图甚至亏损;而在股票期货市场上,则股价上扬做多可以获利,股价下跌做空也可以获利。

(3) 价格发现。金融衍生产品的场内交易,拥有众多的投资者,他们通过类似于竞价拍卖的方式确定价格。这种状况接近完全竞争市场,能够在相当程度上反映出金融商品价格走势的预期。金融衍生产品的价格通过行情揭示和各种传媒广泛传播,为市场各方了解汇率、利率、股价等趋势提供了重要的分析信息,有助于人们更加科学、准确地把握未来,安排好投资融资与生产经营。

(4) 增强市场流动性。由于金融衍生产品市场的发展,经济生活中的各类风险被有效转移,因而提高了资本运用速度和效率。虽然新的资本一般并不从金融衍生产品市场筹集,这是金融衍生产品市场与传统的债券、股票、货币等金融市场的本质差别。但金融衍生产品市场风险转移机制明显地增强了资本的流动性,进而提高了资金转移和运用的效率。正如美国银行监管机构的一份联合报告指出:"没有对货币头寸进行管理的相关衍生市场,基础市场就不可能正常运作,尽管某些衍生产品还存在某些问题。"

2. 消极作用

金融衍生产品本身虽然是风险管理的重要工具,但却有可能成为巨大的风险源,这是因为:

第一,金融衍生产品集中了分散在社会经济各领域中的所有风险,并集中在固定市场上加以释放,这使得金融衍生产品交易的风险远大于一般商品与金融交易。同时,这种风险集中性使其容易成为金融风暴的策源地。

第二,金融衍生产品具有较高的杠杆比率,投资者用少量的资金,但可控制十几倍、几十倍的交易,基础价格的轻微变化便会导致金融衍生产品交易账户的巨大变动。这种"收益与风险放大"的功能容易诱导投资者以小博大,参与投机。

第三,新的金融衍生产品刚推出时设计并不一定完善,而且部分金融衍生产品设计过于复杂,难以为投资者理解和掌握,这有可能造成操作失误。同时,由于新的金融衍生产品刚出现,相关法规尚未出台或不完善,容易引起法律的纠纷。

三、金融衍生产品市场及其参与者

金融衍生产品市场特指从事金融衍生产品交易的市场,按交易场所的不同,可分为场内交易市场与场外交易市场。场内交易市场又称交易所市场,是指在交易所内按照交易所制定的规则进行交易,其交易的合约标准化。金融期货、上市金融期权都属于场内交易市场交易的金融衍生产品业务。场外交易市场又称店头交易市场或柜台交易市场,是指在交易所以外场所的交易。远期交易、互换及未上市的金融期权都属于场外交易市场交易的金融衍生产品业务。现代的场外交易市场交易大多数已通过电子通信网络进行。场外交易市场发展早于场内交易市场,但金融衍生产品业务在进入交易所市场交易后才真正得到迅速的发展。两类交易市场存在明显的差别,主要包括:

第一,场内交易市场交易的合约标准化,交易成本较低;而场外交易市场交易的合约由交易双方协商而定,因而需要较高的交易成本,但其具有较大的灵活性。

第二,场内交易市场具有完备的清算程序和清算系统,将违约风险大大降低,各类投资者都能平等参与交易;而场外交易市场交易的合约能否履行,完全取决于交易的对手,交易双方的风险较大,而且场外交易市场常常被一些实力雄厚的机构投资者所垄断,中小投资者相对处于不利地位。

第三,场内交易市场交易往往有较高的透明度,有利于市场的监管;而场外交易市场交易由于缺乏统一的系统的有约束力的交易规则、程序,市场监管的难度较大。

第四,场内交易市场的交易风险一旦发生,将波及场内所有交易各方,影响面较大;而场外交易市场的交易风险仅波及交易双方,影响面相对较小。

因而,场内交易市场与场外交易市场互有优劣,两类交易市场将长期共存。

金融衍生产品市场的参与者来自各个方面,按照参与者的身份不同,可分为金融机构、企业与居民个人等;按照参与者的参与目的不同,可分为保值者、投机者与套利者等。

(1) 保值者。保值者参与金融衍生产品交易的目的是规避风险。例如一家日本公司按协议 90 天后要支付 100 万美元给美国出口商,那么它就面临美元汇率上浮的风险。为避免这种风险,日本公司可在远期外汇市场上购入 90 天远期 100 万美元,这样日本公司等于将 90 天后支付美元的实际汇率固定在目前的美元远期汇率上。购买外汇期货或期权也能达到同样的目的。

(2) 投机者。与保值者相反,投机者希望增加未来的不确定性,他们在基础市场上并没有净头寸,或需要保值的资产,他们参与金融衍生市场的目的在于获取远期价格与未来实际价格之间的差额。例如,90 天远期澳元价格为 0.7140 美元。但投机者感觉 90 天后澳元的价格会超过这一水平,那么他可以买入大笔的远期澳元。如果事实证明他的感觉是正确的,90 天后澳元价格高达 0.7165 美元,投机者每一澳元可赚到 0.0025 美元。反之,投机者预测错误,未来实际价格低于目前远期价格,那么他就会遭受损失。由于远期价格是通过大众心理预测形成的,投机者必须比一般大众具有更敏锐、更正确的预期能力才能保证其投机获利。由于金融衍生产品具有较高的杠杆比率,同样一笔投机资本可以控制十几倍乃至几十倍的交易,给了投机者"以小博大"的机会,因此,金融衍生产品市场更受投机者的青睐。

(3) 套利者。如果说投机者获取利润需要承担一定的风险,那么套利者是通过同时在两个或两个以上市场进行交易而获取没有任何风险的利润。套利又可分为跨地套利和跨时套利,前者是在不同地点的市场上套利,而后者是在不同的现、远期市场上套利。

① 跨地套利。假定 A 公司股票同时在伦敦和纽约的证交所上市,在两地分别挂牌 100 英镑和 152 美元,而当时的汇率为每英镑 1.56 美元。套利者可在纽约买入 1 000 股的同时在伦敦抛出 1 000 股,不冒任何风险即可获毛利 $1\,000 \times (1.56 \times 100 - 152) = 4\,000$ 美元,其实际盈利还须从 4 000 美元扣除交易费用及税金。因此,这种无风险的利润前景的存在吸引大量的套利者。当纽约市场买入股票的人多了,股价会上扬,同样,伦敦市场股价会下跌;同时,大量外国套利者为购买纽约股票需买入美元,因此美元汇价上涨,同理英镑汇价下浮,这一过程将从两方面挤压利润直至上述利润消失。跨地套利功能使现实世界更加逼近"一阶定理"。

② 跨时套利。假定黄金现货价格为每盎司 430 美元,90 天远期价格为 450 美元,90 天银行贷款利率为年利 4%。那么套利者可借入 430 万美元,购入 1 万盎司现货黄金;同时在 90 天远期市场上抛 1 万盎司。90 天后用现货去交割到期合同并归还贷款本利,可获毛利 $450 - 430 \times (1 + 4\% \times 1/4) = 15.7$ 万美元,其实际盈利还需从 15.7 万美元扣除交易费用、税金、仓储保管费用等。同样,这种机会亦不会长期存在,当现货市场买家多了价格就会上扬,远期市场卖家多了价格就会下降;同时,借款人多了,贷款利率就会抬高,这一过程一般持续到上述利润消失。

第二节 金融期货

一、金融期货的含义及类型

金融期货是指在交易所通过竞价方式成交,承诺在未来的某一日或期间内,以事先约定的价格买进或卖出某种金融商品及其数量的契约。金融期货交易不同于商品期货交易,金融期货交易是以金融产品如货币、债券、股票等为标的的期货交易。投资者进行金融期货交易,或是为防范与转移因金融产品价格变动而产生的风险,或是为获取收益愿意承担风险。按交易品种划分,金融期货主要包括外汇期货、利率期货与股价指数期货三种类型。

1. 外汇期货

外汇期货是指在交易所内,交易双方通过公开竞价确定汇率,在未来的某一时期买入或卖出某种货币。外汇期货交易的是外汇期货标准合约即条款内容标准的协议,交易双方可在将来的既定时间内按事先确定的汇率结算所交易的数量。

外汇期货合约的主要内容包括:外币币种,标准化的交易单位,合约月份,交割日期,汇率波动的最小限度(简称点)以及涨跌幅限制等。所有外汇期货交易均以美元标价,以便于清算交割以及市场间相通传递。

2. 利率期货

利率变化会影响各种有息资产。利率期货是指在交易所内通过公开竞价买入或卖出某种价格的有息资产,在未来的一定时间内按合约交割。

利率期货合约是一种具有约束力的标准化合约。合约中统一规定了有价证券的质量、等级、合约金额、交易地点、交易月份、最小价格波动幅度、每日波动幅度以及最后交易日。利率期货合约具有高度的流动性。

目前世界上主要的利率期货合约有：短期国库券期货合约、欧洲美元期货合约、中长期国库券期货合约、商业票据期货合约、定期存单期货合约、市政公债指数期货合约等。

3. 股价指数期货

汇率、利率的波动，一方面会影响上市公司的经营业绩，另一方面也会影响资金供求变动，从而波及股价。股价指数是一种衡量股票市场总体价格水平变动的相对指标，反映的是整个市场的价格变化。股价指数期货是一种以股价指数作为交易标的的期货，是交易双方根据规定的价格同意在未来某一特定时间进行股价指数交易的一种协定。

股价指数作为一种特殊的交易客体，没有具体的实物形式，交易双方在签订股价指数期货合约时，实际上只是把股价指数按点数换算成货币进行交易。双方达成合约协议，只是表明双方在交易中承担了一种义务，并非是买进或卖出一项资产。股价指数期货合约的价格等于当时的指数点数乘以交易所规定的乘数。因此，它的交易并不进行股票实物的交割，只是根据交割日合约的价格与最初买进或卖出合约的价格的差额进行现金结算。

二、金融期货交易的特征

金融期货交易是在有组织的交易所以公开竞价的方式进行的某种金融商品标准化合约的交易。金融期货交易一般具有以下特征：

1. 场内交易规则

金融期货交易必须在交易所内进行，成交价以公开叫价或其他方式竞价达成。只有交易所会员才能亲自或委派代表进入交易所进行金融期货交易。普通投资者只有通过作为交易所会员的经纪公司或经纪人才能入市交易。

金融期货交易是通过金融期货合约进行的，由于金融期货交易从合约成交到实际履行要间隔较长一段时间，为防止交易双方因对合约的不同理解而产生争议，防止交割时因金融商品的质量、等级等方面原因而引起纠纷，确保金融期货合约的可靠性与可兑换性，同时也为了便于金融期货交易的开展，金融期货合约都是标准化的。

金融期货交易的履约是由清算公司保证的，即金融期货交易一经登记，清算公司便成为每笔交易的对应方，也即每个买方的卖方；每个卖方的买方。因此，交易者不需调查、掌握交易对方的资信，也没有交易对方的违约风险。

2. 保证金制度

为了降低金融期货交易的风险，保证金融期货交易的正常进行，参与金融期货交易者必须在成交后通过经纪公司向交易所交纳一定数量的保证金，以应对交易者在亏损时不能偿还的风险。

保证金可以是现金，也可以是有价证券。保证金比例则由交易所确定，依合约性质、对象、价格变动幅度、客户资信状况以及交易目的等而有所不同，一般为合约金额的5%—10%。金融期货交易双方都必须交纳保证金，因为市场行情变动的不确定性，交易双方都有可能出现亏损。在初次交易时，交易者交纳初始保证金，以后随市场行情变动调整保证金数量。如果交易者的保证金比例不足维持最低水平时,交易所清算公司会发出追加保证金的通知;当交易者未能及时补足或无法补足时,清算公司可以强制平仓而交易客户不得有异议。

三、金融期货的套期保值

利用金融期货交易达到套期保值功能,是因为在正常情况下,金融期货价格与金融现货价格受到相同因素的影响,因而其变动方向具有一致性,投资者只要在金融期货市场建立一种与其在现货市场的相反部位,则在市场价格发生变动时,其必然在一个市场受损,另一个市场获利,以盈补亏,即达到保值目的。如果盈亏正好平衡,那么投资者通过金融期货交易而使其面临的全部金融风险得以避免,则这种套期保值称为完全的套期保值。在现实生活中,这种完全的套期保值往往难以实现,更多的只是不完全的套期保值,这是因为:一是金融期货合约的标准化使投资者难以在金融商品种类、交易量和交割日期上做出满意的选择;二是金融期货价格与金融现货价格的变动方向一致但未必变动幅度一致。

1. 金融期货套期保值的程序

金融期货的套期保值是一项复杂的系统工程,一般应包括以下5个基本环节。

(1) 金融风险的估计。投资者通过金融期货交易实行套期保值,是为了回避其所面临的金融风险,但必须付出一定的代价,包括交易佣金,交纳保证金而产生的机会成本,市场价格朝预期相反方向变动带来的收益等。因此,投资者在套期保值之前,必须对其面临的金融风险做出充分的估计与准确的预测,也即比较套期保值的收益和成本,以决定是否进行套期保值。

(2) 套期保值工具的选择。一旦做出套期保值的决策,投资者需要选择合适的套期保值工具。套期保值工具选择时至少应该注意以下问题:一是所选择金融期货合约的标的物应与需套期保值的金融商品具有一致性或变动的高度相关性;二是根据预计套期保值时间,选择最接近于交割日期的金额期货合约;三是所选择的金融期货合约应具有高度的流动性。

(3) 套期保值比率的确定。套期保值比率是指投资者在对现货部分实行套期保值时,用以计算买进或卖出某种金融期货合约数量的比率。一般来说,套期保值所需合约数为金额系数、到期日调整系数与加权系数的连乘积。

其中:金额系数为套期保值对象金额与期货合约金额之比;到期日调整系数为套期保值对象的到期日(天数)与期货合约到期日(天数)之比;加权系数则为对套期保值对象与套期保值工具的不同的价格敏感性的调整。

(4) 套期保值策略的确定与实施。金融期货套期保值可分为多头与空头套期保值两种最基本的策略。一般来说,投资者在现货市场上持有空头部位,则应选择多头套期保值;相反,投资者在现货市场上持有多头部位,则应选择空头套期保值。

(5) 套期保值过程的监控与评价。在套期保值期间,情况是在不断地变化。一旦情况发生变化,原来合理的套期保值策略有可能变得不合理,投资者必须做出必要的调整,以适应变化后的新情况。

套期保值的评价主要针对套期保值效率的计算。套期保值效率的计算方法主要有:一是比较套期保值的结果与套期保值的目标,以反映套期保值目标的实现程度;二是以期货部位的损益除以现货部位的损益,以衡量是否达到理想的保值效果。进行这种评价主要是找出套期保值过程中存在的问题,为今后的投资运作提供有益的参考。

2. 金融期货套期保值的策略

金融期货套期保值的策略大体上可分为：多头套期保值、空头套期保值和交叉套期保值三类：

(1) 多头套期保值。多头套期保值又称买期保值，是指投资者在约定将来某日买进现货金融产品之前，先在期货市场上买进与该现货金融商品数量相等、到期日相等或接近的期货合约进行保值。多头套期保值是为了防止该现货金融商品买进前的价格上升（或利率下降）的风险，确保投资者的预期收益。

例如：某年1月10日，现货市场国库券贴现率为10%。某投资者预期30天后将有总额300万美元资金到账，拟投资3个月期的国库券。但根据预测，近期市场利率有较大幅度的下降。为此，该投资者从CME买进3份同年3月份到期的国库券期货合约，以实行多头套期保值。其运作过程如表4-1所示：

表4-1 多头套期保值

现货市场		期货市场	
1月10日	贴现率为10%（国库券市场价格为90），拟将300万美元投资3个月期国库券	1月10日	以89.5的价格买进3份3月份到期的国库券期货合约
2月10日	收到300万美元，以92.5的价格买进3个月期的国库券	2月10日	以91.8的价格卖出3份3月份到期的国库券期货合约
亏损	$300 \times (7.5\% - 10\%) \times 90/360$ $= -1.875$（万美元）	盈利	$(91.8 - 89.5)/0.01 \times 0.0025 \times 3$ $= 1.725$（万美元）
盈亏平衡：		-0.15万美元	

注：0.01为国库券期货合约的最小价格变动幅度（点），即年利息的0.01%；0.0025为每点价格（万美元）。

(2) 空头套期保值。空头套期保值又称卖期保值，是指投资者在约定将来某日卖出现货金融产品之前，先在期货市场卖出与该现货金融商品数量相等、到期日相等或接近的期货合约进行保值。空头套期保值是为了防止该现货金融商品卖出前价格下跌（或利率上升）的风险，锁定销售价格。

例如：某公司为销售需要于2月份向工厂订货100万美元，要求3月初交货，预计可在6月份销售完。因此公司计划在收到货物时向银行申请100万美元3月期贷款，待6月初销售款到账后归还银行贷款。2月份银行贷款利率为10%，公司预计近期市场利率会上升，准备通过卖出短期国库券期货合约来套期保值。其运作过程如表4-2所示：

表4-2 空头套期保值

现货市场		期货市场	
2月份	银行贷款利率10%，公司发出订单，价值100万美元，3月初交货	2月初	卖出1份5月份到期的国库券期货合约，IMM价格指数90.25
3月初	向银行贷款100万美元，期限3个月，利率12.25%，利息为30 625美元	3月初	买进1份5月份到期的国库券期货合约，IMM价格指数88.00

期市盈利:$(90.25-88.00)/0.01\times25\times1=5\ 625$(美元)

贷款实际利息:$30\ 625-5\ 625=25\ 000$(美元)

贷款实际利率:$25\ 000/1\ 000\ 000\times12/3\times100\%=10\%$

即该公司最终实现了保值目标,将利率锁定在 10%。

(3) 交叉套期保值。在上述两例中,我们实际上已做了如此假设,即套期保值者总是有合适的期货合约可供选择,因此他们所要决定的只是何时交易期货合约及多少份合约。但在现实生活中,这种直接套期保值是不多的。更多的是存在着金融风险,但又不存在合适的期货合约可供投资者直接用来进行套期保值,这时,必须采用交叉套期保值来回避金融风险。

例如,日本一家公司在某年 7 月 10 日预计 1 个月后将收到总额为 200 万加元的款项。如果期间加元对日元的汇率下跌,则该公司在收到 200 万加元后将兑换到较少的日元。为回避汇率风险,该公司应当利用外汇期货交易实行套期保值。然而,在期货市场上却没有日元兑换加元或加元兑换日元的期货合约可供直接套期保值。因此,该公司只能通过日元期货合约与加元期货合约实行交叉套期保值。

现假设在 7 月 10 日有如下汇率:US\$0.008 20/¥,US\$0.800 0/C\$,故得交叉汇率:C\$0.010 25/¥。据预测,1 个月后汇率将变动为:US\$0.009 00/¥,US\$0.750 0/C\$,故交叉汇率将变为 C\$0.012 00/¥。显然,日元将升值,而加元将贬值。因此,该公司实行交叉套期保值的办法是:一方面,做日元期货的多头;另一方面做加元期货的空头。如果 1 个月后市场汇率果然如此变动,则该公司既可在日元期货的多头交易中获利,又可在加元期货的空头交易中获利,并可部分或全部地抵补该公司在现货市场所受的损失。其运作过程如表 4-3 所示:

表 4-3 交叉套期保值

		7 月 10 日	8 月 10 日	损益
汇率		US\$0.008 20/¥ US\$0.800 0/C\$ C\$0.010 25/¥	US\$0.009 00/¥ US\$0.750 0/C\$ C\$0.012 00/¥	
现货市场		预计收入:2 000 000 加元 =195 121 950 日元	实际收入:2 000 000 加元 =166 666 667 日元	-28 455 283 日元
期货市场	日元期货	买进 16 份 9 月份日元期货合约,合约总值 1 640 000 美元	卖出 16 份 9 月份日元期货合约,合约总值 1 800 000 美元	160 000 美元 合 17 777 778 日元
	加元期货	卖出 20 份 9 月份加元期货合约,合约总值 1 600 000 美元	买进 20 份 9 月份加元期货合约,合约总值 1 500 000 美元	100 000 美元 合 11 111 111 日元
交叉套期保值结果				433 606 日元

四、金融期货的套利与投机策略

在金融期货市场上,如果进行多头套期保值与空头套期保值的买卖数量与结构相同,那么交易不会发生问题。但是,在现实生活中,两者买卖数量与结构是不相同的,从而无法实现金融市场的均衡。这就需要有除套期保值以外的交易行为,那就是金融期货的套利与投机。套利与投机都是以获利为目的的交易行为,固然存在消极的一面,但也应当肯定其积极作用,主要表现在:一是承担风险,为套期保值者转移风险提供必备的条件;二是增强市场流动性,为套期保值者提供交易的便利;三是平衡市场供求,缩小价格波动的幅度,促进均衡价格的形成。

1. 金融期货的套利与投机的区别

金融期货套利与投机都是以获利为目的,通过低价买进,高价卖出赚取价差收益的交易行为,但两者存在明显的差异:

(1) 交易方式不同。套利者都是同时做多头与空头,即低价位处做多,高价位处做空,一旦行情变化,可通过对冲获利;而投机者往往只做多头或空头,如果预期正确则获利,否则亏损。

(2) 利润来源不同。套利者的利润来源于价格关系即相对价格的变动;而投机者的利润来源于价格水平即绝对价格的变动。

(3) 承受风险不同。套利者同时做多头和空头,一个部位的损失将由另一个部位的盈利来弥补,所承受的风险是有限的;而投机者仅做多头或空头,当其预期出错时,所承受的风险是无限的。

(4) 交易成本不同。套利者在交易中承受较小的风险,因而交纳的保证金比例较低,交易佣金较少;而投机者在交易中承受较大的风险,因而交纳的保证金比例较高,交易佣金较高。同时,套利与投机在金融期货交易中起着各不相同的作用。

2. 金融期货的套利策略

金融期货的套利是指投资者利用暂时存在的不合理的价格关系,通过同时买进或卖出相同或相关的金融期货合约而赚取价差收益的交易行为。金融期货的套利主要包括以下策略:

(1) 利用时期价差套利。利用时期价差套利,是指投资者在同一交易所,同时买进和卖出不同交割月的同品种金融期货合约。

当投资者预期市场行情看涨,并且较短期合约价格的上涨幅度将大于较长期合约价格的上涨幅度,则投资者可以买进较短期合约,而同时卖出较长期合约。相反,投资者预期市场的行情看跌,并且较长期合约价格的下跌幅度小于较短期合约价格的下跌幅度,则投资者可以卖出较短期合约,而同时买进较长期合约。如果投资者判断正确,就可在价格关系的变动中获利。

(2) 利用品种价差套利。利用品种价差套利,是指投资者在同一或不同交易所,同时买进和卖出具有高度相关性的不同品种的金融期货合约。

一般来说,不同品种的金融期货合约代表不同品种的标的资产,当不同品种标的资产间具有高度的相关性,那么以这些标的资产为基础的金融期货合约间也具有类似的相关性。在这些标的资产以及其金融期货合约之间客观上存在着某种"正常"的价格关系。当这种价格关系被暂时扭曲时,投资者可以利用这两种金融期货合约的价差进行套利交易。如果投资者一旦发现两种金融期货合约的价差大于其正常的价差,并预期期货合约的价差将会缩小时,则可买进被低估的合约,而同时卖出被高估的合约。相反,如果投资者发现两种金融期货合约的价差小于其正常的价差,并预期期货合约的价差将会扩大时,则可买进被低估的合约,而同时卖出被高估的合约。当投资者对价差变动的预期正确,则可通过部位的对冲而获利。

(3) 利用市场价差套利。利用市场价差套利,是指投资者在不同交易所,同时买进和卖出相同交割月的同种或类似金融期货合约。

一般来说,以同一品种金融商品为标的的金融期货合约可以同时在不同的金融期货市场上市,因为这些金融期货合约有着共同的标的物,所以各市场的价格可以有所不同,但也应保持在一个合理的价差水平上。那么,这种价差如果超过合理的、正常的幅度,必然是一个市场的合约价格被高估,另一个市场的合约价格被低估,这就产生了套利机会。

在利用市场价差套利中,投资者在不同市场买进和卖出并一定是完全相同的金融期货合约,只要两种金融期货合约比较类似,也可以进行类似的套利交易。

3. 金融期货的投机策略

金融期货的投机策略可根据投资者所建立的部位不同分为多头投机与空头投机两大类型。金融期货的多头投机策略是指投资者预期某种金融期货合约的价格上涨,从而买进该期货合约,以期通过对冲获利的交易策略。金融期货的空头投机策略是指投资者预计某种金融期货合约的价格下跌,从而卖出该期货合约,以期通过对冲获利的交易策略。

在金融期货的投机中,投资者的盈亏关键在于对未来金融期货合约价格变动趋势的判断,如果判断正确,投资者获利;反之,则不获利。

第三节 金融期权

一、金融期权的含义及类型

金融期权,是指一种能在将来时间以交易双方协定价格买进或卖出一定数量的某种特定金融资产的权利。

金融期权交易就是对一定期限内买卖金融资产选择权的交易。其中,金融期权的购买者在支付一定的期权费(又称保险金)后,即拥有一定时间内以协定价格出售或购买一定数量的某种金融资产的权利,并不承担必须买进或卖出的义务,即期权的购买者可以放弃权利,但不能收回已付的期权费。期权的卖出方收取购买者付出的期权费,在规定期限内必须无条件服从购买者的选择并履行交易的承诺。因此,期权交易是一种权利有偿转让的交易方式。金融期权的类型可以从不同的角度进行划分。

1. 根据金融期权交易的性质不同

金融期权可分为看涨期权与看跌期权。

看涨期权是指金融期权的购买者有权以事先约定的价格,在约定的日期或期间,向期权卖出方买入该选择权项下的金融资产。当投资者预期某种金融资产价格将会上涨,而且上涨幅度足以补偿购买看涨期权的期权费后还有盈余,才会购买看涨期权。

看跌期权是指金融期权的购买者有权以事先约定的价格,在约定的日期或期间,向期权卖出方出售该选择权下的金融资产。当投资者预期某种金融资产价格将会下跌,而且下跌幅度足以补偿购买看跌期权的期权费后还有盈余,才会购买看跌期权。

2. 根据金融期权合约的标的物不同

金融期权可分为股票期权、股价指数期权、外汇期权、利率期权与期货期权。

股票期权是指期权的购买者以支付一笔约定的期权费为代价,取得在约定的日期或期间按协定价格购买或出售一定数量的某种股票的权利。

股价指数期权是指以股价指数为期货合约标的物的一种选择权。

外汇期权又称外币期权,是指期权的购买者以支付一笔约定的期权费为代价,取得在约定的日期或期间按协定价格购买或出售一定数量的某种外汇资产的权利。

利率期权是指期权的购买者在期权有效期间以协定的利率购买或出售有息的金融资产的权利。

期货期权是指期权的购买者以支付一笔约定的期权费为代价,拥有在约定的日期或期间按协定价格购买或出售一定数量的某种金融期货合约的权利。

上述五种期权分别是以股票、股价指数、外汇、利率与期货为期权合约标的物的一种选择权,也是期权原理在不同金融产品交易中的运用结果。

3. 按行使金融期权的时间不同

金融期权可分为欧式期权与美式期权。

欧式期权是指期权购买者只能在期权到期日这一天行使其权利,既不能提前也不能推迟。如果提前,期权卖出方可拒绝履约;而如果推迟,则期权作废。

美式期权是指期权购买者既可在期权到期日行使其权利,也可在期权到期日之前行使其权利。但超过期权到期日,则同样期权作废。

4. 按金融期权的交易场所不同

金融期权可分为场内期权与场外期权。

场内期权是指在集中性的金融期货交易所或金融期权交易所进行的标准化的金融期权合约的交易。

场外期权是指在非集中性的交易场所进行的非标准化的金融期权合约的交易。

二、金融期权合约的构成

金融期权市场既包括场内市场也包括场外市场,因此金融期权合约又有标准化与非标准化之分。由交易所统一制定的标准化金融期权合约具有较高的流动性与交易效率,而由交易双方协商确定的非标准化金融期权合约则更具灵活性与广泛性。以下介绍标准化金融期权合约的主要构成要素。

1. 标的物及交易单位

金融期权标的物一般包括股票、股价指数、外币及利率相关证券等。不管标的物为哪种,其质量、等级、数量、交割方式等都必须明确定义。金融期权的交易单位是一份相关的金融期权合约,如美国股票期权的交易单位是100股标的股票;股价指数期权交易单位是股价指数与固定货币金额的乘积。

2. 协定价格

协定价格是指期权交易双方商定或敲定的履约价格,也即看涨期权购买者依据合约规定可买进相关金融产品或看跌期权购买者依据合约规定可卖出相关金融产品的价格。

3. 到期日与履约日

到期日是指某种金融期权合约在交易所交易的最后截止日。如果期权购买者在最后截止日再不作对冲交易,那么他要么放弃期权,要么在规定时间内执行期权。履约日是指期权合约所规定的,期权购买者可以实际执行该期权的日期。由于金融期权有欧式期权与美式期权之分,则不同合约的履约日期是不同的。

4. 期权费

期权费也即期权价格,是指期权购买者必须支付给期权卖出方的一笔权利金,其目的在于换取期权所赋予的权利。

决定期权费的因素主要包括:协定价格的高低;标的物市价的波动性;期权合约的有效期

长短;期权合约履约日期的确定形式;市场利率水平以及市场供求状况;等等。

5. 保证金

对期权购买者而言,面临的最大风险就是损失付出的期权费,因为这种风险已经事先预知与明确,故不需要另开保证金账户。对期权卖出方而言,一旦期权购买者决定执行合约,其必须无条件服从,依协定价格卖出或买入一定数量的某种金融资产。为保证期权卖出方履约,要求其向清算公司交纳一定的保证金。保证金的金额随金融商品价格变动而变动,如出现保证金不足,则必须依规定追加。

三、金融期权交易的主要策略

在金融期权的交易中,无论是套期保值者,还是套利者或投机者,都有多种可供选择的交易策略,不同的交易策略有着不同的运用场合和运用时机,且产生不同的交易结果。

1. 买入看涨期权

当投资者预期某种金融资产价格上涨足以弥补为购买期权付出的期权费时,可买入该金融资产的看涨期权。如果投资者判断正确,则可按较低的协定价格买入该金融资产并以较高的市价卖出,赚取市价与协定价格之差扣除期权费后的部分作为盈利;如判断失误,其损失仅限于期权费。

例:某投资者买入某股票的看涨期权,有效期3个月(美式期权),协定价格15元/股,一份合约为100股,每股期权费0.5元/股。3个月内,随着该股票的市价变动,该投资者可有以下选择:

① 3个月内该股票价格>15.5元/股,执行期权,扣除期权费后有盈余。

② 3个月内该股票价格涨到15.5元/股,与协定价格的差额正好等于期权费,应执行期权,但盈亏相抵。

③ 3个月内股票价格>协定价格,但<协定价格+期权费,也应执行期权,略有亏损,但损失<期权费。

④ 3个月内股票价格≤协定价格,则应放弃期权,损失期权费。

⑤ 3个月内,如果股票价格上涨,期权费也上涨,则可根据执行期权获利与转让期权合约获利进行比较,选择获利最大的途径。

买入看涨期权的盈亏关系图,如图4-1所示:

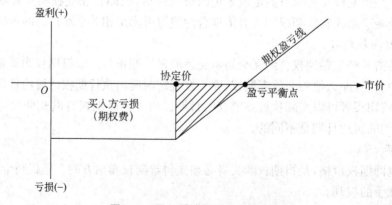

图4-1 买入看涨期权盈亏关系图

2. 卖出看涨期权

就看涨期权而言,买入方之所以买入,是因为其预期某种金融资产价格将上涨,希望通过履约获利,或通过以较高期权费转让期权合约获利。而卖出方之所以卖出,是因为其预期该种金融资产价格将下跌,当市价低于协定价格时,看涨期权购买者会自愿放弃期权,卖出方卖出期权收取的期权费即为其盈利;当市价高于协定价格,但低于协定价格与期权费之和时,看涨期权购买者会执行期权以减少亏损,这时看涨期权购买者的亏损正好是卖出方的盈利,只是其盈利少于其收取的期权费。

卖出看涨期权的盈亏关系图,如图 4-2 所示:

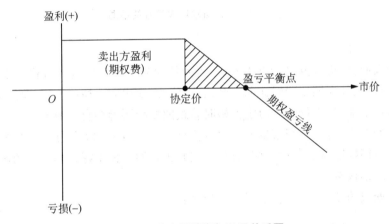

图 4-2　卖出看涨期权盈亏关系图

3. 买入看跌期权

当投资者预期某种金融资产价格下跌且下跌幅度超出购买期权付出的期权费时,其可买入该金融资产的看跌期权。如果投资者判断正确,则可按较低的市价买入该金融资产并以较高的协定价格卖出,赚取协定价格与市价之差扣除期权费后的部分作为盈利;如判断失误,其损失也仅限于期权费。

依上例条件,只改变期权部位即投资者为看跌期权的买入方,随着该股票的市价变动,该投资者可有以下选择:

① 3 个月内该股票价格跌至 14.5 元/股以下,则协定价－市价＞期权费,执行期权并有盈余。

② 3 个月内股票价格跌至 14.5 元/股,则协定价－市价＝期权费,应执行期权,但盈亏相抵。

③ 3 个月内股票价格跌至 14.5—15.0 元/股之间,即协定价－市价＜期权费,也应执行期权,略有亏损,但损失＜期权费。

④ 3 个月内股票价格≥协定价,则应放弃期权,损失期权费。

⑤ 3 个月内期权费如上涨,也可出售期权合约获利。

买入看跌期权的盈亏关系图,如图 4-3 所示:

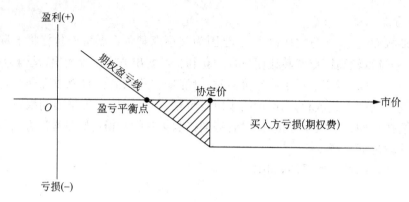

图 4-3 买入看跌期权盈亏关系图

4. 卖出看跌期权

就看跌期权而言,买入方之所以买入,是因为其预期某种金融资产价格将下跌,希望通过履约获利,或通过以较高期权费转让期权合约获利。而卖出方之所以卖出,是因为其预期该种金融资产价格将上涨,当市价高于协定价格时看跌期权购买者会自愿放弃期权,卖出方卖出期权收取的期权费即为其盈利;当市价低于协定价格,但高于协定价格与期权费之差时,看跌期权购买者会执行期权以减少亏损,这时看跌期权购买者的亏损正好是卖出方的盈利,只是其盈利少于其收取的期权费。

卖出看跌期权的盈亏关系图,如图 4-4 所示:

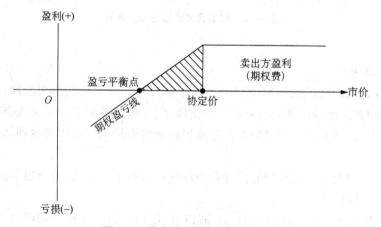

图 4-4 卖出看跌期权盈亏关系图

第四节 金融互换

一、金融互换的含义及特征

金融互换是指交易双方商定在一段时间内,就各自所持金融商品的相关内容进行交换的交易。金融互换拥有利率互换与货币互换两大类型。通过金融互换,交易双方可以达到筹资、避险、套利等不同的目的。

金融互换作为金融衍生产品的一个主要组成部分,是与其特征密切关联的。金融互换的主要特征有:

① 金融互换产生与发展的基点在于比较优势。这里的比较优势是指交易双方在不同金融市场拥有的信誉、信息等优势,利用这些优势其能以更有利的条件获取某种金融商品。金融互换的本质在于分配由比较优势产生的经济利益。

② 金融互换主要是指债务人之间的债务交换。金融互换作为债务交换是指其经济意义上诸如币种、利率等的交换,而不影响债务人与其债权人之间的法律关系。

③ 金融互换的交易双方可以利用各自的筹资优势,间接地进入某些优惠市场,筹措到需要的币种、利率等条件的资金。

④ 金融互换合约大多是非标准化的,可以通过客户之间的双边协商而定;也可以通过投资银行等金融机构进行,体现其灵活性与广泛性。

二、利率互换

利率互换是指交易双方按照事先商定的规则,以同一货币及相同金额的本金作为计算基础,在相同的期限内,交换不同利率利息的支付的交易。

1. 利率互换的过程

利率互换的基础在于交易双方在不同借贷市场上所具有的比较优势。假设 A 公司的信用等级为 AAA,B 公司的信用等级为 BBB。由于信用等级不同,市场筹资成本也不同,信用等级高的公司能以较低的利率筹措到资金。对债权人而言,以固定利率和浮动利率出借的资产所面临的风险不同,固定利率市场的风险大于浮动利率市场的风险。因此,信用等级不同的债务人在固定利率市场上和浮动利率市场上筹资利率差也不一样,而且固定利率市场的利率差大于浮动利率市场上的利率差。A、B 公司在不同市场上的不同筹资利率如表 4-4 所示:

表 4-4　A、B 公司筹资利率差

	固定利率	浮动利率
A 公司 B 公司	12.00% 13.00%	LIBOR+0.2% LIBOR+0.5%
利率差	1.00%	0.3%

由表 4-4 可见,A 公司信用等级较高,在两个市场均能以比 B 公司低的利率进行筹资。然而,还可发现两家公司在不同市场上的利率差也是不同的,在固定利率市场 B 公司比 A 公司要多付一个百分点的利率,而在浮动利率市场两者差距缩小到 0.3 个百分点。这就意味着 A 公司在固定利率市场上具有相对比较优势,而 B 公司在浮动利率市场上具有相对比较优势,即 B 公司在浮动利率市场上多付出的利率比在固定利率市场上多付出的要少。

在上述情况下,如果 A 公司需要的是浮动利率贷款,而 B 公司需要的是固定利率贷款,在中介机构的安排下,可以促使一笔交易双方都有利可图的互换交易。利率互换的具体过程如图 4-5 所示:

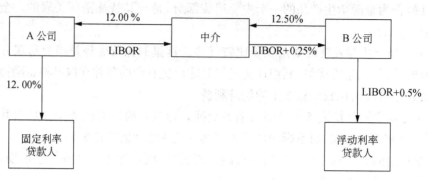

图 4-5 利率互换过程示意图

根据图 4-5，A 公司的年现金流量有 3 项：①向固定利率贷款人支付 12.00%；②从中介收取 12.00%；③向中介支付 LIBOR。3 项合并，A 公司的年利息净成本为 LIBOR，也即 A 公司通过互换得到了浮动利率贷款，且年利率成本比它直接从浮动利率贷款市场上借入要低 0.2 个百分点。

同样，B 公司的年现金流量也有 3 项：①向浮动利率贷款人支付 LIBOR＋0.5%；②从中介收取 LIBOR＋0.25%；③向中介支付 12.50%。3 项合并，B 公司的年利息净成本为 12.75%，即 B 公司通过互换得到了固定利率贷款，且年利率成本比它直接从固定利率贷款市场上借入要低 0.25 个百分点。

本例，A、B 公司分别单独与中介机构签订了利率互换协议，A、B 公司互换交易的信用风险也由中介机构承担，则中介机构收取 0.25 个百分点利息作为其收益。

通过利率互换 A、B 公司分别在利率上获得 0.2 与 0.25 个百分点的好处，而中介机构获取 0.25 个百分点的收益，三者之和为 0.7 个百分点，也即正好等于固定利率市场利率差与浮动利率市场利率差之间的差距。

2. 利率互换的类型

利率互换有两种基本形式：定息-浮息利率互换与浮息-浮息利率互换。

定息-浮息利率互换，即互换的一方支付固定利率利息，收取浮动利率利息，另一方则支付浮动利率利息，收取固定利率利息。上述例子就是定息-浮息利率互换。

浮息-浮息利率互换是指互换双方交换的利息支付义务，是以浮动利率为计算基础。

三、货币互换

货币互换是指交易双方按照事先商定的规则，相互交换不同货币、相当金额的本金及其利息支付，到期后再换回本金的交易。

1. 货币互换的过程

货币互换与利率互换一样，其基础在于交易双方在不同货币的借贷市场上所具有的比较优势。影响交易双方在不同货币市场上利率成本的高低除了信用等级外，还有公司的国籍、所在地的税收、外汇管制等因素。假设甲为一家美国公司，乙为一家日本公司，甲、乙公司在美元、日元市场上相同期限的贷款面临的固定利率如表 4-5 所示：

表 4-5　甲、乙公司在不同货币市场的贷款利率

	美元市场	日元市场
甲公司	8.00%	10.00%
乙公司	10.00%	11.00%
利率差	2.00%	1.00%

从上表可见,甲公司在美元市场具有相对比较优势,乙公司在日本市场具有相对比较优势。

当甲公司希望借入日元,而乙公司希望借入美元时,甲、乙公司分别在其具有比较优势的美元、日元市场贷款,然后甲、乙公司与中介机构之间签订货币互换协议,相互交换本金和利息的支付。货币互换的具体过程如图 4-6 所示:

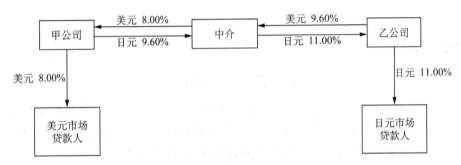

图 4-6　货币互换过程示意图

通过货币互换,甲公司获得日元贷款且利率为 9.60%,比其直接在日元市场上贷款利率 10.00% 节省 0.4 个百分点;乙公司获得美元贷款且利率为 9.60%,比其直接在美元市场上贷款利率 10.00% 节省 0.4 个百分点;中介机构美元净收取 1.60%,日元净支出 1.40%,忽略两种货币的差别,每年可获得 0.2 个百分点的收益。三者之和为 0.4+0.4+0.2=1.0%,即为甲、乙公司在美元市场的利率差减去其在日元市场上的利率差的结果。

与利率互换的差别是,货币互换的本金在交易开始时也要进行交换,到期后再换回。在货币互换协议中,还应规定两种不同货币的本金数量及其汇率。一般是以互换开始时的汇率计算。假设互换成立时,1 美元=120 日元,本金数量分别为 1 000 万美元和 12 亿日元,则在互换生效日,甲公司可支付 1 000 万美元,收取 12 亿日元;在互换协议有效期内,甲公司每年向中介机构收取 80 万美元(1 000 万×8.00%)利息,同时支付 11 520 万日元(12 亿×9.60%);在互换协议到期日,甲公司支付 12 亿日元,收取 1 000 万美元。

需要指出的是,货币互换交易各方还可能存在汇率风险。如有必要可通过其他金融衍生产品如期货、期权等进行风险转移或套期保值。

2. 货币互换的类型

货币互换有三种基本形式:定息-定息货币互换、定息-浮息货币互换与浮息-浮息货币互换。

定息-定息货币互换是指货币互换的双方在整个交易期内,均按固定利率相互交换支付利息,又称"双方总货币互换",是货币互换的重要形式之一。上述例子就是定息-定息货币互换。

定息-浮息货币互换是指在货币互换过程中,互换的一方承担按固定利率支付利息的义务,与此同时,互换的另一方承担按浮动利率支付利息的义务。

随着跨国财团、公司在异国他乡设立分支机构,但异国他乡投资者对其信任与把握程度的局限,他们用浮动利率筹资往往需支付较高的利率。另一方面,依托其母公司的信誉、实力优势,他们却可以在本国市场以较低的固定利率筹资。正是在这一互利互惠前提下,定息-浮息货币互换得以迅速发展。

浮息-浮息货币互换其实质与前述两种货币互换相似,只是互换双方彼此承担对方按浮动利率付息的义务。这一货币互换形式的产生与发展的背景是国际经济、金融一体化的发展趋势,以及利率、汇率风险的加剧,互换双方为了消除汇率、利率变动的风险,发展各自融资的比较优势而衍生出的货币互换的新类型。

 **拓展阅读**

衍生品市场"三部曲"

2019年9月26日,苯乙烯期货在大连商品交易所上市,在中华人民共和国成立70周年之际,我们迎来了中国境内衍生品市场第70个衍生产品;在这一年里,中国境内衍生品市场共上市了9个期货和期权品种,为中华人民共和国成立70周年献礼。

改革开放以来,从第一个农产品期货到29个涉农产品,从第一个工业品期货到34个工业产品,从第一个金融期货到七个金融产品,从商品期货、金融期货到金融期权、商品期权,70个产品70朵花,汇成中国衍生品市场的产品大花园,书写了我国衍生品市场30年从无到有、从小到大、积跬步以至千里、积小流而成江海的非凡历程,浓缩着我国70年从计划经济转向社会主义市场经济的自我革命和伟大实践。

一、萌芽破土:金融家族不可或缺的一员

在商品和金融产品基础上衍生出远期、期货、期权、互换等衍生产品,在现货市场基础上衍化出衍生品市场,这既是近代以来全球市场体系演进发展的实践轨迹,也是社会化乃至全球化大生产条件下,商品和金融产品的价格形成机制和价格波动管理机制发展完善的必然结果。

16世纪,在荷兰阿姆斯特丹、日本大阪等地,开始出现具有衍生品萌芽性质的商品交易场所。18世纪,在英国伦敦、法国巴黎逐步发展出较为成熟的远期交易市场。1848年,一批粮食商人在美国芝加哥发起成立第一家具有现代意义的期货交易所——芝加哥期货交易所。从此,各类衍生品交易所开始在全球遍地开花,据了解,目前较为活跃的约有80家。通过各类投资者公开、集中、连续交易竞价,在交易所市场形成了公开、透明、具有广泛代表性和权威性的衍生品价格,从而为各类基础产品的交易定价和供需调节提供价格标杆,为生产企业、金融机构对冲价格波动风险提供平台和工具。

"衍生品市场与相关现货市场一道,构成现代市场体系的重要组成部分,为各类商品和金融资产提供定价基准与风险管理平台。而国际成熟交易所的衍生品价格不仅深刻影响其国内市场,更成为国际经贸往来的定价基准,并在全球供应链中发挥着举足轻重的作用。"北京工商大学证券期货研究所所长胡俞越说。

我国衍生品市场的生存与发展,同中国经济建设波澜壮阔的探索实践紧紧联系在一起。1949年之前,在上海、北京、天津等地曾出现过一批证券期货交易所。1949年后,"由于国内外形势和主客观因素的影响,市场经济的因素被当作资本主义的固有成分严厉禁绝"。业内人士表示,1952年,各地证券期货市场全部被关停。20世纪70年代,我国外贸企业曾尝试在国际衍生品交易所进行套期保值,积累了有益经验,得到陈云同志的肯定和支持。

改革开放之后,束缚市场经济发展的思想樊篱逐步打开,商品市场化进程激流奔涌,为衍生品市场发育提供了思想基础和实践基础。据了解,20世纪80年代,随着农副产品"统购统销"向"调放结合""价格双轨制""价格闯关"以至逐步放开商品价格的一步步探索。1984年的中央一号文件提出:"大中城市在继续办好农贸市场的同时,要有计划地建立农副产品批发市场,有条件的地方要建立沟通市场信息、组织期货交易的农副产品贸易中心。"《1988年国务院政府工作报告》提出:"加快商业体制改革,积极发展各类批发贸易市场,探索期货交易。"期货交易试点正式列入议事日程。1990年,国务院批准设立中国郑州粮食批发市场,并以现货交易起步,逐渐引入期货交易机制,标志着我国衍生品市场诞生。此后两三年,全国各地迅速涌现出四五十家期货交易所。

据业内人士介绍,经过1994年、1998年两次大范围清理整顿,国务院批准保留郑州商品交易所、上海期货交易所和大连商品交易所三家期货交易所;连同几乎同期发展起来的上海证券交易所、深圳证券交易所,以及2006年成立的中国金融期货交易所、2012年成立的全国中小企业股份转让系统公司,共同构成目前全国性证券期货市场总体格局。

二、发展壮大:跻身国际衍生品舞台

衍生产品承载着衍生品市场的合约规则、业务管理、市场运行和功能发挥,是衍生品市场建设的重点和核心,是衍生品市场联系现货市场的血脉和纽带。

经过30年发展,2019年上半年我国衍生品市场日均成交量1 469万手,日均成交金额1.09万亿元,期末持仓量1 787.9万手。根据美国期货业协会(FIA)统计,2019年上半年上海期货交易所、大连商品交易所、郑州商品交易所和中国金融期货交易所在全球衍生品交易所成交量排名中分列第10、11、12和28位,我国已连续多年保持全球最大的商品衍生品市场地位。

从全球第一个标准化商品期货——玉米期货1865年在芝加哥期货交易所上市以来,全球衍生产品逐步扩展至各类大宗商品以及汇率、股票、利率等金融资产领域。自1992年我国第一个标准化衍生产品——特级铝期货推出以来,中国期货品种也经历了一个由乱到治、由借鉴到适应中国经济发展进行创新的过程。我国期货市场探索初期,由于缺少统一管理,各类期货品种纷纷上市。经过两次清理整顿,我国期货品种减少至12个,基本只保留了几个国际上成熟的品种,交易较为活跃的只有大豆和铜。

随着市场不断发展,依托中国强劲的经济发展动力和强大的资源禀赋基础,我国衍生品市场走出了一条独特的品种发展之路。化工、煤炭、铁矿石、鸡蛋等中国特色品种逐步登上国际衍生品舞台。比如,国际市场没有化工品期货的成功先例,但中国期货交易所自2006年起,推出精对苯二甲酸、线型低密度聚乙烯等化工品期货并获得成功。目前,在化工领域,中国期货交易所推出了9个品种,拥有全球最大的化工品期货板块。

经过30年探索创新,目前我国衍生产品总数已达70个,覆盖领域包括粮、棉、油、糖、果、木、蛋、有色、化工、黑色、能源、贵金属以及股票、利率等国民经济大多数领域。从衍生工具来看,除了商品期货、金融期货,还有金融期权、商品期权,工具类别逐步健全。从交易规模看,一些品种已位居全球前列。如豆粕、菜籽粕、苹果位列全球农产品衍生品前3位;螺纹钢、铁矿石位列全球金属衍生品前2位。

在我国境内第70个衍生品——苯乙烯期货上市之际,时任大连商品交易所党委书记、理事长李正强在接受中国证券报记者采访时表示,每一个衍生产品都涉及相关产业链成千上万家企业,直接或间接地联系着每一个生产者、贸易者、流通者、加工者和消费者。70个衍生产品的诞生,不仅填补了我国衍生品市场发展的空白,也是计划经济体制向市场经济体制的过渡,是中国特色社会主义市场经济体系自我完善的见证。

三、持续创新:扎根实体经济探索新机遇

服务实体经济是衍生品市场生存发展的根基所在和价值所在,这是我国衍生品市场30年不断发展的一条基本经验。

截至2019年6月末,我国衍生品市场有效客户139.5万户,其中,单位客户4.1万户、境外客户199户。2019年上半年,单位客户在我国工业品、农业品、金融期货交易中的持仓占比分别为52.31%、52.85%和57.59%。目前,国内至少90%以上的大型油脂油料企业、85%以上的棕榈油进口企业以及1100家化工企业、1200家煤焦钢企业等深度参与和利用衍生品市场。

"包括产业企业在内的单位客户通过直接参与衍生品市场,一方面加强了自身风险管理,另一方面增强了产业企业和专业机构在衍生品价格形成中的影响力,提高交易价格的代表性,使得衍生品市场运行更好地反映实体经济真实的供求关系,有效避免脱离实体经济空转。"李正强说。

相关统计数据显示,2019年上半年我国期货品种期现价格相关性达87.99%,工业品、农业品、金融期货品种的套期保值效率分别为77.77%、87.46%和99.59%。从以上核心指标看,我国衍生品市场的价格发现和风险管理功能日益得以发挥,服务实体经济能力逐步增强。

除此之外,我国衍生品市场在外延和宏观层面的影响正不断放大。2015年,国家发展改革委价格司与上海期货交易所、郑州商品交易所、大连商品交易所在北京签署合作备忘录,标志着我国衍生品价格信号被纳入国家宏观调控政策体系。与此同时,越来越多的产业企业在现货贸易中采用"期货价格+升贴水"的基差定价模式,以更具前瞻性、更加灵敏地反映市场变化和趋势,实现贸易定价方式的深刻变革。目前,我国至少70%的豆粕和棕榈油、40%的豆油等现货贸易采用期货价格作为定价基准。此外,通过"保险+期货"等新的业务模式,我国衍生品市场正在更大范围、更深层次带动和促进实体经济发展。"保险+期货"已连续四年被写入中央一号文件。

要形成合理权威的价格,在更大范围和更深程度上有效配置资源,在本质上要求衍生品市场是一个开放的市场。作为我国金融市场中最后一个对外开放的领域,2018年以来我国原油、铁矿石、PTA、20号胶期货先后作为特定品种引入境外交易者。这是我国衍生品市场首次为全球市场提供以人民币计价的大宗商品期货价格。"通过为国内外各类参与者提供公平竞价交易平台,在提升境外交易者参与程度、增强我国衍生品市场国际代表性的同时,也在逐步提高我国衍生品市场的国际影响力,并为推动完善全球经济治理、促进全球产业链均衡协调发展做出努力。"李正强说。

纵观我国衍生品市场30年发展历程,从零起步到70个品种,在学习借鉴国际经验的基础

上,走出了一条与西方成熟市场完全不同的"中国道路"。站在新时代新起点,面对世界百年未有之大变局,全球经济发展的不稳定性、不确定性和中国经济高质量发展对我国衍生品市场发展提供了新机遇、提出了新要求。

资料来源:金融界,《衍生品市场"三部曲":30年发展历程 从零起步到70个品种》,https://baijiahao.baidu.com/s?id=1646518792801214611&wfr=spider&for=pc。

复习思考题

1. 试述金融衍生产品的产生背景。
2. 试述金融衍生产品发展的效应。
3. 试述两类金融衍生产品交易市场的区别。
4. 试述金融期货的主要类型。
5. 试述金融期货套期保值的基本环节。
6. 试述金融期货套期保值的主要策略。
7. 试述金融期货套利的主要策略。
8. 试述金融期权合约的主要构成要素。
9. 试述金融期权交易的主要策略。
10. 试述金融互换的主要特征。
11. 试述金融互换的主要类型。

第五章 项目融资业务

项目融资不同于传统的融资方式,它主要不是以项目发起方本身的信用和资产作为担保而获得贷款,而是依靠项目的未来现金流量和项目本身的资产价值作为还款的资金来源,由于其所需资金量大,通常又以无追索权或有限追索权的形式来融资,因此风险相对较大,参与方也逐渐增多。投资银行在其中主要承担融资顾问的角色,将与项目有关的政府机关、金融机构、投资者及项目发起人等紧密联系,协调律师、会计师、工程师等进行项目可行性研究,进而通过发行债券、基金、股票或拆借、拍卖、抵押贷款等形式组织项目投资所需的资金。投资银行在项目融资中的主要工作是:项目评估、融资方案设计、有关法律文件的起草、有关的信用评级、证券价格确定和承销等。

第一节 项目融资业务概述

一、项目融资定义及特征

1. 项目融资的定义

关于项目融资(Project Financing)的定义,目前世界上主要有两种观点,即以北美洲金融界为代表的"项目融资窄派"和以欧洲金融界为代表的"项目融资宽派"。前者认为只有具备无追索权(Non-Recourse)或有限追索权(Limited Recourse)形式的融资活动才称其为项目融资;后者则认为一切针对具体项目所安排的融资活动都属于项目融资。而在我国通常认为项目融资是指向某一特定的工程项目提供贷款,贷款人依赖该项目所产生的现金流量和收益作为偿还贷款的资金来源,并将该项目或经营该项目的经济单位的资产作为贷款的担保。因此我国习惯上一般只将具有无追索权或有限追索权形式的融资活动称为项目融资。

本章也以此类项目融资活动作为主要研究对象。无追索权的项目融资也称为纯粹的项目融资,在这种融资方式下,贷款的还本付息完全依靠项目的经营效益。同时,贷款银行为保障自身的利益必须从该项目拥有的资产取得物权担保。如果该项目由于种种原因未能建成或经营失败,其资产或收益不足以清偿全部的贷款时,贷款银行无权向该项目的主办人追索。而有限追索权的项目融资则是指除了以贷款项目的经营收益作为还款来源和取得物权担保外,贷款银行还要求有项目实体以外的第三方提供担保。贷款行有权向第三方担保人追索。但担保人承担债务的责任,以他们各自提供的担保金额为限,所以称为有限追索权的项目融资。

2009年7月,中国银监会发布了《项目融资业务指引》,指出项目融资是指符合以下特征的贷款:(1)贷款用途通常是用于建造一个或一组大型生产装置、基础设施、房地产项目或其他项目,包括对在建或已建项目的再融资;(2)借款人通常是为建设、经营该项目或为该项目融资而专门组建的企事业法人,包括主要从事该项目建设、经营或融资的既有企事业法人;(3)还款资金来源主要依赖该项目产生的销售收入、补贴收入或其他收入,一般不具备其他还款来源。

2. 项目融资的特征

与传统的融资方式相比较,项目融资作为一种特定的融资方式,具备以下基本特征:

(1) 以项目为主体安排融资。按照以上关于项目融资的定义,项目融资用来保证贷款偿还的首要资金来源被限制在被融资项目本身的经济强度之中,即项目未来的可用于偿还贷款的净现金流量和项目本身的资产价值。因此,项目的经济强度加上项目投资者和其他与该项目有关的各个方面对项目所做出的有限承诺,就构成了项目融资的基础。目前,项目融资主要用于资金需求量比较大的项目,一般都是十几亿到几十亿美元。发展中国家急需项目开发,但发展中国家的企业或项目实体国际信用等级一般不高,很难从国际资金市场直接借入。但因为项目融资可以把项目同发起方分离开来,若银行认为项目前景好,就可通过各种合同、协议的限制性条款,在确保收回贷款本息,实现自己的利益时,对项目提供贷款。

(2) 表外融资(Off-Balance Finance)。在通常情况下,项目的债务独立于项目发起人,不表现在项目发起人的资产负债表中,而只是以某种说明的形式反映在公司资产负债表的注释中。表外融资一方面降低了项目发起人的财务风险,减轻了项目失败对项目发起人的拖累,另一方面,表外融资降低了项目发起人的财务杠杆,使得项目发起人可以利用有限的资金开展更多的项目,避免过度融资。

(3) 有限追索。所谓追索,是指在借款人未按期偿还债务时,贷款人要求借款人用除抵押资产之外的其他资产偿还债务的权利。在传统融资方式下,贷款人对借款人提供的是完全追索形式的贷款,借款人的偿债能力主要依据于其自身的资信状况,而非项目的经济强度。而作为有限追索权的项目融资,贷款人可以在贷款的某个特定阶段或规定的范围内对项目借款人实行追索。除此之外,不能对该项目除资产、现金流量以及所承担的义务之外的任何形式的财产实行追索。

(4) 分散风险。因为项目融资的贷款一般没有追索权或仅有有限追索权,所以项目主办方虽然是项目的权益所有者,但仅承担项目风险的一小部分,对于与项目有关的各种风险,需要以各种形式在项目投资者、与项目开发有直接或间接利益关系的其他参与者和贷款人之间进行分担;并通过要求项目所在国或所在地政府做出担保或承诺、向跨国保险公司投保以及贷款抵押等各种形式,有效地将项目风险分散。

(5) 成本较高。在项目融资中,贷款银行因为承担了较高的风险,而将贷款利率提高到普通贷款利率之上。其利息成本一般要高出同等条件公司贷款的 0.3%~1.5%。同时,项目融资要求烦琐的担保与抵押,每一次担保和抵押均要收取较高的手续费。另外,项目融资的筹资文件比一般公司融资要多出几倍,通常需要几十个甚至上百个法律文件才能解决问题。结果不仅导致组织项目融资的时间较长,而且包括融资顾问费、承诺费、法律费等融资的前期费用较高,通常占贷款金额的 0.5%—2%。

二、项目融资的产生及发展

1. 项目融资产生的原因

早在 19 世纪末 20 世纪初,法国和世界其他地区就出现了"特许"(Concession)投资方式,著名的苏伊士运河就是由私人投资以特许的方式修建的。但这还不是真正意义上的项目融资方式。项目融资的出现有其客观必然性,是经济发展的必然结果。

1929年,世界范围内爆发了经济危机,整个资本主义世界陷入了动荡和混乱之中。大批企业破产、倒闭,更有相当一部分企业处于衰败状态。因此即使有好的项目,由于自身信誉低,企业很难从银行获得贷款,便产生了通过项目本身的收益去获得贷款的设想。项目融资就是通过对因经济危机而衰败的企业开展不直接依赖本身的信用能力,而是依靠企业生产的产品乃至项目的融资活动而产生和发展起来的。在发展中国家,随着人口的增长和经济的发展,对基础设施的需求不断增加。但政府的财力有限,国际债务危机的压力加大,急需新的资金来源,项目融资方式也就适时得以引进。

2. 项目融资的发展

20世纪70年代,在美国和其他发达国家,基础设施领域开始采用项目融资方式。随着项目规模的不断增大,单个银行有时很难满足一个项目的资金需求。一般情况下,便由多家金融机构组成银团来进行,从而达到筹资和分散风险的目的。70年代末80年代初,一些发展中国家开始采用BOT投资方式进行基础设施建设,既解决了发展中国家国内资金不足的问题,又为其引进了先进的技术和设备。由此,项目融资逐渐成为一种跨国的金融活动。目前,在发达国家,项目融资的重点正由基础设施转向其他行业,如制造业。从全球范围来看,项目融资正处在一个应用范围逐渐扩大的阶段。同时,由于融资规模、地域范围的扩大,风险分析日益成为项目融资的重要方面。在不远的将来,随着更多金融工具的出现,项目融资必然不断向大型化、国际化和技术化方向发展,其应用重点也必然是在发展中国家。

三、项目融资的当事人

由于项目融资具有比较复杂的结构,因此参与融资结构并发挥不同作用的当事人也比较多。一般而言,项目融资的参与者主要有以下各方:

1. 项目投资者(项目主办人)

项目的实际投资者,是项目的真正主办人和发起人,通过项目的投资经营活动,获取投资利润和其他收益,实现投资项目的综合目标。在项目融资结构中,项目投资者常常拥有项目公司的全部股权或者部分股权,向项目公司提供一部分权益资本并且以直接担保或者间接担保的形式为项目公司获得贷款提供一定的信用支持。项目投资者(主办人)可以是政府机构或者公司,或者是两者的混合体。此外,大型工程项目的主办人除了东道国政府或公司以外,一般还都吸收一家或几家知名外国公司参加,以便利用外国公司的投资、技术和信誉,并吸引外国银行的贷款。

2. 项目贷款人

商业银行、非银行金融机构(如租赁公司、财务公司、投资基金等)和一些国家政府的出口信贷机构以及国际金融组织,是项目融资资金的主要提供者。承担项目融资贷款责任的可以是一两家金融机构,但在大型项目融资中更为常见的是由多家金融机构组成国际银团作为贷款人提供项目贷款。贷款规模和项目风险是决定参与银团的金融机构数目的重要因素。一般上,贷款金额越高,项目风险越大,就需要越多的金融机构组成银团以分担风险。

3. 项目借款人(项目公司)

项目贷款的借款人一般就是项目公司,这是由项目投资者专门为某一特定项目融资而成立的一家单一目的的独立公司,而非母公司或控股公司。作为项目的直接主办人,直接参与项目投资和项目管理,直接承担项目债务责任和项目风险。项目公司的组织形式可以分为契约式合营、股权式合资和承包三种,需要根据项目的具体情况选择合适的项目公司组织形式。成立项目公司是项目融资中的普遍做法。这样做的好处主要有:可以将项目融资的债务风险和经营风险基本限制在项目公司中,由项目公司对偿还项目贷款承担直接责任;对项目投资者来说,可以实现表外融资;可以把项目资产的所有权集中在项目公司一家身上,便于进行管理;对贷款人来说,成立项目公司还便于银行在项目资产上设定抵押担保权益;从实际操作的角度,采用项目公司具有较强的管理灵活性。项目公司可以是一个实体,也可以将实际的项目运作委托给富有生产管理经验的管理公司负责。

4. 项目设施使用方或项目产品的购买方

项目设施使用方或者项目产品的购买方在项目融资结构中具有非常重要的地位,它们通过与项目公司签订项目产品的长期购买合同或者项目设施的长期使用协议,保证了项目的市场和现金流量,为项目贷款提供重要的信用支持。项目设施使用方或者项目产品购买方,一般是由项目投资者本身、有意使用项目设施或购买项目产品的独立第三方,或者有关政府机构来承担。

5. 保证方

除了项目投资者通常要为项目公司借入的项目贷款提供一定的担保以外,贷款人为了进一步降低风险,有时还会要求东道国中央银行、外国的大银行或大公司向其提供保证,特别是完工保证和偿债保证。

6. 项目建设的工程承包公司

工程承包公司与项目公司签订项目工程建设合同,承担项目的设计和建设。工程承包公司的资金情况、工程技术能力和以往的经营信誉,在很大程度上可以直接影响到贷款人对项目建设风险的判断。如果由信用卓著的工程承包公司承建项目,可以减少项目投资者、贷款人等参与者在项目建设期间承担的责任和风险。

7. 项目设备、原材料和能源供应方

项目设备、原材料和能源供应方与项目公司签订供应合同,向项目提供建设和生产经营所需的设备、原材料和能源。设备供应商通过延期付款或低息出口贷款的安排,以及项目原材料、能源供应商以长期的优惠价格条件为项目提供原材料和能源,对于减少项目的不确定性、降低项目成本和风险都是非常有利的。

8. 中介机构

由于项目融资通常结构复杂,规模巨大,涉及不同国家的当事人,因此项目投资者、项目公司或者贷款人往往需要聘请具有专门技能和经验的专业人士和中介机构来完成组织安排工作。这些中介机构有项目融资顾问、法律顾问、税务顾问等等,他们在项目融资活动中发挥着非常重要的作用,在某种程度上甚至可以说是决定项目融资成败的关键。融资顾问通常聘请投资银行、财务公司或商业银行的项目融资部门来担任。不仅要求其能够准确地了解项目投资者的目标和具体要求,熟悉项目所在国的政治经济结构、投资环境、法律和税务,掌握金融市场的变化动向和新的融资手段,而且与主要银行和金融机构保持良好的关系,具备丰富的谈判经验和技巧。

9. 国际金融机构

许多国家的项目都是由世界银行及地区开发机构,如亚洲开发银行、欧洲复兴与开发银行提供部分或全部资金,取得这些国际金融机构的贷款可以达到减少项目融资成本,降低项目风险的作用。但因为这些贷款在审查和监督、担保、贷款的终止和生效等问题上有各自独立的政策和标准,在使用时应引起注意。

10. 保险公司

项目融资的巨大资金数额以及未来许多难以预料的不确定因素,要求项目各方准确地认定自己面临的主要风险,并及时投保。适当的保险是项目融资赖以存在的基础,特别是在贷款方对借款方或项目发起方只有有限追索权的情况下,保险赔款就成为贷款方的一个主要保证。

11. 政府机构

政府机构在项目融资中起着很重要的作用,如为项目开发提供土地或者经营特许权,减少项目的建设风险和经营风险;为项目提供条件优惠的出口信贷或贷款担保、投资保险,促成项目融资的完成;甚至为项目批准特殊的外汇政策或税务政策等来降低项目的综合债务成本;等等,这些对于完成一次成功的项目融资都十分重要。

从以上项目融资的当事人可以看出,整个过程运行复杂,涉及面广,因此各项工作的组织安排通常需要具有专门技能的投资银行来完成。投资银行可以凭借其对东道国的社会、经济、法律情况的熟悉;对政府机构意图的了解;对投资者需求的把握;对项目所在行业的市场供求和技术发展趋势的高超的判断能力;对国际资本市场和国外产品与服务市场的准确把握,将与项目有关的资信情况、风险状况、市场情形和其他信息以文件的形式提供给贷款银行和有关的第三方,从而成为资金供需双方的媒介,为项目公司和投资者当好参谋,成为贷款银行及相关各方与投资者之间的桥梁和纽带,并充分协调各方的利益,在风险合理分散的基础上,使利益被充分共享。投资银行真正发挥项目融资各参与方的协调功能。

第二节 项目融资的结构和方式

一、项目的投资结构

所谓项目的投资结构是指在国家的法律、法规等因素的制约下,能够最大限度实现投资者目标的项目资产所有权结构。投资银行在参与项目投资结构的方案设计时,需要根据项目的特点和合作各方的发展战略、利益要求、资金来源等各相关制约条件,来决定选择何种投资结构,并满足各投资方的要求,有时投资银行还需为某一项目设定特定的投资结构。

在通常情况下,一个有实力和经验的项目投资方当然希望能够百分之百地拥有项目的股权,完全地控制项目的生产、原材料供应和最终产品的销售。但是,一方面,大型项目的开发有可能超出了一个公司的财务、管理或风险承受能力,尤其对于那些投资回收期长,资金需求量大的基础设施类项目来说,任何单个投资者都很难独立承担项目的风险。另一方面,由具有不同背景的投资者相结合进行投资,可以利用各自的优势实现互补,从市场、资源、技术和管理技能、融资成本以及贷款的可获得性方面得到强有力的支撑,提高项目融资成功的机会。因此许多大型项目都需要几家公司共同投入财力和专门技能才能建成和经营。除本国公司外,一般还吸收外国公司参加。如果主办人是两家以上的公司,则它们必须通过谈判采取适当的法律形式来实现拟议中的项目。投资银行要帮助项目投资者根据项目的特点和合资各方的发展战略、利益追求、融资方式选择最佳的组织形式。目前,国际上普遍采用的投资结构主要有四种基本形式:公司型合资结构、有限合伙制结构、契约型合资结构和信托基金结构。

1. 公司型投资结构

公司型投资结构是指项目发起人单独或者与其他项目投资者一起出资设立一家项目公司,以公司实体从事项目的建设和经营,拥有项目资产,控制项目的产品和现金流。项目公司可以是有限责任公司,也可以是股份有限公司。

公司型投资结构中,由合作各方共同经营、共负盈亏、共担风险,并按股权份额分配利润。公司作为独立的法人,拥有资产所有权和处置权,其权利和义务受国家法律保护。在公司型投资结构中,投资者的责任是有限的,仅限于其认缴的权益资本。在以项目融资方式筹措项目资金时,项目公司作为借款人,将投资企业的资产作为贷款的物权担保,以企业的收益作为偿还贷款的主要来源。项目发起人除了向贷款人做出有限担保外,不承担为项目公司偿还债务的责任。同时,公司型投资结构容易被资本市场所接受,可以直接进入资本市场通过发行股票或债券方式筹集资金,从而引入新的投资者并促进股权的合理流动。

2. 有限合伙制结构

合伙制结构是至少两个以上合伙人之间以获取利润为目的共同从事某项商业活动而建立起来的一种法律关系。它不是一个独立的法律实体,其合伙人可以是自然人也可以是公司法人。有限合伙制是在普通合伙制基础上发展起来的一种合伙制结构。它包括至少一个普通合伙人和至少一个有限合伙人。其中前者负责合伙制项目的组织、经营、管理工作,并承担合伙制结构债务的无限责任;而后者无权参与项目的日常经营管理,同时仅以其投入到项目中的资本数量对债务承担有限责任。

与公司型相比,合伙制的主要优点在于其税务安排的灵活性。由于合伙制结构本身不是一个纳税主体,因而合伙制结构在一个财政年度内的净收入或亏损全部可以按投资比例转移给合伙人。但是,合伙制的经营管理不像公司制那么规范明确,每个合伙人都有较大的约束合伙制的能力。

3. 契约型合资结构

契约型合资结构是最常见的项目组织方式。合作各方不组成具有法人资格的合营实体,各方都是独立的法人,各自以自身的法人资格按合同规定的比例在法律上承担责任。合作各方可以组成一个联合管理机构来处理日常事务,也可以委托一方或聘请第三方进行管理。投资者在契约型合资结构中的关系是一种合作性质的关系,而不是合伙性质的关系。其与合伙制的最大区别表现为:契约型合资结构不是以获取利润为目的而建立起来的,合资协议规定每一个投资者从合资项目中获得的是相应份额的产品,而不是利润;每一个投资者都有权独立做出其相应投资比例的项目投资、原材料供应、产品处置等重大商业决策。项目投资者在契约型合资结构中直接拥有项目的资产,直接掌握项目的产品,直接控制项目的现金流量,独立设计项目的税务结构,每个投资者可以按照自身发展战略和财务状况安排项目的融资。

4. 信托基金结构

信托基金在英美法国家应用得较为普遍,通常表现为单位信托基金。它是将信托基金划分为类似于股票的信托单位,通过发行信托单位筹集资金,利用信托契约约束和规范信托单位持有人、信托基金受托管理人和基金经理的法律关系。信托基金不是一个独立的法人,而由受托管理人承担信托基金的起诉和被起诉的责任。因此,受托管理人作为信托基金的法定代表,其所代表的责任与其个人责任是不能够分割的。信托单位持有人对信托基金资产按比例享有获取收益的权利。信托基金同样比较易于被资本市场所接受,通过信托单位上市方式筹集资金。

在项目融资中,项目公司型是最常见、最普遍的项目经营方式。成立项目公司对项目发起人来说,其优势主要表现在:①把项目资产的所有权集中在项目公司,便于进行管理;②实现表外融资;③把项目的风险与发起方分离开来,防止因项目失败而受太大牵连;④项目公司作为东道国的法人,可以享受东道国政府赋予本国法人的税收减免待遇;⑤便于吸收其他人参加项目。

二、项目可行性研究

项目融资贷款对项目资产和现金流的依赖性及有限追索权,以及项目本身的风险影响,促使贷款人对项目技术和经济可行性论证给予高度的重视。只有通过严格的技术和经济检验,证明项目确实可行,并能将风险控制在可以接受的范围内,贷款银行才会参与项目融资。

1. 可行性研究的范围

为获得项目融资贷款,项目主办人必须通盘考虑有关项目可行性的所有方面,并提交一份具有说服力和权威性的可行性研究报告。报告内容通常包括:

(1) 外部投资环境:包括政策性环境、金融性环境和工业性环境。其中:政策性环境是指东道国国家法律制度、税收政策;项目对环境的影响及为达到环境保护标准所采取的措施和所消耗的费用;项目的生产经营许可或其他政府政策限制,获得这些许可的可能性及许可的可转让性;项目获得政治风险担保的可能性。金融性环境是指一国的利率、汇率政策、国家外汇管理政策、货币风险及可兑换性,还包括通货膨胀因素。工业性环境是指项目选定地点的基础设施和服务设施的状况,如能源、水电供应,交通运输和通信等设施是否快捷、通畅,以及取得这些设施和服务的成本。

(2) 项目生产要素:包括技术要素、原材料供应、项目市场、项目管理。技术要素是指生产技术的可靠性和成熟度以及对矿业和石油开采等能源项目来说,资源的储量、范围和可靠性及可能的产量;原材料供应包括原材料的取得及供应地和供应商的情况和可靠性,原材料的价格及供应数量和质量、进口关税和外汇限制;项目市场包括项目提供的产品或服务的市场需求、价格、竞争性,国内和国际市场需求量及占有率分析;项目管理则是指生产、技术、设备管理和劳动力分析。

(3) 投资收益分析:包括项目投资成本分析、经营性收益分析、资本性收益分析。投资成本包括项目建设费用、征购土地、购买设备费用及不可预见费用;经营性收益分析包括对项目产品或服务市场价格分析和预测、对生产成本的分析和预测、经营性资本支出预测、项目现金流量分析;资本性收益分析是指对项目资产增值的分析和预测。

2. 项目的现金流量分析

对项目的经济检验要通过现金流量分析来实现。现金流量分析是以项目作为一个独立系统。在东道国政府现有的财政、税收、金融、外汇政策下,对项目在建设期和营运期内的收入和支出做出预测，编制现金流量表，并以此来分析项目的财务状况、盈利能力和清偿能力。一般包括以下几个步骤：

(1) 投资支出估算。项目建设期的投资支出包括建造建筑物、购置设备费用和安装费，这些构成项目的有形资产。此外，还有专利使用权费、技术转让费、设计咨询费等构成项目的无形资产。做可行性研究时，要估算出项目的总投资及其分年投入的现金流出。

(2) 经营期现金流量。项目投入运营后有产品销售收入或提供服务的营业收入，同时有营运成本支出、利息支出及税务支出。项目每年的现金收入和支出构成了现金流量序列。每个时点上的现金流入减去现金流出称为净现金流量。

(3) 期末资产回收。现金流量分析要确定一个计算期。计算期不一定等于资产的物理寿命或折旧寿命。在计算期末，项目的资产还有价值，其价值等于计算期末资产转让或出售的市场价值。这部分应作为项目计算期末的现金流入。

(4) 项目净现值。净现值是项目在计算期内各年净现金流量按资金成本折现至基准年的现值之和。它反映的是项目在整个生命周期内的价值总和。项目净现值大于零，说明该项目可以成立。项目净现值大，说明项目的盈利能力强，资产价值高。

3. 项目评估

项目的可行性评估是项目开发前的准备工作，以上的可行性研究工作通常由项目的发起人进行，而投资银行作为融资顾问主要负责对项目发起人制作的可行性研究进行评估。对项目的评估主要从两个方面进行：技术评估和财务评估。综合两个评估的结果来决定项目的取舍。

(1) 技术评估。关于工程项目的技术可行性，贷款银行通常依靠相对独立的专家提交的可行性研究报告进行判断。这些专家包括：土建专家、道路桥梁工程师、通信电力工程师等。许多大银行有自己的技术专家，他们在技术评估中严格把关，在保护贷款人利益时起着重要作用。同时，贷款银行在评价和监督工程项目时仍然会请一些工程咨询公司的专家和工程师参与，在项目的生产技术、原材料供应、市场状况等方面听取他们的评估意见。作为融资顾问，投资银行虽然并不直接进行技术分析，但是可以帮助选择具有丰富经验、信誉卓著的技术顾问，从而保证技术分析的科学、合理。

(2) 财务评估。财务评估以现金流量分析为基础，说明工程项目能产生足够的现金流以支付经营费用、债务清偿及税金，并且有充足的应急资金应付市场需求、汇率和利率以及通货膨胀率的变化。投资银行在进行可行性研究的财务分析时，主要通过财务评价计算出项目的净现值、内部收益率和投资回收期，以衡量项目在支付一切费用后能否给项目公司和投资人带来净收益，并达到其权益收益率的目标。此外，财务评价还要给出贷款的偿还期和各年的偿还额。贷款银行要审查项目的偿还计划，以保证贷款的按期偿还。

除财务评价外，基础设施及公共项目还应对项目带来的外部效果进行评价。所谓外部效果是指项目的投入和产出除对项目本身带来直接费用和直接效用以外，还有对社会其他相关部门产生的间接费用和间接收益。这些间接费用和间接收益称为外部效果。外部效果能够用货币来衡量的，应尽可能计入项目的费用和收益中；不能够用货币来衡量的，应对其影响作定性说明。

三、项目的融资结构及类型

项目的融资结构是指筹集项目资金的模式,是项目融资整体结构的核心部分,投资银行在这一阶段主要负责决定融资总额、制定资金到位的时间表、确定资金构成和落实资金来源。

设计项目融资结构需要兼顾各方面的要求,并且最大限度地发挥项目融资的优势,并为以投资者为首的各方所接受,尽最大可能避免风险和不确定性,并遵循有限追索原则、合理分担原则、避税原则和尊重市场原则。

1. 项目融资的模式

任何一个项目的融资模式,由于其在项目性质、投资结构、融资战略等方面的不同,而显示出各自的独特性和复杂性。国际上通用的项目融资模式主要有以下几种:

(1) 产品支付。产品支付是项目融资的早期形式之一,起源于20世纪50年代的美国。在石油、天然气、矿产等项目融资中最为常见。这种形式主要针对项目贷款的还款方式而言。借款方在项目投产后直接以项目产品来还本付息,而不是以项目产品的销售收入来偿还债务。在这种方式下,项目产品是用于支付各种经营成本支出和债务还本付息的唯一来源。在通常情况下,产品支付表现为产权的转移,而不是产品本身的实际转移。一般情况下,贷款方会要求项目公司重新购回属于他们的项目产品或通过他们的代理来销售产品,贷款方根据收货或付款协议,以购买商或最终用户承诺的付款责任来收回贷款。产品支付融资适用于资源储藏量已经探明并且项目生产的现金流量能够比较准确地计算出来的项目。产品支付融资所能安排的资金数量等于产品支付所购买的那一部分矿产资源的预期未来收益在一定利率条件下贴现出来的资产现值。

(2) 设施使用协议。这种融资模式的对象主要是一些工业设施或服务性项目,如石油、天然气管道项目、港口、铁路设施等,在工业项目中有时也称其为"委托加工协议",即在某种工业设施或服务性设施的提供者和这种设施的使用者之间达成的一种"无论使用与否均需付款"性质的协议。这样,项目的投资者可以利用与项目利益有关的项目设施使用者的信用来安排融资,分散风险,节约初始资金投入,因而特别适用于资本密集,收益较低但相对稳定的基础设施类项目。利用"设施使用协议"方式来安排项目融资,关键在于设施的使用者是否能完成"无论使用与否均需付款"的承诺,因为承诺是无条件的,因此,不管设施的使用者是否使用了该项设施,都必须在融资期间定期向设施的提供者支付一定数量的设备使用费,理论上该项费用应足以支付项目的生产经营成本和项目债务的本息。

(3) 杠杆租赁。租赁是项目融资的重要资金来源之一。杠杆租赁是采用财务杠杆方式的融资性节税租赁。以杠杆租赁为基础的项目融资模式,是指在项目投资者的要求和安排下,希望获得工厂或者大型专用设备的一方(即承租人)成立一家特设目的公司(有限责任公司或股份有限公司),以该公司作为租赁公司,由承租人与租赁公司签订租赁工厂或设备的合同,租金由一家或几家银行作担保,租赁公司负责建造或购买工厂或设备,交由使用方使用。租赁合同期满,租赁公司将该工厂或设备出售给承租人。租赁公司以租赁合同为基础向银行借取贷款,筹集建设工厂或设备所需的项目资金。由杠杆租赁结构中的资产出租人融资购买项目的资产然后租赁给项目投资者的一种融资结构。项目的主办人,即真正的投资者,作为资产承租人,通过租赁协议的方式从杠杆租赁结构中的资产出租人手中获得项目资产的使用权,支付租赁费作为使用项目资产的代价。这种方式与直接拥有项目资产比较,项目投资者可以获得较低的融资成本。资产出租人和融资贷款银行的收入以及信用保证主要来自结构中的税务好处、租赁费用、项目的资产以及对项目现金流量的控制。由于杠杆租赁融资结构中涉及的参与者数目较多,资产抵押以及其他形式的信用保证在股本参加者与债务参加者之间的分配和优先顺序问题也比一般项目融资模式复杂,再加上税务、资产处理与转让等问题,造成组织这种融资模式所花费的时间要相对长一些,法律结构及文件也相对复杂一些,因而比较适合大型项目的融资安排。

(4) BOT模式。BOT(Build-Operate-Transfer,即建设—经营—转让),BOT方式中,通常由项目东道国政府或其所属机构与项目公司签署协议,把项目建设及经营的特许权授予项目公司。项目公司在项目经营特许期内,利用项目收益偿还投资及营运支出,并获得利润。特许期满后,项目移交给东道国政府或其下属机构。对于交通和能源等为全社会提供产品和服务的公共工程,最适合以BOT方式进行项目融资。在BOT方式中,东道国政府是最重要的参与者和支持者。这不仅因为BOT项目必须得到政府的批准,并与项目公司签订详尽的特许权协议,而且东道国政府通常提供部分资金、信誉、履约等方面的支持,政府部门也可以持有项目公司的股份。BOT方式受到发展中国家的普遍关注,主要是因为这些国家通常面临着同样的问题,即资金短缺和技术力量不足,对于电站、高速公路和铁路等公共设施的建设通常显得力不从心。而采用BOT方式融资,可以减少东道国政府在项目建设初期的资金投入,同时,可以引进先进的技术和管理经验,为发展中国家的经济建设服务。东道国政府在选择项目经营者时,一定要保证其有充足的资金,较高的技术水平和管理能力,并督促其做好项目的维修和保养工作,以保证在特许权协议终止时项目的运行继续保持良好。

2. 资金的来源及构成

项目融资的核心问题就是资金来源问题,资金从何而来、以何种方式进行筹集直接影响着整个项目融资过程的成败。巨大的资金需求量和广泛的参与主体,造成了项目融资活动的特殊性和复杂性。

项目融资的资金主要来源于两个方面:权益资本和债务资金。虽然一个项目的资金构成和来源更多地取决于项目的投资结构、融资模式等方面,但若能灵活巧妙地安排项目的资金构成和来源,则既可以减少项目投资者自身资金的投入,又能提高项目的综合经济效益。在确定项目的资金来源和结构时,应主要考虑以下两个要素:

第一,债务资金和权益资本的比例。国际上大多数国家税法都规定公司贷款利息支出可以计入公司成本冲抵所得税,所以在考虑公司所得税的基础上,债务资金的成本要比权益资本的低得多。理论上如果一个项目使用的资金全部是债务资金,那么它的资金成本应该最低。但过高的负债率同时意味着项目的抗风险能力极度脆弱。相反,若项目的资金来源全部是权益资本,虽然项目的抗风险能力得到保证,但却没有发挥财务杠杆的强大作用,无形之中加大了项目资金使用的机会成本。因此,如何确定权益资本和债务资金之间的恰当比例,是项目资金安排的关键因素。这个比例的确定主要依据是项目的经济强度,同时受金融市场资金供求状况、贷款银行风险承受能力的影响。

第二,项目资金的合理使用结构。确定项目资金的合理使用结构,除了需要建立合理的债务资金和权益资本的比例关系之外,还要注意以下方面内容:①项目的总资金需求量。一个新建项目的资金预算主要由项目资本投资、投资费用超支准备金和流动资金组成,为了保证项融资中的资金安排可以满足项目的不同阶段和不同用途的资金需求,必须做好项目的资金总量预算以及项目建设期和试生产期的项目现金流量预算。②资金使用期限。项目中的任何债务资金都是有使用期限的。在项目建设的不同阶段,要根据项目的现金流量特点,采用不同的融资手段,安排不同期限的贷款,从而优化债务结构,降低债务风险。③资金成本和构成。权益资本的成本更多地表现为一种机会成本,但项目的贷款利息是债务资金的成本,项目融资可以选择固定利率、浮动利率或两种利率的结合,利率结构的选择通常要考虑项目现金流量的性质和利率的发展变化趋势。④混合结构融资。混合结构融资是指不同利率结构、不同贷款形式或者不同货币种类的贷款的结合。混合结构融资如果安排得当,可以起到降低项目融资成本,减少项目风险的作用。

(1) 权益资本。项目中的权益资本构成了项目融资的基础,也是贷款银行对其进行融资的安全保障。在我国称其为资本金,即项目实体在工商行政管理部门登记的注册资金。项目的权益资本主要是项目投资者投资入股形成的股本金,也可以通过发行股票以及吸收少量政府资金入股的方式筹集。权益资本体现了投资人对项目资产和收益的所有权,在项目满足所有债权后,投资人有权分享利润,同时也要承担项目亏损的风险。

(2) 准权益资本。准权益资本是指项目投资者或者与项目利益有关的各方所提供的一种从属性债务。准权益资本的性质包括:债务本金的偿还需要具有灵活性,不能规定在某一特定期间强制性地要求项目公司偿还从属性债务;从属性债务在项目资金优先序列中要低于其他的债务资金,但高于权益资本;当项目公司破产时,在偿还所有的项目融资贷款和其他的高级债务之前,从属性债务将不能被偿还。最常见的准权益资本有无担保贷款、可转换债券和零息债券三种形式。无担保贷款顾名思义,就是没有任何项目资产作为抵押和担保,本息的支付通常也带有一定的附加限制条件。可转换债券是指在一定的时期内,投资者有权将债券按照一定的价格转换为一定数量的公司的普通股。零息债券计算利息,但是不支付利息,在债券发行时,根据债券的面值、贴现率和到期日贴现计算出其发行价格,债券持有人按发行价格认购债券。

(3) 第三方资金。第三方资金是指包括项目原材料提供方、设备供应商、工程承包公司、项目产品购买方等一些公司和政府机构出于某种政治或经济等方面的考虑,而为项目所提供的一些股本资金、软贷款或贷款担保。第三方资金主要包括以下三类:一是由项目产品购买者或项目设施使用者通过签订"长期购买协议"或"设施使用协议"的形式,在项目融资初期购买一定资源储量和产品,把项目预期的生产量转换成为项目的销售收入现值,以资金形式一次或分几次注入项目;二是项目设备、能源、原材料供应商或项目工程承包公司通过延期付款或者低息优惠出口信贷的安排,为项目提供资金;三是政府部门为项目提供条件优惠的出口信贷、其他类型的贷款或贷款担保。

(4) 国际商业贷款。国际商业贷款是对在国际金融市场上以借贷方式筹集各种资金的总称。其中以银团贷款最为典型。银团贷款是由一家金融机构牵头、多家国外金融机构组成银团,联合向某借款人提供较大金额的长期贷款,也称辛迪加贷款,主要是针对资金需求规模大、结构复杂的融资项目。在这种融资方式下,借款人可以根据项目的性质、现金流量的来源和货币种类,来组织最适当的资金结构。银团贷款在每个利息期的利率通常以同期的伦敦同业拆放利率(LIBOR)为基础。LIBOR是目前国外浮动利率贷款中采用最多的基础利率,它从币种上分为美元、日元、英镑、马克等。浮动利率的调整期限有一个月、三个月、六个月、一年等多种。银团贷款一般允许借款人在贷款期间改变货币的币种，给予借款人在不同时间提取不同币种的贷款的选择权。银团贷款任命一家银行作为银团代理行，并在贷款协议中详细规定出代理行的权利和义务。代理行负责监督借款人的财务活动，管理贷款以及保持银团和借款人之间的联系。借款人的所有偿债资金都支付给代理行，然后由代理行再按比例分配给每一家贷款银行。

（5）国际债券。国际债券是指一国政府、企事业单位、金融机构或国际金融机构，在国际市场上以外国货币为面值发行的债券。国际债券主要有两大类：外国债券和欧洲债券。前者是指借款人在本国以外的某一个国家发行的、以发行地所在国的货币为面值的债券，它的发行必须经过发行地所在国政府的批准，并受该国金融法令的管辖。而后者是指借款人在债券票面货币发行国以外的国家或在该国的离岸国际金融市场上发行的债券，欧洲债券的发行人通常是政府机构、大公司及国际金融机构，其发行地范围并不仅仅限于欧洲，它除了欧洲金融中心的债券市场以外，还包括亚洲、中东等地的国际债券市场。与外国债券不同，欧洲债券发行不受其票面货币发行国金融法律的管辖和约束，只需经债券发行人所在国批准即可。常见的欧洲债券包括固定利率债券、浮动利率债券、可转换债券、附各种金融商品认购权债券、无票面利率债券、附红利债券等。总而言之，国际债券是为借款人提供从国际金融市场为数众多的金融机构投资者和个人投资者手中获得成本相对较低的债务资金的一种有效形式。

（6）票据融资。商业票据是一种附有固定到期日的无担保的本票。其原义是指随商品劳务交易而签发的一种债权债务凭证，由买方作为出票人，承诺在一定时期内付给卖方一定金额，卖方可以据此在到期日向买方索现或在未到期时向金融机构申请贴现。现在一般意义上的商业票据则包括美国商业票据、欧洲商业票据、浮动利率票据等。商业票据作为利率低的无担保票据，是一种公开性的短期筹资工具。票据期限短至若干天，长至9个月，一般为30天。欧洲商业票据是一种由政府、政府机构或大企业凭信用发行的无抵押借款凭证。期限最短仅为1天，期限较长的可达1年；其发行金额很大，通常在几千万美元以上；欧洲票据多以私募方式发行，融资成本较低，而且发行金额、基础利率等都由发行人决定，利率也可以依据市场条件和借款者的信用等级进行调整。美国商业票据的利率以银行贴现率为计算基础，多数情况下，票据的最小单位为10万美元，票据的发行人包括美国的金融机构、外国的金融机构、美国和外国的工业公司、石油公司、矿业公司等；而票据的持有人通常为投资基金、保险公司、银行、养老基金等金融机构，或少量的工业公司。在同等条件下，从美国商业票据市场上获得的资金可以比以LIBOR或美国银行优惠利率为基础的银团贷款要便宜；借款人为了避免过分依赖少数商业银行和投资银行，通过商业票据市场获得广泛的资金来源，从而达到分散风险的目的。

（7）租赁融资。融资功能是现代租赁的核心。通过租赁方式融资，是项目融资的重要渠道之一。租赁原义是指将物借与他人使用而获取一定报酬的活动。在现代意义上是指在资本投资中作为获得资本设备所有权的一种融通资金的手段。融资租赁通常包括三方当事人：出租方、承租方和借贷方。利用租赁融资能够增加投资者在财务、税收及经营等方面的灵活性。首先，采用租赁的方法，项目投资者先获得设备使用权，及时发挥设备的经济效益，而每期只需支付一定的租金，使项目投资者能保留较多的自有资金和银行信用额度，用于其他的投资和业务发展机会。其次，把租赁设计成为经营租赁，可以避免进入公司的资产负债表，不影响公司的资产负债率,实现表外融资。最后,由于经营租赁的期限是灵活的,承租人可以根据项目的实际需要而灵活确定租赁期限,也可根据项目的实际需要在任何时间终止租赁协议,减少财务负担。同时,租赁资产多数情况下由出租人提供资产的保养和维修,可减少承租人的各项支出。

四、投资银行在项目融资业务中的作用

投资银行在项目融资业务中的作用主要表现为:项目的可行性与风险的全面评估;确定项目的资金来源、承担的风险、筹措成本;估计项目投产后的成本超支及项目完工后的投产风险和经营风险;通过贷款人或从第三方获得承诺,转移或减少项目风险;以项目融资专家的身份充当领头谈判人,在设计项目融资方案中起关键作用。

1. 评估项目的可行性与风险性

项目的可行性评估是项目开发的前期准备工作,详细的可行性研究报告一般由项目发起人完成。作为项目融资顾问,投资银行将从财务、技术和风险三个方面对可行性研究报告进行详细的评估。项目融资风险性分析主要包括:①技术和建设风险分析。主要指建设阶段的成本超支和时间超期,如设计不周、工程设备不善、材料设备供应不上、物价上涨、劳工问题等。②经营和销售风险分析。主要指由于储存欠缺、能源及原材料成本上升、市场物价波动、销售协议违约等原因从而损害项目的盈利能力。③管理风险分析。主要是指由于主办人开发和经营能力的缺乏以及合伙人的分歧等原因,导致项目的可靠性风险。

2. 设计项目股本金结构

在项目东道国的法律、法规、会计、税收等框架内,充分考虑项目的特点和合资各方的发展战略、利益目标、融资方式、资金来源及其他因素,寻求能最大限度地实现投资者目标的项目资产所有权结构。

3. 设计项目融资的担保方案

项目融资中的许多风险是项目本身无法控制的,对超出项目自身承受能力的风险因素,债权人会要求项目投资者或与项目利益有关的第三方提供担保。作为项目融资顾问,投资银行的核心任务之一就是协助制定各方尤其是债权人可接受的担保方案,从而分散项目的风险及财务负担,达到融资成功的目的。

4. 设计项目融资模式

项目融资顾问最核心的职能在于接受项目发起人或投资者的委托,进行融资结构的创新设计。项目融资顾问(投资银行)在这一阶段的主要工作包括根据项目特点决定融资总额及资金构成、制定资金到位时间表并负责落实。具体包括以下工作:

(1) 在 BOT 融资模式中,接受项目发起人委托,进行特许权协议的谈判;根据项目发起人的要求起草招标文件,参与评标和决标,协助选择对项目进行融资、建设和经营的项目公司。对以提供进口信贷或出口信贷为基础的融资安排,还可参与招标文件相关条款的编写。

(2) 协助客户选择关键用户并与之就融资额、利率、担保等问题进行深入谈判,并据此起草"照付不议协定"或"货款预付及偿还合同"。

(3) 可牵头筹组银团,直接为项目公司提供融资。

(4) 采用融资租赁方式时,协助项目公司安排"融资租赁协议"的谈判及起草,必要时提供融资支持。

(5) 在用 ABS 方式为项目安排融资时,为资产证券化(包括企业债券)设计信用增级计划,并协助企业证券的发行和销售。

(6) 参与项目投资基金、信托计划的发起和管理。

(7) 在资产盘活融资过程中,接受发起人或投资者的委托起草出售协议。

(8) 运用重组、并购、QFII 等手段,为项目公司寻找战略投资者,增强其抗风险能力,最大限度地保障项目投融资各方的利益。

(9) 在项目建设期和运行期,根据现代企业制度,协助项目公司制定发展战略、设计合理的机构设置框架、不断完善财务管理体系,有效降低融资成本,提高投资效益。

第三节 项目融资的风险及分担

项目融资因其时间跨度长,涉及主体多,融资方式和结构复杂,在整个过程都伴随着巨大的风险。只有在项目风险识别的基础上,才能有的放矢地对风险进行管理和分担。

一、项目融资风险的分类

1. 按照风险的可控性划分

项目融资风险可分为系统风险和非系统风险。前者是指与市场客观环境有关,项目的生产经营由于受到超出企业自身可控制的社会、经济环境变化的影响而遭受损失的风险。主要包括政治风险、金融风险、市场风险等,又称不可控制风险;后者是指与项目的生产建设和经营管理直接有关的风险,可由项目实体自行控制和管理,因此又称可控制风险。主要包括生产风险、完工风险、环保风险等。

政治风险:投资者与所投项目不在同一个国家或贷款银行与贷款项目不在同一国家都有可能面临着由于项目所在国家的政治条件发生变化而导致项目失败、项目信用结构改变、项目债务偿还能力改变等风险,这类风险统称为项目的政治风险。可分成两类:①国家风险,即项目所在国政府由于某种政治或外交政策上的原因,对项目实行征用、没收,或者对项目产品实行禁运、联合抵制,中止债务偿还的潜在可能性;②国家政治经济法律稳定性风险,即项目所在国在外汇管理、法律制度、税收、劳资制度、劳资关系、环境保护、资源主权等与项目有关的敏感性问题方面的立法是否健全,管理是否完善,是否经常变动。

金融风险:主要表现为利率风险和汇率风险两个主要方面。利率风险是指项目在经营过程中,由于利率的变动而造成项目价值的降低或收益受到影响。如果投资方采用浮动利率融资,当利率上升,项目生产成本就会上升;如果采用固定利率融资,利率下降又会造成机会成本的提高。汇率风险主要是指东道国货币的自由兑换、经营收益的自由汇出和汇率波动造成的货币贬值问题。例如,境外的项目发起方希望将项目的利润以本国货币或硬通货汇回国内,避免因东道国货币贬值而遭受损失,贷款方也希望项目能以同样货币偿还,此时如果东道国货币发生贬值,则面临着较大的汇率风险。

市场风险:包含价格和市场销售量两个要素,大多数产品都具备这两种风险。项目投产后的效益取决于其产品在市场上的销售情况和其他表现,产品在市场上的销路和其他情况的变化就是市场风险。另外,需要注意的是市场风险不仅同产品销售有关,而且同项目的原材料和燃料等的供应有关。如果项目投产后原材料及燃料的价格涨幅超过项目产品价格的涨幅,则项目的收益必将受到影响。

生产风险:项目的生产风险是在项目试生产阶段和生产运行阶段存在的技术、资源储量、能源和原材料供应、生产经营、劳动力状况等风险因素的总称,是项目融资的另一个主要的核心风险。主要表现形式包括:技术风险、资源风险、能源和原材料供应风险、经营管理风险。

技术风险:技术风险是指存在于项目生产技术及生产过程中的问题。如技术工艺是否保持先进,是否会被新技术取代等。

资源风险:对于依赖某种自然资源的生产项目,一个先决条件是要求项目的可供开采的已证实资源总储量与项目融资期间内所计划采取或消耗的资源量之比要保持在风险警戒线之下。

能源和原材料供应风险:由于能源和原材料成本在整个生产成本中所占的比重很大,因此其价格波动和供应可靠性成为影响项目经济强度的一个主要因素。

经营管理风险:管理风险主要是来评价项目投资者对于所开发项目的经营管理能力,而这种能力是决定项目的质量控制、成本控制和生产效率的一个重要因素。其中包括三方面:①项目经理是否具备在同一领域的工作经验和资信;②项目经理是否为项目投资者之一;③除项目经理的直接投资外,项目经理是否具有利润分成或成本控制奖励等激励机制。

完工风险:是指项目在建设阶段和试生产阶段所面临的项目无法完工、延期完工或者完工后无法达到预期运行标准的状况,是项目融资的核心风险之一。完工风险对项目公司意味着利息支出的增加、贷款期限的延长和市场机会的错过、项目融资赖以依存的基础遭到根本破坏、项目现金流量不能按计划获得。

环境保护风险:在项目融资中,投资者对项目的技术条件和生产条件比贷款银行更了解,所以一般环境保护风险由投资者承担。包括:对所造成的环境污染的罚款、改正错误所需的资本投入、环境评价费用、保护费用以及其他的一些成本,这些都意味着项目成本支出的增加,对项目的收益产生影响。

2. 按照项目风险的阶段性划分

项目融资风险可分为项目建设开发阶段风险、项目试生产阶段风险、项目生产经营阶段风险。

项目建设开发阶段风险:项目正式开工前有一个较长的预开发阶段,是由投资者承担的,不包括在项目融资风险之中,真正的项目建设开发阶段风险是从项目正式动工建设开始计算的。由于这一阶段需要大量资金购买工程用地、设备,且贷款利息也开始计算成本,因此项目风险接近于最大,需要有强有力的信用支持来保证项目的顺利完成。

项目试生产阶段风险:这一阶段的风险仍然很高,如果项目不能按原定的成本计划生产出符合质量的产品,那么原来对于项目现金流量的分析和预测将不再正确,项目可能生产不出足够的现金流量来保证债务的偿还。

项目生产经营阶段风险:这是一个标志性的阶段,从生产经营阶段起,项目进入正常运转,正常情况下也应该产生出足够的现金流量支付生产经营费用,偿还债务。贷款银行的项目风险逐步降低,还款能力主要依赖于项目的现金流量和资产。而项目的风险则主要表现为市场、金融、生产等方面。

另外,在项目的开发和经营阶段都需要投入大量的各种要素,包括时间、技术、资金、人员等,因此也可以从这一角度对项目融资的风险进行分类,即所谓的时间风险、技术风险、资金风险、人员风险等,在此不再赘述。

二、项目融资风险的管理

由于项目融资存在以上各种风险,因此必须尽可能地采取各种措施降低风险水平,对各类风险加强管理。

1. 政治风险的管理

在通常情况下,东道国政府最有能力承担政治风险,因此政治风险一般都由东道国政府来承担。例如,通过东道国政府与项目公司签订"项目全面收购"协议的形式,在政治风险发生时,由政府用现金收购项目,从而保障在政治事故发生时由国家负责所有债务的偿付责任。另外,比较可行的办法还有为政治风险投保或引入多边机构来减少损失,同时东道国的项目参加者也是降低政治风险的关键,这主要是由于它们跟东道国政府的关系比较密切。

2. 法律风险的管理

由于项目的设计、融资和税务处理等都必须符合项目所在国的法律要求,因此项目融资一定要聘请法律顾问参与。项目的法律环境变化可能给项目带来不可预料的损失,在某种意义上,法律风险事件可通过政治来控制,尤其是在目前法律尚不健全的国家,法律风险更主要应由东道国政府来承担,或者得到东道国某些信誉比较高的机构的担保。项目公司与东道国政府之间可以签署一系列相互担保协议,彼此在自己的权利范围内做出某种担保或让步,以达到互惠互利的目的。这类协议在一定程度上为项目发起方和贷款方提供了法律上的保护。协议主要包括进口限制协议、劳务协议、公平仲裁协议等。

3. 市场风险的管理

市场风险管理的关键在于预防。在项目初期应做好充分的市场调研和市场预测,在可行性研究论证的基础上,减少项目的盲目性。在项目的建设和运营过程中,签订建立在固定价格基础上的长期原材料及能源供应协议和"无货亦付款"性质的产品销售协议,可以减少市场价格波动等不确定因素对项目收入的影响。项目公司还可以通过获得当地政府或产业部门的某种信用支持的方式来降低风险。

4. 利率与汇率风险的管理

在项目融资中,项目公司根据项目现金流量的特点安排利息偿还,通过浮动利率与固定利率之间的掉期、不同基础的浮动利率之间的掉期或者不同项目阶段的利率掉期,可减少因利率变化造成项目风险的增加,起到减少项目风险的作用。而货币掉期可以有助于降低项目的利率风险和汇率风险,改变那些有几种不同的货币和利率的项目的资产负债结构。同时,利率期权可帮助投资者避免利率上涨的风险,在合适的价格条件下获得控制利率水平的好处;在对汇率变化趋势掌握不准的情况下,采用货币期权将会为项目公司提供较大的风险管理灵活性。

5. 完工风险的管理

项目按时并保质保量地完工,主要通过由项目公司与项目建设承包公司签订"项目建设承包合同"和贷款银行通过"完工担保合同"或"商业完工标准"来保证。其中,在固定价格固定工期的"交钥匙"合同中,项目的建设控制权和建设期风险完全由建设承包公司承担。由于贷款银行是项目完工风险的主要受害者之一,银行一般通过项目的"商业完工标准"来检验项目是否达到完工的条件,即在指定的时间内按一定技术指标生产出合格产量、质量和能源消耗定额的产品。同时要求项目投资者或项目建设承包公司等其他参与方提供相应的"完工担保"作为保证。

6. 生产经营风险的管理

在项目融资中,生产经营风险主要包括生产风险、技术风险、能源原材料供应风险和经营管理风险等,这些风险主要是通过项目公司对经营者的约束来完成的,主要体现在一系列融资文件与协议中,例如"无论使用与否均需付款"的产品购买协议、原材料供应协议等,长期的能源和原材料供应协议将是减少项目能源和原材料供应风险的一种有效办法。由于能源和原材料供应价格指数化对各方面都有一定好处,因此特别受到项目融资者的欢迎。如果项目的经营协议建立在固定价格的合同基础上,经营者就会控制经营超过预算的风险。同时,贷款银行为避免技术风险,应尽力选择经过市场检验的成熟技术、选择具有良好资信与管理经验的项目投资者,以上措施都有助于降低或减轻项目的生产经营风险。

7. 环境保护风险的管理

世界上许多国家政府制定了严格的环境保护法律来限制工业生产对环境的破坏,因此,从长远来看,必须提高生产效益,努力开发符合环保标准的新技术和新产品,才能将可能增加的环保成本自行消化。

归纳以上各点可以看出,项目融资的风险管理主要是通过各种合同文件和信用担保协议,将项目风险在参与者之间进行合理分配。而分配原则恰恰是"将所有的风险都分配给最适合承受它的一方"。

三、项目融资风险的分担

对于采用项目融资的项目来说,风险的合理分配和严格管理是项目成功的关键,也是项目各参与方谈判的核心问题。而风险分配与管理的主要手段,就是通过各种合同、协议等文件来协调各方的关系,合理分配风险,并明确了项目各方的责任和权利,从而使项目按计划顺利进行。因此风险管理、担保、项目文件的目的在于明确和量化风险;通过担保将风险分析结果落实到书面上,以项目文件作为最终具有法律效力的约束性合同、协议。作为融资顾问,投资银行的任务之一就是帮助制定项目融资的担保措施,并将与项目有关的各利益方所能提供的担保及责任组织起来,避免因各方财务负担或风险不平衡而使项目无法进行,并将各方提供的担保组成一个强大的项目信用保证结构,使其为贷款银行所接受。

1. 项目融资担保人

(1)项目主办方。在项目融资的各种交易中,一般的担保人是项目主办方,即项目发起方。项目公司虽然以自身的资产作为贷款的抵押,但贷款人通常认为项目公司本身资本小,历史短,不能以自身信用举债。所以在实际工作中,作为项目公司股东的项目主办方往往向贷款人提交某种形式的担保,作为附加的债权保证。有时还会寻找合适的第三方,请其充当担保人。

(2)第三方担保人。第三方担保人是指在项目的直接投资者之外寻找其他与项目开发有直接或间接利益关系的机构为项目的建设或生产经营提供担保。第三方担保人通常有以下几类：

供应商：有的供应商急于推销自己的产品，愿意为使用其产品的建设项目提供担保；有的供应商希望自己的产品得到深加工，愿意为加工项目提供担保。

设备经营商：设备经营商一般不大可能将设备卖给那些自身资金不足的公司，除非他们认为该公司前景确实好。但以项目融资形式出售设备，则属特殊情况。设备经营商在售出设备的同时为资产购置者提供担保。这样，设备经营商得到了现金，设备购买者获得了项目融资。

产品用户：需求某种产品或服务的公司愿意为生产此种产品或提供此种服务的建设项目提供担保。一般情况下，产品用户采取长期无货亦付款合同或产量合同的形式。无货亦付款合同或产量合同相当于保证书，可作为担保从其他金融机构获得贷款。

承包公司：为了获得大型工程项目的承包建设权利，从而赚取利润，很多承包公司都热心于项目融资。他们以固定价合同的形式支持项目的长期融资，承包公司接受固定价合同相当于为项目的施工提供担保。

政府机构：大型工程项目有时非常需要政府担保，因为有些经济和政治风险不是一般人能担保的，特别是国际银团贷款，债权人希望东道国政府能为该国工程项目的政治风险担保。

(3) 金融机构。银行、保险公司和其他的一些专营商业担保的金融机构，将提供担保作为赢利的手段，承担项目的风险并收取担保费用。由商业银行、投资公司和专业担保机构通过银行信用证或银行担保形式提供担保，保证项目投资者在项目中承担应尽的义务。而各种类型的保险公司为了防止项目意外事件的发生，为项目提供包括项目资产风险、项目政治风险在内的内容广泛的项目保险。

2. 项目融资担保的类型

项目担保可以分为物权担保和信用担保。物权担保的常见方式是担保人将动产或不动产抵押给债权人；信用担保则是担保人以法律协议的形式做出的承诺，依据这种承诺向债权人承担一定的义务。信用担保又分为直接担保、间接担保、或有担保和意向性担保。

(1) 直接担保。直接担保是最普通的担保方式。项目融资中的直接担保通常承担有限责任，即对担保金额或有效时间加以限制。例如，用于担保支付项目成本超支的资金缺额，担保通常事先规定最大担保金额，当项目建设成本超支时，担保人的最大经济责任以担保金额为限；项目融资过程中风险最大的是项目建设阶段。因此，大多数项目融资在建设阶段都由项目出资人提供完工担保。完工担保许诺在规定时间内完成项目。若在预定工期内出现超支，则担保方承担全部超支费用。一般来说，完工不仅指设施建设完毕，还包括以一定费用达到一定生产水平。完工担保的担保人保护自己的办法是选择财力可靠的承包公司，使承包协议条款和完工担保条件一致。如果承包公司能力和信用好，贷款人可以不要担保。另外，担保人可以通过买保险来预防工期拖延，作为完工担保的补充。

(2) 间接担保。项目融资中的间接担保指担保人以商业合同和政府特许权协议等形式为项目提供的财务支持。最常见的间接担保是以"无论提货与否均需付款"概念为基础发展起来的一系列合同形式，包括"提货与付款"合同、"供货与付款"合同、"无论使用与否均需付款"合同等。无货亦付款合同是长期合同。采用此类合同时，所收货款应足以为提供服务或产品的项目还债，并支付项目营业费用。最低数额支付的义务是无条件的，当实际不能提供服务或产品时也得支付。无货亦付款责任者的义务是无条件的,是无货亦付款合同的核心。设施全毁、不可抗力、核爆炸、没收、征用都不能构成拒付的理由。因此,无货亦付款合同是不可撤销的。

东道国政府在项目融资中扮演的角色虽然是间接的,但很重要。在许多情况下,东道国政府颁发的开发、营运的特许权和执照是项目开发的前提。虽然东道国政府一般不以借款人或项目公司股东的身份直接参与项目融资,但可能通过代理机构进行权益投资,或者是项目产品的最大买主或用户。特别是基本建设项目,如公路、机场、地铁等,所在国政府将参与项目的规划、融资、建设和运营各个阶段,在项目运营一定时期后由政府部门接管项目。

(3) 或有担保。或有担保是针对一些不可抗拒或不可预测因素所造成项目损失的风险所提供的担保。按其担保的风险的性质,可以划分成三种基本类型:第一种主要针对由于不可抗拒因素造成的风险,如地震、火灾等;第二种主要针对项目的政治风险;第三种主要针对与项目融资结构特性有关的项目环境风险,例如,在以税务结构为基础建立起来的杠杆租赁融资模式中,贷款银行很大一部分收益来自项目的税务优惠,如果政府对税收政策做出不利于杠杆租赁结构的调整,将会损害贷款银行的利益,甚至损害项目融资结构的基础。

(4) 意向性担保。意向性担保不是一种真正的担保,因其不具备法律意义上的约束力,仅仅表现出担保人有可能对项目提供一定支持的意愿。经常采用的形式是安慰信。安慰信一般是由项目主办方或政府写给贷款人,对他发放给项目公司的贷款表示支持的信函。这通常是在担保人不愿接受法律约束的情况下所采用的一种担保形式。安慰信最显著的特征是其条款一般不具有法律约束力,而只有道义上的约束力,即使明确规定了法律效力,安慰信也会由于条款弹性过大而不能产生实质性的权利义务。然而,由于关系到担保人自身的资信,违背安慰信中的诺言虽然不引起法律责任,但会影响担保人今后的业务,因此资信良好的担保人一般不会违背自己在安慰信中的诺言。贷款方愿意接受担保人出具的这类安慰信。

拓展阅读

发展PPP模式的意义和推进措施

为打造大众创业、万众创新和增加公共产品、公共服务"双引擎",让广大人民群众享受到优质高效的公共服务,在改善民生中培育经济增长新动力,改革创新公共服务供给机制,我国决定大力推广政府和社会资本合作(Public-Private Partnership, PPP)模式。

一、充分认识推广政府和社会资本合作模式的重大意义

政府和社会资本合作模式是公共服务供给机制的重大创新,即政府采取竞争性方式择优选择具有投资、运营管理能力的社会资本,双方按照平等协商原则订立合同,明确责权利关系,由社会资本提供公共服务,政府依据公共服务绩效评价结果向社会资本支付相应对价,保证社会资本获得合理收益。政府和社会资本合作模式有利于充分发挥市场机制作用,提升公共服务的供给质量和效率,实现公共利益最大化。

1. 有利于加快转变政府职能,实现政企分开、政事分开

作为社会资本的境内外企业、社会组织和中介机构承担公共服务涉及的设计、建设、投资、融资、运营和维护等责任,政府作为监督者和合作者,减少对微观事务的直接参与,加强发展战

略制定、社会管理、市场监管、绩效考核等职责,有助于解决政府职能错位、越位和缺位的问题,深化投融资体制改革,推进国家治理体系和治理能力现代化。

2. 有利于打破行业准入限制,激发经济活力和创造力

政府和社会资本合作模式可以有效打破社会资本进入公共服务领域的各种不合理限制,鼓励国有控股企业、民营企业、混合所有制企业等各类型企业积极参与提供公共服务,给予中小企业更多参与机会,大幅拓展社会资本特别是民营资本的发展空间,激发市场主体活力和发展潜力,有利于盘活社会存量资本,形成多元化、可持续的公共服务资金投入渠道,打造新的经济增长点,增强经济增长动力。

3. 有利于完善财政投入和管理方式,提高财政资金使用效益

在政府和社会资本合作模式下,政府以运营补贴等作为社会资本提供公共服务的对价,以绩效评价结果作为对价支付依据,并纳入预算管理、财政中期规划和政府财务报告,能够在当代人和后代人之间公平地分担公共资金投入,符合代际公平原则,有效弥补当期财政投入不足,有利于减轻当期财政支出压力,平滑年度间财政支出波动,防范和化解政府性债务风险。

二、规范推进政府和社会资本合作项目实施

1. 广泛采用政府和社会资本合作模式提供公共服务

在能源、交通运输、水利、环境保护、农业、林业、科技、保障性安居工程、医疗、卫生、养老、教育、文化等公共服务领域,鼓励采用政府和社会资本合作模式,吸引社会资本参与。其中,在能源、交通运输、水利、环境保护、市政工程等特定领域需要实施特许经营的,按《基础设施和公用事业特许经营管理办法》执行。

2. 化解地方政府性债务风险

积极运用转让—运营—移交(TOT)、改建—运营—移交(ROT)等方式,将融资平台公司存量公共服务项目转型为政府和社会资本合作项目,引入社会资本参与改造和运营,在征得债权人同意的前提下,将政府性债务转换为非政府性债务,减轻地方政府的债务压力,腾出资金用于重点民生项目建设。大力推动融资平台公司与政府脱钩,进行市场化改制,健全完善公司治理结构,对已经建立现代企业制度、实现市场化运营的,在其承担的地方政府债务已纳入政府财政预算、得到妥善处置并明确公告今后不再承担地方政府举债融资职能的前提下,可作为社会资本参与当地政府和社会资本合作项目,通过与政府签订合同方式,明确责权利关系。严禁融资平台公司通过保底承诺等方式参与政府和社会资本合作项目,进行变相融资。

3. 提高新建项目决策的科学性

地方政府根据当地经济社会发展需要,结合财政收支平衡状况,统筹论证新建项目的经济效益和社会效益,并进行财政承受能力论证,保证决策质量。根据项目实施周期、收费定价机制、投资收益水平、风险分配基本框架和所需要的政府投入等因素,合理选择建设—运营—移交(BOT)、建设—拥有—运营(BOO)等运作方式。

4. 择优选择项目合作伙伴

对使用财政性资金作为社会资本提供公共服务对价的项目,地方政府应当根据预算法、合同法、政府采购法及其实施条例等法律法规规定,选择项目合作伙伴。依托政府采购信息平台,及时、充分向社会公布项目采购信息。综合评估项目合作伙伴的专业资质、技术能力、管理经验、财务实力和信用状况等因素,依法择优选择诚实守信的合作伙伴。加强项目政府采购环

节的监督管理,保证采购过程公平、公正、公开。

5. 合理确定合作双方的权利与义务

树立平等协商的理念,按照权责对等原则合理分配项目风险,按照激励相容原则科学设计合同条款,明确项目的产出说明和绩效要求、收益回报机制、退出安排、应急和临时接管预案等关键环节,实现责权利对等。引入价格和补贴动态调整机制,充分考虑社会资本获得合理收益。如单方面构成违约的,违约方应当给予对方相应赔偿。建立投资、补贴与价格的协同机制,为社会资本获得合理回报创造条件。

6. 增强责任意识和履约能力

社会资本要将自身经济利益诉求与政府政策目标、社会目标相结合,不断加强管理和创新,提升运营效率,在实现经济价值的同时,履行好企业社会责任,严格按照约定保质保量提供服务,维护公众利益;要积极进行业务转型和升级,从工程承包商、建设施工方向运营商转变,实现跨不同领域、多元化发展;要不断提升运营实力和管理经验,增强提供公共服务的能力。咨询、法律、会计等中介机构要提供质优价廉的服务,促进项目增效升级。

7. 保障公共服务持续有效

按照合同约定,对项目建设情况和公共服务质量进行验收,逾期未完成或不符合标准的,社会资本要限期完工或整改,并采取补救措施或赔偿损失。健全合同争议解决机制,依法积极协调解决争议。确需变更合同内容、延长合同期限以及变更社会资本方的,由政府和社会资本方协商解决,但应当保持公共服务的持续性和稳定性。项目资产移交时,要对移交资产进行性能测试、资产评估和登记入账,并按照国家统一的会计制度进行核算,在政府财务报告中进行反映和管理。

资料来源:节选自国务院官网,《关于在公共服务领域推广政府和社会资本合作模式的指导意见》,http://www.gov.cn/zhengce/content/2015-05/22/content_9797.htm。

复习思考题

1. 什么是项目融资?其特征是什么?
2. 项目融资的当事人主要有哪些?
3. 简述项目的投资结构类型。
4. 试述 BOT 融资模式。
5. 试述项目融资的资金来源及构成。
6. 试述项目融资的主要风险有哪些。
7. 试述项目融资担保的类型。
8. 项目可行性研究的范围包括哪些?
9. 试述如何管理项目融资过程中的金融风险和市场风险。
10. 试述项目融资担保人主要有哪些。

第六章　兼并收购业务

兼并收购是投资银行核心业务之一。它被视为投资银行业中的"财力与智力"的高级结合。国际著名投资银行都有规模庞大的并购部门,部分中小型投资银行甚至以并购业务为其特色业务或专营业务。本章主要阐述兼并收购的内涵与理论基础、兼并收购业务的运作、杠杆收购的发展以及反并购的策略。

第一节　兼并收购业务概述

随着经济的市场深化,企业间的兼并收购日益频繁,投资银行积极参与企业的兼并收购活动,其主要业务包括:为企业物色并购的对象;为企业提供并购及反并购的咨询;为企业并购筹资等。

一、兼并收购的内涵

1. 兼并

一般以为,兼并(Mergers)含有吞并、吸收、合并之意。通常兼并有两个层次的含义:一是指狭义的兼并,即企业通过产权交易获得其他企业的产权,使这些企业法人资格丧失,并取得其控制权的经济行为;二是指广义的兼并,即企业通过产权交易获得其他企业的产权,并企图获得其控制权的经济行为。

狭义兼并与广义兼并的共同之处在于:①兼并是一种在市场机制作用下,具有独立的法人财产权企业的经济行为,是企业对市场竞争的一种反应;②兼并是一种产权交易行为,它是一种有偿的交换,而不是无偿的调拨。交易可以通过购买资产,也可以通过购买股权进行。支付手段既可以是现金,也可以是股票、债券或其他证券形式。狭义兼并与广义兼并的主要区别在于:狭义兼并必然导致被兼并企业的法人资格丧失,主兼并企业的法人资格继续存在;而广义兼并情况下,被兼并企业的法人资格有可能不丧失,主兼并企业的法人资格也有可能不存在。

因此,狭义兼并相当于公司法和财务会计学中吸收合并,而广义兼并除了包括吸收合并外,还包括新设合并与控股等形式。

合并,是指两家或两家以上的企业重新合成一家企业的行为。根据合并后的企业与原企业之间的关系,可以分为吸收合并与新设合并两种类型。

(1) 吸收合并。吸收合并,是指一家优势企业吸收另一家劣势企业,劣势企业解散使其法人地位消失,而优势企业作为存续企业而申请变更登记的一种法律行为。这种合并方式一般发生在两家实力悬殊的企业之间。

(2) 新设合并。新设合并,是指两家或两家以上的企业通过合并而同时解散了原有的企业,另外成立一家新公司的法律行为。这类合并方式往往发生在实力相当的企业之间,它们或有共同的利益,或为抵抗共同的竞争对手,或为实现资源共享等而采取这一行为。

我国《公司法》规定,公司合并时,吸收合并的存续公司与新设合并的新设公司必须继承原有公司的债权债务。

2. 收购

收购(Acquisitions)是指一家企业购买目标企业的全部或部分产权的经济行为。根据交易标的物的不同,可以分为资产收购与股权收购两种类型。

(1) 资产收购。资产收购,是指购买方按照自身的需求购买目标企业的部分或全部资产,属于一般的资产买卖行为。购买方不必接受目标企业的债务。

(2) 股权收购。股权收购,是指购买方直接或间接购买目标企业的部分或全部股份,使目标企业成为购买方所投资的企业。购买方作为目标企业的股东,根据其持股比例承担目标企业的所有权利和义务,包括现有的和或有的债务。

收购与广义兼并的内涵大致相当,因此,经常将两者合称为兼并收购(M&A),又称并购。本章将有意参与其他企业运营及取得其控制权的一方称为收购企业或猎手企业,而将另一方称为被收购企业,目标企业或猎物企业。

二、兼并收购的理论基础

并购实践推动了并购理论的发展和完善,不同的并购理论又推动着不同并购实践的顺利进行。

1. 企业理论

现代企业理论起源于科斯1937年发表的著名论著——《企业的性质》。

(1) 交易费用理论。交易费用理论又称内部化理论。其起源于科斯的产权理论。这一理论的基本前提是把交易作为经济分析的基本单位,提出了市场的有限理性、交易者的机会主义动机、不确定性和市场不完全等假说,认为市场运作的复杂性导致了市场交易费用的提高。为了节约交易费用,企业并购是较好的选择。根据这一理论,企业与市场是两种不同的但可以互相替代的资源配置机制。如果一项交易通过企业的方式进行组织的费用小于其在市场机制下的费用,则该交易将会选择以企业的方式来完成,即企业对市场机制的代替。随着并购活动的进行,企业规模越来越大,组织企业内部活动的费用也随之增加,当企业规模扩大到一定程度时,组织费用的边际增加额与交易费用的边际减少额相等,企业将不会再通过并购来扩大规模。因此,交易费用理论认为,并购的边际条件是企业边际交易费用节约额等于边际组织费用增加额。在市场竞争中,实现并购的这种均衡可以导致企业生产经营的有效组织和资源的有效配置。

(2) 组织资本。阿尔钦和德姆塞兹批评科斯关于企业的特征是依靠行政手段组织生产的观点。认为,企业是实质是团队生产,团队生产具有协同效应,即团队生产的产出大于单个分别生产的产出之和,但团队生产必然带来的一个负面影响就是团队中的机会主义和偷懒行为,也即所谓的"道德风险"。为克服道德风险,需要设置管理层进行监督与激励,这样就形成了企业。如果监督与激励的成本小于因采用团队生产方式而增加的产出,这种组织方式是合理的。

普雷斯科特和菲瑟尔对上述理论进行了扩展,提出了"组织资本"的概念。组织资本包括:

①将雇员分配到他们能够完成得最好的任务中所需的信息;②将雇员搭配组成团队所需的信息;③每个雇员所获得的其他雇员和组织本身的信息。随着组织的不断实践和学习,组织资本得到了积累,劳动效率也随之提高。

组织成本的存在解释了这一现象,当新设一家企业与并购一家企业的成本相当时,企业总是倾向于后一种发展模式。

(3) 代理理论。代理问题的出现在于:委托-代理关系的客观存在;委托-代理合约的签定与执行是有代价的;委托者与代理者的利益往往是不一致的。

在企业的契约分析中,企业作为契约具有不完备性的特征,即不可能将参与契约的成员所有的权利和义务都完全规定。由于契约存在"漏洞",产生了剩余索取权与剩余控制权问题。剩余索取权是企业收入在扣除所有固定的合约支付(如原材料成本、固定工资、利息等),对其"余额"即利润的要求权。企业的剩余索取者同时也是企业的风险承担者,因为企业的剩余通常是不确定的。剩余控制权指的是在契约中没有特别规定的活动的决策权。

在业主制的企业形式下,剩余索取权与剩余控制权是统一的,不存在委托—代理问题。随着企业组织形式的演进,现代公司尤其是股份有限公司的出现,剩余索取权与剩余控制权逐渐分离,从而产生了委托—代理关系与代理问题。

作为代理者——企业管理者的利益与企业所有者的利益往往是不一致的。企业所有者的目标是所有者权益最大化即股东财富最大化,但企业管理者有其自身的效用函数,即追求自己的权力、地位、收入、声望等。在某些情况下,管理者可能会"逆向选择",损害所有者利益而实现自身利益。

为了控制代理问题,需要制定激励—约束机制,其中最为重要的约束机制就是公司控制权市场。公司控制权市场假定,当管理者行为与所有者利益不一致时,该公司的股东"用脚投票",抛出公司股票,导致股价下跌,外部投资者发现可以较低的价格通过股权收购取得公司控制权,这样就发生了外部接管。

2. 兼并收购的理论与假说

在上述企业理论的基础上,针对不同类型的并购实践,产生了一系列并购理论与假说。

(1) 效率理论。效率理论的核心是认为并购行为旨在通过实现协同效应提高效率。具体可分述如下:

① 差别效率理论:该理论认为,企业并购活动的产生动因在于并购双方的管理效率的不一致。具有较高效率的企业通过并购较低效率的企业并以此获得收益。但是,要最终获得效率的提高必须具有以下条件:收购方有剩余的管理资源,而被收购方有剩余的经济资源;被收购方的低效率可以通过外部力量的介入得到改善。这就是所谓的"管理协同效应"。实际上,差别效率理论是与组织资本理论相联系,在两个具有相似性的组织中,可以利用组织资本的差异,进行信息的相互交流,提高组织资本。这里的一个重要前提是信息的可复制性。

② 经营协同效应:规模经济产生于生产要素的不可分性。经营协同效应假定,在行业中存在着规模经济,并且在合并前,企业的生产经营水平未达到规模经济的要求。通过实施并购,可以发挥出潜在的规模经济。

③ 财务协同效应:当收购企业拥有充足的现金流但又缺乏投资机会时,其资本的边际收益率是较低的,提高其资本边际收益率的有效途径之一是并购那些现金匮乏但资本的边际收

益率较高的企业。财务协同效应还可表现在,企业并购后,随着规模的扩大将导致负债能力的提高,融资成本的下降。

④ 多元化理论:该理论认为企业为了避免专业化生产单一产品所造成的经营风险,将经营范围通过并购而快速扩展到多种产品,实行对外扩张。对于一个企业而言,资产是一种相对稳定的生产要素,把固定成本分散到较多的产品与服务上,可以降低成本,提高收益;对于季节性需求的产品,生产互补性产品可以提高资产利用率;由于市场需求的变化,生产产品的多样化可以弥补由于需求变化而引起设备利用效率的损失;当面临长期或周期性需求下降时,企业通过多元化并购可以抵消生产能力的下降。

⑤ 价值低估理论:该理论认为,企业并购活动的产生主要是由于目标企业的价值被低估。其原因主要有,目标企业的经营管理不能充分发挥应有的潜能;收购企业拥有外部市场没有的有关目标企业真实价值的内部信息;由于通货膨胀造成资产的市场价值与重置成本的差异,从而出现企业价值被低估。

(2) 信息传递理论。该理论认为因并购行为发生的信息将推动市场对企业的市场价值重新做出评估。其一是目标企业在得到并购的信息后,致力于管理效率和经营业绩的提高,从而增加企业的市场价值;其二是在目标企业无所行动的情况下,市场本身从并购信息中得到该企业市场价值被低估的信息,并重新进行评估。

(3) 代理问题。该理论是以前文所述的企业代理理论为基础,代理问题将导致三种可能的并购行为:①目标企业存在的代理问题最终通过外部接管解决;②收购企业存在的代理问题导致企业管理层为追求自身的利益,而不顾所有者的利益实施不合理的并购行为;③收购企业的管理层过分自信导致对并购判断的失误,损害所有者的利益。

(4) 自由现金流量假说。自由现金流量是指企业在进行投资以后的剩余现金流。实现股东财富最大化应将所有的自由现金流量支付给股东,但这将减少管理层的资源,相应地削弱其权力,一旦未来出现投资机会,企业的投资活动将受到资本市场的约束。因此,管理层往往运用自由现金流量进行并购,化解所有者与管理层的矛盾。

除减少现金流量外,保持适度负债比率也有助于化解所有者与管理层的矛盾。由于在未来偿付债务本息必须支付现金,比管理层采用现金股利的方法更容易降低代理成本。因而,对于那些现金流量充裕的企业而言,实施并购,适当提高负债比例,可以降低代理成本,增加企业价值。

(5) 市场势力假说。该理论认为企业并购的主要动因是为了达到减少竞争对手,增强对经营环境的控制,提高市场占有率,增强企业自身获利机会。对于企业而言,出现以下几种状况时,通过并购可以增强其市场势力:①在市场萧条、供给过剩的情况下,企业并购可以取得实现本产业合理化的较为有利的地位;②在市场竞争中面临国外企业的强烈渗透和冲击的情况下,企业并购可以对抗外来竞争。

三、兼并收购的类型

不同的并购理论与动机推动着不同类型的并购实践。企业并购从不同的角度出发,主要有以下类型:

1. 按照行业相互关联划分

(1) 横向并购。横向并购是指在同一种行业中两家或两家以上从事相同或相似业务或产品的企业间的并购。这种并购的最大优点是可以迅速实现生产经营上的规模经济,节约成本费用,提高设备利用的效率等,从而提高并购后企业的效益。这种并购的目的是消除竞争、扩大市场份额,增强并购后企业的垄断能力或形成规模效应。

(2) 纵向并购。纵向并购是指在同一种产业和经营环节互相衔接、密切联系的企业之间的并购。其往往是收购企业与其上游供应厂商或其下游客户之间的并购,以形成纵向一体化。这种并购的实质是处于生产同一产品不同生产环节企业的并购,并购的双方往往是原材料供应商或产成品的买者,对彼此的生产经营状况比较熟悉,有利于并购后的互相融合。从并购的方向看,这种并购又可分为后向并购与前向并购。后向并购是指处于生产经营流程前环节企业对后一环节企业的并购;前向并购则是指处于生产经营流程后环节对前环节企业的并购。这种并购的目的除了扩大规模外,还可缩短生产周期,降低交易费用,节约资源。

(3) 混合并购。在混合并购中,并购双方既非竞争对手,又非现实中或潜在的客户或供应商关系。混合并购的主要目的是通过多元化发展,减少企业长期经营单一业务所带来的风险。与上述横向并购与纵向并购相比,这种并购方式因为收购企业与目标企业没有直接的业务关系,故而在并购中不易为外界觉察与利用,有可能降低并购成本;同时,这种并购方式不被认为是限制竞争或构成垄断,往往不受各国反托拉斯法的控制与约束。但是,这种并购方式往往行业跨度过大,容易受到营运风险与管理风险的影响。

2. 按照并购双方关系划分

(1) 善意并购。善意并购是指并购双方经过共同协商达成协议,目标企业接受收购要约中的条件,同意收购行为。若收购企业与目标企业达成并购协议,企业的管理层将向各自的股东发表并购的声明。为示公正,并购双方的投资银行要出具公平意见书,分析论证收购价格的公平性。

(2) 敌意并购。敌意并购是指收购企业在目标企业管理层对其收购意图尚不知晓或持反对意见的情况下,对目标企业强行收购的行为。在敌意收购中,收购企业的强制行为往往表现为直接向目标企业的股东发出收购要约,以公开收购目标企业的股票来夺取目标企业的控制权。这种并购方式往往会因目标企业反收购策略的实施或第三方的介入而导致并购成本的提升。

(3) 熊抱。熊抱处于极端的善意并购与敌意并购方式之间。在这种并购方式下,收购企业会在采取并购行为之前,向目标公司提出收购建议,而无论目标公司是否同意,收购企业都会按照并购方案采取行动。

3. 按股权转划方式的划分

(1) 协议转让。协议转让是指并购双方通过谈判协商的方式达到在场外转让股权包括转让的价格的协议。

(2) 公开标购。公开标购是指收购企业绕开目标企业董事会,以高于市价的报价直接向目标企业股东招标收购的方式。但这是一种最强烈的并购方式,对目标公司具有很强的威慑作用,所以各国对公开标购的进行都制定了相应的法规,以保护投资者的合法权益。

4. 按并购出资方式的划分

(1) 现金支付。现金支付是指收购企业采用现金作为支付工具购买目标企业的股权或资产。

(2) 非现金支付。非现金支付是指收购企业采用本企业股票或债券作为支付工具购买目标企业的股权或资产。

(3) 混合支付。混合支付是指收购企业采用由现金、股票、认股权证、可转换债券等多种支付工具购买目标企业的股权或资产。

四、兼并收购的风险与成本

企业并购的最终目的是获取收益,但获取收益的前提条件是必须准确评估与有效控制并购中的风险与成本。

1. 并购的风险

(1) 融资风险。企业并购需要巨额的资金支持。一般而言,收购企业的自有资金远远不能满足并购的需要,必须进行融资,融资方式包括银行贷款、发行债券、股票等。在融资过程中,如果融资方式选择失当,或者融资受阻,可能导致融资成本上升或并购方案无法实施,可能导致收购企业或并购后新企业陷入沉重的债务危机。

(2) 营运风险。由于未来经营环境存在着不确定性,并购完成后无法产生预期的协同效应,甚至为并购的目标企业所拖累。营运风险主要体现在:①由于管理层对大企业缺乏管理经验与管理能力;②由于并购导致企业规模过大而出现新的规模不经济;③由于市场供求状况发生变化导致并购后企业的生产能力过剩。在实际中也确实存在规模与效益成反比的现象。

(3) 信息风险。如果在并购中,收购企业无法获取目标企业的完全信息,制定的并购方案就会存在缺陷。信息包括目标企业的营销渠道、技术专利、财务状况、竞争环境等。尤其是在敌意收购中,信息收集的难度较大,信息风险可能会给收购企业造成重大损失。

(4) 反收购风险。收购企业采用敌意收购时,目标企业可能全力反对并采取一系列反收购的策略。并购的成败取决于双方的战略战术、资金实力、心理因素等的优劣。由于目标企业的反收购策略的实施可能导致并购失败,或并购后企业存在重大的潜在危机。

(5) 法律风险。为保证市场公平竞争,对企业并购行为存在着法律的约束。其中如《反垄断法》《反不正当竞争法》等法律可能会制约并购,导致企业并购失败;如《证券法》《证券交易法》等法律的公示规定、全面收购要约规定等可能会导致并购成本上升而提高了并购的难度。

2. 并购的成本

并购的成本包括直接成本与间接成本。

(1) 并购的直接成本。并购的直接成本包括直接的并购支出和中介费用。

① 直接的并购支出。并购支出有三种形式:现金支付、非现金支付和混合支付。每一种并购支付方式都会带来直接的并购支出。现金支付构成了收购企业的一项即时现金负担。非现金支付中如为发行债券则构成了收购企业的一项未来现金流出;如为发行新股,将目标企业的股票按一定的比例换成收购企业的股票,虽然收购企业不需支付大量现金,但增发新股改变了收购企业原有的股权结构,导致股东权益的摊薄,甚至可能使原有股东失去控制权,实际上也等同于支付了并购费用。混合支付的出价不仅有现金、股票,而且还有债券、认股权证等多种支付工具。因此,收购企业的支出也是多元的,包括支付现金、分散股权以及增加债务等。

② 并购的中介费用。企业并购需要多种市场中介机构的参与,如投资银行、会计师事务所、律师事务所等,其中以投资银行的费用最高。投资银行广泛参与企业并购业务,从中收取

酬金,通常按收购价的百分比计算,其大致有以下计算方法:第一,收购价值越大,百分比越低。这种酬金结构通称为 5—4—3—2—1 的"雷曼公式",即酬金是第一个 100 万美元的 5%,第二个 100 万美元的 4%,第三个 100 万美元的 3%,第四个 100 万美元的 2% 和任何超出量的 1%。第二,不论收购价值高低,均采取固定的百分比。典型的固定百分比是收购价的 2%～3%。第三,如果收购价格比预定的优惠,则在固定的百分比上再加上奖励酬金。

(2) 并购的间接成本。并购的间接成本包括整合成本和并购失败成本。

① 整合成本。收购企业与目标企业在管理模式、企业文化等诸多方面都会有显著差异,并购后的企业显然需对这些不同之处进行整合,管理理念、管理模式、企业文化等的重建都会产生费用支出。

② 并购失败成本。企业并购不可能一帆风顺,往往要经受以下环节的考验:第一,收购企业股东未必赞同。并购会稀释股权或增加现金支出;第二,由于并购会对目标企业管理层的既得利益构成损害,目标企业可能会采用反并购行为,可能使并购不成功或并购付出更高代价;第三,法律对并购的种种限制。并购如果失败,为并购所支付的费用形成净损失。

第二节　兼并收购的运作

不同类型的并购有着其特有的运作程序,但不论何种类型的并购实践都将包括以下主要运作环节。

一、物色并购目标

确定并购目标是进行并购活动首先要解决的问题。并购目标合适与否是决定并购成功与否的关键因素。为准确地选择并购目标,收购企业及其投资银行必须在准确把握收购企业的动机与实力的基础上,广泛收集市场信息,通过信息处理与方案筛选,合理地确定目标企业。

1. 物色并购目标要考虑的重要因素

(1) 收购企业的并购动机。选择与确定并购目标首先决定于收购企业的并购动机。不同的并购动机有不同的并购目标。如果并购目的在于扩大市场份额,收购企业应当选择有业务关联性的目标企业;如果并购的目的只是一般意义上的企业增长,其他领域的企业也可纳入选择的范围;如果收购企业致力于获取运营上的协同效应,则其关注的重点在于目标企业的业务、优势与其的配合性和互补性;如果收购企业致力于战略转移,则可选择成长性行业或新兴产业中的企业作为并购目标;如果收购企业致力于多元化经营,则收购企业的经营领域与目标企业的业务范围的相关程度越小越好。

(2) 收购企业的财务状况。收购企业的财务状况以及并购的融资安排是收购企业选择目标企业时要充分考虑的因素。

收购企业往往是出于改善自身的财务状况选择并购目标的。目标企业的财务状况是否符合收购企业的要求关系到并购后企业能否良好运营。如存贷比例高,资产组合中高风险资产比重大,偏好财务杠杆的激进型金融企业通常会选择高资本比率、低负债、低赢利的保守型金融企业;拥有充足现金流但又缺乏投资机会的收购企业通常会选择那些现金匮乏但资本边际收益率较高的企业作为并购目标。

并购的融资安排是收购企业要考虑的又一财务因素,尤其是在杠杆收购方式下,收购企业必须虑及自身的财务状况。只有当目标企业拥有价值较高的资产,预期的现金流较充分,财务状况良好时,收购企业才可能通过举借债务来完成并购交易。

(3) 目标企业的规模。目标企业规模的大小也是收购企业确定目标企业时要考虑的主要因素之一。如果目标企业规模过大,必将导致收购企业的并购成本与并购风险增大,或有可能导致并购失败;如果目标企业规模过小,一方面可能导致收购企业的并购目标难以实现,另一方面会导致收购企业为并购所支付的并购成本上升及可能的资金闲置。一般情况下,收购企业往往应先确定一个并购目标规模的控制区间,然后才能进一步确定并购目标。

2. 并购的可能性分析

企业并购的可能性分析涉及收购企业和目标企业两个方面。

(1) 从目标企业分析。影响并购可能性的主要有:①企业的股权结构。如果企业的股权结构较为分散,这种企业易被并购;相反,股权集中在少数股东手上,企业被并购的难度将会加大。②大股东间的关系及稳定性。如果目标企业大股东间存在股权之争,或利益冲突,或对企业前景不看好,这种企业被并购的可能性加大;相反,大股东的终级持有者同一,或对企业未来充满信心,股权结构稳定,企业被并购的可能性降低。③企业的规模与潜力。如果企业规模适中且发展潜力大,很可能被收购企业纳入并购范围;相反,企业规模大且前景暗淡,则无吸引力。④企业的市盈率水平。如果企业市盈率低,易成为被并购目标;相反,企业市盈率高,则收购企业的并购将可能无利可图。

(2) 从收购企业分析。影响并购可能性的主要有:①并购的要约价格。如果要约价格过高,会导致并购成本上升,收购企业股东不会支持并购活动;相反,要约价格偏低,则目标企业不愿接受。②并购的目的。从参股、控股和全面收购角度看,参股较易实施,而控股和全面收购难度较大。③融资渠道。如果收购企业的融资渠道通畅且多元,有利于并购;相反,则会导致并购的难度加大。

3. 并购目标特征评估

在物色并购目标时,还应对可能的目标企业进行具体评估与分析,重点包括法律、行业和经营多个方面。

(1) 法律方面。法律方面的分析,主要包括的内容有:①并购是否受到《反垄断法》的制约;②公司法、证券法及其他相关法律对并购的影响;③采用合法手段避税的可能性及数额;④目标企业以前的违约与违规状况;等等。

(2) 行业方面。行业方面的分析,主要包括的内容有:①行业所处生命周期的阶段及发展前景;②行业的市场容量及变动趋势;③产业政策对行业发展的影响;④行业内主要竞争对手及竞争程度;等等。

(3) 经营方面。经营方面的分析,主要包括的内容有:①目标企业发展的历史沿革;②主要财务指标;③生产技术及专利;④产品的技术含量及独特性;⑤市场占有水平;⑥经营策略;等等。

二、对目标企业的估价及出价

在对目标企业初步考察以后,就要对目标企业进行评估,得出理论上的合理价位,以便确定并购的出价。

1. 目标企业的估价

(1) 资产基准法。资产基准法是指由公认的资产评估机构对目标企业进行资产评估以确定目标企业价值。运用资产基准法时,首先按照市场公允价格对目标企业的各项资产和负债进行评估,得出其公允价值;然后分别计算经调整后的资产总额与负债总额;最后将资产总额减去负债总额,得出净资产价值。这个净资产价值也即股东权益就是目标企业的价值。

运用资产基准法的关键在于资产评估中价格标准的选择。资产评估中的价格标准通常有账面价格法、重置价格法、清算价格法等。在具体运用中,应根据目标企业的状况选择合适的价格标准,如目标企业长期亏损,或存在财务危机面临清算时,则可选择清算价格进行评估;如果目标企业的账面价值与重置价值相差甚远,则可选择重置价格法进行评估。

(2) 现金流量法。现金流量法是指在对目标企业未来一定时期内现金流量的预测基础上,按照货币时间价值原理以特定的贴现率将其转换成现值,并作为目标企业的价值。

现金流量法的优点是将公司的价值与赢利能力结合起来,从动态的角度对公司价值进行评估,但采用这一方法评估目标企业价值的准确程度取决于预测期限、贴现率和未来各年度可能的现金流量的可靠性与合理性。

现金流量法的基本公式为:

$$V=\sum_{t=1}^{n}\frac{c}{(1+i)^{t}} \tag{6-1}$$

式(6-1)中:V 为目标企业价值;n 为预测期限;c 为现金流量;i 为贴现率。

(3) 市场比较法。市场比较法是指以证券市场上交易的同类股票为参照系,对目标企业进行价值评估的方法。

市场比较法根据参照系的不同,又可分为可比企业法、可比收购法和可比首次公开招股法三种。可比企业法,是以交易活跃的同类企业股价与财务资料为依据,测算其一定的财务比率,然后用这些比率来推算目标企业的价值。可比收购法,是从类似的收购事件中获取相关的价格与财务资料来推算出一些相应的收购价格系数,并据此对目标企业的价值进行推算。可比首次公开招股法,是通过收集其他企业上市前后的财务数据和首次公开招股价格及股价表现,计算出一些系数,来测算即将上市的并购对象的股票价格。

现以可比企业法为例,说明市场比较法的一般评估步骤:

① 选择参照企业。参照企业应在经营上和财务上与被评估企业具有相似性。在实际工作中,基本相似的可比企业很少存在,也可选择一组参照企业,以保证从各主要方向与被评估企业的特征相似。

② 计算相关的财务乘数。财务乘数按其分子是企业股权价值还是企业总资产价值,可以分为股权乘数与总资产乘数。常用股权乘数有市盈率、价格对净现金流的比率、价格对有形资产账面价值的比率等;常用总资产乘数有总资产对经营利润的比率,总资产对息税前净现金流的比率等。

③ 运用被选择的财务乘数计算被评估企业的价值。根据被评估企业的行业与财务特征,选择合适的财务乘数,将该乘数与被评估企业经调整后对应财务数据相乘即可得被评估企业

的市场价值。根据多个乘数计算而得的企业价值数额越接近,这种评估的准确程度越高。

必须指出的是,根据股权乘数得出的被评估企业的价值是股东权益市场价值的评估数;而根据总资产乘数得出被评估企业的价值是企业总资产的市场价值估计数。

2. 对目标企业的出价

通过上述方法评估得出的目标企业价值,是收购企业所能支付的价格上限。当实际成交价格低于这一价格上限,并购带来的净现值为正,并购有利可图;相反,则并购无利可图,应予放弃。

收购企业的出价下限是指目标企业的现行股价。收购企业出价上下限间的距离越大,协同效应越大,谈判的余地大,并购成功的可能性大。出价接近上限,目标企业股东获取的增值部分大;反之,出价接近下限,收购企业股东获取的增值部分大。因此,从理论上讲,收购企业的首次要约价格越低越好。但在实践中,首次要约价格太低,目标企业股东不会出售股权,而目标企业管理层能有效地说服其股东保留股份,或较易请到"白骑士"来争购,或有不请自来第三方的争购,导致收购企业的并购难度提高。事实上,最终的要约价格总是接近出价的上限。这一事实表现在股市上,是并购消息一宣布,目标企业股价上扬,收购企业股价稍有上扬,有的甚至下跌。

三、选择并购支付工具

企业并购时,收购企业有多种支付工具可供选择,各种支付工具有其不同的特点。

1. 选择支付工具的原则

(1) 优化收购企业的资本结构。合理的资本结构关系到收购企业的有效运作。如果收购企业中长期债务负担沉重,可考虑采用普通股进行支付;如果收购企业长期负债比例较低,则可采用债务凭证进行支付。

(2) 目标企业股东的要求。目标企业股东愿意以何种方式出让股权或资产,也是收购企业选择支付工具时必须考虑的依据之一。这关系到目标企业股东大会能否顺利通过并购协议,并影响到并购行为的成败。

(3) 收购企业股东的要求。不同的支付工具将对收购企业股东的权益与收益产生不同的影响。如果收购企业股东不希望其控股权与收益权稀释,则收购企业难以采用普通股进行支付。

(4) 法律法规的制约。各国法规对股票、债券等证券的发行与流动都有一定的规定与要求,收购企业选择支付工具时,必须要考虑法律法规的规定与要求。

(5) 税收方面的因素。由于不同的支付工具所面临的税负不同,收购企业选择支付工具时,税收优惠与合法避税也是其所考虑的依据之一。如选择普通股进行支付要比选择现金支付可以减少更多的所得税,从避税角度看,显然普通股支付优于现金支付。

(6) 证券市场的状况。如果证券市场低迷,目标企业股东将更愿意接受现金支付而不是证券;反之,他们将更愿意接受证券。

2. 各种支付工具的特点

(1) 现金支付工具。从收购企业角度看,现金支付的最大优势在于支付速度快,无交易成本。在敌意收购中可有效地对付目标企业的反收购及第三方的争购。因为后者难以在短时间内筹集大量资金与之抗衡。但现金支付,需要收购企业有充足的现金流与通畅的融资渠道来支持,同时也会增加收购企业的财务费用。

从目标企业股东角度看,现金之所以优于有价证券而更具吸引力,是因为现金不存在流动性或变现问题。但是,现金支付会使目标企业股东无法推迟资本利得的确认,从而提早了纳税时间,不利于享受税收优惠。

(2) 普通股支付工具。普通股支付也即为换股并购。从收购企业角度看,普通股支付不需动用大量现金,可以降低筹资成本;如果收购的是市盈率低的目标企业,可提高并购后企业的每股收益。但是,普通股支付存在一定的缺陷:为并购而发行新股会稀释原有股东的权益;发行新股须经股东大会与证管部门的批准,使得竞争对手有时间来组织竞购,或目标企业有时间采用反收购策略;由于风险套利者的运作,往往会导致收购企业股价的下跌。

从目标企业股东角度看,普通股支付推迟其资本利得的确认,可以继续享受税收优惠;可以分享并购所带来的资本增值。但是,普通股支付会给目标企业股东带来变现风险。

换股并购常见于善意收购,当收购企业与目标企业规模实力大体相当,善意的换股并购的成功可能性较大。

(3) 优先股支付工具。优先股支付在实际并购操作中常用的是可转换优先股。从收购企业角度看,可转换优先股支付不需动用大量现金,不会挤占营运资金,而且优先股转换成普通股的价格往往高于普通股现时市价,因此它是一种低成本、高效率的支付工具。但是,可转换优先股支付工具有普通股支付所具有的缺陷,而且,其股利水平固定,如果并购后企业营运不理想的话,无疑会增加股利支出负担。

从目标企业股东角度看,可转换优先股支付既享有固定收益,又具有是否转换成普通股的选择权,一般较易为目标企业股东所接受。

(4) 债券支付工具。债券支付在实际并购操作中常用的是可转换债券。从收购企业角度看,可转换债券支付不需动用大量现金,不会挤占营运资金,融资成本较低,而且债券转换成普通股的价格往往高于普通股现时市价,并且可以推迟新股东加入而稀释原有股东权益的时间。但是,当并购后企业营运不理想,债券转股失败的话,并购后企业将会背上沉重的债务包袱。

从目标企业股东看,虽然可转换债券的固定利率较低,但它比可转换优先股更具灵活性,风险更小,更易为目标企业股东所接受。

(5) 混合支付工具。由于单一支付工具存在着不可避免的缺陷,结合运用各种支付工具,方能扬长避短。但在混合支付时,必须防范可能发生的风险,其风险源在于各种支付工具是否搭配合理。只有搭配合理,才能真正扬长避短。

四、并购业务的实施

上述主要事项完成以后,即可进入并购业务的实施阶段。并购业务实施一般包括以下程序:

1. 发出要约

除敌意收购外,收购企业都应在并购开始之初向目标企业发出并购要约,并提出并购条件、收购价格等。收购企业应根据对目标企业评估后分析的结果,确定合理的收购价格。一般情况下,最初收购要约价格以目标企业股价为下限,以目标企业预计价值为上限。为了使目标企业股东能够接受,保证并购活动的顺利实施,要约价格不宜过低,也可提出一个收购价格的区间。

2. 签订并购协议

收购企业发出要约后,应主动与目标企业管理层及主要股东进行接触。在善意收购等行为中,最终收购价格及收购条件是由双方共同磋商和谈判来决定的。但当客观情况发生变化或未预期因素发生时,收购企业及其投资银行应随机应变,调整策略,以求避免损失并达成并购协议。

并购协议中,应明确并购的时间表、价格、支付工具、双方在并购期间的权利与责任,对目标企业历史遗留问题的处理方法等基本内容。为防止并购失败带来的风险,并购协议中还应包括有关并购失败的财务处理方法等有关条款。

3. 支付价款

收购企业应按并购协议规定的时间表、价格与支付工具向目标企业股东支付收购价款。

4. 接受

目标企业应按并购协议规定的时间表,办理产权转移或资产转移手续。收购企业也应派出专门机构负责接收事项,对转移的产权或资产进行核实、签收。

5. 完成

并购双方召开特别股东大会,对并购结果进行确认,宣告并购完成。对并购后组建的新企业,还要求召开新企业的第一次股东大会,选举产生董事会与监事会,组建新企业的管理层,宣告新企业的成立。

第三节 杠杆收购

20世纪80年代美国投资银行的一项最伟大的创举就是发展了"杠杆收购"(Leveraged Buyout),将企业界与金融界带入了"核金融"时代,直接引发了80年代中后期的第四次并购热潮。

一、杠杆收购的运作

杠杆收购是指通过增加公司的财务杠杆完成收购交易的一种收购方式。其实质就是举债收购。

杠杆收购通常做法是:收购企业先成立一家控股子企业,由控股子企业以其资产及目标企业的资产或未来收益作为保证向银行贷款及发行债券来筹措资金,对目标企业进行收购。完成收购后,收购企业将目标企业的部分资产出售,套现用于偿还债务。同时,收购企业还要对目标企业保留部分进行重组整合,提升企业价值,在适当时机通过公开招股上市或出售等途径撤资套现,从中获取资本收益。因此,杠杆收购的一般运作程序包括如下:

1. 组建收购集团

在杠杆收购下,收购往往是由少数人或机构组成的收购集团发动的。为避免法律程序的麻烦,收购集团往往是先注册一家公司。有时,收购集团中也会包括目标企业现行管理层,如果杠杆收购主要是由目标公司现行管理层发动的,则该项收购就是所谓的管理层收购。

2. 选择收购目标

杠杆收购中目标企业的确定,主要取决于收购集团的收购目标与经济实力。一般而言,那些有较高管理技能,长期负债不多,产品市场占有率较高,流动资金较为充足,实际价值超过账面价值的企业,尤其是在证券市场低迷及企业经营业绩暂时不景气,股价偏低时,就会成为杠杆收购追逐的对象。

3. 筹集收购资金

收购集团确定好目标企业后,首先出资收购价格的10%左右的自有资金作为并购后企业的股本;其次是以目标企业资产作抵押向商业银行贷款,这是对企业资产有最高求偿权的一级银行贷款又称为高级债务,约占收购资金的60%;剩下的30%左右的资金是通过发行夹层债券筹集,这部分债券在资产请求权上次于高级债务,属于附属债券,由于这类债券风险大,因而利率也相对较高,通常称为垃圾债券或高收益债券。

根据对企业资产请求权先后顺序,用于杠杆收购的资金结构是一个"倒置金字塔",其最高层是比重最大的银行贷款;中间层是垃圾债券;最低层是比重最小的自有资本,可见杠杆收购中收购集团的债券规模与偿债风险之大。

4. 经营目标企业

当收购集团成功收购目标企业后,就要按照收购目的对目标企业进行整合与经营。为避免财务风险,收购团往往要拍卖目标企业的闲置资产、低效资产,裁减机构及员工,并用此收入偿还部分债务。同时,收购集团还应派出具有丰富经验的管理人员对目标企业进行整合与经营,其核心是迅速提高企业销售收入和净收入,加大企业现金流入,从而加快偿还债务的速度,实现股东财富最大化。

5. 股权实现

股权实现即收购集团的撤资,其主要途径有二:一是公开招股上市。并购后企业经过整合与经营,成本降低,利润增加,企业形象得到改善。通过公开招股上市,收购集团伺机出售股权,获取较高的资本利得。二是协议出售。当股市萧条,并购后企业无上市可能或上市所获收益不理想时,可通过整体出售的方法将并购后企业卖出。

二、杠杆收购的价值来源

收购集团采用溢价收购目标企业的股票,目标企业股东因此获取超额价值;收购集团采用低信用金融工具融资,需向资金供给者支付高利率;收购集团最终投资变现,需获取资本利得;等等。这些价值究竟来自何处?

1. 价值低估问题

当企业的市场价值大大低于企业的实际价值时,杠杆收购有利可图。出现这种状况,采用收购方法收购目标企业要小心新建同类的大体相当规模和技术层次的企业,无论在财务上还是在时间上都更加合算。虽然,收购集团向目标企业股东支付了一定的溢价,但这些溢价只要低于企业价值的差额,收购集团仍可获取并购收益。这种状况往往是在持续通货膨胀及股市低迷中出现。

2. 税收问题

即杠杆收购获取减税利益,主要包括:①杠杆收购中的债务资金约占收购资金中的

80%—90%，由于债务利息在税前扣除，即降低了交纳所得税的纳税基础；②如果目标企业在收购前是亏损的，那么这部分亏损可以递延，冲抵并购后企业产生的赢利，从而也降低了纳税基础；③由于杠杆收购是由少数自然人或机构所发动的，因此并购后企业往往由上市企业转变成私有企业，私有企业往往通过快速折旧方法提取折旧，减少了应税收益而给企业带来节税利益。

3. 代理与管理问题

杠杆收购后，企业私有化使所有权与控制权合一，企业代理成本大为减少，也成为杠杆收购的价值来源之一。杠杆收购后，通过对目标企业的整合，优化其生产经营的资源组合，既能产生协同效应，也可通过经营多元化回避市场风险；杠杆收购后，企业私有化有利于提高企业决策效率与保护企业商业秘密，使企业运行适应市场变化及竞争的要求，从而增加了企业的价值。

4. 财富转移问题

即收购企业股东获取的价值增值是以牺牲有关当事人尤其是企业债权人的利益为代价。在杠杆收购中，收购企业大量举债，势必给以前债权人带来不利影响，因为财务杠杆的增加会使其承担更大的风险。在其他条件不变的情况下，企业风险加大会使企业信誉度下降，从而导致以前发行在外的债券价格下跌，而企业股东则可能会在财务杠杆增加的情况下，获取其股票增值的利益。

三、杠杆收购中的金融创新

杠杆收购需要发达的证券市场与灵活多样的金融工具的支持。杠杆收购中除了股票与银行贷款等传统金融工具融资外，还可采用垃圾债券、延期支付证券、过渡贷款、表外工具等创新金融工具融资。

1. 垃圾债券

垃圾债券，是指在证券市场上发行的信用级别较低、流动性较差的债券。在美国证券市场上的各种债券由标准普尔或穆迪公司根据其偿债能力和信用度予以评级。在标准普尔的评级体系中，垃圾债券被定义为BBB以下级别的债券；在穆迪的评级体系中则是Baa以下的债券。评级低的债券为吸引投资者不得不提高其利率水平，因此垃圾债券又称为高收益债券。正是由于垃圾债券的风险大、流动性低，所以其一般采取私募发行方式。

垃圾债券大多安排有"重置条款"(Reset Provision)或设计成"从属债券"(Subordinated Debt)。前者承诺债券在某一规定的期限内可维持面值以上的价格，若不能达到规定的价格，发行人则须向债券持有人支付比原定更高的利息。后者又可分为高级从属债券和次级从属债券。高级从属债券的利率要比银行贷款利率略高，利息按期计付，本金在到期前几年等额偿付。次级从属债券的利率比高级从属债券更高，期限也更长，本金的偿付顺序在高级从属债券之后。

2. 延期支付证券

延期支付证券是指在规定的期限内不支付现金利息或股息，过后才按发行时规定的条件支付现金利息或股息的债券或优先股。延期支付证券的出现，减轻了杠杆收购方即期付息的压力，给杠杆收购提供了良好的交易环境。延期支付证券常用的有两种形式：

(1) 零息债券。零息债券是指不支付利息而低于面值很大折扣出售的债券，发行人到期支付面值。零息债券的求偿权在银行贷款、高级从属债券、次级从属债券之后,其期限通常比较长。与此相应,风险也更高。因此,零息债券发行价与面值的差价所含的收益率通常要高于次级从属债券。

(2) 以同类证券作支付的证券。以同类证券作支付的证券通常有债券和优先股。其一般是指在规定的期限内债券的利息或优先股的股利不是以现金而是以同类债券或同类优先股作支付,过了规定期限才开始以现金支付利息或股利的证券。以同类证券作支付的证券求偿顺序在零息债券之后,是风险最高、潜在收益最大的一种证券。尽管以同类证券作支付的证券可以减轻杠杆收购方的并购后早期的现金支付压力,但其有明显的"复利"色彩,有可能造成收购方的更大债务压力。

3. 过渡贷款

过渡贷款是在收购企业未完全筹集到资金时,先由投资银行向其提供过渡性的贷款,以便并购活动的顺利进行。过渡贷款的期限通常为 180 天,但也可应收购方的要求作适当延期。过渡贷款的利率大多采用攀升方式,往往是在第一个季度的基准利率确定以后,后面的各季度依次增加一定的幅度或固定基点的利率,以促使收购方及时还款。

投资银行为促使杠杆收购交易的达成,发放过渡贷款是有一定风险的。当单笔金额巨大的贷款发生,会给投资银行信用评级和融资成本带来不利影响。

4. 表外工具

就杠杆收购而言,表外工具是指在杠杆收购中形成的高负债暂时不列入收购企业资产负债表的方法。其基本思路是:针对母公司拥有超过 50% 的子公司股权时母子公司需合并财务报表的规定,先设立一家控股公司或"空壳公司",并使收购企业拥有其股权不超过 50%;由设立的新公司出面收购目标企业;等并购成功后,债务得到大部分清偿,再将收购企业控制的股权提到 50% 以上,并实施合并报表。

第四节 反收购策略

当一家企业成为并购的目标企业,而又不愿意接受并购条件,或者因为其他原因反对并购,就会采用反收购策略。这种情况在敌意收购中尤为多见。因此,相当多的企业为了防止沦为目标企业,或者为了抵抗敌意收购,纷纷邀请投资银行担任其反收购方面的财务顾问。投资银行提供的反收购服务主要包括以下三个层次。

一、整顿

目标企业之所以受到并购的威胁,最根本的原因是其自身存在某些致命弱点或重大缺陷。一般而言,这类企业具有以下特点:①股价与企业实际价值或潜在的获利能力不符;②资产流动性强,有大量多余现金、证券;③有巨大的未利用的负债能力;④有相对于现时股价的良好现金流;⑤有可供出售而不影响企业现金流的资产与股权;⑥现有管理层持股比例较小;等等。因此,要避免被并购,企业首先要做的工作是推行有效的管理,这不仅涉及企业的组织结构与业务结构,更主要的是利用有效的财务管理来纠正缺陷。所以,投资银行提供完善的反并购服务,必须从参与企业组织结构的设计、财务结构的改善着手。

二、收购前的预防性策略

这里的预防性策略是指为避免被收购而事先采取措施,通过合理的股权结构,制定各种条款等给潜在的收购方设置障碍。

1. 建立合理的股权结构

从预防并购角度出发,合理的股权结构的建立有以下做法:

(1) 自身持股。自身持股是指企业的发起人、大股东、关联方以及管理层持有本企业股票,并达到控股程度。这种策略可以在企业设立时采用;也可以通过上述各方增持股票来实施。

(2) 交叉持股。交叉持股是指关联企业或友好企业之间互相持有对方企业的股权,一旦发生并购,任何一方都有援助的义务。这种策略常发生在母子公司之间或企业集团的各子公司之间。

(3) 员工持股。员工持股的本意是通过让广大员工持有本企业股票来提高凝聚力和积极性。在反收购中,由于员工持股使企业内部集中大量的股权,成为一道有力的反收购防线。

2. 制定"拒鲨条款"

"拒鲨条款"是指在公司章程中规定某些条款,以增大公司被并购的难度。其主要内容包括:

(1) 董事会轮选制。董事会轮选制的目的在于维护董事会成员与决策的连贯性。该条款规定,每次董事会换届选举只能改选更换部分董事。这样,要更换现有董事会的全部成员必须经历相当长的时期。收购企业即便获取了控股权,在短期不能夺取对目标企业的控制权。

(2) 绝对多数条款。绝对多数条款是指公司章程中规定重大事项的决定必须经过绝对多数的股份的同意方能生效。当企业面临并购威胁时,将赞同并购所需的股份数,由一般简单多数提高到 2/3 或 3/4 的比例,以增加企业被并购的难度。

(3) 限制表决权条款。限制表决权条款是指在股东大会限制大股东的表决权。其中包括:一是规定大股东的投票不能超出一定数量或不能高出一定比例;二是采取累积投票制,即在股东大会上投票人可将所有候选人的票数累积起来,集中投给一位候选人,从而保证中小股东能选出自己的董事,这也是削弱收购公司控制权的方法之一。

(4) "金降落"条款。"金降落"条款规定,一旦因为企业被并购而导致董事、总经理等高层管理人员被解职,企业将提供相当丰厚的解职费、股票期权收入和额外津贴作为补偿。"金降落"条款的实质是提高收购成本。当金降落费用高昂时,可演化成一种"毒丸",令收购方无利可图,或增加收购方现金支付上的负担,从而逼迫收购方知难而退,起到反并购的效果。

(5) "锡降落"条款。"锡降落"条款是指普通员工享受的离职保护,一般根据员工的工龄长短、领取相应的解职费。虽然锡降落的人均金额远低于金降落,但因其受惠人数众多,有时总金额会超过金降落,同样可以起到反收购的作用。

3. 设置"毒丸"

"毒丸"是指企业为避免敌意收购对投资者利益的损害,而给予企业股东或债务人的特权,这种特权只有在敌意收购发生时才生效。如向企业股东发放权证,发生敌意收购时,股东可凭权证以优惠价(通常是按市价的 50%)认购目标企业或收购企业的股票;或在发行债券及发生借贷时订立条款,一旦发生敌意收购,债权人有权要求目标企业提前偿债或将债券转为股票。赋予认购目标企业股票权利的毒丸又称为"向内翻转型";而赋予认购收购企业股票权利的毒丸又称为"向外翻转型"。

4. 安排"白护卫"护驾

"白护卫"是指目标企业的友好企业。安排"白护卫"护驾的典型做法是，目标企业与充当"白护卫"护驾的友好企业签订不变协议，即允许"白护卫"在目标企业遭收购时以优惠价格认购大宗目标企业具有表决权的股票或得到更高的投资回报率。

目标企业除了寻找友好企业充当"白护卫"外，还可寻求"白护卫"基金的支持。投资银行组建"白护卫"基金，既帮助了客户企业反并购，也为自身开拓了投资机会。

三、收购时的反抗性策略

这里的反抗性策略是指在并购行为发生时，目标企业所采取的阻碍收购企业并购的措施。

1. 资产重组

（1）出售"皇冠明珠"。目标企业遭遇并购的原因可能是因为拥有令收购方感兴趣的资产、业务或部门。这些被称为"皇冠明珠"的资产、业务或部门主要包括：①深具盈利潜力但被市场严重低估的资产如地产、设备等；②发展前景广阔，有条件在短期内形成规模生产和拥有高市场份额的业务或专利、技术；③对收购企业的发展形成竞争威胁或供需环节威胁的业务或部门；等等。如果目标企业无力与之抗衡，可以出售"皇冠明珠"，使收购方失去并购的兴趣，或达不到并购的目的。

（2）"小鱼吃虾米"。这里的"小鱼吃虾米"是指目标企业通过购入收购方不愿拥有的或可能受反垄断禁止的资产以达到反收购效果的策略。该策略的作用，一是改变了目标企业的经营范围，使收购企业在收购目标企业时将面临反垄断诉讼；二是扩大目标企业的经营规模，使收购企业必须筹集更多的资金来完成收购。

2. 资本结构重组

（1）杠杆资本结构重组。杠杆资本结构重组是指目标企业通过提高债务比重和降低股权比重，改变资本结构来实施反并购策略。采用这一策略的目标企业一方面大量举债，利用借入资金向外部股东支付大额现金股利；另一方面向内部股东（指管理层与员工）以增加股份的形式支付股利。采用这一策略可以同时达到两个效果：一是增加了目标企业的债务比重，从而降低对收购企业的吸引力；二是股权向内部人员集中，增加了收购企业控股目标企业的难度。

（2）管理层杠杆收购。这里的管理层杠杆收购是指目标企业的管理层以本企业资产或现金流作抵押，融资收购本企业股权，以保持本企业的控制权。这种策略的优点是目标企业可以保留并且生产经营不受到太大的影响。

3. 直接反击

（1）帕克曼式反标购。帕克曼式反标购是指作为收购对象的目标企业为挫败收购方的企图，宣告对收购企业实行标购，拟夺取收购企业的控制权。这种策略实质上是目标企业与收购企业的角色互换与角色对称。帕克曼式反标购的优点在于：原目标企业可进退自如，进可吃掉原收购企业，退则可迫使原收购企业自保而丧失收购能力与机会。

（2）自我标购。自我标购是指目标企业以高于敌意收购方要约价的价格，以现金或有价证券作支付，向市场回购本企业股票的策略。目标企业大量回购本企业股票，必然减少在外流通的股票数量，造成收购方收购目标企业的难度提高，甚至无法收购到足以控股的股票数量；

同时由于目标企业大量回购本企业股票,势必提升剩余股票的每股收益与市价,迫使收购方相应提高收购价格。

4. 寻求支持

(1) "白骑士"的庇护。目标企业为免受敌意收购方的控制但又无其他良策时,可以寻求一家友好企业,由其出面与敌意收购方展开标购战。愿意与敌意收购方竞争目标业务控制权的友好企业通常称为"白骑士"。这种策略虽可使目标企业避免直接与敌意收购方开展激烈的并购与反并购之争,但最终仍会导致目标企业独立性的丧失。

(2) 提起法律诉讼。诉诸法律是指目标企业以收购方违反某种法律法规为由向司法部门、证管部门以及反垄断委员会等政府机构提出诉讼。诉讼最常见的理由有:公开收购手续不完备;收购要约内容不充分;违反《反垄断法》;等等。这一策略运用得当,进可使收购方知难而退;退可使目标企业争取到司法程序提供的时间机会,部署下一步反收购的计划。

尽管反收购的手段多样,但目标企业及其投资银行在运用某一具体策略时,必须注意以下问题:①考虑到现行法律法规的支持;②考虑到企业股东及债权人的利益;③考虑到本企业的资本实力与融资条件;④考虑到某一具体策略运用可能带来的影响;⑤各种策略运用效果的比较;等等。

拓展阅读

宝 万 之 争

一、并购双方

自1991年上市以来,万科累计实现净利润1 000.4亿元,实施现金分红23次,累计现金分红达189.3亿元。到2015年,万科营业收入达到1 955.49亿元,总资产规模达到6 112.96亿元之巨。

从公司治理角度而言,万科股权结构高度分散。自2000年以来,第一大股东华润一直甘当"安静"的财务投资者。创始人王石及核心团队未成为控股股东。2014年开始,万科推出事业合伙人持股制度,包括王石在内的1 320位万科事业合伙人通过"深圳盈安财务顾问"的有限合伙企业,持有万科4.17%股份。

与傲人的业绩形成鲜明对比的,是万科波澜不惊的股价。Wind数据显示,当时万科的总资产在2 791家上市公司中排前30位,利润总额及净利润连年位居房地产行业之首。2015年上半年,万科A股的市盈率不过16倍,远低于房地产行业30倍的整体市盈率。

扎实的基本面、分散的股权,加之低迷的股价,对因进入地产行业而实现身家暴增的姚振华而言,无论战略投资还是财务投资,万科都是极具吸引力的"猎物"。

二、股权变动之宝能系

2015年7月10日,宝能系掌门人姚振华,通过旗下公司前海人寿高调举牌万科A股,买入其5.53亿股股票。此后,宝能系一发不可收拾,多渠道、高杠杆募集资金,向万科发起数轮攻势,短短160天时间,就将26.81亿股万科股票收入囊中,以24.255%的持股比,轻松取代华润,登上万科第一大股东宝座。

2015年12月18日下午1点,万科以"正在筹划股份发行,用于重大资产重组及收购资产"为由发布公告停牌。宝能系的增持行动也因此戛然而止。

2016年6月26日下午,宝能系向万科董事会提请召开临时股东大会,并提交罢免现任董事会主要成员及监事会成员的12个议案。

万科公司章程第五十七条有关于控股股东的定义,其中之一就是:一方或与其一致行动人持有公司发行在外30%以上(含30%)股份,或可行使30%以上(含30%)的表决权。

宝能系以24.26%位居第一大股东,华润持股15.29%成为第二大股东,安邦集团合计持股7.01%,万科管理层合计持股4.13%。相较之下,宝能系距离30%的控股股东比例最为接近。倘若宝能系再获得5.74%的万科股份,则有望登上控股股东之位。

三、安邦介入

在宝能系与万科管理层激烈交锋之时,2015年12月9日,安邦集团通过旗下四家保险子公司买入了万科5.0005%股份,截至2015年12月18日万科停牌之时,安邦集团手握7.01%的股份,不过其态度不明,各方难以分辨其立场。倘若宝能系与安邦集团达成一致行动人,二者合计持股之和达到31.27%,则可上位万科控股股东,终结万科长期由管理层控制的历史。

四、深铁试探

2016年3月12日,万科与深圳地铁签署了一份合作备忘录。双方协定,万科拟采取以向深圳地铁新发行股份为主、如有差额以现金补足的方式,收购深圳地铁持有的目标公司全部或部分股权,初步预计交易对价为400亿—600亿元。

之后,万科又进一步宣布,拟以15.88元/股的价格,向深圳地铁发行28.72亿股A股,购买其持有的深圳地铁前海国际发展有限公司100%的股权,交易对价为456.13亿元。交易完成后,深圳地铁将持有万科A股20.65%,而宝能系的持股比仅为19.27%。此时,深圳地铁与万科管理层以23.94%的合计持股比例超越宝能系,晋级万科新的第一大股东。

"牵手"深圳地铁,表面上扭转了万科管理层的被动局面,但实质上直接改变了万科股东层面的利益格局。

五、恒大参与

2016年7月5日及6日,宝能系再次通过旗下公司钜盛华买入万科A股7839万股,其对万科的持股进一步增至25%。

恒大地产集团从7月25日起开始通过二级市场低调收集万科筹码,到8月8日,许家印通过自己控制的7家公司耗资近百亿,总计收购万科5.52亿股,占公司总股份5.00%。11月11日,恒大再度增持万科A股至8.95%。截至2016年11月29日,恒大持有万科A股14.07%。

2016年年底,证监会主席刘士余怒打妖精,指险资操纵资本市场,扰乱实业,形势发生逆转。12月5日晚间,保监会突然发布信息,停止前海人寿(宝能系旗下)万能险的新业务。宝能对万科的增持收手。

六、华润和恒大退出

2017年1月12日晚间,万科发布公告称,公司股东华润股份及其全资子公司中润贸易与地铁集团签署了股份转让协议,华润股份和中润贸易拟以协议转让的方式将其合计持有的万科16.9亿股A股股份转让给深铁集团。

此次华润转让的16.9亿股,占万科A股总股本的15.31%,转让总价为371.71亿元,对应的每股交易价格为22元/股。目前,万科A股处于停牌状态,停牌前每股价格为20.4元。而其转让每股交易价格为22元/股,换言之,在此次交易中,华润方面每股转让价较停牌前溢价7.84%。

转让完成后,华润股份和中润贸易将不再持有万科A股股份。2017年1月12日晚间,华润集团发布官方声明,称转让万科股权是自身发展需要,也是国有资产保值增值的需要,有利于万科健康稳定发展。

2017年6月9日晚间,中国恒大发布公告称,公司以292亿元将手中持有万科A股的1 553 210 974股股份转让给深圳市地铁集团,持股比例为14.07%。此次恒大出售万科A股股份产生的亏损为70.7亿元。

根据2017年6月底万科最新股权结构,深铁持股比例达29.38%,逼近要约收购线,宝能持股25.40%,安邦持股7.18%,前三大股东持股超过60%,加上机构和个人持股,万科A股在市场中的流通盘只有10%左右,一改以往股权极为分散的局面。

七、尘埃落定

2017年6月21日一早,万科发布公告称,公司6月19日收到深圳地铁提议,将于6月30日举行的年度股东大会进行董事会、监事会换届选举。在7名非独立董事候选人中,有3人为万科的管理层,分别为万科总裁郁亮、万科执行副总裁王文金、万科执行副总裁张旭,而来自深圳地铁的董事候选人也达到了3人,分别为深圳地铁董事长林茂德、深圳地铁总经理肖民、深圳地铁财务总监陈贤军。另外一个非独立董事候选人为深圳市赛格集团有限公司董事长孙盛典。通过这一提名名单可以看出,在非独立董事的提名人选中无宝能人选,无安邦人选,而深圳地铁已经"一家独大"。

资料来源:节选自新财富,《万科之战,宝能系得失》,http://www.sohu.com/a/102501999_276759。

复习思考题

1. 试述兼并收购的主要类型。
2. 试述收购企业在并购活动中的风险与成本。
3. 物色目标企业主要考虑哪些要素?
4. 试述对目标企业价值评估的方法。
5. 有哪些可供选择的并购支付工具?应如何选择并购工具?
6. 何谓杠杆收购?杠杆收购一般包括哪些环节?
7. 杠杆收购的价值主要来自哪些方面?
8. 试述杠杆收购中的主要金融创新。
9. 投资银行可在哪些层面上帮助客户展开反收购布防?
10. 在并购活动中,目标企业经常采用哪些反收购策略?

第七章 资产证券化业务

证券化是 20 世纪 70 年代以来国际金融领域的创新之一。证券化形式可分为融资证券化和资产证券化两大类型。融资证券化是指资金筹措者通过发行证券而不是向金融机构借款的方式筹集资金,亦即金融理论中的"脱媒"或"非中介化"。资产证券化是指将缺乏流动性,但能够在将来产生稳定的、可预见的现金流收入的资产,转换成为可以在金融市场上出售与流通的证券,这类证券又称资产支持证券。本章主要讨论资产证券化的内涵与特征,资产证券化的运作机制与基本模式。

第一节 资产证券化业务概述

资产证券化是一动态概念,其内涵与外延随着与之相关的实践和理论的发展而不断演化。因此,要正确地把握与理解资产证券化的内涵与外延,必须从历史和逻辑的角度对其进行考察。

一、资产证券化的产生背景

资产证券化在欧美国家得到广泛的应用。但就证券化的广度与深度而言,则首推其创源地——美国。

资产证券化之所以在美国起源,是与美国采用的金融管制体制密切相关。美国历史上普遍认为总分行制的银行不利于竞争,许多州的法律限制银行分行的发展,使得单一银行制在美国成为一种普遍形式。数量众多的中小银行在经营中经常面临客户要求贷款数额大于其信贷能力的状况,为了保持客户,中小银行常常通过向其他银行出售贷款筹集资金满足客户的要求。随着贷款出售方式的发展,以获取更多的盈利与优化资产负债结构逐渐演变成为主要目的。因此,出售的贷款尽管不能称为证券,但其确确实实为资产证券化的产生提供了基础。

美国 1929—1933 年经济大危机之后通过的《格拉斯-斯蒂格尔法案》提出的金融业分业要求严重束缚了美国商业银行的发展。随着金融工具创新的不断涌现,灵活的投融资渠道增多,投资银行与其他非银行金融机构在金融体系和金融市场上开始占据主导地位,传统商业银行业务在整个金融市场的份额不断下降,在竞争中日益被动。商业银行内部在狭小的业务范围内的竞争却日益激烈,导致商业银行的融资成本上升,存贷利差空间缩小,盈利水平也随之下降。同时,商业银行面临的利率风险与破产风险却在不断上升。到 20 世纪 70 年代初期,美国的整个商业银行体系已面临严重的生存危机。此时,资产证券化的产生与发展成为商业银行走出困境的契机,它们将低收益的固定利润资产经过技术处理,再通过证券市场出售给投资者的运作推动了美国抵押证券市场的发展。

二、资产证券化的基本内涵

商业银行生存与发展的要求推动了资产证券化进程,同时,资产证券化的产生与发展也有其理论依据。对于单笔贷款的现金流是不确定的,全部按期偿还、部分偿还、全部提前偿还、部分提前偿还以及违约、拖欠等现象的发生都有可能性;但对于一组贷款而言,尽管贷款组合在很大程度上依赖于组合中每笔贷款现金流的特性,由于大数定律的作用,整个贷款组合的现金流会呈现一定的规律或特征。因此,人们可以基于历史统计资料对整个贷款组合现金流的平均水平做出在一定概率保证下的置信区间估计。

资产证券化是将已经存在的信贷资产集中,进行结构性重组,并重新分割为证券,转售给证券市场投资者,而该信贷资产在原持有人的资产负债表上可以消失或者不消失。由此可进一步对资产证券化本质进行解释,即资产证券化是将贷款或应收账款转换为可转让的金融工具的过程,如将批量贷款进行证券化销售,或者将分散的且信用质量相异的资产重新包装为新的具有流动性的证券。资产证券化的核心在于对贷款中风险与收益要素的分离与重组,使其定价以及风险与收益重新配置更为有效,从而使资产证券化参与各方均受益。

一般而言,资产证券化是将原始权益人(卖方)不流通的存量资产或可预见的未来现金流收入构造和转变成可在资本市场出售与流通的金融工具的过程。持有不流通的存量资产或可预见的未来现金流收入资产的机构称为证券化的发起人。发起人把持有的不流通的存量资产或可预见的未来现金流收入资产分类整理成一系列资产组合(即资产池),出售给特定的交易机构(Special Purpose Vehicle, SPV)。SPV 根据购买下的金融资产为担保,发行资产支持证券,以收回购买金融资产的资金。受托人管理存量资产的现金流收入用于支付资产支持证券投资者的投资回报,而发起人则得到用以进一步发展业务的资金。显然,资产支持证券是以现存资产和未来可预见现金流量支撑的固定回报的投资票据,而不同于一般融资证券是以发行人信用支撑的票据。

三、资产证券化的当事人

任何金融中介服务都包含三个方面的内容:筹资人与中介机构的关系;不同中介机构间的关系;中介机构与投资人的关系。如果金融中介机构不能妥善处理筹资人与投资人等的各种关系,那么中介机构必然承担市场风险、流动性风险、信用风险以及结构性风险等。如果某种金融机制能同时降低上述的各种风险因素,必然会受到筹资人、投资人与中介机构的欢迎。资产证券化就是这种金融机制,虽然其证券化过程中有不同身份的多种机构参与其中,但每个机构都发挥其不同的作用,并获取相应的利益。

1. 发起人

资产证券化的发起人是指创造用于销售与充当资产支持证券抵押物的金融机构,其通过将贷款出售给一个特定的交易机构可获得的利益主要包括:一是贷款出售解决了金融机构的流动性问题,也使金融机构内生性的资金来源短期性与资金运用长期性的结构性风险大大弱化。二是由于证券化的资产是一种"真实销售",资产出售后即可从资产负债表中剔除,虽然出售风险资产必然会放弃部分收益,但可用资金的增加会使其利润得以提高;另一方面风险资产的减少会使其资本充足率得以提升,资产负债比率得以改善,从而能更好地满足金融监管的要求。

2. 发行人

资产证券化的发行人是指购买发起人的金融资产,以此为基础设计并发行资产支持证券的机构即 SPV。SPV 从事资产证券化的收入来源于资产支持证券的支付成本与原始信贷资产现金流收入之间的差距,这部分收支差距既来自两者之间的利差,也来自两者支付频率上的差异。实际上,SPV 利润的主要来源就是对短期沉淀资金的经营增值以及剩余现金流量的分割,也即在证券化过程中,这部分收入差距还须扣除评估费、托管费、服务费等。

3. 投资银行

投资银行在资产证券化过程中既可负责向公众公开出售其承销的资产支持证券,或者向特定投资者私募发行资产支持证券,也可与 SPV 一起策划、组织证券化的整个进程,扮演融资顾问的角色。投资银行除获取发行证券的承销费、交易证券的交易佣金以及融资顾问费外,还利用其在证券化进程中建立的与上游客户与下游投资者之间的关系,推动证券业务的发展。

4. 信用增级机构

所谓信用增级是指通过附加衍生信用来提高某些资产支持证券的级别。提供衍生信用的机构就是信用增级机构。在资产证券化的实践中提供信用增级服务的主要是更高信用级别的商业银行及信用良好的保险公司,其通过出具信用证或保单,提供信用风险担保,但其须收取一定的服务费用。

5. 信用评级机构

信用评级机构是指为资产支持证券提供信用评级服务的机构。资产支持证券作为融资工具,本质上与普通证券并无二致。资产证券化过程中涉及的信用评级是对资产支持证券所包含的信用风险的一种市场评估,其除需遵循普通证券信用评级的基本准则外,还必须包括以下内容:其一,SPV 不履行还本付息义务的可能性;其二,SPV 承担的法律条款和特征,有关参与各方发生破产对 SPV 的影响。信用评级机构提供信用评级服务,也须收取评估费用。

6. 服务人

服务人通常是资产证券化的发起人或其附属公司,其主要职责是负责收取到期本金与利息,负责追收过期的应收款项,负责向受托人和投资者提供贷款组合的月度或年度报告等。服务人提供的上述服务同样要收取服务费用。

7. 受托人

托管人是负责管理贷款组合产生的现金流、进行证券登记、向投资者发放证券本金和利息等方面工作的机构。当被证券化的原始贷款的借款人按照原始合同偿还本息,服务人应将收到的现金流量立即存入受托人的指定账户,并由受托人按规定向投资者支付证券的本金和利息;此外,受托人还要对服务人的服务行为进行监督,确保后者真实、充分地履行信息披露的义务。相应的,受托人须收取托管费用。在受托人资金收付之间存在一定时差的条件下,受托人可根据与 SPV 签订的委托协议,对尚未被支付的资金进行再投资,再投资收益在 SPV 与受托人之间分配。

8. 投资者

投资者是指购买资产支持证券的市场交易者。通过证券化使未来现金流的重新安排而创造出不同的证券类别,为投资者提供了更多的投资机会;多重担保,资产债务人的广泛分散,降低了投资风险。

9. 债务人

这里的债务人是指被证券化的原始贷款的借款人。由于资产证券化后增强了商业银行资产的流动性,将有助于缩小贷款利率与国库券利率(即无风险利率)之间的差距,从而降低了贷款利率水平。

四、资产证券化的基本特征

资产证券化作为金融工具创新的重要形式,给资本市场带来的是融资方式的创新。资产支持证券的核心是设计出一种严谨有效的交易结构。原始权益人资产向特设机构(SPV)转移,形成了一种破产隔离实体,把资产池中的资产偿付能力与原始权益人的信用能力分割,真正保证破产隔离的实现。这一融资方式的优势在于:它不仅能够保证融资活动享受税收优惠,而且运用严谨的交易结构和信用增级手段改善证券的发行条件,吸引投资者。被证券化的资产以真实出售的方式过户给了特设机构,原始权益人已经放弃对这些资产的控制权。国际通行的财务会计准则允许原始权益人将证券化资产从其资产负债表上剔除,并确认收益与损失,从而在法律上确认了以表外方式处理资产证券化交易的原则。

正是上述创新之处,使资产证券化成为资本市场上的重要结构融资方式,成为一种非负债型融资手段。资产证券化作为一种创新型的融资方式与传统的融资方式相比,具有以下基本特征:

1. *资产证券化是一种收入导向型融资方式*

传统的融资方式是依赖于资金需求者本身的资信能力来融资的。投资者在决定是否进行投资或提供贷款时,主要依据的是资金需求方的资产、负债、利润和现金流状况,而对公司拥有的某些特定资产的质量关注较少。但是资产证券化融资方式则主要是依赖于支持证券化资产的质量和现金流状况,外来的投资者可以完全撇开发行公司的经营业绩来决定是否进行投资。由于资产证券化是一种收入导向型的融资方式,所以在实际中就能使一些比较特殊的公司顺利地得到所需的资金。例如某公司总体经营状况不佳,但某一项目经营状况非常好。

2. *资产证券化的无追索的融资方式*

这个特征实际上是资产证券化之所以称为资产证券化的主要原因。具体是指,融资者将其资产出售给中介机构,由中介机构进行包装、重组,以发行证券的方式进一步出售给投资者;在这个过程中,当融资者售出其资产之后就与资产不发生任何的联系了,所有的与售出资产相关的权利和义务都转移到中介机构,这就是资产证券化中"资产真实出售"的原因。如果支持证券化的资产是真实出售的,那么融资者今后的经营业绩将不再影响售出的资产,即使融资者破产也一样。但是非真实出售的资产转移行为在企业破产时是可以追索的。

3. *资产证券化的结构性融资方式*

股票期权、各种互换工具、资产证券化等都属于结构性融资的方式。资产证券化融资的核心是构建严谨、有效的交易结构。这种交易结构把资产的偿付能力与原始权益人的资信能力分割开来,以保证即使原始权益人破产也与资产证券化的运作无关。同时这一结构能使发起人利用金融担保公司的信用级别来改善资产支持证券的发行条件并充分享受政府的税收优惠。

4. *资产证券化的表外融资方式*

这一方式使证券化资产项目的资产或负债不反映在原始权益人的资产负债表中,最多只以某种说明的形式反映在公司的资产负债表的注释中。因为它以正式销售的方式将证券化资产从原始权益人的资产负债表中剔除并确认收益和损失,原始权益人已放弃了对这些资产的控制权。如果一个企业顺利地进行了资产证券化,将会有效地提高公司财务指标,这对许多企业来说都是有很大的吸引力的。

5. 资产证券化的低成本融资方式

资产支持证券利用成熟的交易结构和信用增级手段改善了证券发行条件,可以使发行利率相应降低;同时,它不需要其他权益的支持,财务费用较低。因此,虽然其支出费用种类较多,但因其融资交易额大,故其费用比例相对较低。

资产证券化作为一种创新型的融资方式,其基本特征决定了资产证券化与其他融资方式的区别。

1. 与企业股票、债券的不同

传统的证券融资方式是以企业自身产权为清偿基础,企业对债券本息及股票权益的偿付以企业全部法定财产为界。而资产证券化也采用证券形式,但证券的发行依据是企业资产负债表上的某一部分资产,证券权益的偿还仅以被证券化的资产为限。资产支持证券的投资者在证券到期时可获取本金与利息的偿付,证券偿付资金来源于证券化资产所提供的现金流量,即资产的原始债务人偿还到期债务的本金与利息。如果证券化资产违约拒付,资产支持证券的清偿也仅限于被证券化的资产数额,而资产证券化的发起人与发行人无超过该资产限额的清偿义务。

同时,通过资产证券化,发起人持有的资产转化为证券在市场上交易,其实质是发起人最初贷出的款项在市场上交易,也即原来由发起人独自承担的借贷风险分散给众多投资者承担。因此,资产证券化具有融资与分散风险的双重功能。

2. 与一般抵押贷款的不同

资产证券化实现了证券本身的信用和融资者的信用等级相分离。即使在发行资产支持证券时,由于法律、税收等方面的因素,被证券化资产只是出售或债务抵押,融资者也必须确保其破产时,法院能认定被证券化资产与融资者其他资产的分离性,以保证资产支持证券投资者相对其他债权人的优先权益。因此,无论被证券化的资产是否保留在融资者的资产负债表中,资产支持证券的信用等级取决于明确的特定的证券化资产及其信用担保的风险程度,与融资者自身的信用无关,即实现了信用隔离。

3. 与项目融资的不同

项目融资是以所要建设项目在未来产生的现金流为抵押融资;而资产证券化则是以已有的能够产生稳定现金流的各种收益权抵押融资。

五、投资银行在资产证券化中的作用

证券化是由原始权益人、特设机构、信用评级机构、信用增级机构、投资者等多方共同参与的结构性交易过程。在这一过程中,投资银行是资产证券化运作体系中最为主要的角色之一,可以起到如下多种作用。

1. 投资银行在资产证券化中充当 SPV 的角色

当证券化的原始资产不实行真实出售和破产隔离时,投资银行就可以充当 SPV 的角色,对证券化资产实行单独管理,并负责原始资产的转移和保管,证券的发行和管理,以及负责整个资产证券化运行。这种方式通常被称为"类信托"的方式。

2. 投资银行在资产证券化中起承销商作用

证券承销业务是投资银行最传统、最基础的业务之一。投资银行在这一方面较其他金融机构有着得天独厚的优势。投资银行拥有一大批熟悉证券设计、包装、发行及售后服务业务的专业人员,形成了一整套证券发行的运作模式与体系,积累了一大批客户群,形成了自身的品牌优势。有著名的投资银行负责承销的证券本身就是信誉的象征,同时投资银行的自身品牌优势也是一种潜在的信用增级。

3. 投资银行可以充当信用增级机构

资产证券化过程中,必须寻找一个信用增级机构运用破产隔离、原始权益人提供超额抵押和建立差额账户及金融担保等方式进行信用增级,以吸引更多投资者,提高融资效率。当投资银行作为资产证券化的原始权益人时,它可通过对自身证券化资产提供超额抵押等方式进行信用增级,从而充当信用增级者的角色。除此之外,投资银行也可以第三方身份,通过向证券化资产提供信用担保,保证及时偿付投资者的本金及利息,从而扮演资产证券化信用增级者的角色。

4. 投资银行可以充当资产证券化过程的财务顾问

投资银行会经常以企业财务顾问的身份出现,指导企业的资产运营。当它们在对企业整体资产状况进行调查,发现企业存在着一定的资产证券化融资需求并存在着可证券化的合适资产时,它们便会向企业提出进行资产证券化运营的相关建议,并帮助企业设计和参与资产证券化过程。此时它们便充当了纯粹的企业财务顾问角色。

5. 投资银行可以充当政府监管机构的咨询人

资产证券化对参与其中的金融机构,对所依赖的可证券化资产都有着较高的要求,整体的运行复杂性较大,并增加了银证、证企间的合作机会易使有关机构利用监管上的缺陷,做出非理性、高风险,甚至是违法的行为,从而引发出一系列监管问题,整体的监管难度大。为此,聘请熟悉该业务运作的投资银行为顾问,通过由多个投资银行组建专项监管小组的方式来对该业务进行控制,以充分发挥专业机构专业人员的优势,弥补监管机构自身的不足,规范资产证券化业务的运营。

第二节 资产证券化业务的运作

作为一种创新型的融资方式,资产证券化的参与者要比一般证券多,这些参与者的作用是如何发挥的,相互间又是如何联系的呢?也就是说,资产证券化按照怎样的一种程序运作的呢?图 7-1 给出资产证券化的一般运作程序。

一、证券化资产的构造与资产出售

原始权益人即发起人首先根据自身发展需要,特别是资产负债管理的要求,确定资产证券化的具体目标即确定所需融资的规模;然后对自身拥有的能够产生未来现金流收入的资产进行分类、估算与考核;最后根据证券化的具体目标选择一定数量的资产,将这些资产从资产负债表中剥离出来,构成一个证券化资产组合并将其出售。

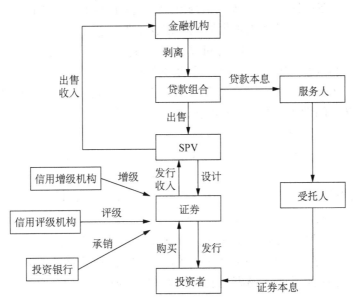

图 7-1 资产证券化的运作机制图示

理论上讲,凡是具有未来收入现金流的资产,在处理其未来的现金流时都可以采用证券化方式。实践经验表明,能够被投资者接受、得到普遍认同的资产种类并不多见。真正被用于证券化操作的资产都具有以下特征:

① 可理解的信用特征。即被剥离出来的资产未来应具有可靠的现金流收入,并且这种资产权益相对独立,可以同其他资产所形成的现金流相分离。

② 可预测的现金流。即可证券化的资产的历史统计资料应较完善,其现金流具有某种规律性,这意味着资产未来获取的现金流是可以测算出来的。资产的出售价格、证券品种发行与设计规模,都将取决于预测的现金流大小。

③ 平均偿还期至少为一年。即可证券化的资产的现金流收入至少是一年以后才可实现的。资产证券化的动因之一,是为了提高资产的流动性。因此,偿还期长才可能促使发起人进行资产证券化运作。

④ 拖欠率与违约率低。否则会提高资产证券化的成本。

⑤ 完全分期偿还。即贷款本息的偿还分摊于整个资产的存续期间。

⑥ 多样化的借款者。即证券化资产的债务人要有广泛的地域和人口统计分布,从而使意外事件发生的概率降低,消除非系统性风险影响,保证资产的现金流收入。

⑦ 清算值高。即要求证券化资产有较高的变现价值,或对于债务人的效用很高,以降低投资者的风险。

一般认为,具有以下属性的资产不宜进行证券化运作:①资产池中的资产数量较少或金额最大的资产所占比例过高;②资产的收益属于本金到期一次偿还;③付款时间不确定或付款间隔期过长;④资产的债务人有修改合同条款的权利。

资产的出售是指发起人将经组合的资产卖给 SPV 的行为。资产出售时卖方应拥有对标的资产的全部权利;买方要对标的资产支付价款。资产出售主要有以下方式:

（1）债务更新。在这种方式中，发起人与资产负债人的债务关系解除，发起人将债权和资产同时转移给 SPV，SPV 与债务人根据原先的还款条件重新订立债务合约，从而使发起人与资产债务人之间的债权债务关系转换成 SPV 与资产债务人的债权债务关系。由于重新订立合约的交易成本较高，此方式只适用债务人较少的情况。

（2）转让。在这种方式下，发起人仅把资产转让给 SPV，作为转让对象的资产要由有关法律认可的具有可转让的性质。资产权利的转让要以书面形式通知资产债务人，否则，资产债务人享有终止债务支付的法定权利。

（3）从属参与。在从属参与方式下，SPV 与资产债务人之间无合同关系，发起人与资产债务人之间的原债务合约继续保持有效。发起人不必将资产转让给 SPV，而是由 SPV 先行发行资产支持证券，取得投资者的资金，再转贷给发起人，转贷金额等同于资产组合金额。贷款附有追索权，其偿付资金源于资产组合的现金流量。

在资产出售时，最为关键的是要保证证券化资产的真实销售，只有真实销售才能保证"破产隔离"的目的。这里的破产隔离是指发起人破产时，被证券化的资产不能列入清算范围。因此，真实销售保证了破产隔离，使投资者避免了原始权益人即发起人的信用风险的影响。

正因为真实销售及由此产生的破产隔离的重要意义，各国法律对判断真实销售都有较严格的规定，以推动资产证券化的进程。一般而言，实现真实销售条件主要包括：①当事人的意图符合证券化目的；②发起人的资产负债表已进行资产出售的账户处理；③出售的资产一般不得附加追索权；④资产出售的价格不盯着贷款利率；⑤出售的资产已经过资产分离处理，即已通过信用提高方式将出售的资产与发起人信用分离。

如果发起人不准备将资产真实地出售给发行人，则可以通过第三方机构实行"专项资产管理计划"或"信托计划"予以专项管理。此时证券化资产将转移到这两类计划中，这两类计划并没有将资产从发起人的资产负债表中转移出去，不能满足破产隔离的要求，于是必须由发起人的资产或担保条款进行担保。在我国，目前大多数资产证券化项目属于这种类型。

二、证券化载体的创立与资产购买

证券化资产构造后，需要创立一个名为特设机构（即 SPV）的证券化载体。SPV 可由商业性金融机构设立，也可由政府支持设立。SPV 可以有不同的设立类型：

1. 信托型 SPV

信托型 SPV 是指特定资产的所有人，以它的资产作为信托财产信托给可以从事信托营业的机构（一般为信托公司），由该机构作为证券发行人，根据规划好的信托资产证券化计划将信托财产证券化，并针对信托财产向投资者分配盈利，以解决不良资产的证券化问题。

2. 公司型 SPV

公司型 SPV 是指以营利为目的，与证券化发起人、董事和股东截然分开的、独立存在的、特殊目标经营性公司。其最大特点是可以实现证券化资产的真实出售，从而使基础资产从发起人的资产负债表中剥离出来，实现破产隔离，并通过发行证券化资产来管理证券化的运行过程。它的优点是，由于自身的独立，公司可以聘请专门的服务机构进行运营管理，还可以同时对多个主体的多种基础资产进行连续的证券化操作与运行，不必过多考虑基础资产的关联性问题。

3. 有限合伙型 SPV

有限合伙型 SPV 由一个以上的普通合伙人与一个以上的有限合伙人组成。普通合伙人承担无限连带责任，而有限合伙人不参与合伙事务的经营管理，只根据出资额享受利润，承担责任，即承担有限责任。评级机构一般要求特殊目的机构有限合伙人满足以下条件：有限合伙至少有一个普通合伙人为破产隔离的实体，通常是特殊目的公司；在进行提交破产申请、解体、清算、合并、兼并、出售公司大量资产、修改有限合伙协议等活动时，必须得到破产隔离的普通合伙人的同意；如果普通合伙人不止一个，那么有限合伙协议应规定，只要有一个普通合伙人还具有清偿能力，有限合伙就会继续存在而不会解体；一般规定特殊目的机构的有限合伙不能被合并。

在我国，目前设立的资产证券化的特殊目的机构主要是信托 SPV，而大部分投资银行成立了资产管理分支机构，即信托性质的券商型 SPV。

SPV 的经营有严格的法律限制：①不能发生证券化业务以外的任何资产与负债；②在对投资者付讫本息之前不能分配任何红利；③不得破产；等等。SPV 购买资产的形式主要有两种：一是整批买进一个特定资产组合，即 SPV 买下特定金融资产下资产证券化发起人的全部权益，资产转归 SPV 所有。这种形式主要适用于期限较长的资产证券化。二是买进资产组合中的一项不可分割权利。在这种形式下，SPV 的权益不限于组合中的特定金融资产，这项资产不会由于某一特定资产的清偿而终止。随着组合中资产的清偿，新的资产不断补进，SPV 的权利亦随之周转。这种形式运用于期限较短、周转速度较快的资产组合，主要用于工商贷款与贸易应收款项的证券化。这种形式便于 SPV 对资产证券化的发行与买入资产的配对安排；也便于 SPV 通过利率互换为买入资产保值，避免利率逆向变化的风险。

三、信用提升

资产支持证券的投资收益能否得到有效的保护与实现在一定程度取决于证券化资产的信用保证。通过信用提升的方式，提高资产支持证券的信用级别，是吸引投资者、改善发行条件、顺利实现证券化的必要环节。信用提升方式主要有两种：

1. 内部信用提升

内部信用提升主要有三种选择：

（1）直接追索。即 SPV 保留当担保资产的债务人违约时对发起人进行直接追索的权利，通常采取偿付担保或由卖方承担回购违约资产的方式。按追索权的不同又可分为全部和部分追索权，如果原始债务人未能支付，拥有对卖者全部追索权的抵押证券的买者可预期从卖者处获得定期计划支付；如在部分追索权的情况下，买者仅能从卖者处获得预期支付的一个预定比例，通常为 20%。直接追索的手续简便，因而运用广泛，但也存在一定的缺陷：①评级机构对资产支持证券的评级不会高于发起人现有的信用等级；②发起人的回购义务在一定条件下可以取消。因此，直接追索往往辅以发起人寻求的第三方提供的信用担保，并由发起人向 SPV 提供一项直接向第三方索偿的买方选择权。

（2）超额储备。超额储备可采取以下两种形式：

① 剩余资产价值。充当抵押的资产价值大于资产支持证券金额部分构成了剩余资产价值。如果发生原始债务人违约，剩余资产价值就可用于缓冲资产支持证券投资者的损失。剩

余资产价值在保护投资者的本金偿付时非常有效。

② 剩余现金流。即在现金流的超额担保中,资产池中的预期现金流总和,在允许扣除一定的违约数额后,超过需支付资产支持证券的现金流。现金流的超额担保可向投资者提供最终的以及定期的支付保护。

超额储备担保是信用提升中最简单的一种方法,但这种方法存在成本较高以及发行人的资产实际利用效率较低的缺陷,因此,其运用受到很大的限制。

(3) 优先/从属结构。在这种结构中,SPV发行两种类别的资产支持证券:即优先类证券和从属类证券。优先类证券在获取来自抵押资产的现金流方面具有优先权,因此从属类证券承受更大的信用风险。同时从属类证券比重越大,对优先类证券提供的保护也越大。一般情况下,优先类证券供市场投资者投资;从属类证券由发起人购买。因此,在发起人购买从属类证券方式下,实际上是由卖方向买方提供了一笔保证金。

2. 外部信用提升

外部信用提升即第三方为资产支持证券提供担保,主要有三种选择:

(1) 保险公司出具保单。在外部信用提升中,常采用的方式是由信誉良好的保险公司出具保单。这类保险公司只为投资级以上证券提供保险,担保投资者能够及时地得到抵押资产的本金和利息的支付。但保险公司需收取相应的保险费用。

(2) 商业银行出具信用证。信用证是更高信用级别的商业银行发放的保险单。在信用证的保护下,当原始债务人发生违约时,出具信用证的商业银行必须弥补某一指定金额。信用证担保被广泛地运用于消费者信贷证券化中的信用提升。但是,出具信用证的商业银行往往要求对原始权益人保持追索权,以保证信用证所承诺支付的金额。

(3) 第三方购买从属类证券。第三方购买从属类证券与发起人购买从属类证券的方式相似,不同之处在于是由谁来提供这笔保证金。

四、证券评级

信用提升后,还需要对资产支持证券进行评级。信用评级机构在资产证券化过程中的作用,不仅在于它帮助发行人确定信用提升方式与发行条件,也在于它为投资者设定了一个明确且易于了解的信用标准及严格的评级程序,以利投资者做出投资决策。

资产支持证券的评级与一般证券评级相似,但有其自身的特征。证券评级由专门评级机构应资产支持证券发行人或承销商的要求进行。评级考虑的核心因素是资产支持证券的信用风险。被评级的资产需与发起人的信用风险相分离,也即证券化资产从卖方向买方的转移必须构成"真实销售"以实施"破产隔离"。评级机构根据对证券化资产的信用风险以及证券化过程参与各方可能破产影响的评估结果,给出资产支持证券的级别。由于经过了信用提升,一般资产支持证券的评级要高于发起人的信用评级。

在初次评级后,专门评级机构还须对评级证券保持经常性的信用监督:①证券化资产的信用质量,特别是资产的违约率或拖欠率是否超过预期的范围;②法律及宏观经济背景的变化;③证券化过程中参与各方的资信变化,等等。及时做出监督报告对外公告,并根据证券化资产信用质量的变化对已评出的证券级别进行升降调整直至取消。

五、证券的发行与交易

证券评级后,SPV 选定承销商,双方根据市场状况与评级结果,确定资产支持证券的收益率、发行价格、发行时间等。承销商负责安排证券发行的宣传与推介活动;负责向投资者销售资产支持证券。

发行结束后,承销商按照承销协议将证券发行收入支付给 SPV;SPV 按资产组合出售协议所规定的交易价格向原始权益人即发起人支付价款;同时 SPV 向聘用的各类专业机构支付专业服务费。

通常以公募方式发行的资产支持证券,投资者多为中小投资者,他们对证券的流动性有较高的要求,希望能够在二级市场上随时变现。对于这类资产支持证券,SPV 需与证券交易所签订上市协议,在证券挂牌上市期间,SPV 每年需向证券交易所缴纳一定的上市费用。以私募方式发行的资产支持证券,投资者多为长期性的机构投资者如养老基金、保险基金等,它们对证券的流动性要求比较低,故以私募方式发行的资产支持证券一般不会申请上市。

六、现金流管理服务与清算

服务人负责收取、记录由资产组合产生的现金流收入,并将款项存入受托人的收款专户。受托人开设以 SPV 为权益人的信托账户,在资产池积累的资金没有偿付给投资者之前,按与 SPV 签订协议的要求,进行资金的再投资管理,以确保到期对投资者支付本息。

在资产支持证券的本息偿付日,由受托人将资金存入付款账户,向投资者支付本金与利息。资产支持证券期满结束时,由资产池产生的现金流量在扣除还本付息、支付各项服务费用后若有剩余资金,则按原定协议在 SPV 与受托人之间进行分配。

第三节 资产证券化的基本模式

资产证券化的形式很多,按不同的角度可以分为以下资产证券化的基本模式:

一、按照基础资产分类

按照基础资产分类,资产证券化可以分为房产抵押贷款证券化(Mortgage-Backed Securitization,MBS)和资产支持证券化(Asset-Backed Securitization,ABS)两大类别。

1. 房产抵押贷款证券化

房产抵押贷款证券化包含了商业房产抵押贷款证券化(Commercial Mortgage-Backed Securitization,CMBS)和住房抵押贷款证券化(Residential Mortgage-Backed Securitization,RMBS)。商业用房产抵押贷款是指以商贸、服务业使用的建筑物和写字楼、标准厂房等为抵押发放的贷款。贷款主要用于商用房地产的建设和购置,还款的现金流主要来自借款人出租房产的租金收入。住房抵押贷款是指以居民为购买居住用房向金融机构或专门的住房按揭机构进行的贷款。住房抵押贷款证券化就是以住房抵押贷款为基础资产,将借款人未来偿付贷款产生的现金流作为保证发行债券的融资过程。住房抵押贷款证券化(RMBS)也是房产抵押贷款证券化(MBS)的主要品种,一般要占到 80% 以上。

2. 资产支持证券化

随着资产证券化技术在住房抵押贷款上的成功运用,其很快被运用到其他类型的资产上。主要包括贷款类资产(如汽车消费贷款、商用房产抵押贷款、学生贷款等)、应收账款等资产(如贸易应收账款、信用卡应收账款等)、收费类资产(如基础设施收费、保单收费等),统称为资产支持证券。资产支持证券可以分为权益类证券、债券类证券和信托受益凭证类证券。这里主要澄清几个相关的概念。

债券担保凭证(Collateralized Bond Obligation,CBO)、抵押担保债券(Collateralized Mortgage Obligation,CMO)、担保债务凭证(Collateral Debt Obligation,CDO)和贷款担保凭证(Collateralized Loan Obligation,CLO)。

CBO、CMO、CDO 和 CLO 都属于资产支持证券化的产品。它们之间的差别在于基础资产的不同:CBO 的基础资产为债券;CMO 的基础资产是住房抵押贷款;CDO 的基础资产包括债券和贷款两种;CLO 的基础资产是商业贷款,其中应用最多的是汽车消费贷款,由于商业贷款高度异质,CLO 的实际运作相对更复杂。

CDO 按照交易模式可以分为两种:现金流量型 CDO(Cash Flow CDO)和合成 CDO (Synthetic CDO)。现金流量型 CDO 是指将债券和贷款等真实地出售给 SPV,以达到破产隔离,再由 SPV 据此发行不同信用品质的债券,因此现金流量型 CDO 除风险转移之外,也可获得筹资的利益。而合成 CDO 并非真实出售给 SPV。合成 CDO 是由发起人将一个贷款和债券组合汇集包装,并与 SPV(也可以是其他机构购买者)签订信用违约互换合约(Credit Default Swap,CDS),发起人则定期支付权利金给 CDS 的出售方。CDS 类似于为贷款债券买一保险,当发生违约事件时(发起人无法偿付债务),可依契约获得全额或一部分赔偿。与现金流量型 CDO 的 SPV 一样,合成 CDO 的 SPV 将发行不同系列的债券,不同的是,此时 SPV 用发行债券的现金另外购买一组高信用品质的债券,以确保债券未来还本的安全性。

二、按现金流偿付结构分类

根据不同的现金流偿付结构又可分为过手证券(Pass-Through Securities)和转付证券(Pay-Through Securities)。

1. 过手证券

过手证券,是指以资产组合为支持所发行的权益类证券,它代表了对具有相似的到期日、相似的利率等特征的资产组合的直接所有权。基础资产池中的典型资产是住宅抵押贷款与消费贷款。

(1)过手证券的结构。发起人将拟证券化的资产组合转让给 SPV,由 SPV 或由代表 SPV 权益的受托机构签发证券证书即过手证券给投资银行,并由投资银行销售给投资者。每份证券按比例代表整个资产组合的不可分割的权益,也即意味着投资者拥有该资产组合的直接所有权。为了维护投资者的权益,发起人将出售的资产从其资产负债表中剥离,并将源自资产组合的所有权益以及源自信用增级合约的权益,都转让给 SPV,并由受托机构托管。由于发起人在资产管理方面具有比较优势,往往选择发起人为服务机构为资产管理提供服务。

在过手证券的结构安排下,发起人把资产出售给了投资者,故证券发行的融资不作为发起人的一项负债,而出售所获得现金则冲抵了其资产负债表上的资产,可能存在的损益直接反映在利润表上。这种金融业务属于表外融资业务。

(2) 过手证券的现金流。原始贷款的债务人按照借款合同向作为服务机构的商业银行偿还本金与利息;服务机构将收到的款项存入受托机构持有的、以受托机构名义开设的信托账户,该账户以过手证券投资者为受益人;受托机构用信托账户的存款向投资者支付每期本金和利息;受托机构向服务机构支付服务费;SPV负责支付受托机构费用与信用增级机构费用;受托机构有权要求信用增级机构履行担保义务、付款并存入信托账户,以弥补原始债务人违约、拖欠的款项。

(3) 过手证券的特征。过手证券的证券化结构具有以下特征:①通过过手证券的结构安排,发起人将资产组合"真实销售"给投资者,因此,过手证券融资不是发起人的一项偿付业务,不能视为发起人的一项负债,它只是在其资产负债表上以现金形式取代了被证券化的资产,由此产生的损益直接在利润表上反映,即所谓的表外融资业务;②投资者、受托机构以及信用增级机构等对发起人没有追索权,除非发起人违反它对于资产组合中各项基本合约合法性、真实性与有效性的保证;③过手证券基本上不对资产所产生的现金流进行特别处理,而是在扣除了有关"过手"费用后,将剩余现金流直接"过手"给证券投资者,因此过手证券所获得的现金流特征完全取决于资产组合所产生的现金流特征;④如果被证券化的资产组合出现提前偿付,所产生的再投资风险由投资者承担。

尽管过手证券的信用级别高于银行出售非证券化的贷款,但过手证券仍保留了类似非证券化出售贷款的缺陷,主要是现金流量难以确定,投资者在到期日能够获得的现金流量完全取决于资产组合的现金支付,债务人提前偿付带来的再投资风险完全由投资者承担。为了克服过手证券现金流量不确定的弊端,降低投资者投资过手证券的风险,资产抵押证券应运而生。

2. 转付证券

转付证券,是根据投资者的偏好不同对证券化资产产生的现金流进行重新安排,同时兼具部分过手证券与资产支持证券特征的一种债权凭证。一方面,转付证券是发行机构的债务,投资者是发行机构的债权人,这与资产支持证券相同;另一方面,发行机构用于偿还转付证券本息的资金来源于相应资产组合所产生的现金流,这与过手证券相同。转付证券与过手证券的主要区别在于:资产组合的所有权是否转移给投资者;与资产支持证券的主要区别在于两者偿还本息的资金来源不同。

为了帮助不同发起人运用资产证券化达到预期的财务目标,也为了吸引更多的投资者,转付证券出现了许多衍生的证券形式,其中创始于美国的担保抵押债券是目前最流行的转付证券。

(1) 担保抵押债券的特征。担保抵押债券,是以某一特定的资产组合为基础,发行两个以上到期日的债券组合即是包含多个到期日的转付证券。

担保抵押债券的最大特点是对债券采用了分档技术。所谓分档是指根据投资者对期限、风险和收益的不同偏好,将担保抵押债券设计成不同档级的债券。每档证券的特征各不相同,从而能够满足不同投资者的偏好。

至于每一档级债券的期限如何确定,在所发行的债券总额中各占多少比例,相当程度上取决于资产组合的性质、不同种类资产组合提前偿付的概率。SPV须在收集大量历史统计资料的前提下,进行具体的统计分析与预测,确定每一档级债券的适当期限与适当比例。

(2) 担保抵押债券的结构。假设一个由三类到期债券组成的担保抵押债券来说明其结构设计。

在担保抵押债券的结构中,前两类债券从发行日起按固定利率计算,每半年支付一次利息,到期支付本金;第三类债券的计息方式、支付方式不同于前两类,这类债券通常称为"Z类"债券。一般情况下,Z类债券的利息每半年按复利进行累积,在前两类债券本金和利息全部偿付之前,SPV不必向Z类债券持有人支付利息。实际上SPV将本应支付给Z类债券持有人的利息加速了对前两类投资者的支付,当前两类的本金与利息全部偿付结束后,Z类债券的持有人可以每半年收取一次利息、到期收回本金;也可以继续积累利息,到期一次收回本金和利息。

(3) 担保抵押债券的现金流。担保抵押债券的偿付规则是:①以期初未偿付的本金余额为基础对第一、二档级债券投资者支付定期利息;Z类债券的利息按复利计算并加入本金,Z类债券的利息作为偿付前两档级债券本息的资金来源。②对第一档级债券投资者支付本金直至完全付清;在第一档级债券偿付结束后,对第二档级债券投资者支付本金直至完全付清;第二档级债券偿付结束后,才开始对Z类债券投资者进行本金及累积利息的偿付。

拓展阅读

隧道股份 BOT 项目专项资产管理计划

2013年5月14日,国泰君安资产管理有限公司设立的"隧道股份BOT项目专项资产管理计划"经中国证监会批准发行,成为当年3月份证监会发布《证券公司资产证券化业务管理规定》新规后首只成功发行的资产证券化产品。

专项资产管理计划所募集的认购资金用于向隧道股份子公司大连路隧道公司购买基础资产,即相关合同中约定的2013年4月20日至2017年1月20日期间隧道专营权收入。通俗来说,就是隧道公司在专项资产管理计划募集结束后一次性收到募集资金,作为回报,隧道公司将把未来约定期间内从过路司机处收到的"买路钱"陆续交给"专项资产管理计划"这个"特殊目的载体"以偿还本金和利息。按照《证券公司资产证券化业务管理规定》,基础资产可以是财产权利或者财产,在此项计划中,基础资产指隧道未来部分时期专营权收入。

在隧道股份专项计划设立后,相关资产支持证券产品将申请在上海证券交易所挂牌转让,将成为第一只在上交所固定收益平台挂牌转让的资产支持证券。固定收益平台为资产支持证券提供多种转让方式选择和实时逐笔结算模式,并允许证券公司为产品提供做市服务。上交所还将在固定收益平台推出协议回购功能,为资产支持证券的投资者提供回购融资。

为了防范风险,隧道股份专项计划为优先级证券投资者的利益做出了有效保障:专项计划采用优先/次级结构和外部担保机制进行信用增级,由原始权益人大连路隧道公司持有次级产品,并由隧道股份的控股股东上海城建集团为未来现金流的偿还提供担保。

从这个案例可以看出几个特点:

(1) 投资者以资产支持证券还本付息的形式获得基础资产产生的未来收益。基础资产的原始权益人(融资方),在本例中为隧道股份通过出售证券化资产的未来收益,获得现金。这在本质上仍然属于债务融资,融资方和投资方通过资产证券化运作分别拓宽了融资和投资渠道。

(2) 只是将隧道未来部分期间的收益权作为基础资产,隧道这项资产仍然保留在隧道股份的资产负债表中,没有出表。

(3) 发行后可以在交易所交易转让。这将大大提高证券的流动性。

(4) 上海证券交易所将允许证券公司提供做市商服务。做市商发挥着连接并集中原本分散进行的债券交易,从而活跃市场,提高证券流动性。

(5) 证券信用增信。资产支持证券主要的风险是未来现金流的确定性。未来现金流难以控制,需要增信机制以提高持有人信心,降低融资成本,比如担保抵押等。本例中由隧道股份的控股股东为未来偿还提供担保。

让我们看看资产证券化业务将给证券公司带来什么样的影响。券商的典型业务可以分成:经纪及服务、投资银行、资产管理和投资及信贷四个部门。通过上面的分析,我们可以看到,资产证券化业务将可能对证券公司的资产负债表和损益表产生如下影响:

(1) 资产支持证券承销收入。这项收入可以归属于投资银行部门。

(2) 资产支持证券存续期内的资产管理费收入。这项收入可以归属于资产管理部门。

(3) 做市收入。刚才提到上交所将允许证券公司为产品提供做市服务,做市收入归属于经纪及服务部门,需要消耗资本。

(4) 自营投资收益。监管层同意管理人可以自有资金或其管理的集合资产管理计划、其他客户资产、证券投资基金认购资产支持证券。

上述(1)、(2)项收入是服务收入,不需要资本投入,(3)、(4)项收入需要消耗资本。由此可见资产证券化业务将可能对证券公司的主要业务部门及资产负债表和损益表都产生重要影响。凭借券商自身的产品设计、资产定价、风险收益分析等技术层面的优势,券商将是资产证券化市场的主角。同时相关证券化产品的柜台交易和证券托管也将催生券商的其他服务,包括衍生品、量化对冲等产品均可以应用到资产管理中,从而增加收入和利润来源,提升 ROE 水平,推动证券公司盈利模式的转型。

资料来源:改写自上海隧道工程股份有限公司,《隧道股份 BOT 项目资产支持收益专项资产管理计划说明书》,http://max.book118.com/html/2019/0111/5203333033002001.shtm。

复习思考题

1. 何谓资产证券化?
2. 试述资产证券化过程中的各个参与主体及其作用。
3. 试述适合资产证券化的资产特征。
4. 试述资产证券化作为一种创新型融资方式的特征。
5. 试述资产证券化的一般运作程序。
6. 试述证券化资产出售及其出售方式。
7. 试述资产证券化中的信用提升。
8. 试述资产证券化中的三种基本交易结构。
9. 试述过手证券的特征。
10. 试述资产抵押证券的特征。
11. 试述担保抵押证券的特征。

第八章 风险投资业务

第二次世界大战以后,以美国为代表的西方国家逐步形成了较为完备的风险投资机制,而且运作效果良好。这种新兴的投资机制对一国乃至世界经济产生了重大影响,主要表现在两个方面:一是促进科技成果转化为现实生产力;二是以市场需求为导向推动科技进步。这两方面互相促进形成一个良性的循环过程。研究发现,企业家和风险投资的有机结合推动了新兴产业的产生与发展,并导致社会变革。本章主要阐述风险投资的内涵、特点与功能、风险投资的活动主体与投资过程。

第一节 风险投资概述

现代意义上的风险投资起源于20世纪20—30年代的美国,但其诞生的标志是1946年美国研究与发展公司(ARD)的建立,ARD是一家上市的投资公司,1957年它对数据设备公司最初的投入不到7万美元的资本金,11年后增值到5亿美元,这次成功的投资改写了历史。此后风险投资在美国及世界各地不断涌现,成为推动新兴的高技术产业发展的一支生力军。

一、高新技术产业的投资特征

高新技术是一个相对概念。当一项更完善的技术产生,原有的技术就成了旧技术,而这一新的比原有技术更完善的技术可称为新技术。因此,广义上讲,各产业时时刻刻都在不断用高新技术更新原有技术,以获取更大的利益。

传统概念上的高新技术是以提高制造业的效率为核心。通常,人们运用物理或化学方法来提高资源的利用效率、机械的精密程度、产品的适用性能等。现代意义上的高新技术及其产业是指二战以后围绕计算机科学与生命科学突飞猛进而发展起来的新兴产业。这些新兴的高新技术产业与传统的新技术及制造业存在明显的差异:传统的技术发展主要为制造业服务,而现代的高新技术在为制造业服务的同时,促进并产生了新兴的以服务为主的行业;传统的技术发展是以实物为对象的,而现代的高新技术则基本上是以智能与生命体为对象的研究。可以说,传统的技术发展更多的是革新的成分,而现代高新技术是高度创新的科学与技术的发展。

由于现代高新技术的高度创新性,必然需要高度密集的科学知识为支撑,同时,现代高新技术的高度创新性,知识密集性也充分揭示了现代高新技术发展的高难度性和低成功率。高新技术发展的特性决定了高新技术产业投资具有以下特征:

1. 高风险

高新技术产业投资的高风险主要来自：①技术风险。由于高新技术研发的复杂性，难以把握研发成果商品化过程的成功概率。②市场风险。由于高新技术产品的销售困难或被更完善的高新技术产品替代而导致的风险。这涉及市场认可程度、产品售价以及高新技术发展速度等种种因素。③财务风险。正是由于市场风险与技术风险，高新技术项目投资难以把握其财务预算，同时投资能否回收以及何时回收等存在诸多不确定性。

2. 长期性

高新技术研发到高新技术产品问世再到产品的规模生产，扩大市场占有率需要相当长的周期。因此，高新技术产业发展需要有长时期的逐步增大的资金支持。

3. 高收益

高新技术产业投资项目一旦成功，其收益是巨大的。前述 ARD 对数据设备公司的投资就是一个成功的范例。

上述特征，决定了高新技术产业不可能像成熟产业一样通过普通融资渠道获得资金支持。高新技术产业发展需要有一大批愿意承担投资的高风险、长期性，以获取投资高收益的风险投资者及风险投资机构的支持。

二、风险投资的内涵及特点

风险投资又称创业投资。广义的风险投资是指对一切开拓性、发展性的经济活动的资金投入。根据欧洲风险投资协会的定义，风险投资是一种专门的投资公司向具有巨大发展潜力的成长型、扩张型或重组型的未上市企业提供资金并辅之以管理参与的投资行为。而狭义的风险投资一般是指对高新技术产业的投资。根据美国全美风险投资协会的定义，风险投资是指由职业金融家对新兴的、迅速发展的、蕴藏着巨大竞争潜力的企业的一种权益性投资。风险投资实质上是资本、技术与管理相结合，将资金投入风险极大的高新技术研究开发和生产经营过程，促使科技成果转化为商品的新型的投资机制；也是高新技术产业化过程中的资金支撑系统。从投资的范围看，严格意义的风险投资的对象只限于创新项目或创新企业，尤其是高新技术企业。然后，20 世纪 80 年代以来，激烈的市场竞争迫使风险投资走出传统的投资范围，有向其他领域扩张的趋势，但这并不能改变风险投资以高新技术产业为主体投资对象的性质。

风险投资一般包括三方当事人：风险投资者（风险资本提供者）、风险投资机构（风险投资家）、风险企业（风险企业家）。风险投资机构是风险投资运作流程的中间环节。资金从风险投资者流向风险投资机构，经过风险投资家的筛选决策，再流向风险企业；通过风险企业家的运作，资本得到增殖，再回流至风险投资机构，由其将收益回报风险投资者。也就是说，风险投资构成一个融资、投资与退出在内的资金循环。

因此，风险投资机制必须解决：风险投资的资金从何而来，怎样的资金结构与高新技术企业最为匹配；风险投资资金投资给谁，怎样的风险投资组合最为有效；风险资本提供者与需求者之间应如何建立一个中介机构，中介机构如何运作才能降低风险提高收益。正因为如此，风险投资有别于一般金融投资（见表 8-1）。

表 8-1 风险投资与一般金融投资的比较

	风险投资	一般金融投资
投资对象	用于高新技术创业及其新产品开发,主要以中小型企业为主	用于传统企业扩展传统技术及其新产品的开发,主要以大中型企业为主
投资审查	以技术实现的可能性为审查重点,技术创新与市场前景的研究是关键	以财务分析与物质保证为审查重点,有无偿还能力是关键
投资方式	通常采用股权式投资,失败时无偿还风险,其关心的是企业的发展前景	采用贷款方式,需要按时偿还本息,其关心的是安全性
投资管理	参与企业经营管理与决策,投资管理较严密,是合作开发关系	对企业经营管理有参考咨询作用,一般不介入企业决策系统,是借贷关系
投资回收	风险共担,利润共享,企业若获得巨大发展,进入市场运作,可转让股权,收回投资,再投向新企业	按贷款合同期限收回本息
投资风险	风险大,投资的大部分企业可能失败,但一旦成功,其收益足以弥补全部损失	风险小,若到期不能收回本金,除追究企业经营者的责任,所欠本息也不能豁免
人员素质	需懂技术、经营管理、金融、市场,有预测风险、处理风险的能力,有较强的承受能力	懂财务管理,不懂技术开发,可行性研究水平较低
市场重点	未来潜在市场,难以预测	现有市场,易于预测

从以上比较可以看出,风险投资具有以下特点:

1. 风险投资是一种无担保、高风险的投资活动,以权益资本的形式为主

风险投资的高风险体现在,它选择的主要投资对象是处于发展早期阶段中小型科技企业(包括企业的种子期、导入期、成长期),这些企业存在较多风险因素。风险投资是一种权益资本,而不是一种借贷资金,因此着眼点不在于投资对象当前的盈亏,在于投资项目的未来和资产的增值,目的是通过上市或出售股权实现退出,取得高额回报。

2. 风险投资的单项成功率低,单项回报率高

风险投资选择的投资对象大都是一些潜在市场规模大、高风险、高成长、高收益的新技术领域,这些领域的企业一旦成长起来,就会为投资者带来巨大的投资收益。据统计,美国高新技术企业的成功率只有15%—20%,30%以上的企业受挫失败,其他的企业业绩平平。但是,企业一旦成功,资金利润率平均为30%以上,如 Facebook 网站创立之初阿塞尔合作基金(Accel Partners)投资1 250万美元,七年之后利润高达8 000%。

3. 风险投资是一种流动性较小的中长线投资,具有过渡性和定期性的特点

风险投资将一项科学研究成果转化为新技术产品,要经历研究开发、产品试制、正式生产、扩大生产到盈利规模、进一步扩大生产和销售等阶段,到企业股票上市,股价上升时投资者才能收回风险投资并获得投资利润。当风险资本从一个项目退出后,会继续寻找新的投资目标,将获得的收益再投入到新项目中去。过渡性和定期性是指风险资本只是辅助风险企业成长的资本。风险投资在投入企业之初就计划好撤出时间。

4. 风险投资具有分阶段投资特征

因为对创业企业的股权投资不单单需要价值挖掘能力,还需要帮助企业创造价值,不但需

要具有项目识别能力,还要有企业管理能力。所以为了降低投资风险,风险投资家多采用分期进行多轮的投资形式。当一期投资结束后,如果企业经营没有达到投资公司的预期(按协议)风险投资公司可以拒绝下一期的投资。

三、风险投资的功能

风险投资是随着高新技术产业的不断壮大而产生与发展的。它在现代知识经济社会中具有不可代替的功能,主要表现为:

1. 风险投资是国民经济高速增长的助动力

风险资本是经济增长发动机的"燃料"。随着高科技成果的广泛应用,由现代科学技术成果(S&T)、风险资本和人力资源相结合而产生的风险投资也向传统的经济增长理论提出了挑战,当代经济的增长越来越多地依赖于注入风险资本和人力资本的高科技企业。20世纪的最后10年,美国经济进入一个高增长、低通胀的良性时期,一个非常重要的因素就是美国高科技产业在近20年以来的高速发展所带来的强大推动力,这股推动力的源泉就是风险资本。

2. 风险投资是培育高新技术企业的主力

在美国,有90%的高新技术企业是在风险投资的支持下发展起来的,这些企业已经成为20世纪90年代美国经济增长的主要源泉,如数据设备公司、英特尔公司、戴尔公司、微软公司等等。对高新技术企业投资是长期的高风险投资,要求资本与技术、创业家精神和管理科学相结合,同时其投资回报是在企业股权出售或企业上市以资本增值的方式来实现。这些特点与传统的银行经营理念相违背。一般来说,银行在风险与收益的平衡中更注重风险的大小,其传统的现金流量的评估方法以企业是否具备还本付息能力作为项目选择的标准,这与风险投资的做法大相径庭。即使高新技术企业的项目开发得到银行贷款的支持,如果项目开发成功,银行除了得到正常的贷款利息外,得不到任何额外的风险收益,全部风险收益均为企业所获;相反,如果项目开发失败,银行则要承担全部贷款风险。这种收益与风险的不对称,必然促使银行尽可能减少对风险企业的贷款,导致高新技术企业的投入不足。

3. 风险投资在优化资源配置上具有重要作用

在现代经济中,传统的银行在资源配置上存在着一个"逆向选择"的问题,即最需要资金、资金生产率可能最高的项目往往因其高风险而得不到贷款支持,而发展成熟、收入趋于稳定的企业因风险较小而成为追逐的对象。风险投资的运作则与银行完全不同。为了抵消风险投资的高风险和长期的资金占用对投资者的影响,风险投资必须提供比其他投资工具如政府债券或主板市场股票等更高的回报水平,因此,只有最具成长性的项目才可能吸引风险投资。另外,风险投资的目的是取得最大的预期资本增值,而不是保本付息。在市场经济条件下,对企业价值最大化的追求能带来资源的优化配置。风险投资的特性决定了其将大部分资源配置于科技含量高、成长性强的企业。

第二节 风险投资的活动主体

风险投资是一个三位一体的运作流程。无论是哪个阶段的风险投资,一般都包括三方面当事人,即风险资本的提供者——风险投资者,风险资本的运作者——风险投资机构,风险资本的使用者——风险企业,风险投资机构是风险投资运作流程的中心环节。在风险投资运作实践中,风险资本的提供者与运作者也可合二为一,即风险投资者不经过中间环节,直接行使风险资本运作者的职能,将资本投入风险企业。

一、风险投资者

对于风险投资的融资而言,最主要的问题就是风险资本的来源问题即由谁来提供风险资本。风险资本提供者的差异相应决定了各国与地区风险投资机构的组织形式与运作效率,最终对风险投资的发展水平产生不同的影响。

在风险投资发展的早期阶段,风险资本主要来源于富裕的家庭和个人。随着风险投资的发展,各国与地区政府给予种种政策上的支持,吸引了许多机构投资者的加入。目前,风险资本提供者主要包括:①公共与私人的退休基金;②捐赠基金;③银行持股公司;④保险公司;⑤投资银行;⑥其他非银行金融机构;⑦公司;⑧个人与家庭;⑨外国投资者;⑩政府。

以美国为例,美国的风险资本提供者主要有年金基金、银行、保险公司、大公司、个人、国外资金等。20世纪80年代以前,风险资本的来源比较分散,家庭和个人提供资金所占比例最大。80年代以后,风险资本的来源结构发生重大变化,资本供应与来源逐渐多元化,养老基金、大型企业、捐赠基金、保险公司及银行等、私有基金和外国投资基金等都是创业风险投资基金的主要来源,其中养老基金比重超过了40%,成为风险资金最大来源。进入21世纪,美国风险资本管理总额一直保持高位水平。风险资本结构相对稳定,养老金、捐赠基金、银行和保险公司成为风险投资基金的最主要的来源,大约分别占到了42%、25%、21%,总比重接近90%。养老金仍为最大的风险资本来源。捐赠基金占美国风险投资资本来源的比重时有高低。美国许多大型企业、上市公司,特别是一些跨国集团公司往往成立创投机构来投资或购并和公司未来战略发展有关的其他企业,为公司市场或技术发展开拓新的领域,其比重波动较大。

不同类型的风险资本提供者对风险资本的运作有很大的影响。因为风险资本是流动性很低的权益资本,投资期限长和风险大等特点决定了其筹措到的资金必须是长期固定的,风险投资者对投资风险应有一定的评价能力。年金基金、人寿保险公司等机构性质决定了资金来源稳定并具有相当的专业素质和研究能力,自然成为风险资本的主要提供者。而商业银行等传统金融机构在兼顾收益性、流动性和安全性的经营原则下,则更注重保持资产的流动性,适度回避金融风险,这使得风险投资的期限不得不缩短,并且经理人员多数来自商业银行,缺少科技背景,阻碍了对高新科技项目创业初期投资机会的挖掘,导致风险投资集中在企业发展后期进入,有违风险投资的初衷——对新兴的有发展前景的中小企业提供资金支持。

因此,可以得出一个基本的结论是,高风险投资的资金应当由愿意并且能够承担高风险的个人与机构来提供。以银行为主体培育风险投资体系则难以成功。

二、风险投资机构

在理论上,风险资本的运作者可分为风险投资机构和个体风险投资者;在实践中,风险资本的提供者与运作者也可合二为一,即资本提供者直接行使资本运作者的职能。但是,风险资本运作者作为风险投资运作流程的中间环节的地位不可动摇。随着风险投资的发展,各国给予风险投资的各种政策扶持,促使风险投资机构成为风险投资运作的主体。

1. 风险投资机构的类型

风险投资机构主要由一些具备各类专业知识和管理经验的人组成,同时其所有权结构要提供一种机制,使得投资者与提供专业知识管理技能的人得到合理的相应回报,并各自承担相应的风险。为适应风险投资体系的这种要求,经过国外几十年的发展和选择,形成了十多类风险投资主体的组织方式,在整个风险投资体系中发挥着不同的作用。下面介绍主要的几种:公司制、子公司型及有限合伙制。

(1) 公司制。这是指风险投资机构以股份有限公司或有限责任公司的形式设立。这是最早出现的风险投资机构的组织形式。按照《公司法》设立的风险投资机构,在架构上与普通公司一样,都设有股东大会、董事会、监事会以及由董事会决定的经理人,经理人员实施风险投资管理。风险资本提供者投入资金成为公司股东,只承担有限责任,享有股东权益,可以采用诸如"用手投票"和"用脚投票"的方式对经理人员进行监督与控制。由于公司一般不会轻易解散,因而会增加潜在风险投资者对其的信心,所以在风险投资发展的早期阶段和当今的发展中国家,公司制的风险投资机构成为最主要的组织形式。但是,在风险投资这一特殊行业,公司制采用的激励与运作机制存在着较大的缺陷。在公司制的风险投资机构中,经理人员的报酬明显不如有限合伙制中的普通合伙人,各国对公司经理人员股票期权问题都做了慎重规定,即使公司的经理人员能够享受到公司的年终分红,其分红水平也较低,这样业绩报酬不对称难以起到激励作用。在风险投资市场上,风险资本提供者与使用者之间存在信息不对称,往往导致直接投资效率低下,因而产生对中介——风险投资机构的需求。但在公司制中,大股东与董事在决策上有更多的主动权,经理人员的作用难以充分发挥,往往影响投资效率。这种组织形式的风险投资机构数量很快减少。

(2) 子公司型。这是指大公司、大财团以独立实体、分支机构或部门的形式设立的风险投资机构。20 世纪 60 年代中后期,一些大公司、大财团通过设立子公司型的风险投资机构,逐步进入了风险投资市场,这些实力雄厚的大公司逐渐成为风险投资的资金来源的主力之一。

实体公司下属的风险投资机构代表母公司的利益进行投资,其投资的重点为:一是产品有望进入母公司目标市场领域的企业;二是拥有或正在研发母公司所需技术的企业。这类风险投资机构的资金和经理人员一般来自母公司,投资项目的成功与否与经理人员报酬关联度有限,而其运作上往往受到母公司的严格控制。实践表明,随着风险投资市场的发展与成熟,投资项目的种类与数量越来越多,有限合伙制风险投资机构更显其旺盛的生命力。因此,实体公司下属的风险投资机构的市场份额呈下降趋势。

金融机构下属的风险投资机构代表外界投资者或母公司的客户进行投资。这类风险投资机构的经理人员往往来自金融机构,商业银行作为金融机构的主体,其安全性、流动性与收益性三位一体的稳健运作理念必然影响投资决策。这类风险投资机构通常将投资切入点放在企业发展后期,以扩展期尤以成熟期为主。

(3) 有限合伙制。在这种有限合伙制风险投资机构中,有两种合伙人,即有限合伙人和主要合伙人。这种合伙制的主要出资者称为有限合伙人,有限合伙人通常负责提供风险投资所需要的主要资金,但不负责具体经营;而主要经营管理者称为主要合伙人,主要合伙人作为风险投资机构的专业管理人员,统管投资机构的业务,同时也要对机构投入一定量的资金。由于主要合伙人付出了艰辛的劳动,将从有限合伙人的净收益中按 10%—30%的比例提取报酬。这种合作通常是有期限的,一般是 7—10 年,但主要依据公司投资生命周期和主要合伙人的意愿。

合伙人的集资有两种形式,一种是基金制,即大家将资金集中到一起,形成一个有限合伙制的基金。另一种是承诺制,即有限合伙人承诺提供一定数量的资金,但起初并不注入全部资金,只提供必要的机构运营经费,待有了合适的项目,再按主要合伙人的要求提供必要资金,并直接将资金汇到指定银行,而主要合伙人则无需直接管理资金。这种方法对有限合伙人和主要合伙人都十分有益:对有限合伙人来讲,可以降低风险;对主要合伙人来讲,省去了平时确保基金保值增值的压力。所以后一种形式已被越来越多的有限合伙制风险投资公司所采用。

2. 风险投资机构类型的差异分析

(1) 有限合伙制与公司制的差异分析。

① 法律架构。有限合伙制风险投资机构在法律上的最大特点是其不以公司的名义注册,因而不存在公司税。其税收是在各个合伙人的收入实现后上缴的所得税,避免了重复纳税的问题。而公司制风险投资机构作为独立实体要缴纳所得税,然后才能进行利润分配。

② 生命周期。有限合伙制风险投资机构普遍的生命周期为 10 年,但在征得合伙人同意后可以延长 1—3 年。在生命周期结束后,所有的股票与现金分配完毕,对账户进行彻底清算。而公司制风险投资机构除非被兼并收购或破产,其一般可以长期存续。

③ 注资时间。有限合伙制风险投资机构中的有限合伙人的资金支付一般可分期进行,通常合同规定有限合伙人在合同签字后立即投入其承诺资金的 25%—35%,然后在规定的时间按规定的比例投入。而公司制风险投资机构由于采用公司组织形式,其资本金必须一次到位。

④ 报酬激励。有限合伙制风险投资机构的普通合伙人的投入通常为基金资本的 1%,其报酬由管理费用和利润分成两部分组成;基金的生命周期内每年的管理费用一般为承诺资本的 1%—3%;利润分成部分通常占基金总利润的 20%。而公司制风险投资机构对基金经理人员的激励乏力。美国《1940 年投资公司法案》规定,公开交易的投资公司经理不得接受股票期权或其他以业绩为基础的报酬。

⑤ 承担责任。有限合伙制风险投资机构所获得的投资收益一般立即分配给有限合伙人,收益分配的形式可以是现金也可以是股票;普通合伙人的利润分成要到有限合伙人收回其全部投资后方可提取。而公司制风险投资机构所获得的投资收益既可按投资的比例向股东分配,也可作为积累留在公司。

⑥ 基金性质。有限合伙制风险投资机构属于私募基金的性质,无须定期公告业绩,运作较为自由。而公司制风险投资机构属于公募基金,并且大多数公开上市,其运作要求有高度的透明度,这与风险投资的高风险特征存在冲突。

(2) 有限合伙制与子公司型的差异分析。

① 资金来源。有限合伙制风险投资机构的资金主要来自其出资者即有限合伙人,通常包括公共退休基金、私人退休基金等机构投资者以及个人投资者。而子公司型风险投资机构的资金主要来源于其母公司。

② 投资策略。有限合伙制风险投资机构独立于其出资者,对投资对象的选择完全取决于普通合伙人的经验与评价。而子公司型的风险投资机构的投资策略通常由母公司的发展战略

所决定。

③ 报酬激励。有限合伙制风险投资机构的普通合伙人只有在其投资的风险企业项目获得成功时才能取得收益,但投资项目一旦取得成功,其收益水平相当高。而子公司型的风险投资机构的经理人员一般为母公司的雇员,投资项目的成功与否对其的报酬影响极为有限,他们一般以工资的形式取得收入。

三、风险企业

风险企业是风险投资的对象。从内涵上看,风险企业大多数为具有创新性和良好市场发展潜力的中小企业;而在实际操作中美欧在风险企业范畴的外延上有所差别。美国主要集中于通信、电子、计算机、生物技术等高新技术产业领域,因此其风险企业的外延主要指中小高新技术企业。而欧洲国家对高新技术产业的风险投资比例明显偏低,一般加工业和新兴文化娱乐业的比例相当高。

作为风险投资的对象,风险企业发展的不同阶段相应地对风险资本有不同的融资需求。根据风险资本在企业不同发展阶段投资的特性,可将风险投资分为前期融资投资、后期融资投资和投资转型资本。

1. 前期融资投资

前期融资投资包括创业资本、开业资本和早期发展资本三种形式。这三种形态风险资本的共同特征是投资期限长、风险高,尤以创业资本为甚。

(1) 创业资本。研发阶段是指产品或技术的酝酿与开发阶段。这一阶段的风险企业尚未成型,可能还只是一种创意、专利或一项新技术、新发明,资金需求量很少,投资期限最长,风险最大。这一阶段风险投资机构投入的资本称为创业资本。

创业资本主要用于帮助风险企业家研究其创意、进行市场调研、编制创业计划、组建管理团队等。对于风险企业家而言,接受创业资本将付出极大的代价,意味着要失去相当一部分企业的股权,但他得到不仅仅是创业资本的支持,通常还包括未成型企业特别需要的实践经验的指导。对于风险投资家而言,投入创业资本将要承担长时期的高风险,因此必须拥有较多的企业股权,才能确保在企业成功后获取对应的高额回报。

(2) 开业资本。创建阶段是指技术初步完善和产品试销阶段。这一阶段风险企业在新发明新技术基础上开始了初步运行,一方面要进一步解决创意或发明的产品化,排除技术障碍;另一方面需要制造少量产品进行试销,反馈市场信息。这一阶段风险企业的资金需求(相对上一阶段)明显增加,但投资期限长、风险大的特征仍然存在。这一阶段风险投资机构投入的资本称为开业资本。

开业资本的资金需求量较大,其资金来源主要是原有风险投资机构的第二轮资金投入,如果这一渠道无法完全满足需要,也可从其他风险投资机构获得资金支持。风险企业家为获得新一轮长期资本支持的代价是进一步出售企业的股权。风险投资机构在拥有风险企业股权比重提高的情况下,对风险投资家提出了管理素质的要求,即在这一阶段中风险投资家需要直接或间接地介入风险企业的管理。

(3) 早期发展资本。早期发展阶段是指风险企业开始正式生产,初步形成规模阶段。这一阶段风险企业在市场开拓方面已有进展,但一般还没有盈利。为了塑造产品的品牌,提高公司的知名度,确立在行业中的先导及主导地位,风险企业需要第三轮投资。这一阶段风险投资机构投入的资金称为早期发展资本。

早期发展资本的介入往往会引起风险企业资本结构多元趋势。就风险企业家而言,不希望原有风险投资机构拥有股权比例进一步提高,并且担心原有风险投资机构一旦对其失去信心会影响企业发展,因而要求扩大股东数目分散股权,并希望通过吸收新投资者能带来其所需技术或市场份额。就原有风险投资机构而言,则可能担心对单一风险企业投资过多,承担的风险过大,影响其投资组合多元化以分散风险的投资宗旨;或者风险企业要求第三轮资本投入量超过了其投资能力,也会同意吸收新投资者。但是,原有风险投资机构仍握有是否投入早期发展资本的主动权。

2. 后期融资投资

后期融资投资主要包括扩展资本与过渡性资本。相对早期融资投资而言,该阶段投资的周期较短,风险较低。

(1) 扩展资本。扩展阶段是指风险企业技术完善与生产扩展阶段。在这一阶段,风险企业一方面要扩大生产规模;另一方面要开拓市场,提高销售能力,以尽快达到最低经济规模或实现规模经济效应。这一阶段风险投资机构投入的资金称为扩展资本。这一阶段风险企业资金来源已不仅是原有风险投资机构的增资和新的风险投资机构的投入,企业产品销售开始回笼资金,银行等其他金融机构的稳健资金也会择机进入。

处于这一阶段的风险企业的管理与运作基本成型,已具有较为成功的业绩,投资风险明显降低。更为吸引风险投资家的是,风险企业在较短的时期内便可迅速成长壮大走向成熟,并接近公开上市的最低标准。风险投资机构投入的扩展资本,将会帮助风险企业完成公开上市的飞跃。因此,扩展资本投资具有周期较短、流动性较强、风险较低的特征。

(2) 过渡性资本。风险投资的过渡性阶段也是风险企业的成熟阶段,是指企业技术成熟和产品进入大工业生产阶段。在这一阶段风险企业产品销售已能产生相当的现金流入,因为技术成熟与市场稳定,风险企业已有足够的资信去吸引稳健型金融机构的投入或利用债券、股票等金融工具融资。虽然这一阶段风险企业的资金需求量很大,但风险投资机构已很少增加投资。这一阶段一般是风险投资机构的收获季节即风险投资的退出阶段。

如果风险企业需要进一步改善资产负债结构,或吸引著名风险投资机构进入以提高企业形象,增强公开上市的能力,也会接受风险投资机构的资本投入。在风险企业走向公开上市的最后阶段的投入资本,也被称为过渡性资本。过渡性资本的周期短、流动性强、风险小的特征也就更为显著。

3. 投资转型资本

风险投资机构主要培育创新型企业,必要时也为处于破产边缘或资金周转失灵的成熟型企业提供资金,在使其重获新生后退出。投资转型资本主要以重组资本与风险杠杆收购资本形式出现。

(1) 重组资本。当企业管理层能力不足,财务控制失衡,负债过重,或缺乏运作资金而陷入困境时,而企业又拥有相当的优质资产或拥有先进的技术及产品,风险投资机构经过实地考察与市场调研,也可以为企业提供一定的股权资本,帮助企业改善其资产负债结构,通过资产重组起死回生。风险投资机构投入企业重组的资本称为重组资本。

风险投资机构根据企业潜力与市场前景的调研,决定投入重组资本,就需要实施管理辅助或完全接管。企业经过资产重组,渡过危机后,风险投资机构则通过企业股价上扬后出售股权获利或将企业整体出售获利。风险投资机构投入重组资本的最大风险是企业重组失败。

(2) 风险杠杆收购资本。风险杠杆收购通常是企业经理人员以及技术专家利用风险投资机构提供的资金,买下自己所在的企业的所有权。风险投资机构投资于杠杆收购活动的风险资本称为风险杠杆收购资本。

风险投资机构之所以帮助这些经理人员及技术专家,关键在于他们已经掌握了先进技术或产品,具有丰富的市场运作经验,协助他们获得成功的概率远远高于扶植创新型的风险企业。

此外,风险投资机构还可通过收购有潜力的现存公司合并成具有一定规模的大公司,然后在公开资本市场上市,以达到风险资本增值的目标。风险投资机构投资于一般意义上的收购合并活动的资本就是风险并购资本。

第三节 风险投资的投资过程

风险资本从提供者手中流向运作者,风险投资活动具体由风险投资机构运作。风险投资活动的投资过程一般包括项目选择、项目投资合约的设计与签订、项目管理与监控以及风险投资的退出等四个基本环节。

一、风险投资项目选择

风险投资是否成功,关键之一在于所选择的风险投资项目,所选项目的好坏将直接与未来的风险与收益相联系。

1. 风险投资项目的选择原则与选择方法

国际风险资本经过多年运作实践,逐渐形成了风险投资机构的三大投资选择原则:

(1) 每项投资不承受多于两项风险。企业在早期阶段,会遇到研发风险、生产风险、市场风险、管理风险和发展风险这五项典型的风险,即对于企业来说,是否能开发出技术,生产出产品并销售出去,最后能够获得足够的利润以维持企业的发展。对风险投资机构来讲,一般只能同时接受其中的两种风险,而且风险投资机构最能有效控制的风险应是市场和管理风险,其他风险则较难把握。一般超过两项风险的项目再好也不投。

(2) 遵循 $V=P\times S\times E$ 的公式。这里的 V 为投资价值,P 为市场需求大小,S 为产品、技术或服务的独特性与可行性,E 为企业家(管理团队)的素质。项目有了高价值的因素 P、S 和 E,才会激发风险投资机构的兴趣。如果定义 P、S、E 有效的比值系数是 0—3,那么交易发生价值在 0—27,在这样的评价系统中,一般来说只有 V 值达到 20 以上,项目才具有投资价值。因为选择投资价值(V)高的项目,投资才能获得高回报。

(3) 其他因素相近时以 P 为参照系。也就是说风险投资家在几个项目风险与收益相近的情况下,更愿意投资市场需求较大的项目。从某种意义上说,风险投资机构投资的并非项目本身,而是项目(技术)未来的市场。没有市场也就不可能有回报,因此一个好的风险投资项目的灵魂是其未来的市场需求性。

风险投资项目的选择实际上是一个多目标的决策过程,成熟的风险投资机构通常应用系统工程和决策论的方法。层次分析法(AHP法)是当今解决项目评估和选择的一种行之有效的方法,在这其中就体现了风险投资的三大原则。确定投资项目的评估价值是层次分析的总目标,项目评估的一般标准(创业计划书、管理、技术和产品、市场、财务、退出等)则作为分目标,分目标又可细分为技术的先进性、成熟性和市场接受程度等指标,最后量化指标以便比较。在确定各个指标的权重以及对各指标具体评价时可以采用专家打分法。项目的评估值确定后,将项目的评估值和最低的预期值要求相比较,大于预期值的可以考虑投资,小于预期值的不予投资;若几个项目可供选择,则评估值最大的项目优先。

2. 风险投资项目选择的操作流程

确定投资项目是风险投资运作的第一步,也是最为关键的一步。在如何确定项目上,风险投资机构都有一套十分严格的专业化操作流程,一般包括以下三个主要步骤:

(1) 项目遴选。一般在遴选阶段,项目通过率只有 1/15—1/10。一个典型的风险投资机构每年都能接到数以千计的项目建议书或项目信息,风险投资机构的专业人员对收到的创业计划和投资信息进行筛选,以快速舍弃不合适的投资方案。在该阶段,选择的主要依据是风险投资机构根据其投资战略、目标所制定的项目筛选标准,所评估的对象基本只是项目计划书本身。项目选择一般遵循如下要求:①是否符合投资方向;②是否达到一定的技术含量标准;③是否具有一定的商业前景。

(2) 项目评估。通过筛选阶段的淘汰,只有风险投资机构认为合适的、有价值的少数项目得以保留,进入投资评估阶段。国外成功的风险投资机构在实践中都建立了一套行之有效的风险评估组织体系及评价指标体系。在项目评估中一般会考虑以下几个问题:

① 风险企业所处的行业。风险投资机构出于控制风险、增大回报的考虑,大都坚持集合投资的原则,对风险企业所处的行业有自己的偏好和专长。许多风险投资机构往往对某一领域有着远超于常人的了解程度,比如麦克尔·伯金斯基金在信息领域独树一帜,其杰作是苹果电脑;唐·休特兰则专门投资于微电子领域,他虽拒绝了苹果公司的投资请求,却得到了罗姆电子的回报。

② 风险企业所处的阶段。企业的发展阶段通常被分为:研发阶段、创建阶段、开拓阶段、扩展阶段、成熟阶段。风险投资机构对风险企业所处的阶段也有自己的偏好和专长。一般致力于投资早期企业的风险投资机构会强调自己投资政策的专一。只有一些优秀的风险投资机构和经验丰富的投资家才致力于并能够从事创业阶段企业的投资;一般的风险投资公司则投入开拓期和扩展期以规避风险;金融机构下属的风险投资公司则明确地表示投资后期乃至过渡、转型的企业以求迅速变现,发挥他们特有的经验优势,并避免他们对早期企业的管理和行业技术不熟悉的缺陷。

③ 风险企业要求的投资规模。投资规模的选择是一个规模效益和风险控制的平衡问题。和成熟企业一样,投资规模过小,管理成本就会上升;规模过大则风险过大。风险投资机构必须结合自身条件给予全面考虑,寻找两者的最佳结合点。

④ 风险企业的地理位置。出于辅助管理风险企业的便利条件考虑或政策所限,风险投资机构一般选择在其所在地周围的风险企业进行投资。而且往往会自发地集中到某些投资环境优良的地方,形成"范围经济效应"和良性循环,比如美国的硅谷,英国的剑桥,台湾的新竹等。

⑤ 风险企业家的素质。企业家素质是否符合要求,是风险投资需要考虑的重要因素。有经验的风险投资机构认为环境与市场的变化是不可预知的,也是无法控制的,只有经营者的强烈愿望和意志力才能克服困难和挑战,确保成功。因此投资对象应具有技术创新精神和经营专业能力的高素质的管理团队。

在同创业企业管理者打交道时,风险投资机构常常会遇到一些实际问题,最典型的就是排外性、信息垄断和控股心态。一些企业有了发展之后,便将这片天地视作自己的"一亩三分地",或在双方合作谈判中报喜不报忧,导致严重的信息不对称,或在合作中一律要求控股,缺乏灵活性。这些负面因素的影响,常常使企业丧失了由风险投资进入而带来的低成本扩张和分散风险的最佳机会。

此外,风险投资机构在对潜在的投资机会进行筛选时,还要考虑自身的资本实力、融资渠道、投资策略、以往经验和对产业发展的战略判断等。

综合风险投资的内涵与特征,不同风险投资机构的不同评估侧重,可以肯定的是项目评价指标体系的核心是判定投资收益和风险。由评价核心所确定的评价指标体系一般可由以下子体系组成:①市场吸引系统,主要包括市场规模、市场对产品的需求程度与竞争程度、产品的市场增长潜力以及产品进入市场的渠道类型等;②产品技术系统,主要包括风险企业的技术水平与能力、研发产品性能的独特程度、产品的利润含量,产品技术受到专利保护等;③管理能力系统,主要包括企业家素质、管理团队的合作程度与应变能力、管理技能、营销技能以及财务技能等;④环境支持系统,主要包括经济周期变化影响、宏观政策调整影响、相关技术领域的发展影响等;⑤退出变现系统,主要包括退出变现的难易程度、退出变现的方式选择等。如果讲第一、二子系统主要偏重项目的预期收益水平,那么第三、四子系统则主要偏重降低项目风险的能力,第五子系统表现为收益与风险的结合。

风险投资机构在确定了项目评估的指导思想、评估方法和评价指标体系后,就可以组织专业人员(包括内部和外聘)按评价指标体系对项目进行量化评估。在评估工作中必须对项目的有关信息进行系统的调研、分析和处理,并根据掌握的信息对项目的技术、市场和财务等方面进行分析。主要的方法有:与创业企业家和管理人员进行面谈;调查与企业管理人员有往来的相关人员或机构;参观企业;对风险企业的管理和财务进行分析;检查风险企业的历史记录等。

(3) 项目决策。风险投资机构认为好的项目应该是合适的企业家在合适的时候拥有合适的技术,并存在或能够创造出合适的市场,最终必会带来丰厚的回报。经过一系列的筛选,只有极少数的投资项目得到保留,但还需从宏观上加以考虑,判断是否有合适的投资时机。

绝大多数情况下,风险投资机构是以创业企业的计划书为基础,依靠风险投资的知识、经验甚至直觉来进行项目选择的。这种决策很大程度上带有决策者的主观性,但是这种主观性不等于随意性,事实上风险投资家必须有全面的金融、管理知识和高度风险意识并且对某个产业(技术)有着深入的了解,才能准确地做出投资决策。

风险投资的风险确实很大,但这种风险并不是盲目的,而是可以预期的,尤其是各类非系统性风险。风险投资机构在项目评估和选择时往往依靠各种专业的人才、机构来做大量审慎、严格的调查工作,以求达到项目决策的最大限度的科学性和获得在控制风险条件下的最大化收益。

二、项目投资合约及构造

风险投资机构与风险企业之间的默契与合作是风险投资取得成功的又一关键。而这种默契,从国际风险投资的游戏规则分析,更多的是依靠投资合约中所设定的各种契约关系以及由此形成的内在机制来实现。

项目投资合约是风险投资机构与风险企业之间的投资合同,目的是为了协调双方在特定风险投资交易中的不同需求与关系。尽管不同类型风险投资机构与处于不同发展阶段的不同性质的风险企业的需求各异,但其投资合约(主要是购股协议)却有许多共同点。主要包括:①风险投资定价;②金融工具确定;③分批投入金额与时间;④报酬体系;⑤信息要求;⑥董事会构成;⑦介入管理的程度与途径;⑧退出机制;等等。

风险投资机构与风险企业之间的关系本质也是一种委托代理关系,由于它们的利益要求不同,客观上存在着信息不对称。项目投资合约作为调节两者之间关系的重要工具,又必然反映出风险投资机构保护自身利益解决问题的途径与方法。

1. 项目投资定价

风险项目投资的价格是指风险投资家在投资寿命期内获得的总回报,它既包括当期收入(股利与利息),也包括资本利得。由于风险企业经营业绩的不确定性,风险项目投资的价格一般表示为风险企业为获得风险资本而提供的股权份额,或风险投资机构对风险企业投入资金所要求的股权份额,也反映了风险投资机构与风险企业在共同合作过程中所要承担的风险与应得的收益。风险投资定价的基本方法有:

(1) 哈佛定价方法。它对风险企业定价的一般程序为:

① 对风险企业长期目标的实现进行预测,主要是投资的收回时间即第 n 年的税后利润 C_{n0}。

② 估算第 n 年投资收回时风险企业的可能价值 V_n。

V_n 为第 n 年行业平均市盈率(P/E)与第 n 年风险企业税后利润(C_n)的乘积。

③ 估算投资期限内调整风险的贴现率(r),并将投资收回时的风险企业价值(V_n)折为现值 P_n。

$$P_n = V_n/(1+r)^n$$

④ 将所需投资额现值(I)除以风险企业价值的现值(P_n),求得风险投资机构应得到的股权比例。

即: 风险投资机构要求的股权份额 $= I/P_n$

(2) 曲棍球法。该方法名称源于风险企业财务状况的预计类似曲棍球棒,即当前风险企业处于曲棍球棒的底部,如果筹集到一定资金,风险企业财务状况可在若干年内达到球棒的顶端。利用该方法对风险企业定价的一般程序为:

① 预测第 n 年投资收回时风险企业的可能价值(V_n),方法同上。

② 估算投资回报倍数(R)。

③ 估算风险投资机构投入资本的现值(I)。

④ 估算风险投资机构的预期投资收回价值,即 $I \cdot R$。

⑤ 估算风险投资机构要求的股权比例,即 $I \cdot R/V_n$。

上述定价过程中的一个核心问题是贴现率(或投资回报倍数)的估算。这些收益率应当明显高于市场上其他投资的收益率水平,因为风险投资要求的收益率包含着市场上的无风险收益、风险收益以及资产的流动性等的补偿。实践中,风险投资家使用高贴现率的另一目标,就是防止风险企业对预测的过于乐观。

2. 确定金融工具

风险投资机构投资风险企业,一般运用的金融工具有债券、普通股以及介于两者之间的混合证券。风险投资机构确定金融工具的出发点为:投资的变现、对投资的保护及对企业的控制。

以债券形式投入的优点是有固定的利息收入,清算时具有优先权。但它的不利之处在于风险投资机构不能分享风险企业未来的成长成果,无法对风险企业实施有效的控制。对风险企业而言,采用债务融资将呈现资产负债水平过高,影响其进一步融资,也阻碍了其他传统金融机构的进入。

以普通股形式投入的优点是风险投资机构可以享受风险企业价值上升的成果。但它的不利之处在于企业清算时,普通股股东剩余求偿权排在最后。此外,拥有风险企业少数股权会导致风险投资机构对企业控制能力的削弱,而拥有多数股权风险投资机构则须加大资金投入。

因此,大多数风险投资机构采用隐含选择权在内的混合证券形式投入,最常见的是优先股、可转换优先股、可转换债券、附认股权债券。风险投资机构往往还要求投资合约中加入控制投票权等其他条款以加强对风险企业的控制。

优先股是企业股本的构成部分,而且当企业有税后利润时才支付股利,但在企业清算时其剩余求偿权次序先于普通股。可转换优先股还具有在一定期限内按约定的条件转成普通股的权利。

可转换债券是债券与股票混合体。当股价低于转换价时,可转换债券只是一种债券;当股价高于转换价时,可转换债券可转成普通股,因此在企业经营不景气时,可转换债券的价值损失小于股票。对风险企业而言,转换价一般高于直接购股价,等于发行一定量的普通股可以获取较多的资金;反之,则获得一笔利率较低和期限较宽松的债务资金。

附认股权债券是由债券与认股权组成。认股权允许风险投资机构选择,当企业前景明朗、股价上升时,风险投资机构有权按约定的价格(低于股票市价)购买普通股;否则放弃认股权。对风险企业而言,因为认股权的潜在价值将使其能获得利率较低和期限较宽松的债务资金。

显然,风险投资机构掌握的混合证券比风险企业家的证券优先级高,且隐含的选择权在一定程度上起到了保护投资者的作用。

3. 分阶段投资

风险投资机构一般不是一次性投入风险企业完成其创业计划书所需的全部资金,而是分阶段投入,这样较好地解决了信息不对称与控制投资风险的问题。分阶段投资使风险投资机构拥有了一个有价期权,可以在风险企业经营不善时放弃投资,减少损失。因为只要风险投资机构还在提供资本,风险企业几乎从不停止对一个失败项目的投资。风险投资机构只有拥有放弃的权利,才能在高度不确定的风险环境中保护自身的利益。

在风险企业发展不顺利的情况下,风险投资机构给予风险企业家严厉的惩罚。惩罚主要采用两种形式:一是超过额度使用标准部分的资金,风险投资机构将要求更高的股权份额,从而加速稀释风险企业家的股份；二是完全停止投资，关闭企业。这两种情况不仅会给风险企业带来巨大的经济损失，降低市场信誉，增加筹资成本，甚至可能使其失去在市场上的立足之地。因此，风险企业家要通过全面的分析，相信有能力达到预定的目标，才会接受分阶段的投资安排。而风险企业一旦获得成功，分阶段投资安排下的风险企业家所得远超过一次性投资安排下所得。由于成功的风险企业价值总是在不断上升的，因而某笔资本所能换取的股份会递减，从而风险投资机构的增量投资对风险企业家股份的稀释作用会降低。所以，分阶段投资是一种有效的监督制约工具，也是一种激励机制。

除了分阶段投资外，风险投资机构还有对风险企业管理人员进行直接监控的手段，如降职、解职等。风险投资机构还可通过投资合约中的有关股份回购条款来制约企业管理人员，如当管理人员离开企业时，企业有权以低于市价或账面价值的价格从其手中回购企业股票。股权分配计划也会将分配给提前离开企业的管理人员的股票限制在最低水平。这些措施的目的就是将企业管理人员的利益与企业的利益捆在一起，从而降低风险投资机构的投资风险。

4. 报酬体系

在风险企业中，管理人员的报酬是同企业的业绩挂钩的。他们的现金收入一般低于劳动力市场的价格，现金收入的不足由他们得到的风险企业的股权来弥补，其潜在价值往往远远高于其现金收入。然而，管理人员拥有的股票只有在企业创造了价值并变现后才能实现。通过这种报酬体系，风险企业管理人员与风险投资机构的利益趋于一致，降低了委托代理关系中的"道德风险"。这种报酬体系也有利于风险企业对其雇员的有效管理。当风险企业终止雇佣合同时，离职人员的股票不能在市场上出售，只能按固定的价格由企业回购，由于预定价格远低于账面价值，而雇员的主要收入来自股票，这就大大增加了雇员离职或被解职的机会成本。

当然，股票代替现金的收入分配方法并不是十全十美的。它存在着一个重大缺陷是客观上刺激风险企业家敢冒风险。在经济学中，股票期权可以被看作是或有权利，它的价值是随着企业价值的不稳定性而增加。因此，除了设计合理的、科学的报酬体系机制外，风险投资家还应积极参与企业的管理。

5. 直接参与管理

由于信息不对称的存在，任何设计精密的投资合约也不可能预见所有的问题、冲突与分歧。在高度不确定的风险投资环境中，风险投资家需要扮演积极的角色，直接参与企业管理，发挥减少信息不对称，降低风险，降低委托代理成本的作用。风险投资机构占据董事会席位，帮助招募关键员工，与供应商和客户打交道，帮助制定战略战术，承担主要的筹资职能，协助企业进行收购兼并等。所有这些活动都是为了提高企业成功的可能性和投资回报，降低信息不对称，保护风险投资机构的利益。

风险企业获取风险投资的最大好处是，在获取风险资本的同时，也获得了风险投资机构在资金、人才、管理、信息等方面的优势，为企业经营提供了便利。风险投资机构与投资银行之间也保持十分密切的联系，为企业的上市与并购提供了机会。

6. 投资变现

风险投资机构和风险企业家都希望最终将手中股权资产变现，但由于它们在企业中所处的地位不同,对变现的时机与方式可能会有不同意见。因此,风险投资机构在投资合约中设置了一些保证实现双方目标的条款。

首先,风险投资机构拥有对其所持股份的卖权。这一权利常常在企业财务状况良好但因企业太小等原因不能上市的情况下执行。其次,大多的风险投资合约给予风险投资机构在某个时候将其股份拿到交易所注册的权利,并且由风险企业承担全部的注册费用。另外,投资合约还规定风险投资机构可以在风险企业家出售股份的同时,以相同的条件出售自己的股份,以避免风险企业家抢在风险投资机构前面出售股份。

三、项目的管理与监控

风险投资机构与传统金融机构最大的区别,就在于风险投资合约签订后,风险投资机构的角色从投资者扩展为合作者,即风险投资机构还要参与风险企业的运作管理。

风险投资机构参与风险企业管理的程度与侧重受到各种因素的影响,其中最主要的因素包括企业管理人员的经验与技能、企业所处的发育阶段、企业所采用技术的创新程度以及风险企业家与风险投资机构在企业发展目标上的一致性等。

风险投资机构参与风险企业管理与监控方式因此分为三类:即积极干预型、间接参与型和放任自由型。积极干预型是一种紧密式参与,风险投资家的意见直接影响风险企业的决策与运作。间接参与型,风险投资家仅提供咨询建议,但并不强求风险企业完全接受。在投资规模较小,风险企业已处于成熟期或对企业管理团队有信心的情况下,风险投资机构也可采用放任自由型的管理与监控。

风险投资机构参与风险企业的管理与监控中最主要的两项工作是帮助企业筹集资金和提高管理能力。前者是风险投资机构利用其在资本市场上的良好人际关系与运作技能为风险企业的进一步发展筹措资金。后者是风险投资机构通过经理市场上寻找和吸收高素质的经理人员,及时更换不称职的企业主管来实现。由于多数风险投资家认为管理能力是决定项目投资成功与否的关键因素,因而提高风险企业的管理能力成为其参与管理与监控中的最主要的工作。

对处于不同发育阶段的风险企业,风险投资机构参与企业管理的侧重存在明显的差别。在风险企业发展早期阶段,风险投资机构在投入资金的同时,还主要参与制定风险企业战略规划,提供建立、组织和管理新企业所需要的技能,招募经理人员等。在风险企业发展中后期阶段,风险投资机构一般不干涉企业的日常经营管理,放手让他们选中的信任的企业经理人员去经营发展风险企业。同时,风险投资机构为了保护其投资的权益,也会以积极支持的态度与企业经理人员保持密切的伙伴关系。当风险企业出现财务危机或管理危机时,风险投资机构往往利用控制投票权的方式实现对风险企业的控制、干涉,直至接管企业更换管理团队。在投资退出阶段,风险投资机构则直接指导企业的收购兼并和股票的发行上市。

四、风险投资的退出

风险投资仅是促进科技成果商品化、产业化,扶持中小企业创业发展的具有特定目标的阶段性资金,不能替代产业资本的投入。它会在适当的时机退出项目的运作,以实现风险投资的预期收益,保证风险投资的循环运作。

风险投资退出的方式与价格将决定风险投资机构的业绩。影响风险投资退出方式与价格的主要因素有:风险企业的经营业绩与发展趋势;宏观经济环境与资本市场的成熟程度。

风险投资退出的主要方式有:①出售,包括风险投资机构将企业股份转售给新加入的风险投资机构或收购公司。②股票回购,是指风险企业管理层要求回购企业股票时,风险投资机构可将企业股份返售给企业管理层。③公开上市,是通过风险企业首次公开招股上市,风险投资机构将股份在二级市场上出售。显然,公开上市是最有利可图的退出方式。

但是,传统交易所对上市公司的要求十分严格,风险企业一般达不到这些交易所的上市标准。为此世界各国相继创立了为风险企业提供退出场所的二板市场,并随着风险投资业的崛起而备受瞩目。美国早在20世纪70年代便有专门为中小企业服务的二板市场的雏形,目前成功运作的NASDAQ小盘股市场已成为世界各国建立二板市场的典范,尤其是创造了一套能保证小盘股市场正常运行的做市商制度。而欧洲起步较晚,直到1995年欧洲委员会才在有关文件中明确表示:传统的欧洲股票市场偏重于为大公司服务而忽略了小公司。由此越来越多的欧洲小公司到美国股票市场,尤其是NASDAQ市场上市,这种状况不利于欧洲金融服务业的发展。更为严重的是,上市困难使风险投资不易退出,影响了风险投资业的发展,阻碍了创新型企业的发育和成长。在欧洲委员会的支持下从1995年开始建立多个服务于新生小企业的股票市场。

 拓展阅读

红杉资本投资再获高回报——WhatsApp

WhatsApp是一款用于智能手机之间通讯的应用程序,借助推送通知服务,可以即刻接收亲友和同事发送的信息。可免费从发送手机短信转为使用WhatsApp程序,以发送和接收信息、图片、音频文件和视频信息。

2009年2月24日,简·寇姆(Jan Koum)注册了一家专门开发手机"状态"应用的公司。同年5月,该产品上线第一个版本,然而并没有引发任何反响。6月,苹果公司增加了通知推送功能。于是寇姆开始重新思考WhatsApp的功能,希望将它重新定位成一款功能齐全的跨平台聊天应用,9月,WhatsApp新版上线。

2011年8月28日,红杉资本创始合伙人吉姆·吉茨(Jim Goetz)斥资800万美元对WhatsApp进行股权投资。

2014年,WhatsApp拥有了4.5亿的活跃用户,比其他任何一家公司达到这个级别所用的时间都要短。难以至信的是,WhatsApp当时的日活跃用户率(针对那些仅是每月登录的用户而言)已经攀升至了72%。整个行业的标准水平也不过10%—20%之间,仅有少数公司达到了50%。即便按照世界上最牛的科技公司的标准,WhatsApp也依旧脱颖而出。

据伯乐创投了解,WhatsApp仅有32名工程师,相当于1名开发者支持1 400万用户,这惊人的比例业界从未听闻。这个传奇般的团队搭建的服务稳定、低延迟,每天利用Erlang这种编程语言跨跃7个平台处理500亿条消息,且保持99.9%的正常运行时间。对比任何一个科技公司,WhatsApp都是数一数二的佼佼者!

如此看来,红杉资本对 WhatsApp 的股权投资绝对是明智之举。其后,红杉资本创始合伙人吉茨在其博客中谈到了这一话题:"过去三年,作为詹和布莱恩亲密的商业伙伴及投资者,我们始终在与他们并肩作战,对此我们深感荣幸。这是一次壮观的旅途,我们对这些才华横溢的合作伙伴今天取得的成绩不能再满意了,他们坚不可摧的信念和特立独行的个性集中诠释了硅谷精神。"

2014 年 2 月 21 日,Facebook 宣布以 190 亿美元收购 WhatsApp,这一消息曝出,红杉资本成了幸运的超级大赢家——有消息称,红杉资本凭借此前对 WhatsApp 的三轮股权投资获得了 WhatsApp 19%的股份,而这部分股份如今价值已超过 30 亿美元!

资料来源:北京伯乐创投,《红杉资本投资再获高回报——WhatsApp》,https://www.163.com/dy/article/EOSDG9R005389QUQ.html。

复习思考题

1. 试述风险投资的内涵。
2. 试述风险投资与一般金融投资的区别。
3. 试述风险投资的功能。
4. 试述风险资本来源差异的影响。
5. 试述有限合伙制与公司制风险投资机构的差异。
6. 试述有限合伙制与子公司型风险投资机构的差异。
7. 试述创新型企业不同发育阶段的特征。
8. 试述前期融资投资与后期融资投资的区别。
9. 试述风险投资项目的选择原则。
10. 试述风险投资项目评价指标体系的构成。
11. 试述风险投资机构以混合证券形式投资对其和风险企业的各自优点。
12. 为什么说分阶段投资既是一种制约工具,又是一种激励机制?
13. 试述风险投资退出的主要途径。

第九章 基金管理业务

自从1952年马科维茨在《财务学杂志》上首次发表关于投资组合的分析方法以来,如何进行资产配置,如何调整各主要金融资产间的权重,如何确定各资产的具体券种,以便在风险最低的条件下,使投资者获得最高的投资回报,便成为各投资基金管理人的首要任务,这也是基金理论的精髓所在。虽然资产定价理论和资产组合理论为投资者提供了识别证券定价是否合理以及如何构造有效投资组合的原理和方法,但对于大型机构投资者来说,怎样确定投资目标和投资方针,如何科学合理地分析、搭配基金,并对基金进行绩效评估和调整则属于更为纷繁复杂的系统工程,投资银行在基金的整体运作过程中,发挥着越来越重要的作用。首先,投资银行可以作为基金的发起人,发起和建立基金;其次,投资银行可作为基金管理者管理基金;第三,投资银行可以作为基金的承销人,帮助基金发行人向投资者发售投资基金。

第一节 投资基金概述

投资基金从其产生以来,在长期的发展过程之中,品种不断增加,制度也趋于完善,在世界范围内的各国证券市场中逐渐占据重要的地位,并以机构投资者的身份成为证券市场的中坚力量,同时成为各投资银行竞相追逐的业务品种和新的利润增长点。但如何对基金进行管理却是近年来逐渐被重视的问题。

一、投资基金的含义

所谓投资基金是指通过发行受益凭证或股份的形式,将社会公众投资者的闲散资金汇集起来,交给由具有专业知识和经验的专家组成的机构,由他们进行组合投资,所获收益除一部分作为管理费用外,由投资者按出资比例分享。投资基金作为一种集合投资方式,最早产生于1868年的英国,但它的繁荣却是在20世纪80年代以后。投资基金的快速发展有其必然性。首先它突破了中小投资者资金数量的限制,其次有效解决了个人投资者专业知识的匮乏,真正实现了聚少成多、专家理财、组合投资、分散风险的目的。

二、投资基金的构成要素

为了确保基金运作的安全,强调机构之间的分权和制约作用,任何投资基金的设立和运作都离不开其他机构的协调和参与,在基金管理机构的基础上,还包括另外一些重要的构成要素。

1. 基金管理机构

基金管理机构作为投资基金的主体和核心,在我国将其称为"基金管理公司",主要负责发起设立投资基金,按照基金契约或基金公司的章程制定投资策略,并运用基金资产进行投资。

2. 基金托管机构

为了保护广大投资者的利益,任何一只投资基金都必须设立托管机构。通常由具备一定条件的商业银行或信托投资公司担任。托管机构主要负责:为基金设立账户,对信托资产进行妥善保管;监督基金管理公司的投资运作,以确保基金管理公司在投资过程中遵守信托契约或基金说明书中的规定。

3. 投资顾问

随着证券市场的不断深化和完善,市场规模逐渐扩大,证券种类日益繁多,交易方式层出不穷,基金管理机构的自身能力受到了一定的制约,而投资顾问作为由具备一定学历、资历的专家组成的专业类咨询机构,在证券市场上逐渐占据比较重要的地位,成为投资基金不可缺少的构成要素。基金管理机构通过聘请信誉卓著的投资顾问或金融财团参与管理,双方签订顾问契约,投资顾问凭借其对国内外经济形势、行业发展、公司状况的深入调查和分析,为大型的机构投资者和富有的个人投资者在设定投资目标、配置资产和选择投资管理人员等方面提供专业化的咨询服务,以帮助投资者和基金管理机构减少投资风险,获取更高的投资收益。

4. 投资者

投资者作为基金资产的最终所有者,以出资人和受益人的身份参与投资基金的设立和运作。从资金有限的个人投资者到财力雄厚的机构投资者,比如在国外市场上大量存在的公司退休金计划、州或地方政府退休金计划、捐赠基金和其他基金等。投资者的权利和义务因不同的基金种类而略有差别。在美国,由于资产配置决策和投资业务结构非常重要,许多主要的基金的投资者都亲自承担制订投资组合决策的责任,这主要是由于市场的剧烈变动及相关法案的出台,规定了投资者和投资管理人员双方谨慎的行为准则。

5. 评估机构

各专业投资经理的广泛存在和不同基金类型的不断演进,使投资经理的评价问题日益重要。如何选择管理人员,以达到避免人员过剩和实现管理者协调合作的双重目的,就需要某些专业机构提供建议和结构性的分析技术来帮助设计和运作,评估机构的出现使这些工作得到解决,并使得因为不同类型专业管理人员的增加而造成的日益复杂的业绩评价工作得以完成。

三、投资基金的类型

投资基金作为一种投资工具,因其具有流动性高、品种多样、选择性强等特点,逐渐受到越来越多投资者的青睐。基金的品种大致有以下几种分类标准。

1. 按投资基金的组织形态划分

投资基金可分为契约型和公司型。

契约型基金是指由委托人、受托人和受益人三方通过签订信托契约的方式而建立起来的基金。该类基金不具有法人资格。委托人作为基金的发起设立者,负责设计基金种类,筹集资金并管理运用资金。受托人即基金保管机构,主要负责依据信托契约保管信托财产,并进行会计核算,同时监督委托人的管理和运用。受益人作为受益凭证的持有者,享有按投资比例获取投资受益的权利。

公司型投资基金是指依据公司法,按照股份制原则设立,通过向社会公众发行基金股份的方式而成立的股份公司。因此公司型基金本身就是具备法人资格的股份公司，其内部的组织结构包括股东大会、董事会、总经理和监事会。由股东大会选举出董事会，再由董事会选择基金管理人和基金托管人，基金管理人负责管理和运作基金资产，托管人负责保管监督基金资产，而投资者按照公司章程享受投资收益，承担有限责任。

契约型基金通常依据信托法设立，不具有法人资格，通过发行受益凭证筹集资金，基金管理人依据基金契约管理和运用信托资产，投资者作为受益凭证的持有者，以受益人身份按出资比例享受投资收益，但对基金的重要投资决策通常不具有发言权；而公司型基金则依据公司法而设立，具有法人资格，通过发行股票筹集资金，基金管理人依据公司章程运用基金资产，投资者作为股东，按照公司章程享受投资收益，承担有限责任，有权对公司的重大决策进行审批、发表自己的意见。相对来说，公司型基金投资策略的灵活性较大。

2. 按投资基金是否可以赎回划分

投资基金可分为封闭式基金和开放式基金。

封闭式基金是指在基金发行前将基金的资本总额及发行份数确定下来，在一定的封闭期内，基金规模保持不变，投资者可以在证券交易所进行基金单位的相互转让。

由于封闭式基金一经设立，便封闭起来，其规模不再变化，因此比较适合于市场规模小，开放程度低的证券市场。基金经理也可以在封闭期内，从容运作相对稳定的基金资产，管理难度较低。基金二级市场的交易价格主要受市场供求关系与基金单位资产净值的影响。

开放式基金是指基金的资本总额或股份总数并不固定，可以根据投资者需要和市场供求状况随时发行新的基金单位或基金股份，并可应投资者要求赎回发行在外的基金单位或股份。

与封闭式基金相比，开放式基金更适合于市场规模大，开放程度高的证券市场，因为开放式基金只要运作良好，便可以不断地吸引投资者认购基金，使基金规模迅速扩大，但因为必须随时应付投资者的认购，同时还要保留一部分流动性强的资产，以满足投资者的赎回需要，这种基金资产的不稳定性使管理的难度加大，对基金经理的要求也较高。开放式基金的申购、赎回价以基金单位资产净值为基础，通常在商业银行等大型金融机构的营业网点进行。

3. 按投资对象划分

投资基金主要包括以下几种：

股票基金是指以股票作为主要投资对象的基金，由于股票的种类繁多，资本增长的潜力较大，基金管理人不仅可以组合投资，分散风险，还可以获得较高的投资收益。因此股票基金成为股票市场上重要的机构投资者。

债券基金以债券作为主要的投资对象，资产规模仅次于股票基金。债券基金既可以按投资区域划分，也可以按币种或发行主体划分，品种也非常多样，通常属于收益型基金。

货币市场基金主要投资于货币市场工具，包括短期国债、商业票据、银行定期存单、公司短期债券等证券。它具备流动性强、安全性高、管理费用低等优点。

期货基金是指以期货为主要投资对象的基金。期货交易作为一种合约买卖，通常只需缴纳 $5\%—10\%$ 的保证金，即可进行以小博大，达到套期保值或投机获利的目的。

4. 按投资理念划分

投资基金主要包括：

积极成长型基金以追求最大资本增值为目标,投资于高成长潜力股票,该类股票通常股利很少甚至不付股利,将赢利全部或大部分用于再投资。

成长型基金主要投资于价格上涨速度快于一般上市公司或股票价格指数的成长类股票,这类上市公司通常将收入用于再投资,从而实现资本增值,成长型基金也因此受益。但该类基金的成长性略低于积极成长型基金。

平衡型基金分别投资于两种不同特征的证券,采取混合投资方式,将资金在以取得当前收益为目的的债券及优先股和以资本增值为目的的股票之间进行权衡,既保证了收益的相对稳定性,同时兼顾了资金的长期成长,但缺点是增长潜力不大。

收入型基金以追求当期收入为主,但长期成长潜力较小,比较受退休者欢迎。

指数型基金是指按照市场股价指数的权重比例进行组合投资,以期获取当期市场平均收益水平,比较适合于稳健的投资者。

投资基金除以上几种划分标准外,还包括伞型基金、套利基金和对冲基金等各种不同的类型,在此不再一一详述。

四、投资基金的发起设立

投资银行作为投资基金的发起人,应首先设计基金的类型和品种。明确选择是契约型还是公司型、封闭式还是开放式、单一市场基金还是混合基金、成长型还是平衡型等相关分类标准。投资基金品种的设计是整个基金顺利运作的重要前提。在设计开发之前,必须首先对证券市场上现有的基金品种进行综合比较分析,发现其各自的优缺点,并总结归类,以便在自身的产品设计中更好地取长补短。其次,重点分析投资者的投资需求和投资目标,并从年龄、收入状况、性别、文化程度等角度对投资者进行市场细分,为不同层次的投资者推出合适的基金品种,使投资者在自身的风险承受能力下,获得收益水平满意的投资品种。

基金品种确定后,投资银行还要准备各种有关基金设立的文件,并选择合适的基金管理人和基金托管人。基金文件主要包括契约型基金的信托契约或公司型基金的公司章程等,这些文件是基金日后规范运作的保障,也是投资者投资的法律依据。有的投资银行自己发起并管理投资基金,有的投资银行选择其他的管理人。而托管人,即保管公司则通常选择规模较大的商业银行等金融机构来承担,投资银行必须与其签订"信托契约"或"保管协议"。

上述工作完成后,投资基金必须进行首次信息披露,向投资者介绍有关基金的具体情况。通过招募说明书,将基金的性质、内容等公告给投资者。招募说明书作为基金的说明性文件,通过各种报刊、电视、网络等媒介向全社会公开。主要包括以下内容:①基金的名称、类型、规模、存续期限等;②基金投资目标、投资政策、投资限制等;③基金的发行时间、发行价格、发行地点、发行方式及投资者的购买方式等;④基金的交易费用和其他费用状况;⑤基金的财务状况;⑥基金的风险;⑦投资顾问和管理费用;⑧基金发起人、基金管理人和托管人的情况。

经主管机关审查批准后,投资银行便可着手对外发行受益凭证或基金单位,如果募集资金成功,则可宣告基金正式成立;如果因募集数额不足而不能设立时,投资银行作为发起人之一,必须承担一定的责任,除承担募集费用之外,还需将所募集资金连同当期银行存款利息在规定的期限内退还给投资者。

五、投资基金管理的步骤

投资银行既可以基金管理人的身份管理自己开发的基金,也可以接受其他基金发起人的委托,代为其管理基金。基金管理是一项非常复杂的系统工程,需要科学有效的管理技术和方法。整个基金管理过程主要包括以下步骤:①确定投资方针与政策;②分析投资对象;③建立投资组合;④调整投资组合;⑤投资组合绩效的评价。

第二节 投资方针和政策的制定

不同的投资者根据自身资金来源的不同、资金数量的多寡、财务状况的优劣及风险偏好程度的高低,会形成不同的预期投资目标,因此在确定每一组有效的投资组合之前,投资经理必须充分考虑到投资者的不同需要,并根据投资基金的具体品种和证券市场的各种要素,制订投资方针和政策。在制订投资方针和政策时,主要考虑以下几个方面:投资者的投资目标;对风险的承受力;资本规模;流动性、收益性和安全性要求;投资期限等。

一、投资者的投资目标

每一位投资者在投资初期,都会为自己设定投资目标。通常情况下,投资目标会围绕着效用最大化来设定,即在既定的风险水平下,收益最大化;或者在既定的收益水平下,风险最小化。

投资组合主要由有价证券组成,而有价证券的收益主要来源于两个方面:当前收益和资本利得。其中,当前收益是指以股息、红利和利息形式获得的长期稳定的收益来源。而资本利得是指投资者低价买进、高价卖出各种证券的差价收益。不同的投资者,对收益来源的偏好各不相同,风险回避型投资者更多地青睐于获得长期稳定的收益,而风险喜好者则偏向于在波动的市场中获得巨大的差价收益。还有的投资者则希望在既有经常收入的基础上又获得资本增值。投资银行作为基金的管理人,充分认识到投资者不同的投资特性是非常关键的,因为只有了解市场的需要,才能开发出适合的基金品种,并迅速占领市场。投资银行在制定方针和政策之前,考察了解每位投资者的投资目标,并有针对性地展开基金管理,会很大程度地避免基金品种开发的盲目性。为了保证每一位投资者投资目标的实现,基金管理人在制订投资计划和策略时应针对需要,分类设计。

1. 资本增值型投资基金

资本增值是投资者共同关心的根本问题,任何参与证券投资的个体都希望在保证本金前提下,收益率尽可能的高。不同品种的投资客体,增值性有很大差异。有的证券可能在较短的时间内为投资者带来巨大的收益;而有的证券可能在相当长的时期内只为投资者带来微薄的收入。因此相对于资本增值性来说,不同的证券具有不同的贡献。作为基金的管理者,就需要通过比较、分析和鉴别,尽力选择获利迅速、收益率较高而风险又相对较小的投资品种,作为资本增值的有力保证。

2. 收入稳定型投资基金

有的投资者会把目标设定为按时取得一定的收入。这种稳定可靠的收入来源可以保证投资者定期的预算需要。经常性收入通常以利息、股息的方式获得,而且债券利息通常高于股息且更具稳定性,因此基金管理人为了达到在承受较低市场风险的前提下,获取尽可能多的经常性收入,必须在债券与股票之间进行合理的比例配置,将资金集中于高息的定息证券。

3. 平衡型投资基金

对于风险中性的投资者来说,通常设定一种兼顾资本增值及收益稳定的基金投资目标。由于市场价格变化的不确定性,证券组合投资可能为投资者带来可观的收益,同时也可能遇到风险。因此,基金管理人在设定投资计划时,应考虑将长期投资与短期投资相结合,把风险较小、收益稳定的有价证券如债券、货币市场工具和高风险、高收益的证券共同组成投资组合,作为实现投资目标的基本保障。

二、分析投资对象

随着证券市场的飞速发展,各种金融衍生工具层出不穷,证券的内涵和外延都有了更深一步的扩展。投资经理在不同的证券之间选择投资对象,确定投资组合,首先必须熟悉证券市场上各类金融商品的特性,对包括股票、债券等各种有价证券的收益、风险、期限和流动性等因素进行细致分析和精确判断,从各种证券行情变动的历史资料中,通过回归分析,计算出各种证券的 β 系数,明确了解各种证券的预期收益率的高低和风险的大小,从而在设计投资组合框架时可以做到信手拈来,游刃有余。

三、分散化投资

基金的核心就是通过分散化投资从而减少非系统投资风险。因此在制订投资策略时,必须注意采取分散化投资。

首先,在投资的部门和行业上,由于受到科学技术发展及宏观经济波动的影响,各产业部门和行业的兴衰会发生交替更迭,不断涌现朝阳产业,淘汰夕阳产业。同时,由于各行业特点不同,既有收益相对稳定的公用事业类,也有风险和收益可能同时很高的高新技术类。在组建投资组合的证券构成时,必须对行业和部门进行适当的分散。另外,即使在同一个部门和行业内,也会由于规模大小、实力强弱、经营状况和发展前景的不同,而导致各主体发行的有价证券的收益和风险存在差别。这些都需要由投资经理在数量巨大的投资对象中,选择出合适的种类。

其次,在投资期限的选择上,这里主要是指具有特定到期日的债券类证券,应尽量避免所有的该类证券集中在同一个或同一段时间内到期,而是将其适当地加以分散,这样既可以长期获得一定的债券利息收入,又可以保证本金的安全。

最后,在投资地区上要做到分散化,随着经济全球化的日益加快,证券市场的国际化范围也在逐渐扩大。由于国外的证券提供了更为广泛的资产选择范围,它们往往于与国内的资产有很低的相关性,这样包括外国证券在内的国际投资会对基金业绩产生有利的影响。但是,与此同时,因为持有的证券分属不同的币种,它们的相对价值会有波动,蕴涵着极大的汇率风险。因此,在考虑参与国际投资的程度和决定投资战略时,应时刻注意汇率风险。

四、风险承受能力

确定投资者的风险承受能力,是制订投资方针的重要前提。投资者承担风险的种类与程度因人而异。按照现代投资组合理论,无差异曲线可以很好地反映出投资者的风险和收益偏好。如图 9-1 所示,上凹曲线反映了风险厌恶者的心态,他们通常只有在收益增加时才愿意冒更多风险,而且随着风险的加大,要求收益的增幅也越来越高。下凹曲线则反映了风险喜好者的心态。他们甘愿冒巨大风险,只为追求可能的高额收益。通常情况下,投资者大多表现为风险厌恶者。

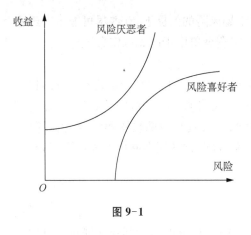

图 9-1

五、资本规模

当基金管理者为个人或机构投资者制订投资计划时,必须要了解每位投资者的资本规模及构成。通常情况下,个人投资者资金多属于自有资金,所以其风险承受能力主要决定于资金规模的大小,资金雄厚的个人投资者承受风险的能力相对较强,相反,资金数额较少的投资者则很难接受资本迅速流失的损失。对于机构投资者,其资金来源渠道广泛,除自有资本以外,还可通过其他途径融资,投资数量可观。特别是一些投资基金、保险基金等大型机构投资者,已成为成熟的资本市场上的主要的投资力量。基金管理人在为其设计投资计划时,要针对各种资金来源的不同特点、成本和期限,灵活确定流动性较高的证券组合,以满足融资的期限性要求。

六、安全性、流动性、效益性要求

投资者的投资原则一般都坚持安全性、流动性和效益性相统一。所谓安全性是指投资者的本金不受损失。流动性又称变现力,即投资对象随时转换为现金而又不引起损失的能力。效益性则是指投资活动带来资本收益、股息和利息收入的能力大小。这三个投资原则在根本上是一致的,但相互之间却经常存在冲突和矛盾,很难对投资组合兼顾三个投资原则。其中,安全性和效益性的矛盾比较突出。因为,收益率高的证券通常伴随着高的投资风险,与安全性的要求相去较远。同时,效益性与流动性也存在着冲突。从期限上看,期限越长,收益越高,但流动性却随之下降。相比而言,安全性和流动性要求同时满足比较容易实现。所以,在组建投资组合时,应在认真了解每一位投资者不同投资目标的基础上,协调搭配,兼顾安全性、流动性和效益性,避免与投资者的偏好相冲突。

第三节 投资组合的构建与调整

在投资对象分析的基础上,投资经理根据计算和分析的结果,结合投资者的投资目的和财务需要,从市场中选择不同的证券建立组合,投资经理可以计算出投资组合的预期收益率水平和风险水平。所谓投资组合的构建,简单地说,就是指基金管理人如何选择纳入投资组合的有价证券并确定其各自权重的过程。其基本指导思想是力图通过证券的多样化来减少投资组合的风险,使由少量证券造成的不利影响最小化。在建立投资组合时,最关键的是要求投资经理能够通过对宏观经济的分析,对市场的未来走势做出明确的预测,从而把握最佳的投资时机;同时必须确定对哪些证券进行投资,各自投资比例是多少,对分配于各类资产的资金进行合理的分散化配置。

一、投资组合构建的步骤

1. 界定所要选择的证券范围

对于大多数投资者而言,目前的投资对象依然集中于普通股票、债券和基金等传统金融资产上,但是,随着20世纪70年代金融衍生工具的广泛发展,金融期货、期权等也已经进入了证券选择的范围。近来,在证券市场国际化的影响下,国际股票、非美元债券也列入了备选的资产类型,使投资组合具有了全球化特征。虽然资产类型的数目是有限的,但是每种资产类型的证券数目却是十分庞大的。在美国,普通股股票的管理人员运作的股票一般至少200种,其平均数介于400—500种,而有些则高达1000多种甚至更多。

2. 计算各个证券和资产类型的预期收益和风险

投资者从根本上讲都是回避风险的,从这个意义上说,投资者需要的是预期效用的最大化,而不仅仅是预期收益的最大化。效用作为满意程度的一种度量,既要考虑收益,又要考虑风险。作为基金的管理人员,必须掌握计算各种证券风险-收益率期望值的定价模型和技术,以便比较众多的证券以及资产类型之间哪些更具有吸引力,在选择高质量证券的基础上,提升整个基金的价值。

3. 投资组合最优化

在计算每种证券期望收益和风险的基础上,还要确定各种证券的权重。因为在把各种证券集合到一起形成所要求的组合的过程中,不仅要考虑每一证券的风险收益率特性,更重要的是分析所有组合证券随着时间的推移可能产生的相互作用。利用马科维茨的投资组合分析模型,通过对每种证券的期望收益率、收益率的方差、协方差的分析,计算出如何配置各种证券在投资组合中的比例,可以实现既定风险程度下,预期收益率的最大化,或既定预期收益率下,风险程度的最小化,以达到整个投资组合的最优化。

二、投资组合构建的过程

1. 基金积极管理与消极管理

基金的积极管理与消极管理和市场有效性有关。在证券市场效率水平较高时,就可以对所持有的基金在相对较长的时期内不作较大及频繁的变动,这时消极管理策略往往是有效的,因为在这种情况下,几乎所有证券都已被市场正确地定价,证券的收益与其所蕴涵的风险相匹配,即使存在差异,这种差异也非常小,不足以抵补寻找错误定价证券所花费的成本。只有在投资者的偏好或目标发生变化时,或对证券市场上证券的收益和风险的预期发生变化时,投资经理才会改变投资组合。在构建投资组合时,如果市场的效率水平较高,因为证券被错误定价的情况比较少见,则指数设计就成为最优的风险投资组合,它是建立在与指数组合具有相同的证券结构的基础上,因此,投资组合中各证券所占比例很少变动。

但通常情况下,证券市场表现为效率不高或缺乏效率,那么采用这种消极投资策略并不会有太大成效。这时,就需要由投资经理通过对有价证券的分析,不断地挖掘市场上各种被错误定价的证券,并根据分析、判断结果不断地对投资组合进行重组,力争使投资组合始终处于最佳组合状态。在市场比较缺乏效率的情况下,因为价格扭曲的证券经常存在,积极管理大有可为。投资经理在进行积极管理时,通常采用一些特别的分析方法,去发现具有较高潜在投资收益的证券,并据此对投资组合进行调整。

2. 构建投资组合

(1) 股票的选择。在确定积极的股票选择战略时，可以采取信息指数法进行。即通过对整个行业的股票从吸引力方面进行排序，在相同的范围内将股票从业绩相对最好到相对最差进行等级划分，并对各只股票系统地进行收益率预测，在按预测能力对预测值进行调整后，确定一个体现预测值的投资组合。这个组合应坚持三个指导方针：

首先，因为投资组合构建的是股票组合，所以必须控制与市场和类别成分相联系的风险。为便于控制与市场时机选择相关的风险，投资管理人员应保持投资组合中权益部分尽可能多，使现金头寸尽可能少，最高为2%左右。相应地，投资组合应保持投资组合中权益部分的β系数为1左右，以保持权益部分的市场风险与股价指数衡量的市场风险一致。

其次，为了控制与主要类别相关的风险，投资组合需要很好地分散化，既不要过分倾向于受某一个非市场化因素的引导，而高估某个特定类别，又要确保投资组合不能低估主要类别。例如，工业类股票在整个市场中所占比例为15%，构建投资组合时也要使这类股票有同样的比例。

最后，确保投资组合中包括足够多种类的股票，这样有助于减少非系统性风险。因为投资经理不能保证每一个判断都能产生预期效果，只有持有的股票种类足够多，才能扩大获得平均收益率的可能性。

(2) 利用单指数模型构建积极的投资组合。资本市场一般均衡理论，以及 CML、SML 与 $CAPM$ 模型，使人们提高了对市场行为的了解，而且为投资者提供了实践上的便利。这些模型强调了控制系统风险的必要性，强调了风险与收益率之间的关系。

单指数模型主要利用证券市场直线(SML)，为构建积极的投资组合提供了应用基础。如果用 R_i 代表某种证券或投资组合的收益率，用 R_m 代表市场收益率，作为自变量。则单指数模型的表达式如下

$$R_i = \alpha_i + \beta_i R_m + e_i \tag{9-1}$$

其中 β 是衡量证券或投资组合对总体市场的敏感程度的指标，指出了证券或投资组合收益率随市场收益率变化的幅度。参数 α 表示当市场收益率为零时，该种证券或投资组合的收益率数值，通常用来衡量证券被错误定价的程度。e 是意外收益率，通常称为随机性或残值收益率，它可能取任何值，但平均值趋向于零。

利用单指数模型，则个别证券的期望收益率为

$$E(R_i) = \alpha_i + \beta_i E(R_m) \tag{9-2}$$

该种证券的收益率由两个部分构成：由证券的 α 值代表的特殊的收益率，由 $\beta_i E(R_m)$ 代表的市场关联的收益率。因为残值收益率的平均值为零，所以其期望值为零。

同样，证券的风险为与市场关联的部分与该种证券特殊的风险之和。

$$\text{VAR}(R_i) = \beta^2 \text{VAR}(R_m) + \text{VAR}(e) \tag{9-3}$$

$$\text{总风险} = \text{与市场关联风险} + \text{特殊风险} \tag{9-4}$$

在计算投资组合的风险和收益率时，可以利用类似的公式把个别证券加总以计量投资组合的这些特性。投资组合的期望收益率等于个别证券的特殊收益率的加权平均数加上个别证

券与市场关联的收益率的加权平均数。

$$E(R_p) = \alpha_p + \beta_p E(R_m) \tag{9-5}$$

$$E(R_p) = \sum_{i=1}^{N} W_i \alpha_i + \sum_{i=1}^{N} W_i \beta_i E(R_m) \tag{9-6}$$

投资组合的风险也可以表示为组合中各个别证券的与市场关联的风险加上其特殊风险的加权平均数。

$$\text{VAR}(R_p) = \beta_p^2 \text{VAR}(R_m) + \sum_{i=1}^{N} W_i^2 \text{VAR}(e_i) \tag{9-7}$$

单指数模型把投资组合的风险和收益率的来源分为单个的、可识别的部分。收益率由与市场相关联的收益率和证券的特殊收益率构成。而与收益率的组成部分相对应,β_i 衡量市场风险,残值风险 $\text{VAR}(e)$ 是指获得特殊收益率的不确定性。

在构建积极的投资组合的过程中,投资经理需要确认投资组合的定位是否符合长期的政策目标,是否与现时的市场环境相适合。如果市场特别被看好,投资经理可以把投资组合的 β 值增加到高于现时的水平;相反,如果预计市场可能会下挫,投资经理可以把投资组合的 β 值降低到低于现时的水平。

最后,利用单指数模型提供的衡量证券特殊收益率的指标 α 值来判断,如果所有的证券的 α 值都几乎接近于零,则没有理由放弃消极策略。如果分析发现证券的 α 值偏离零的程度较大,则说明证券的价格被扭曲。当 α 值为正数时,是具有吸引力的;当 α 值为负数时,是缺乏吸引力的。而用残值方差来衡量获取特殊收益率的不确定性,当投资组合没有很好地多样化时,其值就大;当投资组合很好地多样化时,其值就小。

因此,投资组合的经理应构造一个具有大的正的 α 值的投资组合,而同时最小化其非市场风险,通过从证券总体中确定组合的组成及各证券的权重,使投资组合的风险收益率最优化。

(3) 消极组合与积极组合的结合。如果通过分析,投资管理者发现证券市场上被错误定价的证券较多,那么,通过构建积极的投资组合,在充分分散投资的基础上,可以达到基本消除非系统性风险的目的。但是,如果通过分析发现价格扭曲的证券只有少数几种,那么由此组成的投资组合由于分散程度不够,不能充分发挥减少非系统性风险的作用。这时,最好的解决办法就是对积极组合和消极组合进行优化组合。

假设由被错误定价的证券组成的积极组合为 A,市场指数组合为 M,对采用积极投资策略的组合管理者来讲,市场指数组合 M 是低效投资组合,A 必定位于 CML 的上方。如果对消极组合 M 和积极组合 A 进行优化组合,从而选择恰当的积极组合 A,使得 A 与 M 构成的切点投资组合 P 所在的切线有最大的斜率。切点投资组合 P 就是最优风险投资组合。如图 9-2 所示。

泰勒和布莱克通过分析论证,给出了构造 A 与 P 的公式。积极组合 A 中各证券的构成比例为:

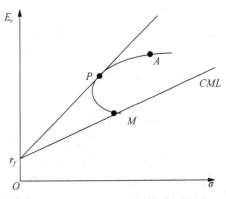

图 9-2 消极组合与积极组合的结合示意图

$$\omega_K = \frac{\alpha_k/\sigma^2(e_k)}{\sum_{i=1}^{n}\alpha_i/\sigma^2(e_i)} \qquad (9-8)$$

即 A 中各证券的比例是根据证券的错误定价程度 α_k 及非系统风险 $\sigma^2(e_k)$ 而确定的。切点投资组合 P 中,A 的比例为

$$X_A = \frac{\omega_0}{1+(1-\beta_A)\omega_0} \qquad (9-9)$$

其中,

$$\omega_0 = \frac{\alpha_A/\sigma^2(e_A)}{[E(r_M)-r_f]/\sigma_M^2} \qquad (9-10)$$

显然,P 中 M 的比例为

$$X_M = 1 - X_A$$

确定了最优风险投资组合 P 以后,就可以进行资产配置工作。

三、投资组合的调整

影响投资收益与风险的宏观经济和微观经济因素随时都在发生变化,投资组合计划的制订也不是一劳永逸的,因此需要基金管理人对不断变化的证券市场进行不间断的分析和判断。在整个投资周期内,基金管理人要随时根据投资环境的变化,对投资组合进行动态调整。虽然市场是有理性的,证券的价格随着时间的变化会达到均衡,但是即使是发育良好和完善的市场也不是完全有效的。

按照证券价格反映信息的类型的不同,市场的有效性分为三种形式:弱有效、半强有效和强有效。弱有效是指一个投资者不能通过了解价格变化的历史和用任何分析方法得出的结果来提高选择证券的能力,证券价格已准确充分地反映了历史价格包含的所有信息。半强有效是指现行价格完全反映各证券发行主体的公开信息,因此不能期望通过得到和分析这些信息而产生更好的结果。强有效是指即使拥有特权信息的投资者也不能经常用它来保证获得超过平均的投资结果。

在一个接近于完全有效的证券市场上,证券的投资价值已经被证券的价格完全地反映出来,市场上没有被高估或低估的证券,证券的收益和它的投资风险恰当地匹配,在这种情况下,投资组合可以在相对较长的时间内,不做较大而频繁的变动。但是在一个有效性相对较弱的市场上,就需要对投资组合进行随时调整,对组合内的证券构成进行吐故纳新,以保持最佳组合状态。

在消极投资组合策略下,投资基金管理人在相当长的时期内,不会对投资组合做出调整,只有当对整个宏观经济趋势进行分析,得出市场可能发生逆转的判断后,才改变原有的投资组合计划。根据对市场指数组合风险收益的预测,改变持有无风险资产和风险资产组合的比例。当预测市场将面临上升行情时,就可增加风险资产的持有比例;相反,当预测市场将面临下降行情时,就应适当减少风险资产的持有比例,转而持有更多的无风险资产。

在积极投资组合策略下,投资基金管理人需要对投资组合不断地进行监控,并对构成其组合的每一种证券进行跟踪分析,以确定其是否还具有吸引力;同时,对组合外的各种有价证券的价格进行分析,判断价格是否存在扭曲。当确定现有组合不再具有吸引力时,就应适时进行调整。调整过程中,应保证每一次调整后的投资组合的收益增加额大于所支出的分析计算费用以及换购证券的交易费用,这样的调整才具有实际意义。

第四节 基金管理的业绩评价

一、业绩评价的意义

基金的业绩评价是事后对基金的实际运营结果进行分析、评价,以判断投资目标的实现程度。这种评价除了可以帮助基金管理者,通过对经营成果的自我评估,不断增强投资绩效以外,更重要的是能够为投资者提供评价基金管理者的信息,判断基金管理者是否达到了预定的经营目标,是否有效地控制了风险,从而对不同的基金管理者进行比较评价,以进一步确定后续的受托机构。

从20世纪60年代中期开始直到现在,为评价投资基金管理人的业绩,西方学术界已经创立、精选出许多建立在资本市场理论基础上的方法,并在实践中得到应用。对过去的基金进行业绩评价,可以作为将来进行基金管理的起点,也可以作为改进现在正在进行的投资管理过程的反馈机制,发挥促进基金管理水平提高的作用。

二、业绩评价的内容

在对基金进行业绩评价的过程中,主要是针对有关投资过程的三个方面,即资产配置状况、主要资产类别的权重变化和在各资产类别中的证券选择进行评价。具体来说主要包括以下方面:

第一,分析投资战略的执行情况。在进行基金管理的过程中,首要任务就是制订基金的方针和战略。但因为在大多数情况下,投资方针的制订和执行是分别由不同的部门进行的。在评价时,要判断具体执行机构是否有效地贯彻了战略方针的意图,是否忠实地执行了投资方针和政策,从而清晰地辨别战略制订者与直接经营者的职能和责任。总而言之,在进行业绩评价时,要坚持对投资方针的制订和实际过程的操作分别进行评定。

第二,在已经确认是否有效执行投资方针的基础上,还要对具体执行结果进行区别分析。当方针执行者在脱离既定战略的情况下,取得意料之外的好的投资成果时,应肯定其操作行为,不应降低对投资成果的评价;但相反,若因为严格执行投资方针而造成严重后果时,就应该确定是战略制订存在导向性错误,而不是执行过程中偏离了既定的目标方向,存在实际操作的错误。这样有利于界定责任,顺利地开展后续的评价工作。

第三,对基金的收益和风险进行分析,这是基金业绩评价的主要内容。评价投资经理业绩的主要方面就是比较在一定的可比期间内,基金的收益率水平高低。特别是对变动性大的股票投资进行评价时,要分析该投资是否获得了超过市场平均收益的超额收益,这些超额收益是偶然因素所致,还是操作者能力所得,以及分析所获得的收益是否与风险水平相一致,交易成本高低等。

三、业绩评价的步骤

1. 基金收益的评价

进行基金业绩评价的首要步骤,就是评价基金在一定期限内的收益率,比较其与预期收益率的偏离程度及承受风险程度的大小,了解其实现投资目标的结果如何。

对于单一证券资产的投资,其收益率最简单的计算方法是将投资期限内的红利或利息收入加上期初和期末的证券价格变动收益,再除以期初本金,即

$$持有期间收益率 = \frac{D+(P_1-P_0)}{P_0} \times 100\% \tag{9-11}$$

式(9-11)中:D 为现金红利,P_1 为期末卖出价,P_0 为期初买入价。但是这种收益率的计算方法前提是股利发生在期末,而且投资期内没有发生现金流量的变化。这种假设对基金来说是不现实的,首先,基金的管理者不会只购买某一种股票、债券或基金,而是投资于多种金融资产形成一个投资组合;其次,在投资期间内,组合内的资金数量经常发生变动,资金流量的变化必然影响到投资收益率的计算。一般情况下,如果现金流发生在接近期初或期末,则可以通过修正期初、期末总价值的方式计算投资收益率的近似值。如果现金流发生在远离期初或期末,则要通过时间加权法或单位价值法进行计算。

(1) 时间加权法计算收益率。由于管理人员对现金流动的时间无法进行控制,所以通常必须对现金流量进行适当的调整,方法之一就是在每一次现金流量发生时计算收益,然后将这些收益连接起来,以计算整个投资期间的时间加权收益。假设投资期分为 n 个子期,各子期内的收益率分别为 $r_i(i=1,2,\cdots,n)$,由复利计算方法可得投资期内的收益率 r 为

$$r = (1+r_1)(1+r_2)\cdots(1+r_n) - 1 \tag{9-12}$$

例如,某一投资组合,年初时价值总额为 80 万元,年中增值至 88 万元,下半年追加投资 22 万元,继续增值至年底。到年底时总价值为 132 万元。时间加权收益率的计算方法就是将该年的前半年与后半年分别计算其收益率。前 6 个月的收益率为 10%,发生现金流量后的后 6 个月的收益率为 20%,将前后两个 6 个月的收益率连接起来形成时间加权收益,结果为 32%。计算如下

$$(1+10\%) \times (1+20\%) - 1 = 32\%$$

(2) 基金单位价值法计算收益率。调整现金流量的另一种方法是基金单位价值法。即当发生现金流入时,发行新的基金单位;当发生现金流出时,收回基金单位。这样,当发生现金流动时,基金单位的数量发生变化,但每基金单位的价值即基金的净资产价值不变。如上例所示,假设年初为 800 基金单位,每基金单位价值年初为 1 000 元,在 6 月 30 日为 1 100 元。7 月份由于有现金流量 22 万元,所以追加发行 200 基金单位。设每基金单位的价值在以后的各月份中仍为 1 100 元,到年末时总价值为 132 万元,由于此时有 1 000 个基金单位,而不是年初时的 800 个基金单位,所以,年终的每基金单位价值为 1 320 元,与年初的价值相比增加了 320 元,增长率为 32%,与使用时间加权法计算收益率的结果是一致的。

使用基金单位价值法主要是由于发生现金流动时并不引起每基金单位价值的变化,变化的仅仅是基金单位的数量,因此,在评价投资经理在经营类似于共同基金的业绩时,可以直接

利用期初和期末的净资产价值来计算收益率。

2. 基金业绩的风险调整

由于每一位投资基金管理人所面临的风险是不同的,因此,若单纯通过收益率的计算来评价基金的绩效是不具有可比性的。所以,需要针对每一个基金所面临的风险,对收益率进行风险调整,将具有不同风险程度的基金调整至完全可比较的状态,以更准确地评价基金的业绩。通常有两种方法:单位风险收益法和收益差额法。

(1) 单位风险收益法。该方法以每单位风险所创造的收益为评价标准。每单位风险收益率最高的基金为最佳组合;每单位风险收益率最低的基金则为最差组合。

计算每单位风险收益率有两种类似的方法,即夏普比率和特雷诺比率。夏普比率是用资本市场线作基准,用投资组合的风险溢价除以它的标准差,它衡量的是每单位风险获得的风险溢价。夏普比率的公式如下

$$夏普比率(SR) = \frac{r_p - r_f}{\sigma_p} \tag{9-13}$$

即为基金的预期收益超过市场无风险利率的风险溢价报酬,与由标准差表示的收益变动性之间的比值。为确定绩效的质量,可以把基金的夏普比率和市场的夏普比率相比较。一个高的夏普比率说明基金的管理者经营得比市场好,而一个低的夏普比率则说明其经营得比市场差。

特雷诺比率同样用于测度单位风险水平上的风险溢价收益,但它是用所实现的基金收益率超过无风险利率的部分,除以用基金的 β 值所表示的风险值。特雷诺比率的公式如下

$$特雷诺比率(TR) = \frac{r_p - r_f}{\beta_p} \tag{9-14}$$

特雷诺比率是以证券市场线作为评价基点对投资绩效做出评估。同样也可以通过与市场平均水平的对比来判断,如果基金位于证券市场线上方,说明投资绩效是好的;如果位于下方,则说明投资绩效是差的。

两种业绩衡量比率的区别在于前者用标准差衡量全部风险,而后者则仅仅考虑了用 β 值所表示的市场风险。一般情况下,在估计完全多样化的投资组合的风险时,用标准差来度量是合适的;而当评价组成部分或个别股票时,则宜选择 β 系数。

因此,究竟采用哪种每单位风险收益率的度量方法,取决于个人对风险测量的观念。当所评价的组合为投资者某一资产类别的全部或大部分时,以标准差作为风险的指标是合适的;当所评价的组合仅为投资者某一资产类别的一部分时,选择 β 系数则较为合适。

(2) 收益差额法。收益差额法是以证券市场直线作为评价的基点,将基金的期望收益率与具有相同风险水平的证券市场线上的均衡期望收益率进行比较,计算差值并进行比较的方法。其计算公式为

$$N(\bar{r}_p) = r_f + \beta_p(r_m - r_f) \tag{9-15}$$

$$\alpha_p = \bar{r}_p - N(\bar{r}_p) \tag{9-16}$$

这种风险调整收益率的方法是由杰森创立的,因此也称杰森比率。根据 α 值的符号,可以

判断投资绩效的优劣。如果基金位于证券市场线的上方,则 α 值大于零,说明基金收益率高于市场平均水平,可以认为其绩效很好;相反,如果基金位于证券市场线的下方,则 α 值小于零,表明该组合的绩效不好。

3. 投资评价的组成

上述讨论的基金的业绩风险调整方法主要是对组合的总体业绩的分析,但有时候需要对组合业绩进行比较细致的分解,并对业绩的来源进行分析。影响基金的业绩的要素主要包括股票选择和市场时机选择。

(1) 股票的选择。从投资业绩的分解图上,可以看出在一个风险收益率框架图上,股票选择的优劣所带来的选择收益和相应风险水平上正常收益的构成状况。如图9-3所示:

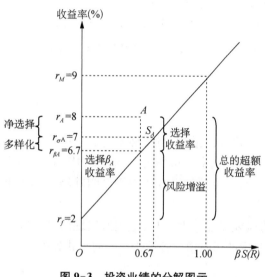

图9-3 投资业绩的分解图示

图9-3中,纵轴表示收益率,横轴表示用标准差和 β 值表示的风险。使用两种不用的风险度量指标,可以从市场风险和总风险两个不同的角度评价基金的业绩。图中的斜线为证券市场直线(SML),其中,市场收益率 r_M 为9%,无风险利率 r_f 为2%。假设基金A所实现的收益率为 $r_A = 8\%$,其市场风险为 $\beta_A = 0.67$,用A点表示。当基金处于市场风险水平 β_A 时,所期望获得的收益率为 $r_{\beta A} = 6.7\%$。这一期望收益率由两部分构成,即无风险利率2%,以及风险增溢4.7%。基金实际获得的收益率为8%,比期望值高1.3%,这一增加值就是股票选择的收益率,即

总超额收益率 = 选择收益率 + 风险收益率

$$r_A - r_f = (r_A - r_{\beta A}) + (r_{\beta A} - r_f)$$
$$8\% - 2\% = (8\% - 6.7\%) + (6.7\% - 2\%)$$
$$6\% = 1.3\% + 4.7\%$$

由于过分地分散投资,会增加投资的总成本,而成本的扩大又会增加基金的额外风险。因此,为了尽可能获得高于市场平均收益的收益,投资基金管理人通常会舍弃一些分散性,以面临更高的基金风险为代价,以期望获得较多的收益。这时,合理地确定股票组合的构成便成为最关键的问题。利用业绩分解图,可以判断合理的股票选择所扩大的投资收益是否可以补偿其扩大的分散投资风险,并进而判断基金的业绩构成中哪一部分是由合理选择股票所致。

(2) 市场时机选择。投资经理可以通过合理地选择股票而获得优异的投资业绩,而通过对股票选择收益的评价,可以判断投资经理的经营管理能力。另外,投资经理也可以通过对市场时机的选择来扩大收益的总量。在对证券市场进行综合分析的基础上,通过正确地估计市场走势,选择最佳投资时机来提高投资绩效。当预期行情上升时,可以减少基金中的现金持有比例而提高基金中权益部分的 β 值;相反,当预期行情下跌时,则相应扩大基金中的现金比例

而降低基金中权益部分的 β 值。

判断投资经理在市场时机的选择中是否成功,最直接的方法就是分析基金的投资收益率与市场指数收益率之间的关系。通过计算业绩评价期间基金的收益率和市场指数收益率,再将所有的点描述在坐标图上。根据这些点画出一条表示基金与市场指数之间关系的直线,据此进行市场时机选择的分析。

如果投资经理不进行市场时机的选择,单纯考虑股票的选择,基金的 β 值将表现出一定的稳定性,基金的收益率与市场收益率呈线性关系,如图 9-4(a)所示。如果投资基金管理人随时间的变化,改变基金的现金比例或基金的 β 值,但却没有正确地估计市场的变动趋势,基金的收益率与市场收益率仍呈线性关系。

如果投资基金管理人能够在正确估计市场走势的基础上,调整基金的 β 值,那么基金的收益率与市场收益率之间的关系便会如图 9-4(b)所示。当市场处于升势时,基金的 β 值高于正常值,基金收益上涨的速度比较快;当市场处于跌势时,基金的 β 值低于正常值,基金收益下降的速度反而比较慢。

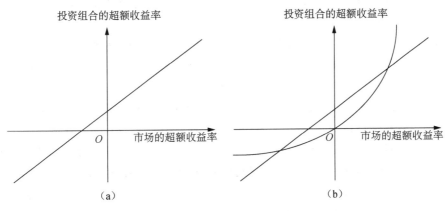

图 9-4 市场时机选择图示

由上述图形可以看出,如果投资经理能够对市场时机做出正确的分析和判断,并参与市场的变化,就可以为其带来优异的投资业绩。

拓展阅读

华安可转换债券债券型证券投资基金基本概况介绍

一、投资目标

本基金主要投资于兼具债券和股票特性的可转债(含分离交易可转债)品种,在控制风险和保持流动性的基础上,力求实现基金资产的长期稳定增值。

二、投资理念

可转债兼具债券和股票的双重特性,债券特性有助于规避系统性风险和个股风险,获取安全和稳定的收益;可转债内含的股票期权,有利于分享股市上涨所产生的较高收益。同时,本

基金关注各类固定收益类资产不同阶段的风险收益特征,通过自上而下的资产配置和久期调整和自下而上的个券研究相结合,控制组合净值的下行波动风险,追求稳健的长期回报。

三、投资范围

本基金的投资范围为具有良好流动性的金融工具,包括国内依法发行和上市的股票(包括中小板、创业板及其他经中国证监会核准上市的股票)、债券、货币市场工具、权证、资产支持证券及法律法规或中国证监会允许基金投资的其他金融工具(但须符合中国证监会的相关规定)。本基金为债券型基金,重点投资于固定收益类证券,包括国债、央行票据、金融债、企业债、公司债、短期融资券、可转债(含分离交易可转债)、资产支持证券、次级债、债券回购、期限在一年期以内的定期存款等。本基金可参与一级市场新股申购或增发新股,也可在二级市场上投资股票、权证等权益类证券。例如,法律法规或监管机构以后允许基金投资的其他品种,基金管理人在履行适当程序后,可以将其纳入投资范围。

四、投资策略

本基金主要投资于可转债品种,一方面通过利用可转债的债券特性,强调收益的安全性与稳定性,另一方面利用可转债的股票特性(内含股票期权),分享股市上涨所产生的较高收益。

1. 资产配置策略

本基金将以大类资产配置策略为基础,通过研究宏观经济环境、货币政策取向、资本市场和债券市场状况等相关影响因素,对股票、债券和货币市场工具的风险收益特征进行深入分析。本基金参考投资时钟方法,将经济周期划分为四个阶段(衰退、复苏、繁荣、滞胀);通常在经济从复苏到繁荣时,股票市场进入牛市,权益资产的收益率超过固定收益类资产。当经济从滞胀到衰退时,权益类资产价格下跌风险加大,债券市场体现较强防御性且逐渐进入牛市。通过对权益类资产和固定收益类资产投资比例的积极调整可以提高产品的收益水平。可转债兼有股性和债性两方面的属性。对可转债、普通债券和分离交易可转债纯债部分的灵活配置的策略是大类资产配置策略的有效补充和辅助。在经济处于复苏和繁荣的阶段,可转债的股性表现突出,通过超配可转债可以增强组合收益;在经济处于衰退的阶段,普通债券收益表现相对较好,通过超配普通债和分离交易可转债纯债部分能够获得较好收益。

2. 债券投资策略

(1)可转债投资策略。本基金将积极参与公司基本面良好、申购收益高、发行条款好的可转债的一级市场申购,待其上市后依据对其正股的判断以及可转债合理定价水平决定继续持有或卖出;同时本基金将综合运用多种投资策略在可转债二级市场上进行投资操作,力争在风险可控的前提下获取较高的投资收益。

① 传统可转债投资策略。传统可转债指可转换公司债券,投资者可在事先约定的期限内按照事先确定的价格将持有的债券转换为公司普通股。可转换债券同时具有债券、股票和期权的相关特性,结合了股票的长期增长潜力和债券的相对安全、收益固定的优势。当对应正股股价下跌时,可转换公司债券的价格可以受到债券价值的支撑;当对应正股股价上涨时,可转换公司债券内含的期权使其可以分享股价上涨带来的收益。可转换公司债券的理论价值应该等于作为普通公司债券的基础价值加上内含的转股期权价值。

仓位选择策略当市场出现超卖或超买时,仓位选择有利于充分把握市场机会、规避系统风险。参考FED(美联储)模型、宏观经济模型等数量工具,本基金将可转债市场对应正股的整体估值水平与公司债市场到期收益率的倒数进行比较,并参考可转债市场整体到期收益率水平,来进行可转债的仓位配置。当正股整体估值水平较低,投资价值显著高于公司债、且可转债市场整体到期收益率水平接近或大于零时,参考可转债指数的构成,进行买入操作并逐步提高可转债仓位。反之,卖出并快速降低可转债仓位。

行业选择和类型选择策略通过深入分析宏观经济指标和不同行业自身的周期变化以及在国民经济中所处的地位,对行业发展进行预测,结合估值水平与资本市场环境,确定本基金重点投资行业所对应的可转债。结合可转债的绝对价格、到期收益率以及转股溢价水平,本基金将可转债分为偏债型、平衡型和偏股型可转债,结合市场状况,确定重点投资的可转债类型。

精选个券策略本基金将对所有可转债对应的正股进行深入研究,采用定性分析与定量分析相结合的方法,精选成长性好且估值合理的正股所对应的可转债,并在可转债估值合理的前提下集中投资,以分享正股上涨带来的收益。正股定性分析包括行业集中度及行业地位,具备独特的核心竞争优势和定价能力;具备中长期持续增长能力或阶段性高速增长的能力;规模效应明显;产业链分工中占据高端环节或具有产业升级潜力;从落后技术向高新技术转化,从低附加值向高附加值转化,从制造型向创造型转化;良好的公司治理结构,优秀、诚信的公司管理层等。定量分析包括盈利能力、成长能力、运营能力、负债水平、资产重置价格、市盈率、市净率、企业价值倍数、现金流贴现值等。可转债估值指标包括转股溢价率、到期收益率、理论价值、隐含波动率、Delta值等。

条款博弈策略国内可转债通常具有赎回条款、修正条款、回售条款,这些条款在特定情况下对可转债的投资价值有较大影响。赎回条款,赋予发行人提前赎回可转债的权利,如发行人行使赎回权将抑制可转债的上涨空间,而放弃赎回权则会提高可转债的期权价值;修正条款,赋予发行人向下修正转股价的权利,如发行人行使修正权将有利于提升可转债的期权价值,间接推动可转债价格的上涨;回售条款,赋予投资者将可转债回售给发行人的权利,是对投资者的保护。此外因增发或分红等也将引起转股价格的变动,对转债价格产生不同影响,本基金将充分挖掘各条款对可转债带来的投资机会。

分阶段投资策略由于各项条款的设置,在可转债存续的各个阶段,可转债的走势随市场变化会呈现出与股票市场同向或相对独立的规律。在转股期前,本基金将更关注可转债的期权性质,通过比较隐含波动率与历史波动率分析可转债估值的合理性,进而做出相应的投资决策。转股期内,本基金将更关注正股基本面变化、可转债的转股溢价率以及其提前赎回条款触发进程,投资于正股基本面良好、转股溢价率相对较低的可转债;当可转债触发提前赎回条款后,本基金将视情况决定卖出债券或转换为股票。

低风险套利策略在转股期内,可转债可以按照约定的价格转换为普通股,因此在交易过程中将出现可转债与正股之间的套利机会。当转股溢价率明显为负时,买入可转债的同时卖出相应数量正股可以获得价差收入;当转股溢价率明显为正时,买入正股的同时卖出可转债也可以获得套利价差。因此,在日常交易中,本基金将密切关注可转债与正股之间的对比关系,适时进行套利交易,增强基金组合收益。

② 分离交易可转债投资策略。分离交易可转债是一种附认股权证的公司债,上市后债券部分与认股权证部分实行分离交易。在分离交易可转债纯债方面,本基金将综合分析其信用状况、流动性以及与利率产品的利差,以及未来市场利率走势,在此基础上评估分离交易可转

债的投资价值,并做出相应的投资决策;分离交易可转债的认股权证,本基金将利用权证定价模型分析其合理定价,结合对应正股判断在其上市后继续持有或卖出。

(2)普通债券投资策略。除可转债外,本基金可投资的债券范围包括国债、央行票据、金融债、企业债、公司债、短期融资券、次级债和资产支持证券等。对于此部分的投资,本基金将灵活应用久期管理策略、收益率曲线策略、相对价值策略、骑乘策略、信用债投资策略和资产支持证券策略等多项策略,在合理控制组合风险的前提下,力争实现基金资产的长期稳定增值。

① 久期管理策略通过对宏观经济变量和宏观经济政策进行分析,预测未来市场利率走势的变化,结合基金未来现金流,确定投资组合的目标久期。原则上,预期未来利率上升,可以通过缩短目标久期规避利率风险;相反,预期未来利率下降,则延长目标久期来获取债券价格上涨的超额收益。

② 收益率曲线策略在目标久期确定的基础上,通过对债券市场收益率曲线形状变化的合理预期,调整组合期限结构策略(主要包括子弹式策略、杠铃策略和梯式策略),在短期、中期、长期债券间进行配置,从短、中、长期债券的相对价格变化中获取收益。其中,子弹式策略是使投资组合中债券的到期期限集中于收益率曲线的一点;杠铃策略是将组合中债券的到期期限集中于两端;而梯式策略则是将债券到期期限进行均匀分布。

③ 相对价值策略包括研究国债与金融债之间的信用利差、交易所与银行间市场利差等。如果预计利差将缩小,可以卖出收益率较低的债券或通过买断式回购卖空收益率较低的债券,买入收益率较高的债券;反之亦然。

④ 骑乘策略通过分析收益率曲线各期限段的利差情况,买入收益率曲线最陡峭处所对应的期限债券,持有一定时间后,随着债券剩余期限的缩短,到期收益率将迅速下降,基金可获得较高的资本利得收入。

⑤ 信用类债券投资策略,本基金根据对宏观经济运行周期的研究,综合分析公司债、企业债、短期融资券等发行人所处行业的发展前景和状况、发行人所处的市场地位、财务状况、管理水平等因素后,结合具体发行契约,对债券进行内部信用评级。内外部评级的差别与经济周期的变化、信用等级的升降都会造成利差的改变。管理人可以通过内外部评级、利差曲线研究和经济周期的判断主动采用相对利差投资策略。

⑥ 资产支持证券投资策略,本基金投资资产支持证券将综合运用久期管理、收益率曲线、个券选择和把握市场交易机会等积极策略,在严格遵守法律法规和基金合同基础上,通过信用研究和流动性管理,选择经风险调整后相对价值较高的品种进行投资,以期获得长期稳定收益。

3. 股票投资策略

(1)新股申购投资策略参照目前国内其他金融品种的投资收益,我们认为参与新股投资将是低风险、高收益的投资品种之一。本基金作为固定收益类产品,将在充分依靠公司研究平台和股票估值体系、深入发掘新股内在价值的前提下,积极参与新股的申购。(2)股票二级市场投资策略,本基金可适当参与股票二级市场投资,增强基金资产收益。股票投资主要采用自上而下与自下而上相结合,定性分析与定量分析相结合。充分借鉴内部和外部研究观点,动态跟踪行业景气度和估值水平,优先选择具备完善的法人治理结构和有效的激励机制、明显受益于行业景气提升、根据市盈率(P/E)、市净率(P/B)和折现现金流(DCF)等指标衡量的估值水平相对偏低的上市公司。

4. 权证投资策略

在确保风险可控的前提下,本基金将谨慎地参与权证投资。本基金将通过对权证标的证券基本面的研究,结合权证定价模型寻求其合理估值水平,同时充分考虑权证资产的收益性、流动性和风险收益特征,追求较高的风险调整后收益。

5. 其他衍生工具投资策略

本基金将密切跟踪国内各种衍生产品的动向,一旦有新的产品推出市场,将在届时相应法律法规的框架内,制订符合本基金投资目标的投资策略,同时结合对衍生工具的研究,在充分考虑衍生产品风险和收益特征的前提下,谨慎进行投资。

五、分红政策

本基金收益分配应遵循下列原则:

(1) 由于本基金 A 类基金份额不收取销售服务费,B 类基金份额收取销售服务费,各基金份额类别对应的可分配收益将有所不同,本基金同一基金份额类别内的每一基金份额享有同等分配权;

(2) 在符合有关基金分红条件的前提下,本基金每年收益分配次数最多为 6 次,每次分配比例不得低于收益分配基准日可供分配利润的 20%,若《基金合同》生效不满 3 个月,可不进行收益分配;

(3) 基金红利发放日距离收益分配基准日(即可供分配利润计算截止日)的时间不得超过 15 个工作日;

(4) 本基金收益分配方式分两种:现金分红与红利再投资。基金份额持有人可以选择取得现金或将所获红利再投资于本基金,如果基金份额持有人未选择收益分配方式,则默认为现金方式。基金份额持有人可对 A 类和 B 类基金份额分别选择不同的分红方式。选择采取红利再投资形式的,同一类别基金份额的分红资金将按分红实施日(具体以届时的基金分红公告为准)该类别的基金份额净值转成相应的同一类别的基金份额,红利再投资的份额免收申购费。同一投资人持有的同一类别的基金份额只能选择一种分红方式,如投资者在不同销售机构选择的分红方式不同,则注册登记机构将以投资者最后一次选择的分红方式为准。

六、业绩比较基准

天相可转债指数收益率×60%+中证综合债券指数收益率×30%+沪深 300 指数收益率×10%。

七、风险收益特征

本基金为债券型基金,其预期的风险水平和预期收益都要低于股票基金、混合基金,高于货币市场基金,属于证券投资基金中的中等风险和中等收益的品种。

资料来源:华安基金,《华安可转换债券债券型证券投资基金基金合同》,https://www.huaan.com.cn/news/2011/05/12/164756/1.shtml。

复习思考题

1. 投资基金的构成要素有哪些?
2. 按投资理念划分,投资基金可分成哪几种?

3. 投资基金如何发起设立?
4. 制定投资方针和政策时,需考虑哪些因素?
5. 如何构建投资组合?
6. 在对基金进行业绩评价的过程中,主要是针对哪三个方面?
7. 试述单位风险收益法评价基金业绩。
8. 市场的有效性分为哪三种形式?
9. 业绩评价的意义是什么?
10. 如何利用单指数模型构建积极的投资组合?

第十章 资产管理业务

第一节 资产管理业务概述

资产管理业务,一般是指证券经营机构开办的资产委托管理,即委托人将自己的资产交给受托人、由受托人为委托人提供理财服务的行为。是证券经营机构在传统业务基础上发展的新型业务。国外较为成熟的证券市场中,投资者大都愿意委托专业人士管理自己的财产,以取得稳定的收益。证券经营机构通过建立附属机构来管理投资者委托的资产。投资者将自己的资金交给训练有素的专业人员进行管理,避免了因专业知识和投资经验不足而可能引起的不必要风险,对整个证券市场发展也有一定的稳定作用。

一、资产管理业务的内涵

资产管理(Asset Management)又称委托理财,是同一业务从委托方和管理方的不同角度形成的不同称谓,可定义为专业管理人接受资产所有者委托,代为经营和管理资产,以实现委托资产增值或其他特定目标的行为。本节所指的资产管理业务,特指证券市场中的资产管理,即投资银行作为管理人,以独立账户募集和管理委托资金,投资于证券市场的股票、基金、债券等金融工具及其组合,以实现委托资金的增值或其他特定目的的中介业务。

资产管理业务是投资银行在传统业务基础上发展起来的新型业务。在成熟证券市场,资产管理业务已经成为投资银行业务中与证券承销、自营、经纪业务并列的核心业务之一。资产管理业务以其庞大的市场规模以及带动相关业务发展的能力,受到投资银行的高度重视。但在我国证券市场上,资产管理业务基本上还是一项全新的业务,2001年,中国证监会在《关于规范证券公司受托投资管理业务的通知》中把证券公司"受托资产管理业务"定义为"证券公司作为受托投资管理人,依据有关法律、法规和投资委托人的投资意愿,与委托人签订受托投资管理合同,把委托人委托的资产在证券市场上从事股票、债券等金融工具的组合投资,以实现委托资产收益最优化的行为"。2003年12月18日,中国证监会公布的《证券公司客户资产管理业务试行办法》将证券公司"受托投资管理业务"正名为"客户资产管理业务",并增加了业务类型。

二、资产管理业务的类型

资产管理业务的类别在不同的国家有较大的区别。美国的资产管理工具非常丰富,主要包括共同基金、单位信托、对冲基金、私人金融业务、私募股权投资基金等。

我国可以进行资产管理业务的机构有很多种,包括证券公司、基金管理公司、信托公司、社保基金等。本章以证券公司的资产管理业务为主来介绍。

根据《证券公司客户资产管理业务管理办法》规定,证券公司可以依法从事下列客户资产管理业务:①为单一客户办理定向资产管理业务;②为多个客户办理集合资产管理业务;③为客户办理特定目的的专项资产管理业务。

1. 定向资产管理业务

根据 2012 年 10 月 18 日公布实施的《证券公司定向资产管理业务实施细则》规定,定向资产管理业务是指证券公司接受单一客户委托,与客户签订合同,根据合同约定的方式、条件、要求及限制,通过专门账户管理客户委托资产的活动。证券公司办理定向资产管理业务,接受单个客户的资产净值不得低于人民币 100 万元。

2. 集合资产管理业务

这是投资银行通过设立集合资产管理计划,与客户签订集合资产管理合同,将客户资产交由依法可以从事客户交易结算资金存管业务的商业银行或者证券监管机关认可的其他资产托管机构进行托管,通过专门账户为客户提供资产管理服务的一种业务。证券公司办理集合资产管理业务,可以设立限定性集合资产管理计划和非限定性集合资产管理计划。

限定性集合资产管理计划资产应当主要用于投资国债、债券型证券投资基金、在证券交易所上市的企业债券、其他信用度高且流动性强的固定收益类金融产品;投资于股票等权益类证券以及股票型证券投资基金的资产,不得超过该计划资产净值的 20%,并应当遵循分散投资风险的原则。非限定性集合资产管理计划的投资范围由集合资产管理合同约定,不受上述规定限制。

集合资产管理业务的特点是:集合性,即投资银行与客户是一对多;投资范围有限定性和非限定性之分;客户资产必须进行托管;通过专门账户投资运作;较严格的信息披露。

3. 专项资产管理业务

证券公司为客户办理特定目的的专项资产管理业务,应当签订专项资产管理合同,针对客户的特殊要求和资产的具体情况,设定特定投资目标,通过专门账户为客户提供资产管理服务。证券公司可以通过设立综合性的集合资产管理计划办理专项资产管理业务。取得客户资产管理业务资格的证券公司,可以办理定向资产管理业务;办理专项资产管理业务的,还须按照《证券公司客户资产管理业务管理办法》的规定,向中国证监会提出逐项申请。

该业务的特点是:综合性,即投资银行与客户可以是一对一,也可以是一对多,也就是说,既可以采取定向资产管理的方式,也可以采取集合资产管理的方式办理该项业务;特定性,即要设定特定的投资目标,通过专门账户经营运作。

三、国外资产管理业务发展的特点

1. 注重数量模型的应用

资产管理人在主要风险因素分析、产品风险的追踪和控制、不同资产类别或跨国界的投资组合的构建、特定的投资理念下最优资产配置策略的制定等许多投资管理环节都借助于数量分析工具。

2. 有效的组织机制

在资产管理人机构中,主要的专业人员可以分为资产类别配置人员、基金经理、分析师和客户经理。其中,资产类别配置人员是整个投资过程中最核心的人员,决定资金在不同基金经理之间的分配比例,并为投资经理提供相应的投资指引;基金经理主要负责某一地域的某一类别资产的管理;分析师主要从宏观和微观各方面研究公司产品所涉及的各种证券并向基金经理提供投资建议;客户经理主要向机构客户营销产品,并成为客户和基金经理之间的纽带。

3. 强调审慎操作的原则

在总量风险控制方面,主要使用在险价值 VAR 来衡量;在具体操作方面,包括流动性控制、操作频率控制、买入标的限制、信用交易限制、衍生工具限制等手段。

四、资产管理业务与基金管理业务的区别

投资银行资产管理业务与投资基金业务存在很大的相同之处,都是受人之托管理他人所有的金融资产。但两者也存在着明显的差别,主要表现在以下几个方面:

1. 客户群体定位不同

投资银行资产管理业务客户网络的建立主要靠的是市场信誉与合作关系,其客户一般是规模资产所有者,主要是机构投资者及富有的个人投资者,资产数量一般较大,对资金投向和资金的规模收益有特别的要求;证券投资基金面向社会公众公开发行,其客户多是不确定的散户投资者,资产数量一般不大,对资金具体投向和投资收益无特殊要求。

2. 服务方式不同

资产管理业务通常是一对一方式,每一客户有自己独立的账户,分别管理,专家理财;证券投资基金业务则采取一对多方式,所有的资产开立于一个统一的账户中,专家理财,统一管理。

3. 投资决策目标不同

资产管理业务由于以独立账户开展一对一资产管理,所以既可定位在以资产增值为管理目标,也可定位在委托资产其他特定要求目标,还可兼顾委托资产的共性和个性特征,提供客户满意的综合金融服务;证券投资基金则以集合投资方式服务于众多投资者,投资决策目标难以体现委托资产的个性要求,只能满足委托资产增值的共性要求.所以证券投资基金一般以委托资产增值为首要目标。

4. 委托方式不同

资产管理业务的客户一般是单独与管理人签订协议,当事人在法定的范围内享有较大的契约自由;证券投资基金则是客户通过购买基金股份或基金单位的方式完成委托行为,基金公司章程、契约的内容乃至形式都必须符合法律法规的要求。

5. 参与管理程度不同

资产管理业务中,投资者可将自己对资产管理的意图反映到协议中,在管理过程中投资者还可通过与资产管理经理经常性的接触,随时对资产管理的运作发表意见,因此,参与程度较高;证券投资基金的投资决策最终取决于多数基金持有人的投资偏好,投资者个人并无决定权,因而参与程度较低。

6. 及时调整具体投资组合的程度不同

资产管理业务中,投资者可以根据自身的风险承受能力选择不同的投资风格和投资组合,并与投资银行协商进行调整。但是,证券投资基金的具体投资组合则由基金经理决定,投资者无法根据市场的突然变化及时地调整资产组合。

7. 风险收益特征不同

对于投资银行来说,资产管理业务可采取定向集中投资和客户参与的方式,形成具有低风险低收益或高风险高收益的业务特征;证券投资基金由于运作透明、通过组合投资分散风险和收取固定管理费用等方式,表现出低风险和稳定收益的业务特征。对于投资者来说,证券投资基金和资产管理业务比其个人自身直接进入证券市场具有风险收益的比较优势,但按照风险收益对应的市场特征,对不同的管理人是存在差异的。

8. 信息披露和投资限制不同

资产管理业务中,管理人只需向投资者定期报告资产的风险、收益情况;而证券投资基金在基金管理过程中,必须履行严格的经常性信息披露义务,而且在可投资的金融品种和投资组合比例等方面受到法律的限制。

通过以上比较可以看出,证券投资基金虽然有管理规范、客户基础面广、控制资金量大等优点,但资产管理业务具有的灵活性、参与管理性和服务个性化等优点,是证券投资基金所不能替代的,一对一的资产管理方式有其特定的细分市场和合理的生存空间,成为投资银行日益重要的业务,其业务份额和产生利润呈现不断上升的趋势。

五、资产管理业务的基本要求及原则

1. 证券公司从事资产管理业务的条件

取得客户资产管理业务资格的证券公司,可以办理定向资产管理业务;办理专项资产管理业务的,还须按照《证券公司客户资产管理业务管理办法》的规定,向中国证监会提出逐项申请。证券公司开展资产管理业务,投资主办人不得少于5人。投资主办人须具有3年以上证券投资、研究、投资顾问或类似从业经历,具备良好的诚信纪录和职业操守,通过中国证券业协会的注册登记。

2. 资产管理合同的基本事项

证券公司开展客户资产管理业务,应当依据法律、行政法规和《证券公司客户资产管理业务管理办法》的规定,与客户签订书面资产管理合同,就双方的权利义务和相关事宜做出明确约定。资产管理合同应当包括下列基本事项:①客户资产的种类和数额;②投资范围、投资限制和投资比例;③投资目标和管理期限;④客户资产的管理方式和管理权限;⑤各类风险揭示;⑥资产管理信息的提供及查询方式;⑦当事人的权利与义务;⑧管理报酬的计算方法和支付方式;⑨与资产管理有关的其他费用的提取、支付方式;⑩合同解除、终止的条件、程序及客户资产的清算返还事宜;⑪违约责任和纠纷的解决方式;⑫中国证监会规定的其他事项。集合资产管理合同除应符合上述规定外,还应当对集合资产管理计划开始运作的条件和日期、资产托管机构的职责、托管方式与托管费用、客户资产净值的估算、投资收益的确认与分派等事项做出约定。集合资产管理合同由证券公司、资产托管机构与单个客户三方签署。证券公司应当根据有关法律法规,制定健全、有效的估值政策和程序,并定期对其执行效果进行评估,保证集合资产管理计划估值的公平、合理。估值的具体规定,由中国证券业协会另行制定。

3. 资产管理业务的基本原则

(1) 应当遵守法律、行政法规和中国证监会的规定,遵循公平、公正的原则,维护客户的合

法权益,诚实守信,勤勉尽责,避免利益冲突。

(2) 应当充分了解客户,对客户进行分类,遵循风险匹配原则,向客户推荐适当的产品或服务,禁止误导客户购买与其风险承受能力不相符合的产品或服务。客户应当独立承担投资风险,不得损害国家利益、社会公共利益和他人合法权益。

(3) 应当依照本办法的规定向中国证监会申请客户资产管理业务资格。未取得客户资产管理业务资格的证券公司,不得从事客户资产管理业务。

(4) 应当依照本办法的规定与客户签订资产管理合同,根据资产管理合同约定的方式、条件、要求及限制,对客户资产进行经营运作,为客户提供证券及其他金融产品的投资管理服务。

(5) 应当实行集中运营管理,对外统一签订资产管理合同。

(6) 应当建立健全风险控制制度和合规管理制度,采取有效措施,将客户资产管理业务与公司的其他业务分开管理,控制敏感信息的不当流动和使用,防范内幕交易和利益冲突。

证券交易所、证券登记结算机构、中国证券业协会依据法律、行政法规和中国证监会的规定,对证券公司客户资产管理业务实行规范有序的自律管理和行业指导。中国证监会及其派出机构依据法律、行政法规和本办法的规定,对证券公司客户资产管理活动进行监督管理。鼓励证券公司在有效控制风险的前提下,依法开展资产管理业务创新。中国证监会及其派出机构依照审慎监管原则,采取有效措施,促进证券公司资产管理的创新活动规范、有序进行。

第二节 资产管理业务的运作

一、定向资产管理业务

1. 针对证券公司的基本规定

(1) 一般规定:证券公司从事定向资产管理业务,必须做到以下几点:①应当具有证券资产管理业务资格,遵守法律、行政法规和中国证券监督管理委员会的规定。②应当遵循公平、公正原则;诚实守信,审慎尽责;坚持公平交易,避免利益冲突,禁止利益输送,保护客户合法权益。③应当建立健全风险管理与内部控制制度,规范业务活动,防范和控制风险。④定向资产管理业务的投资风险由客户自行承担,证券公司不得以任何方式对客户资产本金不受损失或者取得最低收益做出承诺。

中国证监会依据法律、行政法规、《证券公司客户资产管理业务管理办法》(下称《管理办法》)和细则的规定,监督管理证券公司定向资产管理业务活动。证券交易所、证券登记结算机构、中国证券业协会依据法律、行政法规、《管理办法》、细则及相关规则,对证券公司定向资产管理业务活动进行自律管理和行业指导。

(2) 防火墙规定:证券公司应当实现定向资产管理业务与证券自营业务、证券承销业务、证券经纪业务及其他证券业务之间的有效隔离,防范内幕交易,避免利益冲突。同一高级管理人员不得同时分管资产管理业务和自营业务;同一人不得兼任上述两类业务的部门负责人;同一投资主办人不得同时办理资产管理业务和自营业务。定向资产管理业务的投资主办人不得兼任其他资产管理业务的投资主办人。

(3) 风险控制措施:证券公司应当完善投资决策体系,加强对交易执行环节的控制,保证资产管理业务的不同客户在投资研究、投资决策、交易执行等各环节得到公平对待。证券公司应当对资产管理业务的投资交易行为进行监控、分析、评估和核查,监督投资交易的过程和结果,保证公平交易原则的实现。证券公司从事定向资产管理业务,应当遵循公平、诚信的原则,禁止任何形式的利益输送。证券公司的定向资产管理账户与证券自营账户之间或者不同的证券资产管理账户之间不得发生交易,有充分证据证明已依法实现有效隔离的除外。

(4) 禁止行为规定:①挪用客户资产;②以欺诈、商业贿赂、不正当竞争行为等方式误导、诱导客户;③通过电视、报刊、广播及其他公共媒体公开推介具体的定向资产管理业务方案;④接受单一客户委托资产净值低于中国证监会规定的最低限额;⑤以自有资金参与本公司的定向资产管理业务;⑥以签订补充协议等方式,掩盖非法目的或者规避监管要求;⑦使用客户委托资产进行不必要的证券交易;⑧内幕交易、操纵证券价格、不正当关联交易及其他违反公平交易规定的行为;⑨法律、行政法规和中国证监会禁止的其他行为。

2. 定向资产管理业务运作的基本规范

(1) 客户准入及委托标准。定向资产管理业务客户应当是符合法律、行政法规和中国证监会规定的自然人、法人或者依法成立的其他组织;投资银行开展定向资产管理业务,接受单一客户委托资产净值的最低限额应当符合中国证监会的规定;投资银行可以在规定的最低限额的基础上,提高本公司客户委托资产净值最低限额;投资银行不得接受本公司董事、监事、从业人员及其配偶成为定向资产管理业务客户。

(2) 尽职调查及风险揭示。投资银行开展定向资产管理业务,应当按照有关规则,了解客户身份、财产与收入状况、证券投资经验、风险认知与承受能力和投资偏好等,并以书面和电子方式对尽职调查获取的相关信息和资料,予以详细记载、妥善保存。客户应当如实披露或者提供相关信息、资料,并在合同中承诺信息和资料的真实性;投资银行应当指定专人向客户如实披露其业务资格,讲解有关业务规则和定向资产管理合同的内容。投资银行应当制作风险揭示书,充分揭示客户参与定向资产管理业务的市场风险、管理风险、流动性风险及其他风险,以及上述风险的含义、特征、可能引起的后果。风险揭示书的内容应当具有针对性,表述应当清晰、明确、易懂,符合中国证券业协会制定的标准格式。投资银行应当将风险揭示书交客户签字确认。客户签署风险揭示书,即表明已经理解并愿意承担参与定向资产管理业务的风险。

(3) 客户委托资产及来源。客户委托资产可以是客户合法持有的现金、股票、债券、证券投资基金、集合资产管理计划份额、中央银行票据、短期融资券、资产支持证券、金融衍生品或者中国证监会允许的其他金融资产。客户委托资产的来源、用途应当合法,定向资产管理业务客户应当在合同中对此做出明确承诺;客户未做承诺,或者投资银行明知客户身份不真实或者委托资产来源、用途不合法,投资银行不得为其提供定向资产管理服务。自然人不得用筹集的他人资金参与定向资产管理业务。法人或者依法成立的其他组织用筹集的资金参与定向资产管理业务的,应当向投资银行提供合法筹集资金证明文件;未提供证明文件的,投资银行不得为其办理定向资产管理业务,投资银行发现客户委托资产涉嫌洗钱的,应当按照《中华人民共和国反洗钱法》和相关规定履行报告义务。

(4) 客户资产托管,客户委托资产应当交由依法可以从事客户交易结算资金存管业务的商业银行、中国证券登记结算有限责任公司或者中国证监会认可的其他资产托管机构托管;资产托管机构应当按照中国证监会的规定和定向资产管理合同的约定,履行安全保管客户委托资产、办理资金收付事项、监督投资银行投资行为等职责;资产托管机构发现投资银行违反法律、行政法规和其他有关规定，或者违反定向资产管理合同的应当立即要求投资银行改正；未能改正或者造成客户委托资产损失的，资产托管机构应当及时通知客户并报告投资银行住所地、资产管理分公司所在地中国证监会派出机构及中国证券业协会。

（5）客户资产独立核算与分账管理。投资银行、资产托管机构应当保证客户委托资产与投资银行、资产托管机构自有资产相互独立，不同客户的委托资产相互独立，对不同客户的委托资产应当独立建账，独立核算，分账管理；投资银行、资产托管机构破产或者清算时，客户委托资产不属于其破产财产或者清算财产。

（6）客户资产管理账户。投资银行从事定向资产管理业务，买卖证券交易所的交易品种，应当使用定向资产管理专用证券账户。买卖证券交易所以外的交易品种，应当按照有关规定开立相应账户。专用证券账户和相应账户内的资产归客户所有。专用证券账户应当以客户名义开立，客户也可以申请将其普通证券账户转换为专用证券账户。客户开立专用证券账户，或者将普通证券账户转换为专用证券账户，应当委托投资银行向证券登记结算机构申请办理。专用证券账户名称为"客户名称"，证券登记结算机构应当对专用证券账户进行标识。同一客户只能办理一个上海证券交易所专用证券账户和一个深圳证券交易所专用证券账户。定向资产管理合同应当就客户授权投资银行开立、使用、注销、转换专用证券账户事宜做出明确约定。代理客户办理专用证券账户，应当由投资银行向证券登记结算机构申请办理。投资银行办理专用证券账户时，应当提交证券资产管理业务许可证明、与客户签订的定向资产管理合同以及证券登记结算机构规定的其他文件。投资银行应当自专用证券账户开立之日起3个交易日内，将专用证券账户报证券交易所备案；未报备前，不得使用该账户进行交易。专用证券账户仅供定向资产管理业务使用，并且只能由代理办理专用证券账户的投资银行使用，不得办理转托管或者转指定，中国证监会另有规定的除外；投资银行、客户不得将专用证券账户以出租、出借、转让或者其他方式提供给他人使用。投资银行应当在定向资产管理合同失效、被撤销、解除或者终止后15日内，向证券登记结算机构代为申请注销专用证券账户，或者根据客户要求，代理客户向证券登记机构申请将专用证券账户转换为普通证券账户。客户应当予以协助。专用证券账户注销后，投资银行应当在3个交易日内报证券交易所备案。客户将委托的证券从原有证券账户划转至专用证券账户，或者专用证券账户注销时将专用证券账户内的证券划转至该客户其他证券账户的，投资银行可以根据合同约定向证券登记结算机构代为申请。上述证券划转行为不属于所有权转移的过户行为。

（7）定向资产管理业务的投资范围。定向资产管理业务的投资范围包括股票、债券、证券投资基金、集合资产管理计划、中央银行票据、短期融资券、资产支持证券、金融衍生品以及中国证监会认可的其他投资品种。定向资产管理合同约定的投资范围不得超出法律、行政法规和中国证监会规定允许客户投资的范围，并应当与客户的风险认知与承受能力，以及投资银行的投资经验、管理能力和风险控制水平相匹配。定向资产管理业务可以参与融资融券交易，也可以将其持有的证券作为融券标的证券出借给证券金融公司。投资银行将委托资产投资于本公司、资产托管机构以及与本公司、资产托管机构有关联方关系的公司发行的证券，应当事先将相关信息以书面形式通知客户和资产托管机构，并要求客户按照合同约定在指定期限内答复。客户未同意的，证券公司不得进行此项投资；客户同意的，投资银行应当及时将交易结果告知客户和资产托管机构，并向证券交易所报告。投资银行与客户应当在定向资产管理合同中对前款所述投资的通知和答复程序做出明确约定。

(8) 投资管理情况报告与查询。投资银行应当依照合同约定的时间和方式,向客户提供对账单,说明报告期内客户委托资产的配置状况、价值变动、交易记录等情况;发生可能影响客户利益的重大事项时,投资银行应当及时告知客户。投资银行、资产托管机构应当保证客户能够按照合同约定的时间和方式,查询客户定向资产管理账户内资产配置状况、价值变动、交易记录等相关信息。

(9) 业务档案管理。投资银行应当建立健全档案管理制度,妥善保管定向资产管理业务的合同、客户资料、交易记录等文件、资料和数据,保存期限不得少于 20 年,任何人不得隐匿、伪造、篡改或销毁。

二、集合资产管理业务

1. 针对证券公司的相关规定

(1) 证券公司办理集合资产管理业务,只能接受货币资金形式的资产。证券公司设立限定性集合资产管理计划的,接受单个客户的资金数额不得低于人民币 5 万元;设立非限定性集合资产管理计划的,接受单个客户的资金数额不得低于人民币 10 万元。

集合资产管理计划说明书应当清晰地说明集合资产管理计划的特点、投资目标、投资范围、投资组合设计、委托人参与和退出集合资产管理计划的安排、风险揭示、资产管理事务的报告和有关信息查询等内容,最大限度地披露影响委托人做出委托决定的全部事项,以充分保护委托人利益,方便委托人做出委托决定。

(2) 证券公司应当将集合资产管理计划设定为均等份额,并可以根据风险收益特征划分为不同种类。同一种类的集合资产管理计划份额,享有同等权益,承担同等风险。

(3) 证券公司设立集合资产管理计划,可以对计划存续期间做出规定,也可以不做规定。集合资产管理合同应当对客户参与和退出集合资产管理计划的时间、方式、价格、程序等事项做出明确约定。参与集合资产管理计划的客户不得转让其所拥有的份额;但是法律、行政法规和中国证监会另有规定的除外。

(4) 证券公司发起设立集合资产管理计划后 5 日内,应当将发起设立情况报中国证券业协会备案,同时抄送证券公司住所地、资产管理分公司所在地中国证监会派出机构,并提交下列材料:①备案报告;②集合资产管理计划说明书、合同文本、风险揭示书;③资产托管协议;④合规总监的合规审查意见;⑤已有集合计划运作及资产管理人员配备情况的说明;⑥关于后续投资运作合法合规的承诺;⑦中国证监会要求提交的其他材料。计划说明书是集合资产管理合同的组成部分,与集合资产管理合同具有同等法律效力。

(5) 证券公司从事集合资产管理业务,不得有下列行为:①向客户做出保证其资产本金不受损失或者保证其取得最低收益的承诺;②挪用集合计划资产;③募集资金不入账或者其他任何形式的账外经营;④募集资金超过计划说明书约定的规模;⑤接受单一客户参与资金低于中国证监会规定的最低限额;⑥使用集合计划资产进行不必要的交易;⑦内幕交易、操纵证券价格、不正当关联交易及其他违反公平交易规定的行为;⑧法律、行政法规及中国证监会禁止的其他行为。

2. 关于投资范围的规定

集合计划募集的资金应当用于投资中国境内依法发行的股票、债券、证券投资基金、央行票据、短期融资券、资产支持证券、中期票据、股指期货等金融衍生品、保证收益及保本浮动收益商业银行理财计划以及中国证监会认可的其他投资品种。集合计划可以参与融资融券交易,也可以将其持有的证券作为融券标的证券出借给证券金融公司。证券公司可以依法设立集合计划在境内募集资金,投资于中国证监会认可的境外金融产品。

3. 集合计划成立应当具备的条件

①推广过程符合法律、行政法规和中国证监会的规定;②限额特定资产管理计划募集金额不低于3 000万元人民币,其他集合计划募集金额不低于1亿元人民币;③客户不少于2人;④符合集合资产管理合同及计划说明书的约定;⑤中国证监会规定的其他条件。

4. 关于内控制度

主要注意以下三点:①对集合资产管理业务实行集中统一管理,建立严格的业务隔离制度。投资银行应当实现集合资产管理业务与证券自营业务、证券承销业务、证券经纪业务及其他证券业务之间的有效隔离,防范内幕交易,避免利益冲突。同一高级管理人员不得同时分管资产管理业务和自营业务,同一人不得兼任上述两类业务的部门负责人,同一投资主办人不得同时办理资产管理业务和自营业务。②建立集合资产管理计划投资主办人员制度,即应当指定专门人员具体负责每一个集合资产管理计划的投资管理事宜。投资主办人员须具有3年以上证券自营、资产管理或证券投资基金从业经历,且应当具备良好的职业道德.无不良行为记录。集合资产管理计划存续期间,其投资主办人员不得管理其他定向资产管理计划。③严格执行相关会计制度的要求,为集合资产管理计划建立独立完整的账户、核算、报告、审计和档案管理制度。集合资产管理计划的会计核算由财务部门专人负责,集合资产管理计划的清算由结算部门负责。保证风险控制部门、监督检查部门能够对集合资产管理业务的运作和管理进行有效监控,切实防止账外经营、挪用集合资产管理计划资产及其他违法违规情况的发生。

5. 关于推广安排

投资银行可以自行推广集合资产管理计划,也可以委托其客户的资金存管银行代理推广集合资产管理计划,并签订书面代理推广协议。投资银行、推广机构应当严格按照经核准的集合资产管理计划说明书、集合资产管理合同推广集合资产管理计划。严禁通过报刊、电视、广播及其他公共媒体推广集合资产管理计划。投资银行、推广机构应当保证每一份集合资产管理合同的金额不得低于《管理办法》规定的最低金额,并防止客户非法汇集他人资金参与集合资产管理计划。集合资产管理计划推广期间,应当由托管银行负责托管与集合资产管理计划推广有关的全部账户和资金。投资银行和代理推广机构应当将推广期间客户的资金存入在托管银行开立的专门账户。在集合资产管理计划设立完成、开始投资运作之前,任何人不得动用集合资产管理计划的资金。集合资产管理计划推广活动结束后,投资银行应当聘请具有证券相关业务资格的会计师事务所对集合资产管理计划进行验资,并出具验资报告。投资银行、托管银行及推广机构应当明确对客户的后续服务分工,并建立健全档案管理制度,妥善保管集合资产管理计划的合同、协议、客户明细、交易记录等文件资料。

6. 客户的权利和义务

投资银行从事集合资产管理业务,应当依据法律、行政法规和中国证监会的规定,与客户、资产托管机构签订集合资产管理合同,约定客户、投资银行、资产托管机构的权利和义务。根据《管理办法》的规定,在集合资产管理计划中,客户主要享有如下权利:除合同另有规定外,按投入资金占集合资产管理计划资产净值的比例分享投资收益;根据集合资产管理合同的约定,参与和退出集合资产管理计划;知情的权利。在集合资产管理计划中,客户主要承担如下义务:按合同约定承担投资风险;保证委托资产来源及用途的合法性;不得非法汇集他人资金参与集合资产管理计划;不得转让有关集合资产管理合同或所持集合资产管理计划的份额;按照合同的约定支付管理费、托管费及其他费用。

三、专项资产管理计划

1. 资格条件

证券公司存在下列情形的,中国证监会暂不受理专项资产管理计划设立申请;已经受理的,暂缓进行审核。责令证券公司暂停签订新的集合及定向资产管理合同:①因涉嫌违法违规被中国证监会调查,但证券公司能够证明立案调查与资产管理业务明显无关的除外;②因发生重大风险事件、适当性管理失效和重大信息安全事件等表明公司内部控制存在重大缺陷的事项,处在整改期间;③中国证监会规定的其他情形。

2. 业务形式

证券公司企业资产证券化业务是指证券公司以专项资产管理计划为特殊目的载体,以计划管理人身份面向投资者发行资产支持受益凭证,按照约定用受托资金购买原始权益人能够产生稳定现金流的基础资产,将该基础资产的收益分配给受益凭证持有人的专项资产管理业务。

3. 管理人职责

计划管理人应当履行下列职责:①对原始权益人进行辅导,提高原始权益人规范运作水平,督促原始权益人依法履行职责,并出具辅导报告;②发行受益凭证,设立专项计划;③按照约定及时将募集资金支付给原始权益人;④为受益凭证持有人的利益管理专项计划资产;⑤监督原始权益人持续经营情况和基础资产现金流状况;⑥督促原始权益人按出具的专项说明与承诺使用募集资金;⑦按照约定向受益凭证持有人分配收益;⑧按照约定召集受益凭证持有人大会;⑨履行信息披露义务;⑩聘请专项计划的托管人及其他为企业资产证券化业务提供服务的机构;⑪法律、行政法规或者中国证监会规定,以及计划说明书约定的其他职责。

四、资产管理业务中的客户资产托管

1. 客户资产托管的定义

客户资产托管是指资产托管机构根据投资银行、客户的委托,对客户的资产进行保管,办理资金收付事项、监督投资银行投资行为等职责。

资产托管机构应当是依法可以从事客户交易结算资金存管业务的商业银行或者中国证监会认可的其他机构。资产托管机构应当安全保护客户委托资产。资产托管机构发现投资银行的投资指令违反法律、行政法规和其他有关规定,或者违反资产管理合同约定的,应当予以制止,并及时报告客户和投资银行住所地证券监管机构;投资指令未生效的,应当拒绝执行。

证券公司办理定向资产管理业务,应当将客户的委托资产交由负责客户交易结算资金存管的指定商业银行、中国证券登记结算有限责任公司或者中国证监会认可的证券公司等其他资产托管机构托管。

证券公司为多个客户办理集合资产管理业务,应当设立集合资产管理计划,与客户签订集合资产管理合同,将客户资产交由负责客户交易结算资金存管的指定商业银行、中国证券登记结算有限责任公司或者中国证监会认可的证券公司等其他资产托管机构进行托管,通过专门账户为客户提供资产管理服务。

2. 资产托管机构的职责

资产托管机构应当由专门部门负责资产管理业务的资产托管,并将托管的资产管理业务资产与其自有资产及其管理的其他资产严格分开。资产托管机构办理资产管理的资产托管业务,应当履行下列职责:①安全保管资产管理业务资产。②执行证券公司的投资或者清算指令,并负责办理资产管理业务资产运营中的资金往来。③监督证券公司资产管理业务的经营运作,发现证券公司的投资或清算指令违反法律、行政法规、中国证监会的规定或者资产管理合同约定的,应当要求改正;未能改正的,应当拒绝执行,并向证券公司住所地、资产管理分公司所在地中国证监会派出机构及中国证券业协会报告。④出具资产托管报告。⑤资产管理合同约定的其他事项。资产托管机构有权随时查询资产管理业务的经营运作情况,并应当定期核对资产管理业务资产的情况,防止出现挪用或者遗失。

五、资产管理业务的风险及控制

资产管理业务的风险包括资产的投资风险和资产的运作风险,风险的控制贯穿于资产管理业务的全过程。

1. 资产的投资风险控制

资产的投资风险是指资产的投资组合所产生的风险,主要包括流动性风险、信用风险和市场风险,属于非系统性风险,可以通过投资组合来降低风险。投资风险的控制技术主要是风险量化技术,建立各种数学模型,应用计算机软件对投资组合的数据进行压力测试和敏感性测试,测试风险暴露值,从而达到控制风险大小的目的。目前国际上较为普遍采用的风险评估技术主要有方差风险计量方法、β系数风险计量方法和VAR风险计量方法。

2. 资产的运作风险控制

资产的运作风险是指由于人为因素、管理不善和法律法规不健全等制度缺陷导致的风险,主要包括操作风险、法律风险、决策风险和信誉风险。其中,信誉风险是指资产管理业务潜在风险暴露而引起资产的损失,从而使资产管理部门信誉受损的风险。由于资产运作风险产生的原因分为内部原因和外部原因,因此,相应的风险控制也有内部风险控制和外部风险控制。其中内部风险控制主要通过内部组织结构的设计和风险监督机制的完善来管理风险,外部风险控制则主要通过相关法律法规的监督和约束来进行。

对资产管理业务风险的外部控制主要体现在对账户结构、经营主体资格、信息披露和投资组合等方面的法律规定。

(1) 客户资产的独立管理制度。投资银行办理资产管理业务,将客户资产或集合资产管理计划的资产与自有资产、其他客户或集合资产管理计划的资产相互独立,分别设置账户,独立核算分账管理。

(2) 第三方托管制度。投资银行办理集合资产管理业务,必须将集合资产管理计划的资产全部交由独立的资产托管机构托管,在资产托管机构的监督下管理和运作集合管理计划的资产。办理定向资产管理业务,应当按照中国证监会的规定,对客户资产中的货币按照对客户交易结算资金的存管规定管理;客户有要求的,投资银行应当将资产交给资产托管机构进行托管。

(3) 经营主体资格的要求。主要有最低资本额限制、资本负债率限制、经营主体的发起人运作经验与业绩要求和从业人员资格要求。

(4) 分散投资原则。各国法律法规都对资产组合证券品种下限、单一品种占有的资金占所管理资产的比率上限和单一品种持有量占该证券品种流通量的比率上限等进行规定,以从法律的角度保证投资组合风险的足够分散。

(5) 外部监管制度。主要通过对资产管理人从事关联交易、证券欺诈等危害投资者利益的行为进行监管。在我国,对资产管理业务的外部监管主要通过中国证监会、证券交易所、证券登记结算公司和证券业协会对投资银行、资产托管机构的业务活动进行监督。同时,投资银行在年度审计时应对资产管理业务及集合资产管理计划的运作情况进行专门审计。

(6) 信息披露制度。各国法律都对资产管理业务的信息披露进行严格规定,以保证投资者准确、及时地了解资产管理状况,发挥投资者的监督作用。我国《证券公司客户资产管理业务办法》规定,投资银行应至少每季度向客户提供一次准确、完整的资产管理报告。

资管业务方面,券商将完善产品线,探索新的发展模式。在此前的非净值化时代,资管产品以通道业务为主,净值化产品发展缓慢。如今监管套利被打破,大部分通道业务会濒临灭绝,净值化资管产品将成为资管业务的主流产品,资产证券化业务将迎来新的发展机遇。预计未来券商的资管业务将充分发挥研究和交易优势,加强主动管理能力。此外,随着券商获得合格境内机构投资者、人民币合格境外机构投资者、合格境外机构投资者投资顾问业务资格的增加,跨境金融服务需求也将为资管业务带来新的利润来源。在去杠杆、去通道的背景下,券商的资产管理规模有所下降,但结构有所优化。截至2019年6月,券商资管业务的规模为12.53万亿,较《关于规范金融机构资产管理业务的指导意见》(俗称《资管新规》)发布前下降23.88%。虽然整体规模有所下降,但与此同时,券商资管业务通过资产证券化积极推进资金脱虚向实,在解决实体经济资金紧张、满足中小企业融资需求方面发挥了重要作用。

第三节 对冲基金

一、对冲基金的概念

对冲基金(hedgefund),也称避险基金或套利基金。是一种私募性质的基金,以各种公开交易的有价证券和金融衍生工具为投资目标,运用买空卖空、杠杆交易、程序交易和衍生品交易等交易策略进行操作,从而达到套利或避险等目的。

对冲基金起源于20世纪50年代初的美国。当时的操作宗旨在于利用期货、期权等金融衍生产品以及对相关联的不同股票进行空买空卖、风险对冲的操作技巧,在一定程度上可规避和化解投资风险。虽然对冲基金在20世纪50年代已经出现,但是,它在接下来的三十年间并未引起人们的太多关注,直到20世纪80年代,随着金融自由化的发展,对冲基金才有了更广阔的投资机会,从此进入了快速发展的阶段。经过几十年的演变,对冲基金失去了其初始的风险对冲的内涵,演变成为基于最新的投资理论和极其复杂的金融市场操作技巧,充分利用各种金融衍生产品的杠杆作用,承担高风险、追求高收益的投资模式。

二、对冲基金的特点

1. 复杂性

随着全球各类金融衍生产品的快速发展,期货、期权、掉期等衍生产品逐渐成为对冲基金的主要操作工具。这些衍生产品成本低、风险高、收益高,成为许多现代对冲基金进行投机操作的得力工具。对冲基金将这些金融工具配以复杂的组合设计,根据市场预测进行投资,在预测准确时获取超额利润,或是利用短期内中场波动而产生的非均衡性设计投资策略,在市场恢复正常状态时获取差价。

2. 高杠杆性

对冲基金的证券资产的高流动性,使得对冲基金可以利用基金资产方便地进行抵押贷款。一个资本金只有1亿美元的对冲基金,可以通过反复抵押其证券资产,贷出高达几十亿美元的资金。因为对冲基金往往进行一些"确定性套利",但是这种套利的收益率往往只有1%不到,如果以自有资金操作,收益率将非常低,只有通过加大杠杆才能提升收益率。但是,由于较高的杠杆比率,对冲基金一旦操作失策往往会面临巨额损失。

美国长期资本管理公司(Long-Term Capital Management,LTCM)成立于1994年2月,总部设在离纽约市不远的格林尼治,是一家主要从事定息债务工具套利活动的对冲基金。1996年,LTCM大量持有意大利、丹麦、希腊政府债券,而沽空德国债券,LTMC模型预测,随着欧元的启动上述国家的债券与德国债券的息差将缩减,市场表现与LTMC的预测惊人的一致,LTCM获得巨大收益。

但是,俄罗斯金融风暴引发了全球的金融动荡,结果它所沽空的德国债券价格上涨,它所做多的意大利债券等证券价格下跌,它所期望的正相关变为负相关,结果两头亏损。它的电脑自动投资系统面对这种原本忽略不计的小概率事件,错误地不断放大金融衍生产品的运作规模。LTCM利用从投资者那筹来的22亿美元作资本抵押,买入价值3 250亿美元的证券,杠杆比率高达60倍。由此造成该公司的巨额亏损。它从5月俄罗斯金融风暴到9月全面溃败,短短的150天资产净值下降90%,出现43亿美元巨额亏损,仅余5亿美元,已走到破产边缘。9月23日,美联储出面组织安排,以美林、摩根为首的15家国际性金融机构注资37.25亿美元购买了LTCM的90%股权,共同接管了该公司,从而避免了它倒闭的厄运。

3. 私募性

对冲基金的组织结构一般是有限合伙人制。有限合伙制中,合伙人分为有限合伙人和一般合伙人。前者负责提供资本,但不参与对冲基金的具体运营,只承担有限责任;后者负责所有的交易和日常的运营,承担无限责任。由于对冲基金的高风险性和复杂的投资机理,许多国家都禁止其向公众公开招募资金,以保护普通投资者的利益。同时,对投资者人数有上限要求,对投资者的财富和投资经验也有要求。

为了避开美国的高税收和美国证券交易委员会的监管,在美国市场上进行操作的对冲基金一般在巴哈马和百慕大等一些税收低、管制松散的地区进行离岸注册，并仅限于向美国境外的投资者募集资金。

4. 隐蔽性

由于对冲基金多为私募性质，从而规避了美国法律对公募基金信息披露的严格要求。证券投资基金一般在投资工具的选择和比例上有确定的方案，而对冲基金则完全没有这些方面的限制和界定，可利用一切可操作的金融工具和组合，最大限度地使用信贷资金，以牟取高于市场平均利润的超额回报。由于操作上的高度隐蔽性和灵活性以及杠杆融资效应，对冲基金在现代国际金融市场的投机活动中担当了重要角色。

三、对冲基金的种类

美国先锋对冲基金研究公司(1998)将对冲基金分为 15 类：

(1) 可转换套利(Convertible Arbitrage)基金：指购买可转换证券(通常是可转换债券)的资产组合，并通过卖空标的普通股对股票的风险进行对冲操作。

(2) 不幸证券(Distressed Securities)基金：投资于并可能卖空已经或预期会受不好环境影响的公司证券。包括重组、破产、萧条的买卖和其他公司重构等。基金经理人运用标准普尔卖出期权(Put Option)或卖出期权溢价(Put Option Spread)进行市场对冲。

(3) 新兴市场(Emerging Markets)基金：投资于发展中或"新兴"国家的公司证券或国家债券。主要是做多头。

(4) 权益对冲(Equity Hedge)基金：对一些股票做多头，并随时卖空另外一些股票或/和股指期权。

(5) 权益市场中性基金(Equity Market Neutral)：利用相关的权益证券间的定价无效谋求利润，通过多头和空头操作组合降低市场敞口风险(Exposure)。

(6) 不对冲权益基金(Equity Non-Hedge)：尽管基金有能力用短卖股票和/或股指期权进行对冲操作，但主要是对股票做多头。这类基金被称为"股票的采撷者"。

(7) 重大事件驱动型基金(Event-Driven)：也被称作"公司生命周期"投资。该基金投资于重大交易事件造成的机会，如并购、破产重组、资产重组和股票回购等。

(8) 固定收入(Fixed Income)基金：指投资于固定收入证券的基金。包括套利型基金、可转换债券基金、多元化基金、高收益基金、抵押背书基金等。

(9) 宏观基金(Macro)：指在宏观和金融环境分析的基础上直接对股市、利率、外汇和实物的预期价格移动进行大笔的方向性的不对冲的买卖。

(10) 市场时机基金(Market Timing)：买入呈上升趋势的投资品，卖出呈下滑趋势的投资品。该基金主要是在共同基金和货币市场之间进行买卖。

(11) 合并套利基金(Merger Arbitrage)：有时也称为风险套利，包括投资于事件驱动环境如杠杆性的收购，合并和敌意收购。

(12) 相对价值套利基金(Relative Value Arbitrage)：试图利用各种投资品如股票、债券、期权和期货之间的定价差异来获利。

(13) 部门(Sector)基金：投资于各个行业的基金。

(14) 空头基金(Short Selling)：包括出售不属于卖主的证券，是一种用来利用预期价格下跌的技术。

(15) 基金的基金(Fund of Funds)：在基金的多个经理人或管理账户之间进行投资。该战略涉及经理人的多元资产组合，目标是显著降低单个经理人投资的风险或风险波动。

四、我国对冲基金的分类

2012年5月17日，独立第三方私募基金评级机构——深圳市融智投资顾问有限责任公司推出"融智·中国对冲基金分类体系"，这是目前国内首个针对私募证券投资基金进行科学完善分类的评级体系。该体系结合目前行业运行现状，以及国内对冲基金的发展趋势，按照基金类型、基金策略以及基金特点三个不同维度进行划分，厘清了我国对冲基金的体系。

基金类型分类主要依据基金的结构和投资对象进行划分，根据基金不同形式分为非结构化、结构化、TOT(Transfer-Operate-Transfer，移交—经营—移交)、非限定性券商集合理财产品、限定性券商集合理财产品、公募一对多、海外基金、有限合伙、单账户证券、单账户期货，在此基础上，再根据基金投资对象和品种划分不同类型。

基金策略分类主要依据基金的投资策略，分为主策略和子策略两个级别。主策略包括：股票策略、管理期货、宏观策略、事件驱动、相对价值策略、债券基金、组合基金、复合策略和其他策略。

基金特点分类主要根据基金的结构及其他方面区别一般基金的特殊属性和特点进行划分，具体分为一对一TOT、一对多TOT、母基金-子基金、目标回报型、风险缓冲型、伞形。

国泰君安证券资产管理业务简介

在2011年发行的108只集合理财产品中，国泰君安、东方证券及中信证券分别以11只、8只及7只的数量排名前三位。其中，国泰君安和东方证券还成立了独立的资产管理公司，将资产管理业务在整个券商业务中的地位推升至新的高度。2011年共有10家券商获得资管集合理财的牌照，并发行了自己的第一只券商资管集合理财产品，分别是北京高华证券、金元证券、广州证券、银泰证券、恒泰证券、渤海证券、世纪证券、长城证券、德邦证券、中原证券。

下文以国泰君安证券公司为例，介绍我国证券公司资产管理业务。

国泰君安证券股份有限公司是由原国泰证券有限公司和原君安证券有限责任公司通过新设合并、增资扩股，于1999年8月组建成立的，目前注册资本61亿元人民币。国泰君安证券所属的5家子公司、30家分公司及所辖的193家营业部分布于全国各地。业务范围横跨资本市场多个领域。拥有国泰君安金融控股公司(香港)、资产管理公司、基金管理公司、期货公司和创新投资公司五家子公司，是目前国内规模最大、经营范围最宽、机构分布最广的证券公司之一。国泰君安证券资产管理有限公司正式成立于2010年10月18日，是业内首批券商系资产管理公司。作为国泰君安证券的全资子公司，公司注册资本8亿元。

国泰君安证券资产管理公司的定向资产管理业务和专项资产管理业务均属于高端定制服务。

1. 定向资产管理业务

其定向资产管理业务具有四个特性：(1)专属，具有专门的投资经理和投研团队，理财顾问"多对一"的服务体系。(2)专心，单人单户操作，投向灵活，沟通无障碍，服务更高端。(3)专家，二十年定向资产管理业务经验，国内顶尖券商资源，为客户提供个性化高端服务。(4)专业，股票、基金、债券、量化、市值管理、海外投资一应俱全，满足客户所有投资需求。

其产品库包含以下内容：

产品库	风险程度	主要投资品种
同存利	低	同业存款
债券、现金管理	低	活期存款、各类债券、央行票据、新股等固定收益类证券品种
套利对冲	较低	各类套利产品和机会，力争获得与股市涨跌无关的绝对收益
股票	较高	各类权益类产品、追求绝对收益、复利增长、客户可自选多位不同风格的投资经理
FOF	较高	证券投资基金
QDII	低	A-H市场间套利；按客户需求投资海外证券
定向增发	较低	定向增发股票
股权动态管理	量身定做	帮助客户在合理价位进行股票增持减持，盘活"沉睡的黄金"
网下新股申购	较低	网下新股申购

资料来源：国泰君安证券资产管理公司官网，http://www.gtjazg.com/gddzyw/tailormade.jsp。

2. 专项资产管理业务

专项资产管理业务是指针对客户的特殊要求和资产的具体情况，设定特定投资目标，通过专门账户为客户提供资产管理服务。通过专项资产管理业务平台，实现企业资产证券化，为企业开辟一条低门槛、资金用途不受限的融资新路径，为机构投资者提供短期储蓄替代型投资品种。

2013年5月14日，上海国泰君安证券资产管理有限公司设立了"隧道股份BOT项目专项资产管理计划"，该计划经中国证监会批准，拟在上海证券交易所挂牌转让，成为2013年3月份证监会发布《证券公司资产证券化业务管理规定》新规后首只成功发行的资产证券化产品，也是我国资产证券化业务发展过程中一个重要的里程碑。

隧道股份专项计划是国泰君安继2012年9月银行间信贷资产证券化业务重启后成功发行的首只产品——国家开发银行101.66亿元信贷资产支持证券以来，在证券公司资产证券化业务领域取得的又一重要突破。包括保险、银行、基金、券商在内的众多机构投资者认购非常踊跃。

值得关注的是，在隧道股份专项计划设立后，资产支持证券产品将申请在上海证券交易所挂牌转让，届时将成为第一只在上交所固定收益证券综合电子平台挂牌转让的资产支持证券。固定收益平台为资产支持证券提供多种转让方式选择和实时逐笔结算模式，并允许证券公司为产品提供做市服务，将有利于提升产品的二级市场流动性，有效降低发行人的融资成本。上交所还将在固定收益平台推出协议回购功能，为资产支持证券的投资者提供回购融资。

此外,隧道股份专项计划在风险防范层面采取了诸多有针对性的措施,通过对交易结构的设计,为优先级证券投资者的利益做出了有效保障:①专项计划的基础资产为隧道股份全资子公司大连路隧道公司 2001 年签订、合法拥有的未来四年大连路隧道专营权收入的合同债权,基础资产信用优良,现金流稳定,且权属清晰,不附带抵、质押等权利限制;②专项计划采用优先/次级结构和外部担保机制进行信用增级,由原始权益人大连路隧道公司持有次级产品,并由隧道股份的控股股东上海城建集团提供担保,信用增级措施严密;③专项计划制定了清晰的现金流划转机制,并聘请招商银行作为专项计划的托管人,确保专项计划资产的独立和安全。经中诚信证券评估有限公司评定,给予优先级资产支持证券 AAA 级评级。

3. 集合产品

其集合产品包括集合理财产品和专项产品,其中,集合理财产品主要有保守型、稳健型和积极型三类。

资料来源:国泰君安,《国泰君安证券资产管理业务简介》,http://www.gtjazg.com/aboutVs。

复习思考题

1. 资产管理业务的内涵是什么?
2. 资产管理业务有哪些类型?
3. 国外资产管理业务发展有什么特点?
4. 资产管理业务和基金管理业务有何不同?
5. 资产管理业务的基本原则有哪些?
6. 集合资产管理业务的内控制度应该如何设计?
7. 客户资产托管的含义是什么?
8. 对冲基金的特点有哪些?
9. 定向资产管理业务的投资范围如何界定?
10. 集合计划成立需要具备什么条件?

第十一章 量化投资业务

量化投资的历史可以追溯到 1971 年巴克莱投资管理公司发行世界上第一只指数基金。进入 21 世纪后,量化投资已在全球范围内得到了广泛的应用,同时也取得了良好业绩,成为现代投资银行提高管理能力,扩大产品线长度、广度和深度,分散投资风险及提升服务水平的重要工具之一。本章主要阐述量化投资的内涵,国内外量化投资发展概况,以及量化投资常用研究方法等内容。

第一节 量化投资业务概述

一、量化投资的内涵

投资是指投资者根据对未来的预期进行资产配置,而量化投资是利用数学模型和计算机技术来处理大量的数据,来实现投资理念和投资策略,进而管理投资组合的过程。现代的量化投资研究具有跨学科的特点,涉及统计学、数学、物理、电子计算机、生物学、行为科学和认知科学的综合应用,研究金融价格的变化规律。

量化投资与基本面分析并不对立,量化组合的构建往往需要利用数学模型、统计技术、计算方法对宏观经济基本面、市场因素、技术因素等进行综合分析,以得到最优的投资组合。量化投资的主要任务就是把不可观测的变量加以数据化,例如市场的风险、投资者的情绪等,然后选择合适的模型进行风险和收益的预测,并根据预测的结果来制定策略、选择对象进行组合。在具体的投资实践中,投资者需要根据市场的变化,定期或不定期地对投资组合进行调整,对模型进行再平衡,以获得更高的预期收益。所以说,量化投资是基于投资者对市场的深入理解而形成合乎逻辑的投资理念和投资方法。

二、量化投资与传统投资的比较

量化投资与传统投资其实是两种投资理念,不存在孰高孰低之分,对投资者而言,只有适合与不适合。传统的投资方法主要是依赖于对上市公司的调研,依靠投资者的个人经验和主观判断来进行预测。定性的投资方法适合用来优选个股,但投资存在着很大的不确定性。

量化投资则更加强调科学性、纪律性、系统性和大概率事件。通过分析大量历史数据来进行研究,寻找出在多数情况下能对投资策略产生影响的因素,并在最终的投资模型中采用,所以量化投资策略适合用来构建组合。

量化投资区别于定性投资的鲜明特征就是模型。前者以先进的数学模型替代人为的主观判断,借助系统强大的信息处理能力增加投资稳定性,在很大程度上减少投资者情绪波动的影响,避免在市场极度狂热或悲观情况下做出非理性的投资决策。

三、量化投资的主要优势

量化投资从开始到结束,是一个复杂的过程,团队里面专门有人负责搜集并处理相关研究数据,将多样化的小模型提炼出来,最后融入一个总的模型当中。在操作过程当中,主动干预交易策略的很少,人的干预主要是反映在模型的设计上。总体来说,量化投资的优势主要体现在以下几个方面:

1. 量化投资打破了传统投资在投资范围上的局限

由于传统的定性投资受到投资人精力和专业水平等因素的限制,其所能跟踪的投资标的只能局限于某个特定范围,对于投资标的的考察因素也会有所限制。而量化投资借助计算机技术,其挖掘信息的广度和速度得以明显增强,投资分析的范围几乎可以覆盖整个市场,且可以在投资过程中将更多影响因素纳入其中,包括宏观因素、流动性、波动性、盈利能力、成长性以及估值等等。由此可见,量化投资可以多角度分析且实现全市场范围的品种选择,这一优势也使其能捕捉更多的投资机会。

2. 量化投资有很好的系统性和渗透性

量化投资能及时快速地跟踪市场变化,并不断发现能够提供超额收益的新统计模型,寻找新交易机会。量化投资和传统的定性投资都属于主动投资的范畴,量化模型可以渗透到包括大类资产配置、行业选择、精选个股等多个层面。此外,量化投资还可以充分并高效地汇集数据,比如基本面数据和分析推理的预期数据,客观数据和主观数据,低频数据和高频数据等。

3. 量化投资的研究方法更为系统和科学,有很好的纪律性

量化投资是利用数据统计分析工具总结历史规律或捕捉投资标的定价偏差,从而发现投资机会并且较大概率获得投资成功。量化投资的投资体系不掺杂主观情绪和认知偏差,可以较好地克服人性的弱点,如贪婪、侥幸心理,因此分析结果更为客观。此外,量化投资的每一个决策背后都有模型支持、数据支撑且经过历史检验,计算机强大的数据处理能力也使得信息挖掘更为充分全面,因此分析过程更为科学严谨,也使得投资人在风险可控的前提下更为准确地把握投资机会,更大可能地实现收益的最大化。

4. 量化投资可以综合应用各种金融工具

量化投资通过对市场全面、系统性的扫描来捕捉错误定价而带来的机会,在控制风险的条件下,准确实现分散化投资目标,而传统性投资一般都花时间来琢磨哪个企业的业绩比较好,股票价值可以翻倍。量化投资不断地从历史中来挖掘一些重复的规律并加以利用,是靠投资组合取胜。

四、量化投资发展的影响因素

在现代金融发展史上,量化投资的出现具有划时代的意义,使得能够使用一种新的手段去设计和展示产品,让产品的风险和投资者的偏好更加有效地结合,同时减少了市场的摩擦。综合来看,在量化投资的发展过程中,有以下几个方面的因素起到了举足轻重的作用:

(1) 世界经济环境和金融市场结构的深刻变化。全球经济一体化的进程使得世界经济的联系更加紧密,而区域经济发展的不平衡导致价格、汇率等面临更大的波动风险。实体经济和金融市场在广度和深度上的融合,导致市场变得更加复杂,为了更全面而详细地收集和分析信息、管理风险,需要新的产品和新的技术手段。

(2) 金融市场规模的膨胀和金融产品的多样化推动了量化投资的出现和发展。随着市场的拓展和产品的丰富,需要借助新的手段来分析价格关系,把握市场机会,而出于利益的需要,投资银行也有动力设计出个性化的产品以迎合市场需求。

(3) 信息技术、特别是计算机技术的进步和广泛应用。现代信息技术、计算机技术的应用是量化投资得以实现的前提和基础。

(4) 现代金融数学理论的发展,特别是投资组合理论的发展,进一步推动了量化投资的飞速发展。金融理论为量化投资的发展提供了坚实的理论基础,而实践投资的需要在检验理论的同时又促进其更加完善和丰富。

第二节　量化投资的发展概况

一、国外量化投资的发展概况

量化投资已在全球范围内得到了广泛的应用,同时也取得了良好的业绩。1971年巴克莱投资管理公司发行世界上第一只指数基金,在过去的几十年中,美国投资银行量化投资基金管理资产规模逐年增加,投资业绩稳定增长,市场影响力不断提高,这已成为现代投资银行提高管理能力,扩大产品线长度、广度和深度,分散投资风险及服务来细分市场的重要工具之一。

1970年,量化投资在美国全部投资中占比为零,到2009年的时候,量化投资在全部投资产品中的份额已占到30%以上,其中指数类投资几乎全部使用量化技术,主动投资产品中大约有20%—30%在使用,量化技术是当今全球基金业的主流投资方法之一。Lipper数据显示,2005—2008年美国87只大盘量化基金业绩表现好于非量化基金,增强型量化基金在2005年和2006年更是大幅跑赢非量化基金。量化投资对风险控制和投资组合构建技术的使用以及它的客观性,使得它比非量化基金获得更稳定的回报。

二、西蒙斯创造的量化投资神话

随着计算机处理能力的提高、市场数据供应的完善和现代数学理论、方法逐渐渗入证券投资领域,涌现出众多出色的量化投资管理人,我们不得不提起一个伟大的人物——西蒙斯(James Simons)。西蒙斯代表的一类投资家则被看作是推论公式、信任模型的数学家。他们利用搜集分析大量的数据,利用电脑来筛选投资机会,并判断买卖时机,将投资思想通过具体指标、参数的设计体现在模型中,并据此对市场进行不带任何主观情绪的跟踪分析,借助于计算机强大的数据处理能力来选择投资,以保证在控制风险的前提下实现收益最大化。

西蒙斯于1988年成立大奖章基金,投资方法从判断型转化到量化型。大奖章基金投资的产品必须要符合三个条件:首先产品必须在公共市场上交易,其次要有足够的流动性,最后投资的产品必须适用于数学模型来交易。西蒙斯认为,数学模型不仅可以降低投资的风险,而且可以降低投资者每天所承受的心理压力。西蒙斯正是量化型投资者的代表。

大奖章基金的净回报率在1990年、1991年、1992年和1993年分别为55.9%、39.4%、34%和39.1%。研究数据表明,市场越是动荡不安,大奖章基金表现得越是出奇的好。从1988年开工到2009年,在经历了1994年美联储连续6次升息,2000年的科技股灾,2008年的全球金融危机等一系列重大事件后,大奖章基金平均年回报率仍高达35%,高出同期标普500指数20多个百分点。

三、国内量化投资的发展概况

量化投资在海外的发展已有数十年的历史,其投资业绩稳定,市场规模和份额不断扩大,得到了越来越多的投资者认可。近年来,随着量化投资策略关注度的提升,量化类产品发行速度也大幅加快,国内市场也掀起了一股量化产品发行热潮,包括投行、基金、私募都纷纷推出各自的量化产品,但从目前量化基金所表现的特征看,国内的量化投资发展仍处于起步阶段。

国内量化基金最早出现于2004年,光大量化核心是国内首只在契约中强调以量化方法进行投资的公募基金产品。但是,在整个基金市场无论是个数还是规模占比都可以是说微不足道,远远低于美国的水平。而且,从国内量化基金来看,与国外纯量化基金也存在一些差异。国外纯量化基金基本是按照模型来做的,但更多的是通过对整个交易数据的分析,并找出很小的一个操作波段来操作。而国内纯量化受交易制度和市场的限制,更多的只是体现在选股和对投资的支持方面,是比较传统的量化产品。

近年来,应用对冲技术的新型量化产品获得了一定的市场认可。新型量化投资类产品引入股指期货对冲、保本技术、指数套利、ETF(交易型开放式基金)套利等,以实现规避市场系统性风险和为投资者获取稳健收益的目标。2011年2月,国泰君安率先推出"国泰君安君享量化",随后推出君享套利系列产品,随之,中信、浙商、华泰、东方、招商和长江证券也纷纷推出量化资产管理产品,市场规模逐步扩大。

相对而言,在投资标的和投资方法上可以更加灵活应用的券商理财产品、私募基金产品、基金专户产品等在量化技术的应用上更加成功,券商集合理财产品中应用对冲技术的新型量化产品也一度受到市场关注。

四、国内量化投资发展的有利因素

随着传统投资产品选股思路操作策略方面同质化程度日益增加,再加上传统投资过度依赖于投资经理个人主观因素其投资风险相对较高,在此背景下越来越多的投资银行开始关注量化投资,尤其是2010年股指期货上市以后,国内衍生工具增加也对量化投资发展起到积极推进作用,因此量化投资在国内逐渐兴起。随着交易、监管制度的逐步完善,金融衍生产品的不断丰富,我们有理由相信量化投资将进入高速发展期,其发展前景将会越来越广阔,这也源于以下几个方面的因素:

1. 量化投资本身具有内在的吸引力

量化投资在海外市场经历数十年的发展,已逐步成为全球金融机构的主流投资方法,海外市场经验告诉我们量化投资之所以发展迅猛是源于其本身的内在魅力——量化投资更为客观、理性、科学,打破了传统投资在投资范围上的局限,避免了个人主观因素对于投资的影响。随着资本市场复杂程度的日益提升,主流的传统投资将受到严峻的挑战,这也为量化投资的发展提供了契机,量化投资自身的优势也将使其在中国投资领域发挥更大的价值。

2. 国内基础衍生产品市场的发展将为量化投资的发展提供有利的条件

近年来监管层较为重视对一些基础衍生产品的发展,2010年股指期货上市将中国资本市场引入金融衍生产品的新时代。目前国债期货交易和期权等衍生工具也已经陆续推出,基础衍生产品不断发展极大地丰富了量化投资工具,促使量化投资策略多样化发展。

3. 资本市场制度建设的不断完善推动量化投资较快发展

近年来监管层不断加强资本市场制度性建设,完善法律法规体系,加快推行金融创新和配套制度变革,这些制度层面的建设将为量化投资的发展创造有利的制度环境。例如未来转融通机制的推出将促使融资融券业务大规模发展从而为量化投资提供有效的对冲工具。

4. 量化人才队伍逐渐壮大加速量化投资在国内发展

近年来随着量化投资的关注度不断提高,诸多优秀的金融人才开始投身于量化投资的研究,券商、公募基金、私募基金等机构也纷纷组建各自的量化投资团队。此外,金融危机后一批有着丰富海外市场量化投资经验的专业人士也陆续回到中国,无疑促使了量化投资加速推广和发展。

五、量化投资在国内的发展困境

国内投资也将像国外一样遵循"主动—主动与指数化并行—主动与指数化与量化并行"的规律。但量化投资观念目前在中国刚刚兴起不久,量化产品也正处于萌芽阶段,量化投资的发展依然面临一些困境与挑战:

1. 国内投资者的认可

海外成熟市场购买量化基金的主要是机构投资者。量化投资是运用模型来进行计算操作,但是,要将这样复杂的投资方法向普通投资者解释清楚并让他们理解认可确实不易。而在中国这样一个散户占多数的市场中,要想大力推广定量化投资的产品,则还有大量的基础工作需要做。

2. 可靠的数据供应

量化投资需要统计以往的规律,对模型要有一个科学求证的过程,极为信赖数据。而A股市场20余年的发展,数据的厚度和供应商的水平都难以一蹴而就。

3. 国内交易规则和金融工具的限制

国内目前的交易规则并不利于程序化交易的运行,而对冲工具的不足也降低了量化投资操作的灵活性。

4. 量化投资重在风险回报率

从投资结果来看,其换手率和分散化程度都较高。在短期内,量化基金的业绩一般而言都难以有突飞猛进的表现,可能需要较长的时间段来体现模型选股选时操作的优越性。

六、未来我国量化投资的发展趋势

从横向比较来看,在欧美发达国家,量化投资已经得到了广泛的应用,无论是在外汇市场还是证券市场抑或是期货市场,都有量化投资的身影。同时,经过了十余年的飞速发展,国外量化投资无论是技术上还是理念上都日臻成熟,为国外金融市场的健康有效稳定发展做出了极大的贡献。而就我国来看,由于我国金融市场起步较晚,这也直接导致量化投资在我国还接近于幼年时期,与西方国家的所处阶段不可同日而语。

从纵向比较来看,我国的量化投资在发展之初即呈现出旺盛的生命力,业内人士从管理层到中介商直至市场投资者都对其表现出了浓厚的兴趣,同时也给予了高度的重视。近年来,随着量化投资知识宣传活动的展开以及各种各样量化投资的商业化活动的稳步推进,我国量化投资的发展可谓日新月异。

就量化投资未来的发展趋势而言,我国的量化投资更多的也将是结合国内金融市场的发展特点,走出一条更具中国特色的量化投资发展之路。根据目前我国量化投资的发展水平,同时结合国外量化投资的发展历程,预计未来我国量化投资发展趋势将呈现出如下的特点:

1. 量化投资将成为主流的交易方式

近几年随着量化投资宣传活动的推进,多数投资者对量化投资从"无所知"到"知之不多",从"知之不多"到"学有所成"。目前我国已经培养了一批量化投资的先行者,他们将是我国量化投资发展的主要推行力量,预计在先行者的努力和量化投资自身魅力的双重作用下,量化投资将在10年后逐渐成为市场主流的交易方式。据一位量化投资的资深研究人士预测,三五年之后,国内一些大的机构和基金会开始使用量化投资,届时量化投资的交易量或许可以占到整个市场的1/4,甚至1/3。

2. 量化投资的设计理念将更加多样化

当前我国量化投资还处于比较初级的阶段,很多设计理念都还在不断地摸索之中。因此,在今后的发展过程中,势必会出现各种各样的量化投资设计理念,或将呈现"百家争鸣,百花竞放"的局面,从而使得交易策略也更加丰富化。比如就目前而言,如组合保险策略、指数套利交易策略、数量量化投资策略正逐步登上舞台,预计在未来的发展过程中,会呈现出越来越多的量化投资策略。尤其是我国股指期货的上市为量化投资策略的发展提供了广阔的空间,未来将会涌现出更多的量化投资策略。而在多种设计理念相互碰撞后,将会有部分在设计理念上存在先天不足的交易策略被市场淘汰,还有部分将会在市场的真金白银考验后生存。

3. 量化投资将成为金融机构争夺客户资源的主要工具

随着市场对量化投资了解的广度和深度的推进,会有越来越多的投资者因为量化投资相较人为交易的各种优势而青睐量化投资,这势必导致量化投资成为金融机构挖掘潜在客户和维护原有客户的重要手段,最终的结果是,量化投资的市场竞争越来越激烈,谁的量化投资更有吸金魅力谁就更容易获得客户资源,谁的量化投资研究处于业内领先水平,谁就获得赢得市场的先机。

4. 量化投资的系统更新换代速度会日益加速

根据国外市场量化投资的发展模式和我国目前的量化投资发展情况来看,目前我国已有不少私募、投资公司等机构投资者越来越关注量化投资,并且往往有一些个性的需求,这将推动量化投资系统的更新换代。另外,当有一种量化投资系统被广泛使用后,就会有人从这种系统中设计出新的系统,这也将从另一个渠道促进量化投资的更新换代。

5. 各种量化投资的平台将不断涌现

尽管我国的量化投资起步时间还很短,但现在已经有各种量化投资的平台应运而生。同时,采用量化投资参与期货交易的投资者越来越多,各种量化投资模型也不断被开发并应用于各种平台之上。显然,还会有越来越多的软件开发商发现量化投资平台这块不断扩大的蛋糕,预计在未来的几年内,各种量化投资的平台将不断涌现。

6. 量化投资应用的领域将更广泛

目前我国的量化投资更多的是应用于股票市场,在期货市场的应用相对较少,但近两年,量化投资也受到了多数期货公司的极大重视,有些公司已经开始设立量化投资的研发小组,由此可见,量化投资的应用领域正在逐渐扩大,而随着国内股指期货的发展,量化投资将会在多个市场间实行跨市场交易,这为量化投资提供了广阔的天地。

量化投资是科技高度发展的产物,是投资者理财素质提高的必然要求,更是我国金融市场走向成熟的重要标志。当前,量化投资的发展方兴未艾,未来,量化投资的前景将日益繁盛。

第三节 量化投资常用研究方法概述

数量化投资技术几乎覆盖了投资的全过程,包括估值与选股、资产配置与组合优化、订单生成与交易执行、绩效评估和风险管理等多个领域。

一、估值

公司估值方法是上市公司基本面分析的重要利器,在"基本面决定价值,价值决定价格"的基本逻辑下,通过比较公司估值方法得出的公司理论股票价格与市场价格的差异,判断股票的市场价格是否被高估或者低估,从而寻找出被价值低估或价值被高估的股票,指导投资者具体投资行为,如买入、卖出或继续持有。

公司估值方法主要分两大类,一类为相对估值法,特点是主要采用乘数方法,较为简便;另一类为绝对估值法,特点是主要采用折现方法,较为复杂,如现金流量折现方法、期权定价方法等。

1. 相对估值模型

相对比较估值法是寻找可比较资产,根据某个共同的变量,如收入、现金流、账面价值或者销售收入,通过可比较资产的价值来估计标的资产的价值,包括 PE(市盈率)估值法、PB(市净率)估值法、PEG(市盈增长率)估值法、EV/EBITDA(企业价值倍数)估值法等。

相对比较法是人们采用最为广泛的股票估值方法,但是这种估值方法缺乏明确的理论基础。股票定价与经济、政治、文化、资金供求状况甚至人们的心理因素息息相关,不同国家、不同公司间的股票并不具备充分的可比基础。相对估值法因其简单易懂、便于计算而被广泛使用。但事实上每一种相对估值法都有其一定的应用范围,并不是适用于所有类型的上市公司。表 11-1 给出了各种相对估值法的简易算法与适用范围。

表 11-1 各种相对估值法的简易算法与适用情况

	简易算法	适用	不适用	特点
PE 估值	$PE = P/EPS$,即股票价格与公司每股收益的比值	主业及盈利相对稳定、周期性较弱的公司,如公共服务业等	周期性较强的公司,如制造业;每股收益为负的公司;房地产等项目性较强的公司;银行、保险和其他流动资产比例高的公司;难以寻找可比性很强的公司;多元化经营、产业转型频繁的公司	计算 PE 所需的数据容易取得且计算简单,PE 把价格和收益结合起来,直观地反映了投入和产出的关系

(续表)

	简易算法	适用	不适用	特点
PB估值	$PB=P/BVPS$,即股票价格与每股净资产的比值	周期性较强的行业(拥有大量固定资产并且账面价值相对较为稳定);银行、保险和其他流动资产比例高的公司;ST、PT绩差及重组型公司	账面价值的重置成本变动较快的公司;固定资产较少的,商誉或智能财产权较多的服务行业	PB提供了一个合理的跨企业标准,且很少为负债,适合大多数公司,净资产账面价值更稳定
PEG估值	$PEG=PE/$(企业年盈利增长率/100),即用公司的市盈率除以公司盈利增长速度	IT等成长性较高公司	(1)成熟行业;(2)亏损、或盈余正在衰退的行业	相对于PE来说,更能反映上市公司的成长性
EV/EBITDA估值	企业价值与息税折旧前收益之间的比值	充分竞争行业的公司;没有巨额无形资产的公司;净利润亏损,但毛利、营业利益并不亏损的公司	固定资产更新变化较快公司;净利润亏损、毛利均亏损的公司。资本密集、准垄断或者具有巨额无形资产的收购型公司;有高负债或大量现金的公司	不考虑税率、折旧、摊销费用等的影响,不涉及公司的资本结构

2. 绝对估值模型

绝对估值法(折现方法)几乎同时与相对估值法引入国内,但一直处于边缘化的尴尬地位,一直被认为是"理论虽完美,但实用性不佳",主要因为:①中国上市公司相关的基础数据比较缺乏,取得准确的模型参数比较困难。不可信的数据进入模型后,得到合理性不佳的结果,进而对绝对估值法模型本身产生信心动摇与怀疑;②中国上市公司依然存在一定比例的限售非流通股,与产生于发达国家的估值模型中全流通的基本假设不符。

但2004年以来绝对估值法边缘化的地位得到极大改善,尤其是2005年以来,中国股权分置问题正逐步解决,全流通背景下的中国上市公司价值通过绝对估值法来估计价值的可靠性上升,进一步推动了投资者,尤其是机构投资者对绝对估值法的关注。

(1)股利折现模型(DDM)。股利折现模型是对股权资本进行估值的基本模型,该模型假设股票价值是预期股利的现值。投资者购买股票,通常期望获得两种现金流,持有股票期间的股利和持有股票期末的预期股票价格。由于持有期期末股票的预期价格是由股票未来股利决定的,所以股票当前价值应等于无限期股利的现值。

(2)股权自由现金流模型(FCFE)。公司股权资本投资者拥有的是对该公司产生的现金流的剩余要求权,即他们拥有公司在履行了包括偿还债务在内的所有财务义务和满足了再投资需要之后的全部剩余现金流。所以,股权自由现金流就是在除去经营费用、本息偿还和为保持预定现金流增长率所需的全部资本性支出之后的现金流。

公司每年不仅需要偿还一定的利息或本息,同时还要为其今后的发展而维护现有的资产、购置新的资产,当将所有这些费用从现金流收入中扣除之后,剩余的现金流就是股权自由现金流。股权自由现金流的计算公式为:

$$FCFE = 净收益 + 折旧 - \begin{matrix}资本性\\支出\end{matrix} - \begin{matrix}营运资本\\追加额\end{matrix} - \begin{matrix}债务本\\金偿还\end{matrix} + \begin{matrix}新发行\\债券\end{matrix} \qquad (11-1)$$

如果公司以目标负债比率 σ 为资本净损耗和营运资本追加额进行融资,而且通过发行新债来偿还旧债的本金,则股权自由现金流计算公式为:

$$FCFE = 净收益 - (1-\sigma) \times (资本性支出 - 折旧) - (1-\sigma) \times 营运资本增量 \qquad (11-2)$$

(3) 公司自由现金流模型(FCFF)。公司的全部价值属于公司各种权利要求者。这些权利要求者主要包括股权资本投资者、债券持有者和优先股股东。因此,公司自由现金流是所有这些权利要求者的现金流的总和。

一般来说,公司自由现金流就是在支付了经营费用和所得税之后,向公司权利要求者支付现金之前的全部现金流。其计算方法有两种。一种方法是把公司不同的权利要求者的现金流加总在一起。股权资本投资者所要求的现金流就是股权自由现金流(FCFE)。其折现率就是股权资本成本;债权人所要求的现金流不仅包括投入和收回的债券本金,还应包括债券利息。但由于债券利息有减税效应,所以在计算债权人所要求的现金流时,应考虑利息的减税效应,债权人要求的现金流折现率一般用税后债务成本;优先股股东所要求的现金流一般指优先股股利,其折现率是优先股资本成本。公司自由现金流就是这三种现金流之和,FCFF 的具体构成见表 11-2。

表 11-2 FCFF 的构成

权利要求者	权利要求者的现金流	折现率
股权投资者①	股权自由现金流④	股权资本成本 K_e
债权人②	利息+本金-新发债务⑤	税后债务成本 K_d
优先股股东③	优先股股利⑥	优先股资本成本 K_{ps}
公司权利要求者=①+②+③	公司自由现金流=④+⑤+⑥	资本加权平均成本 WACC

由表 11-2 可以看出,公司自由现金流可以通过下式进行计算:

$$FCFF = \begin{matrix}股权自由\\现金流\end{matrix} + \begin{matrix}利息\\费用\end{matrix} \times (1-税率) + \left(\begin{matrix}债券本\\金归还\end{matrix} - \begin{matrix}新发行\\的债券\end{matrix}\right) + \begin{matrix}优先股\\股利\end{matrix} \qquad (11-3)$$

另一种方法是对息税前收益(Earning Before Interest and Tax, EBIT)和净收益(Net Income)进行调整。从息税前收益(EBIT)或者净收益(NI)开始,加回折旧数额,并扣除资本性支出和营运资本增加额,就得到公司自由现金流。

二、数量化选股

在新老交织不断创新、券种繁多选择越来越艰难的资本市场,我们希望理解纷繁复杂的市场数据背后的规律与意义,希望通过用量化手段、结合基本面研究相融合的方法为投资标的价值的判断、券种的选择进行相关的实证分析,通过长期的跟踪与持续不懈的研究,挖掘资本市场的运行规律,构建真正适合中国资本市场的数量化选股策略。

1. 基本面选股方法

(1) 指标的筛选。反映公司基本面的财务指标主要包括盈利指标、成长性、股本扩张、偿债能力和资产营运等方面。公司财务的某个指标通常由多个财务数据来表示，一组财务指标能够做到更加全面和准确地反映企业财务基本状况。对这些指标的具体描述如表11-3所示。

表11-3 基本面指标

	财务指标	指标定义
盈利能力	每股收益	净利润/发行在外总股数
	每股收益－扣除	扣除非持续性、非主营盈利
	净资产收益率	净利润/权益资本
成长性	净利润增长率	净利润增长/前一年净利润
	主营收入增长率	主营收入增长/前一年主营收入
	营业利润增长率	营业利润增长/前一年营业利润
盈利质量	销售毛利率	销售利润/销售收入
	主营业务利润率	主营净利润/主营收入
股本扩张能力	每股净资产	股东权益/普通股股本
	每股公积金	公积金/总股数
	每股未分配利润	当期未分配利润总额/总股数
偿债能力	流动比率	流动资产/流动负债
	速动比率	（流动资产－存货）/流动负债
	负债比率	总负债/总资产
资产运行效率	存货周转率	销售收入/平均存货
	应收账款周转率	赊销收入/平均净增应收账款
	总资产周转率	销售收入/有形总资产
现金情况	每股经营现金流	经营性现金/总股数

(2) 建模方法。根据公司财务理论和估值理论，我们得出了公司估值的大致影响因子，接着可以使用结构模型和统计模型建立因子与股价之间的联系。结构模型给出股票的收益和某些特定变量之间的关系，这些变量包括股票基本面变量、市场相关变量等。由于结构模型可以将特定的变量和因子联系起来，具有直观意义，所以实际工作者往往更倾向于使用结构模型，众多的国际投资大师都倾向于使用此类模型。

统计模型指的是用统计方法提取出因子所建立的模型，这是经济学家们更加倾向于使用的建模方法，因为这种方法在建模以前不需要先验知识，可以通过建立统计模型来检验市场有效性的各种假设，也可以检验CAPM模型的有效性等，统计模型建模方法主要有主成分方法、极大似然方法以及主成分方法的对偶等。

2. 动量反转选股方法

动量反转策略的起源可以追溯到有效市场理论的起源。1900年法国数学家巴舍利耶(Bachelie)首先发现股票价格的变化服从布朗运动,但这一发现当时并没有受到广泛的关注。直到1950年肯德尔(Kendall)在经济时间序列分析中强调股票遵循随机游走的模型之后,现代资本市场理论体系才得到了长足的发展。这一理论一经问世,很多学者对其进行了大量的研究,其中包括萨缪尔森(Samuelson)、芒代尔布罗(Mandelbort)和法马(Fama)。学术界对有效市场假说的检验分为两类:一是股价收益率分布的检验;二是市场有效性的检验。正是对市场弱式有效的检验产生了动量反转策略。

股票价格的变动方式有两类很重要的模式,即动量效应和反转效应。在运用动量反转策略方面较为成功的咨询公司Channel Trend凭借此类方法在数量化选股策略方面有良好表现。动量效应(Momentum Effect)指的是投资策略或组合的持有期业绩方向和形成期业绩方向一致的股价波动现象;而反转效应(Contrarian Effect)则指的是投资策略或组合的持有期业绩方向和形成期业绩方向相反的股价波动现象。在使用动量反转方法选股的时候,需要考虑以下几个问题:样本选择的区间、不同策略在不同市况下的表现、持有期的长短、显著性检验等。

3. 多因素选股方法

多因素模型力图通过捕捉那些引起证券共同变动的因素,然后开发基于这些因素的模型,简化投资组合分析所要求的关于证券之间相关系数的输入。只不过,多因素模型进一步提出,证券之间的联动性,除了源于市场因素的影响之外,还取决于其他一些非市场因素。

多因素模型将那些引起证券价格联动的因素直接加入到收益率公式之中。多因素模型的假定是任意证券的随机项之间协方差为0。该假设的含义是,各种证券收益率之间联动性的唯一来源是模型中选定的那些因素,别无其他任何解释因素。事实上,模型效果的好坏主要取决于因素的选取,即那些被选定的因素是否足以证明,证券收益率之间联动效应的根源在于那些因素对各证券的共同影响。

对于因素的选取可以采用逐步回归和分层回归的方法进行筛选,然后进行主成分分析,从众多因素中找出解释度较高的某几个指标,尽可能反映原来所有的信息。一般来说,我们可以从动量、波动性、成长性、规模、价值、活跃性、收益性以及收益的变异性等方面选择指标来解释股票的收益率。

三、资产配置与组合优化

资产配置(Asset Allocation)是指资产类别选择、投资组合中各类资产的适当配置以及对这些混合资产进行实时管理。在过去几十年中,国际资本市场发生了巨大变化,资产配置的内涵也经历了相应的变迁。在20世纪60年代,资产配置这个名词根本不存在,传统的分散化投资也只是简单地避免"将所有的鸡蛋放在一个篮子里"。在没有资产配置之前,多样化对投资者来说是指投资于几十种股票、债券和现金等同物,退休金计划和其他机构投资者通过平衡型基金进行多样化投资,而基金经理的工作就是以成功的市场时机选择和优秀的证券选择来使基金得到增值,其重点在于单个证券而非整个组合。

随着时间的推移和现代投资理论的发展,资产管理的重心从单个证券逐渐转移到将投资组合作为一个整体来看。通过控制组合中股票、债券这些特性迥异的资产的比例,可以有效地规避和调节风险,这就是最早的资产配置的含义。随着投资组合整体属性的进一步挖掘,形成了资产类的概念,深化了资产配置的内涵,出现了行业资产配置和风格资产配置,在不同行业(如交通运输业、医疗保健业、金融地产业等),以及不同风格(如价值型和成长型、小盘股和大盘股)的资产类之间进行合理配置。现代投资理论对多样化的重新定义远远突破了仅仅使用许多篮子来放鸡蛋的做法,而是寻求最好的篮子和合适的篮子数量之间的最佳平衡关系。

特别是自20世纪70年代初,量化投资管理在华尔街崭露头角以来,传统投资组合理论与量化分析技术的结合,极大地丰富了资产配置的内涵,形成了现代资产配置理论的基本框架。它突破了传统积极型投资和指数型投资的局限,将投资方法建立在对各种资产类股票公开数据的统计分析上,通过比较不同资产类的统计特征,建立数学模型,进而确定组合资产的配置目标和分配比例。

1. 战略资产配置

资产配置可以分为两类:第一是战略资产配置(Strategic Asset Allocation,SAA),根据基金的投资目标和所在国的法律限制,确定基金资产配置的主要资产类型以及各种资产类型所占的长期均衡比率;第二是战术资产配置(Tactical Asset Allocation,TAA),指在确定了战略资产配置之后,是否根据市场情况在短期内适时调整资产分配比例,以及如何调整的问题。显然,战术资产配置含有对市场时机的选择,在后续的战术资产配置方法的描述中,我们可以很明显地看出这一点。

战略性资产配置和战术性资产配置的根本区别在于战略性资产配置是基于长期的数据和最优化模型,因此是一个长期平均的配置比率,或者可以看作是一个均衡配置比率;而战术性资产配置是基于短期的数据和评估而对战略性资产配置比率的暂时性偏离,也可以看作是短期内的非均衡比率,是对战略性资产配置比率的"微调"。

常见的模型主要有马科维茨资产配置模型、均值-LPM资产配置模型、VAR约束下的资产配置模型、基于贝叶斯估计的资产配置模型(Black-Litterman)。

2. 战术资产配置

广义地讲,对战略性资产配置的任何调整或者偏离都是属于战术资产配置(Tactical Asset Allocation,TAA)的范畴,也称为动态资产配置(Dynamic Asset Allocation,DAA)。战术资产配置的特点包括以下两点:首先,战术资产配置一般都倾向于客观的分析而不是依赖于主观的判断。往往通过运用包括回归分析和最优化方法在内的分析工具来帮助预测和决策。其次,战术资产配置主要是通过对资产未来价格的衡量来完成的,也就是说,战术资产配置在很大程度上是"价值导向"买进那些被认为是低估价值的证券,卖出那些被认为是高估价值的证券。基金的管理者对某些资产类别的短期收益即风险水平进行预测,如果这种预测偏离了长期平均的预期水平,则可以利用短期预测做出战术性资产配置,调整资产类别的权重。

战术资产配置的主要方法如下:

(1) 行业轮动策略。市场在不同的阶段运行,会对不同的行业产生不同的影响。行业配置是获取超额收益的重要来源,据国外的实证研究统计,共同基金大部分超额收益都可以用行业配置来解释,也就是说在成熟市场,行业配置在基金的投资组合管理中占据了首要的地位,其作用强于个股的选择。行业轮动效应也就是说市场总是在变换着追捧某些行业,不存在长期受追捧的某一行业。在经济周期的不同阶段,不同行业的受益情况不同,某些行业价格指数会独立于其他行业指数的走势,因此,进行动态的行业配置或者行业轮动策略会创造出客观的超额收益。

(2) 风格轮动策略。风格投资是组合投资理论研究中的一个重要分支。所谓风格(style)实际是分类方法在证券投资中的应用,投资者可以按照行业属性或者公司规模属性的不同将股票分成不同属性的资产类别,这种赖以分类的股票群体的某种共同特征,称为股票风格,而以某种具体的风格而不是以单只股票为基础进行资产配置行为,就是风格投资。风格投资始于20世纪80年代,随着机构投资者剧增,风格投资策略在欧美风靡一时,并成为现代组合管理的主流投资模式。

以往实证研究大都表明价值型股票组合和成长型股票组合、小盘股组合和大盘股组合之间存在显著的收益差异,且累计收益的差异对价值型股票组合和小盘股组合有利,但这些现象并不是在所有考察期间的任何时刻均存在的,即价值型组合不可能永远超越成长型组合,小盘股组合不可能永远超越大盘股组合,价值型和成长型股票的收益以及小盘股和大盘股的收益都存在着周期性。正因为风格周期性的存在,积极地进行风格管理,正确地判断、把握以及选择风格倾向,这样才能获得超额的市场收益。

(3) Alpha策略。理论上,资产的收益可以分成两个部分:来自市场风险部分的期望收益称作Beta;而与市场风险无关的主动风险的那部分收益称作Alpha。Alpha策略就是寻找到一个Alpha的来源,通过衍生品(股指期货、互换等)剥离其含有的Beta,获得与市场相关性较低的Alpha,围绕Alpha进行投资的相关策略,最常用的方法有纯粹的Alpha策略和可转移Alpha策略。

Alpha策略实质上是一个非常宽泛的概念,在股市、债市、商品市场等各类市场都有应用,可以帮助基金公司无论在上涨或下跌的市场环境中均能获得超额收益。尤其在基金公司获得了专户理财资格后,这类策略更有用武之地。

可转移Alpha策略的主要目的在于将Beta收益从投资组合中完全分离出来,而将策略的重点放在寻找Alpha引擎上,从而提高Alpha的收益。在使用可转移Alpha策略时需要注意的是,Alpha类资产和Beta类资产的相关性必须很低。可转移Alpha策略已经在全球范围内得以应用,特别是在对冲基金的资产管理策略上。

(4) 投资组合保险策略。投资组合保险理论(Portfolio Insurance)始于20世纪70年代末80年代初。最初是由莱兰(Leland)和鲁宾斯坦(Rubinstein)在1976年提出的,总的思想是通过欧式看跌期权对冲风险资产投资组合所面对的市场风险。莱兰和鲁宾斯坦(1981)对该理论进行了完善,创立了复制看跌(Synthetic Put)投资组合保险模型,标志着投资组合保险理论的一个研究分支——以期权为基础的组合保险理论(Option-based Portfolio Insurance, OBPI)的形成。

根据莱兰和鲁宾斯坦的关于投资组合保险的思想,又产生了另一种依据本身的风险偏好及承担能力,设定一些简单的参数所形成的投资组合保险策略,如经验方法买入持有(Buy-and-Hold)策略就是其中最初的代表。在实际运用中,OBPI策略所倡导的连续性调整的理念受到交易成本的约束,很难充分地发挥优势和作用;相反倒是设定一些简单的参数所形成的投资组合保险策略由于受交易成本约束小,尽管不太精确,但短期颇为有效。

四、基于指数预测的时机选择

股市的可预测性问题与有效市场假说(Efficient Market Hypothesis, EMH)密切相关。

如果有效市场假说成立,股票价格充分反映了所有相关的信息,价格变化服从随机游走,股票价格的预测则毫无意义。从中国股票市场的特征来看,大多数研究报告的结论支持中国的股票市场为弱式有效,但尚未达到半强式有效,也就是说,中国股票市场的股票价格时间序列并非序列无关,而是序列相关的,即历史数据对股票的价格形成起作用。因此,可以通过对历史信息的分析预测价格。

随着计算机技术、混沌、分形理论的发展,人们开始将股票的市场行为纳入非线性动力学研究范畴。众多的研究发现我国股市的指数收益中,存在经典线性相关之外的非线性相关,从而拒绝了随机游走的假设,指出股价的波动不是完全随机的,它貌似随机、杂乱,但在其复杂表面的背后,却隐藏着确定性的机制,因此存在可预测成分,即可以使用经济预测的方法,建立起能在一定误差要求之下的预测股价变动的预测模型。

1. 灰色预测模型

虽然我们知道自变量和因变量之间可能满足某种数学关系和满足某种特定条件,但由于历史数据不全面和不充分或某些变量尚不清楚和不确定,使预测处于一种半明半暗的状态。由此,利用灰色模型来预测股票市场价格成为目前比较可行的办法,我们可以把股价动态变化看作一个灰色系统,主要针对受多种不确定因素影响的股票价格建立 $GM(1,1)$ 模型,利用此模型可以更好预测股票价格短期发展变化趋势。除了灰色 $GM(1,1)$ 模型外,近来发展起来的灰色预测模型还有:灰色新陈代谢模型和灰色马尔可夫模型。

2. 神经网络预测模型

因为股市的建模与预测所处理的信息量往往十分庞大,因此对算法有很严格的要求,它的非线性动力学特性也非常复杂,所以一般传统的方法对于股市的预测往往难如人意。而人工神经网络因具有广泛的适应能力、学习能力和映射能力,在多变量非线性系统的建模方面取得了惊人的成就,成为新兴的预测时间序列的方法。人工神经网络模型具有巨量并行性、存储分布性、结构可变性、高度非线性、自学习性和自组织性等特点,而且可以逼近任何连续函数,目前广泛应用神经网络作为非线性函数的逼近模型。神经网络目前在国际上已广泛应用于金融分析和预测,并取得了较好的效果。

3. 支持向量机预测模型

1992—1995 年,万普尼克(Vapnik)等人在统计学习理论的基础上,发展出一种新的学习方法——支持向量机(SVM),其在解决小样本、非线性及高维模式识别问题中表现出许多特有的优势,并且能够推广到函数逼近和概率密度估计等其他机器学习问题中。支持向量机结构简单,并且具有全局最优性和较好的泛化能力,自 20 世纪 90 年代中期提出以来得到了广泛的研究。另外,支持向量机在处理非线性问题时,首先将非线性问题转化为高维空间中的线性问题,然后用一个核函数来代替高维空间中的内积运算,从而巧妙地解决了复杂计算问题,并且有效地克服了维数灾难问题。它还解决了许多神经网络技术不能解决的问题,比神经网络有更好的拟合度和泛化能力。

五、行为金融及其指导下的投资策略

理性人假设是经典金融经济学的理论基石,而有效市场则是在理性人假设下的符合逻辑的基本信念。有效市场理论在 20 世纪 70 年代在学术界达到其顶峰,是那个时期占统治地位的学术观点。但是,进入20世纪80年代以后,关于股票市场一系列经验研究发现了与有效市场理论不相符合的"异常现象"(Anomalies),例如,日历效应、股权溢价之谜、期权微笑、封闭式基金折溢价之谜、小盘股效应等等。面对这一系列金融市场的异常现象,一些研究学者开始从经典金融理论的最基本假设入手,放松关于投资者是完全"理性"的严格假设,吸收心理学的研究成果,研究股票市场投资者行为、价格形成机制与价格表现特征,取得了一系列有影响的研究成果,形成了具有重要影响力的学术流派——行为金融学。

行为金融学不仅是对经典金融学理论的革命,也是对传统投资实践的挑战。近年来,随着行为金融理论的发展,各国特别是美国的理论界和投资界在各大媒体上大力推崇行为金融理论和投资策略,使得行为金融投资策略广为人知。对于投资者而言,无论是机构投资者还是个体投资者,了解行为金融学的指导意义主要在于:我们可以采取针对非理性市场行为的投资策略来实现投资目标。在大多数投资者认识到自己的错误以前,投资那些定价错误的股票,并在股票价格正确定位之后获利。目前发达国家市场中比较常见且相对成熟的行为金融投资策略包括反向投资策略、动量投资策略、成本平均策略和时间分散策略等。

1. 反向投资策略

反向投资策略(Contrarian Investment Strategy,CIS)就是买进过去表现差的股票而卖出过去表现好的股票(Buying Past Loser and Selling Past Winners)来进行套利的投资方法。其主要论据是投资者心理的锚定和过度自信特征。行为金融理论认为,由于投资者在实际投资决策中,往往过分注重上市公司近期表现的结果,通过一种质朴策略(Naïve Strategy)——也就是简单外推的方法,根据公司的近期表现对其未来进行预测,从而导致对公司近期业绩情况做出持续过度反应,形成对绩差公司股价的过分低估和对绩优公司股价的过分高估现象,这一点为投资者利用反向投资策略提供了套利的机会。它是行为金融理论发展至今最为成熟,同时也是最受关注的论点之一,主要源于人们对信息过度反应的结果。

2. 动量交易策略

动量交易策略(Momentum Trading Strategy)是指分析股票在过去较短时期内(一般指一个月至一年之间)的表现,事先对股票收益和交易量设定"筛选"条件,只有当条件满足时才买入或卖出股票的投资策略。该投资策略起源于对股票中期的反应不足和保守性心理。动量交易策略能够获利,存在着许多解释:一种是"收益动量",即当股票收益的增长超过预期,或者当投资者一致预测股票未来收益的增长时,股票的收益会趋于升高。因此,动量交易策略所获得的利润是由于股票基本价值的变动带来的。另一种解释是,基于价格动量和收益动量的策略因为利用了市场对不同信息的反应不足而获利。收益动量策略是利用了对公司短期前景的反应不足——最终体现在短期收益中;价格动量策略利用了对公司价值有关信息反应迟缓和在短期收益中未被近期收益和历史收益增长充分反应的公司长期前景。

3. 捕捉并集中投资策略

行为金融理论指导下的投资者追求的是努力超越市场,采取有别于传统型投资者的投资策略从而获取超额收益。要达到这一目的,投资者可以通过三种途径来实现:(1)尽力获取相对于市场来说要超前的优势信息,尤其是未公开的信息。投资者可以通过对行业、产业以及政策、法规、相关事件等多种因素的分析、权衡与判断,综合各种信息来形成自己的独特信息优势;(2)选择利用较其他投资者更加有效的模型来处理信息。而这些模型也并非是越复杂就越好,关键是实用和有效;(3)利用其他投资者的认识偏差或锚定效应等心理特点来实施成本集中策略。一般的投资者受传统均值方差投资理念的影响,注重投资选择的多样化和时间的间隔化来分散风险,从而不会在机会到来时集中资金进行投资,导致收益随着风险的分散也同时分散。而行为金融投资者则在捕捉到市场价格被错误定价的股票后,率先集中资金进行集中投资,赢取更大的收益。

4. 小盘股策略

20世纪70年代,芝加哥大学的两位博士R.班尼和M.瑞格曼提出了小盘股的高回报效应来挑战有效市场理论。他们的论文验证了小盘股股票收益长期优于市场平均水平。法玛(Fama)、法兰奇(French)等人1993年的研究表明,小盘股效应很可能是由小盘价值股引起。小盘股分小盘价值股和小盘成长股。当名义收益增长时,小盘股的收益倾向于超过大盘股的收益。普拉德夫曼(Pradhuman)与伯恩斯坦(Bernstein)的研究也证实当工业产值增加时、通货膨胀加速、债券等级利差缩小、经济高涨时,投资者应转向有利的小盘股的投资。因此,关于小盘股投资策略的具体含义,简单地说,就是选择流通股本数量较小的价值型股票进行投资。在低价买进,高价卖出,由于小盘股流通盘子小,股价极易波动,投资者极易采用波段操作方法获得收益。

5. 成本平均策略

成本平均策略是指在一个相对完整的股价波浪运动中,投资者将投资资金分为不同的份额,在投资期限内根据不同的价格分批投资同一股票,并且在股票价格较高时投资资金数额较少,当价格较低时投资资金数额较多,从而降低投资成本,以避免一次性投资带来的风险,实现较高的收益。

6. 时间分散化策略

时间分散化是指在一个长波投资周期中,如50年,投资者在年轻时将资产组合中的较大比例投入股市中,随着投资者年龄的增长则将股票的比例逐步减少的策略。时间分散化策略是基于行为金融学的一个重要的结论,即时间会分散股票的风险,也就是说,股市的风险会随着投资期限的增加而有所降低。1995年,迈哈维和普雷斯科特的实证研究发现,1926—1992年美国股票对短期政府债券的资产溢价每年平均为6.1%,也就是说,在一个长波投资周期中,股票的历史回报率远高于债券及国债的历史回报率。但在短期内,股票的价格走势常常出现非理性的上涨或下跌,具有极大的风险。投资者由于噪声和非理性的认知和行为偏差,会遭受巨大的资产损失。因此,如果不考虑代际遗产问题,年老的投资者应当在自己的资产组合中降低股票投资的比例。

7. 设立止损点的交易策略

设立止损点策略是指投资者针对证券市场的"处置效应"在投资活动中设立一个合理的获利或亏损"了结点",当股价上涨或下跌到该价位时,投资者即将持有的股票卖出的策略和方法。由于投资市场风险颇高,为了避免万一投资失误时带来的损失,因此每一次入市买卖时投资者都应该订下"止损点",即当证券价格跌至某个预定的价位"立即平仓"以限制损失的进一步扩大。因此"设立止损点"策略的关键是合理确定获利了结点。设立止损点策略是行为投资分析方法的一个重要内容,止损的决定给投资者带来的精神压力是可想而知的,但是该止损的时候一定要止损,任何侥幸求胜等待价格回头或不服输的所谓处置效应的影响都会妨碍止损的决心,并有招致严重损失的可能性!因此运用设立止损点策略进行投资对于证券投资者来说是十分重要的,必须严格遵守。

六、程序化交易与算法交易

程序化交易(Program Trading)起源于1975年美国出现的"股票组合转让与交易",即专业投资经理和经纪人可以直接通过计算机与股票交易所联机,来实现股票组合的一次性买卖交易。由此,金融市场的订单实现了电脑化。

现在的程序化交易分化成两个概念,一个是从市场监管角度来定义的,这里指的是 NYSE 的定义:任何含有15只股票以上或单值为一百万美元以上的交易,都属于程序化交易。而另一个定义,则是由原来的程序化交易概念延伸出来,叫作算法交易(Algorithmic Trading)。实际上,程序化交易和算法交易各有侧重点,算法交易更多强调的是交易的执行,即如何快速、低成本、隐蔽地执行大批量的订单;而程序化交易更多强调的是订单是如何生成的,即通过某种策略生成交易指令,以便实现某个特定的投资目标。

程序交易有多种形式,主要是大机构的工具。目前的程序化交易策略主要包括以下五种:指数套利策略、数量化程序交易策略、动态对冲策略、配对交易策略和久期平均策略。

算法交易,也被称为自动交易(Automated Trading)、黑盒交易(Black-box Trading)、无人值守交易(Robo Trading),是使用计算机来确定订单最佳的执行路径、执行时间、执行价格以及执行数量的一种交易方法。算法交易广泛应用于对冲基金、企业年金、共同基金以及其他一些大型的机构投资者,他们使用算法交易对大额订单进行分拆,寻找最佳的路由和最有利的执行价格,以降低市场的冲击成本、提高执行效率和订单执行的隐蔽性。任何投资策略都可以使用算法交易进行订单的执行,包括做市、场内价差交易、套利或者纯粹的投机(包括趋势跟随交易 Trend Following)。

七、绩效评估技术

作为集合投资、风险分散、专业化管理、变现性强等特点的投资产品,基金的业绩虽然受到投资者的关注,但要对基金有一个全面的评价,则需要考量基金业绩变动背后的形成原因、基金回报的来源等因素,绩效评估能够在这方面提供较好的视角和方法。建立基金绩效综合评价指标,全面客观地评价证券投资基金的管理绩效,既有助于基金产品设计人员评估模拟组合的风险收益特征、投资的分散化程度、资产配置的效果等,更有助于投资管理人准确把握基金本身的投资效果,及时修改投资策略、改善投资绩效。

 拓展阅读

光大保德信量化核心证券投资基金

一、基金简介

1. 基金基本情况

基金名称:光大保德信量化核心证券投资基金

基金简称:量化核心

交易代码:360001

基金运作方式:契约型开放式

基金合同生效日:2004年8月27日

基金投资目标:追求长期持续稳定超出业绩比较基准的投资回报。

2. 基金投资策略

本基金借鉴了外方股东保德信投资的量化投资管理理念和长期经验,结合中国市场现行特点加以改进,形成光大保德信独特的量化投资策略;正常市场情况下不做主动资产配置,采用自下而上与自上而下相结合的方式选择股票;并通过投资组合优化器构建并动态优化投资组合,确保投资组合风险收益特征符合既定目标。

本基金在正常市场情况下不做主动资产配置,股票资产的基准比例为基金资产净值的90%,浮动范围为85%—95%;现金的基准比例为基金资产净值的10%,浮动范围为5%—15%。

本基金建仓时间为6个月,基金在合同生效后6个月内达到上述比例限制。

针对开放式基金申购/赎回的异常流动性需求,资产配置可不受上述比例限制,但基金管理人将在合理期限内调整投资组合,使基金资产配置比例恢复至正常市场情况下的水平,上述合理期限指10个交易日,法律法规另有规定时,从其规定。

本基金通过光大保德信特有的以量化投资为核心的多重优化保障体系构建处于或接近有效边际曲线的投资组合。该体系在构建投资组合时综合考量收益因素及风险因素,一方面通过光大保德信独特的多因素数量模型对所有股票的预期收益率进行估算,个股预期收益率的高低直接决定投资组合是否持有该股票;另一方面投资团队从风险控制的角度出发,重点关注数据以外的信息,通过行业分析和个股分析对多因素数量模型形成有效补充,由此形成的行业评级和个股评级将决定行业及个股权重相对业绩基准的偏离范围;然后由投资组合优化器通过一定的量化技术综合考虑个股预期收益率,行业评级和个股评级等参数,根据预先设定的风险目标构建投资组合,并对投资组合进行动态持续优化,使投资组合风险收益特征符合既定目标;最后由交易员根据具体投资方案进行交易。

3. 多因素模型的运用

本基金借鉴保德信投资的量化投资管理经验,根据中国市场运行特征从股票估值、成长趋势及数据质量三方面选取对A股股价波动具有较强解释度的共同指标作为多因素数量模型的参数,通过一定的量化技术估算出共同指标的收益贡献率,并按一定权重加总得出个股预期收益率,作为投资组合构建的重要依据。估值类指标主要判断股票价格是否正确反映了公司基本面状况;趋势类指标说明股票现有估值是否能够持续;质量类指标判断是否存在暗示现行基本面趋势可能逆转的警戒信号。同时数量小组还将根据市场变化趋势定期或不定期地对模型参数及相关系数进行复核,并做相应调整以确保参数的有效性。

二、在投资管理上的优势分析

1. 保证投资决策的科学性

研究表明,国内A股市场仍属于非有效市场,而投资者非理性行为也广泛存在,市场信心及政策信号的变化常常引起市场的过度反应或反应不足。量化投资通过科学理性的统计研究和实证分析使投资决策行为中的人类共性偏差、人为失误、非理性主观因素等产生的投资风险得到最大限度的降低，在充分考虑风险收益配比的原则下构建符合投资目标的有效投资组合，从而有效保证了投资决策的客观性、严谨性和科学性。

2. 保证资源配置的高效性

量化模型能快速分析处理大量统计数据及信息，通过科学的实证研究有效降低非有效信息的干扰，从而发现股票价值增长的关键因素。量化投资在保证投资决策客观科学性的同时，结合投资团队的主观能动性对基金资产进行灵活配置和动态优化。量化模型将投资团队从繁杂的数据处理和盈利预测中解脱出来，使投资团队着重关注数据以外的有效信息，对量化模型形成有效补充，从而提高了投资研究效率，实现投资研究资源最优配置。

3. 保证投资业绩的稳定性

量化模型的科学可控性决定了以量化投资为核心的投资技术能长期保持投资策略及投资程序的一致性和长期可持续性，从而保证投资表现的持续稳定性，实现基金资产的风险收益最佳配比。同时多因素数量模型根据市场环境的变化，在多重动态优化过程中兼顾各种不同风格类型的股票，使投资组合在市场周期的不同阶段均能获得较为稳定的收益，为投资者提供长期稳健的超额投资回报。

资料来源：光大保德信基金，《光大保德信量化核心证券投资基金合同》，https://www.epf.com.cn/fund/360001/notice.shtml。

复习思考题

1. 量化投资与传统投资的区别与联系是什么？
2. 量化投资的主要优势有哪些？
3. 国内量化投资发展的有利因素有哪些？
4. 量化投资在国内发展面临的主要困境是什么？
5. 我国量化投资的发展趋势是什么？
6. 公司估值方法主要可以分为哪两大类，具体的特点是什么？
7. 相对估值法主要有哪几种，各自的适用情况是什么？
8. 资产配置可以分为哪两类？

第十二章 国际业务

投资银行经过100多年的发展,业务种类已从传统的证券承销、自营和经纪业务扩展到包括企业并购、重组、资产管理、基金管理、金融衍生产品交易等更广泛的范畴,成为资本市场上重要的金融中介。随着经济全球化、金融国际化和金融自由化时代的到来,投资银行也逐渐走上了全球化道路,国际业务日益受到重视,并成为众多投资银行新的利润增长点。

第一节 国际业务概述

一国的投资银行发展大都经历了从国内业务向国际业务扩张的过程,这既符合资本市场国际化的大趋势,也是投资银行拓展业务领域,扩大市场份额的要求。投资银行作为资本市场中最具影响力的金融中介机构,它的发展必将伴随着资本市场的国际化而向国际业务延伸。所谓国际业务,主要是指投资银行跨越国界,实现业务范围的国际化,主要包括保荐承销、直接投资、证券销售与经纪、资产管理、债券承销、并购重组、增发配售、财务顾问、期货/衍生产品、债务融资、市场研究等业务的跨国界运作。

一、投资银行业务国际化的原因

随着世界经济、证券市场的一体化和信息产业技术的飞速发展,时空距离的限制已经不足以构成金融机构业务扩展的障碍,业务全球化也成为投资银行在激烈的市场竞争中占领制高点的重要保障。投资银行业务的国际化主要是基于以下原因:

1. 跨国公司的发展

20世纪后半叶,国际资本流动特别是直接投资的快速发展,成为推动全球经济增长的强大动力,而跨国公司更是将各国经济结合在一起的重要力量。跨国公司作为适应生产国际化和现代化需要的一种企业组织形式,是企业在国际范围内合理有效配置生产资源的一种运作方式。这种形式不仅有利于世界经济的发展,而且对科技革命和技术创新做出了很大的贡献;同时,跨国公司在经营管理和运作机制方面为发展中国家的企业提供了示范效应,也可以增加东道国的就业和收入。

由于公司和银行之间保持的长期业务关系,当公司跨越国界,将资金投向国外时,因为对本国银行的依赖,通常会寻求本国银行的金融服务。因此随着全球范围的直接投资的规模越来越大,国际间投资和往来也日益加强。这时跨国银行特别是具有投资银行业务的金融机构,由于其业务范围广泛,可以从事包括融资、基金管理、证券承销、资产重组以及投资顾问等一系列金融批发性业务,加之其拥有各方面的专家和高级经营管理人才,因此受到跨国公司的高度重视,投资银行业务因此获得巨大发展。

2. 证券市场的国际化

证券市场国际化是指一国以证券为媒介的资金在国际间自由流动,实现了跨越国界的运作,将业务上和地理上彼此分割的各国证券市场紧密地联系在一起,相互影响、相互促进,形成世界一体化的市场。

从广义角度看,证券市场国际化的内容,包括证券发行、证券交易、证券投资、证券中介机构、证券制度等诸多方面。具体而言,包括以下内容:①证券投资的国际化,即本国投资者可以自由进入国际市场,参与国外的证券投资。同时,国外投资者也可以进入本国证券市场,参与本国的证券投资;②证券筹资的国际化,即本国筹资者,包括政府、公司、金融机构等可以在国外证券市场筹集资金。同样,外国筹资者也可以进入本国证券市场进行筹集资金的活动;③证券经营机构的国际化,即一国允许国外的证券经营机构进入本国证券市场从事证券活动。同样,本国的证券经营机构也可以进入其他国家的证券市场;④证券运行规则的国际化。它要求一国证券市场的运行规则应符合国际惯例,各国证券市场的制度、原则、交易方式等逐步趋同,具有相似性,从而有利于不同国家从事证券业务的主体在国际间自由活动。从狭义角度看,证券市场国际化则主要针对国内市场,即:国内市场的对外开放。它包括:允许外国投资者进入本国证券市场投融资;允许外国证券经营机构进入本国证券市场从事证券业务;同时本国证券市场的运行规则逐渐与国际接轨。但不论是广义还是狭义,证券市场国际化是全球发展的必然趋势,在这一形势下,投资银行作为证券市场上的中介机构,也必然拓展国际业务,才能跟上世界资本市场发展的步伐。

3. 扩大收益,降低风险

跨国经营有利于国内业务发展和经营多元化,开拓新的收益增长点。金融业务的风险无所不在、无时不在,国际化可以降低成本和风险,如通过设立分支机构不仅可以进驻新市场,扩大全球市场份额,而且能使一些交易及业务在本系统内进行,从而降低交易费用;在管制较松的金融中心建立分支机构,还能回避国内管制,享受宽松的经营环境和减、免税等政策优惠,从而降低费用成本,提高资金使用效率。降低金融风险的可行办法是使收入来源分散化,包括投资银行业务的多样化和客户地点的多元化,而通过在境外设置经营机构,在一定程度上可以实现这一目的。在发展国内业务的同时,积极发展与海外有联系的业务,加强与海外大型金融机构的交流和合作,将会带来许多的业务发展机会;跨国经营不仅有利于突破国内市场限制,利用遍布全球的分支机构和灵活便利的金融市场,扩大资金来源渠道和市场范围,使经营多样化,还可以分散和转移经营风险,获得丰厚的海外利润。

4. 实现规模经济效应

根据微观经济学原理,规模经济由内在经济和外在经济组成。内在经济是指在生产规模扩大阶段,通过更精细的分工协作,采用更先进的设备,减少管理机构和管理人员,以及综合利用生产副产品等大幅度提高效率,从而使生产厂商从自身内部引起收益增加;而外在经济是指某一范围内的所有厂商规模都扩大时,通过共用交通运输设施和信息及其他服务,减少成本,提高效率,引起的个别厂商收益的增加,从而产生外在经济。投资银行也同样存在上述规模经济的特征。当一个投资银行的经济规模达到一定程度之后,其经营范围可以从国内拓展到国外,有利于内部资源在更广阔的范围内得到综合而优化的配置,同时使得单位变动成本降低,从而优化投入产出比例。为了达到最佳经济规模,国内外投资银行竞相开展国际业务。

5. 保证投资银行生存和发展

20世纪80年代以来,投资银行的兼并收购活动日益频繁,这种收购与整合活动的加剧,不仅使投资银行业务规模迅速扩大,而且服务水平不断提高,投资银行之间的竞争压力也逐渐增大,再加上许多知名的商业银行集团也纷纷发展投资银行业务,导致在发达国家内的竞争日益激烈,为了在更广阔的范围内争取市场的主动,为了更加有效地参与国际市场竞争,各大投资银行纷纷在海外建立自己的分支机构,并以此作为新的竞争领域和利润增长点,这是投资银行向外扩张的内在要求。

6. 外界环境的变化

首先,国际融资证券化浪潮的兴起,推动了国际资本市场的迅速发展,为投资银行开展国际业务提供了巨大的舞台,国际资本市场的快速发展提供了诱人的盈利前景,这是投资银行业务全球化的内在原因;其次,世界经济、全球资本市场一体化和国际金融自由化的发展促使各国经济、金融合作越来越密切,关联性愈来愈强,为投资银行业务的全球化创造了宽松的外部环境;最后,计算机、通信技术和国际互联网的飞速发展为投资银行业务全球化提供了迅捷的手段和便利条件,国界、地域的限制已不再是阻碍业务外向延伸的屏障。

二、投资银行国际业务发展概况

西方投资银行国际业务的开展由来已久,由于各国经济的发展速度、证券市场的发展速度快慢不一,使得投资银行纷纷到全球各地寻找投资机会。英国的很多商人银行在历史上就以经营海外证券为主业,普莱姆创建的美国第一家投资银行本身就是以经营外汇起家的。1933年以后,美国的投资银行和商业银行为规避法律限制更是纷纷到海外开展在本国所不能从事的业务。20世纪60年代以前,投资银行基本采用与国外代理行合作的方式,帮助本国公司在海外推销证券或作为投资中介进入国外市场。直到70年代,西方投资银行业务的全球化才真正形成了一股潮流。各大投资银行不仅采用与国外同行合作的方式,帮助本国政府或企业在国外发行证券,而且通过设立国外分支机构开展海外业务,甚至直接收购国外投资银行参与国际竞争。

国际金融环境和金融条件的改善,客观上也为投资银行实现全球经营准备了条件。20世纪80年代以来,金融管制逐步放松,金融自由化成为一种发展趋势,投资银行业务逐渐走上国际化的道路。最先步入国际化进程的是发达国家的大型投资银行,比如,美林、高盛、摩根士丹利等通过购并他国投资银行,在世界区域性金融中心建立分支机构和业务网络拓展国际业务。进入90年代以后,世界经济一体化迅速发展,金融的全球化和自由化日益加快,各国尤其是很多新兴的市场经济国家纷纷开放证券市场,国际资本市场的证券发行量迅猛增长,为发达国家进一步拓展国际业务提供了契机。

全球最大的投资银行无疑都是跨国投资银行,在其业务量、员工人数、利润来源中,国外部分占的比重很大,且呈加速上升趋势。投资银行拓展国际业务已成星火燎原之势,如果没有认识到这一点,那么发展中国家与发达国家之间投资银行的差距将进一步加大。但次贷危机后,因为巨额亏损,一些大型投资银行减少了亚洲市场的业务,回归欧美市场。

三、国际业务的特点

纵观国际投资银行的发展史,可以发现其拓展国际业务通常具有以下特点。

1. 进入海外市场的途径

投资银行进入国外市场一般通过两种途径,一是与所在国本土机构合作,包括合资、合作等形式;二是在海外新设分支机构,如办事处、代表处、管理总部、分公司和子公司等形式,在全球各地直接设立分支机构,可以减少环节,降低成本。通过这些离岸业务机构,一方面为国内客户服务,另一方面发展与国外市场的联系,逐渐扩大市场份额。在业务拓展过程中,国外投资银行大都先在本国确立优势地位,通过内部发展和外部战略性收购建立起强大的服务能力,增强公司综合实力;然后以国际金融中心或区域性金融中心为重点,通过与所在国机构合作或在境外设立分支机构等方式,而设立分支机构最有效最快捷的方式就是进行购并。比如,美林于1978年收购国际性投资银行,迈出拓展国际业务的关键性一步,此后相继并购英国、澳大利亚、泰国以及加拿大等国家的证券公司、资产管理公司,不断地增强从事国际业务的能力,实施全球化发展战略。

2. 充分重视国际业务研究

投资银行成功拓展国际业务的关键是研究先行,西方投资银行的研究部门是相对独立的机构,根据《机构投资者》统计,美林证券、高盛集团、摩根士丹利公司都拥有广泛分布在全球各地的研究分支机构,并以其突出的研究能力在当地享有盛誉。以美林证券为例,800多名研究人员分布在26个国家190个地区,美林证券在全美证券公司研究力量的排名中位居首位,高质量的研究报告不仅树立起美林证券的市场信誉,也为美林证券进军国际资本市场业务提供了一条捷径。高盛公司增长最快的业务则是投资研究,来自证券分析师、经济学家、战略家的意见赋予了公司巨大的推动力;摩根士丹利同样具有独立和优秀的研究力量。

投资银行的专业研究机构在开拓国际业务之前,广泛收集有关目标国家的宏观经济、市场状况与产业前景等方面的资料,在此基础上派遣相关专家前往当地进行调查研究。比如,80年代中期,高盛就把一些并购方面的专家派到当时并不起眼的伦敦办事处,进行深入的调研,了解英国的宏观经济、资本市场情况,制定发展战略,这些研究成果反映了投资银行的专业水准,也为高盛公司打开英国市场奠定了坚实的基础。

3. 业务创新与特色服务并存

各大投资银行在拓展国际业务时,无论在初期还是后期,无论是开展业务的方式、策略,还是在具体的运作过程中,都渗透着业务创新与产品创新;而业务创新与产品创新提高了服务客户的质量,扩大了服务客户群体,也就往往导致国际业务范围的扩大与程度的加深。但在拓展国际业务的同时,却时刻保持自身的鲜明特色。国外大投资银行根据自身的优势和经营风格,重点发展特色业务。这些老牌的投资银行尽管大力进行国内外的兼并活动,以便扩大经营范围,增强服务能力,但与此同时,他们也出售部分非核心资产,使主要业务更加突出,重点业务领域仍然十分明确。比如,摩根士丹利在证券承销与信贷业务领域保持领先地位,美林证券以研究与资产管理最为见长,而高盛证券的企业并购独占鳌头。这种创新与特色的完美结合,使投资银行在激烈的市场竞争中,能始终坚守阵地,并取得持续的经营效益。

4. 以全球战略为先导

投资银行在拓展国际业务时,首先制定了一个合理可行的全球发展战略。以公司的长远利益为目标,以业务拓展为导向,加强对国外资源的购并整合。各大投资银行拓展国际业务并非单单为了扩大规模,其每一次扩张、每一次购并都服务与服从于其全球发展战略。而公司的各业务机构和各业务层次也都服从于该战略,相互配合与协调,达到资源配置的优化。

第二节 我国投资银行国际业务的拓展

国内投资银行业务的单一化及企业对投资银行的低层次需求使我国投资银行的国际业务只处于起步阶段。但是,作为一个行业的长远发展,随着我国金融业对外开放水平的全面提高,国内投资银行势必面对国外投资银行的激烈竞争;同时随着我国资本市场的发展和范围扩大,对国内投资银行的国际化要求也将愈来愈迫切。

一、我国投资银行国际业务发展现状

国外大型投行国际化的发展大都从国内业务的海外化起步,通过设立海外分支结构尽可能满足所在国企业及私人客户跨境的证券融资、产业并购和交易需求;

轨迹是:国内业务海外化(追随客户)→海外业务本土化(去属地化)→业务全球化(跨国垄断)。通过国际比较,可以发现,中国券商国际化目前条件相对成熟的是产业环境,其次是产业综合竞争力,制度环境是制约中国券商国际化的主要瓶颈。目前,中国券商国际化战略应精准定位"国内业务海外化"的初级阶段,以满足国内客户的海外投行需求为主,并着眼于积累国际化实践经验。

考察境内各大投资银行的发展历史,国际业务部的设立基本都是随B股市场的诞生而产生的。20世纪90年代初,境内投资银行对于境外市场的了解十分有限,B股作为中国证券市场的一个新生事物,各家投资银行纷纷投入了大量的人力、物力,在对B股从发行、交易到清算等一系列流程的熟悉过程中,境内投资银行的国际化在潜移默化中迈出了第一步。在1992年和1993年,少数大投资银行通过B股和H股的发行上市进军国际业务,继而又在推荐境内企业到香港二板市场和国外证券市场上市、外币资产管理、为境外企业在中国的兼并收购提供财务顾问服务等其他领域进行了有益的探索与尝试;1995年8月,中国建设银行与摩根士丹利等公司合资成立中国国际金融有限公司;1997年中国银行在伦敦创建中银国际;1998年3月,中国工商银行与香港东亚银行联合收购国民西敏市银行亚洲投资银行业务,合资在港设立投资银行。这些现象既预示着我国投资银行业务国际化趋势,也为投资银行今后迎接国际挑战、大举介入国际业务奠定了基础。

如果从涉足B股业务算起,国内投资银行开展国际业务也有三十年了。从海外机构设置看,截至2019年底,已有超过30家证券公司在境外设立网点。以中国香港为桥头堡,部分行业领先券商已陆续在海外设立网点,将业务版图扩张至亚太乃至欧美市场。

从业务种类看,目前国内投资银行的国际业务主要是H股、N股等外资股的承销。对于海外上市股票承销业务以及发债融资业务,由于国内投资银行缺乏分销网络、缺少经验、缺乏人才以及实力不济,大都被外国公司或合资公司所垄断。同时,由于目前我国的投资银行尚缺乏开展国际业务的整体规划,所开展的国际业务主要是资金的单项交流、项目融资和企业的海外上市等,业务开展处于相对被动状态和探索性阶段。

对于投资银行而言,在重大IPO项目中担任主要角色不仅是业务拓展的重要方式,也是市场地位和综合实力的直接体现。

二、投资银行国际业务种类

商务部数据显示,截至 2017 年底,中国 2.55 万家境内投资者在国(境)外共设立对外直接投资企业累计 3.92 万家,分布在全球 189 个国家和地区,境外企业资产总额达 6 万亿美元,对外直接投资存量达 18 090.4 亿美元。面对中国企业在国际化道路上的大步前进,中资券商也需要加快国际业务发展进程,提升跨境投融资等综合金融服务能力,以满足中资企业的国际化发展需要,有效支持国家战略的落实。

中国鼓励更多的优秀企业到境外发行上市;随着条件的成熟,也会允许国外符合条件的企业来中国发行上市。中国企业通过上市渠道的融资额将有大幅度的提升,外国企业来中国上市,同样也为国内投资银行提供了市场机遇。大量的业务等待着中国的投资银行去开拓、竞争。

目前我国企业利用证券市场筹集外资的主要途径有三条:一是发行境外上市外资股;二是发行国际债券;三是利用存托凭证。因为境外筹资需要更加严格的条件和专业的操作程序,更加需要投资银行的总体策划和全程辅导。

自 2006 年中国证监会正式批准证券公司在港设立分支机构开始,中资证券公司正式开始了其国际化拓展的步伐,中金公司、中信证券、海通证券等多家证券公司在香港设立了分支机构。以中资企业的海外 IPO、再融资、并购为主要业务。过去中资券商的国际业务主要是协助内地企业在港上市、跨境并购、债券融资等,随着中资券商国际业务的不断发展,部分券商已实现从经纪、投行、研究到资管、投资交易等领域的全面延伸。

1. 境外股本发行

(1) 外资股的种类。我国的外资股分为境内上市外资股和境外上市外资股两种。

境内上市外资股,又称 B 股,指在中国境内注册的股份有限公司在境外发行,由境外投资人以外币认购,并在中国境内证券交易所上市的股份。境内上市外资股采取记名股票形式,以人民币标明其面值,以外币认购、买卖。境内上市外资股,在设立之初的投资主体包括:①外国的自然人、法人和其他组织;②中国香港、澳门、台湾地区的自然人、法人和其他组织;③定居在国外的中国居民;④国务院证券监督管理机构规定的其他投资人。2001 年 2 月 19 日,经国务院批准,中国证监会决定,允许境内居民以合法持有的外汇开立 B 股账户,交易 B 股股票。

境外上市外资股,是指在中国境内注册的股份有限公司在境外发行,由境外投资人以外币认购,并在境外证券交易所上市的股份。境外上市外资股采取记名股票形式,以人民币标明其面值,以外币认购,如 H 股、N 股、S 股等。

(2) 外资股的发行。我国股份有限公司发行境内上市外资股一般采取私募方式,也可以采取公募方式。而我国股份有限公司发行境外上市外资股的方式,应当符合股票发行及上市地的法律要求。通常需将一定比例的外资股以公开发行方式发售,同时将其余的外资股以私募方式配售给机构投资人。此为我国境外上市外资股发行的典型方式,习惯上称之为公众发行加国际配售。

根据《国务院关于股份有限公司境外募集股份及上市的特别规定》《股份有限公司境内上市外资股规定的实施细则》等法规,我国股份有限公司在发行计划确定的股份总数内发行外资股,经批准,可以与承销商在包销协议中约定,在承销数额之外预留不超过该次拟募集外资股数额 15% 的股份,在股票上市后视市场情况决定是否发行。预留股份的发行,视为该次发行的一部分。此种由发行人依据法律对主承销商和国际协调人的授权称为"超额配售选择权"。

依此授权,主承销商在股票上市后股价表现良好的情况下有权在承销的外资股额度之外以私募方式增募15%的股份,也有权根据市场状况放弃该增募选择权;主承销商可以在上市后的一定期限内行使超额配售选择权,一般而言,是在上市后30天之内。

由此可见,我国境内证券经营机构可以为中国企业提供外资股承销、私募配售、重组并购及引进战略投资者等海外融资服务,从而开辟更广泛的业务领域。具体包括帮助企业设计并实施股份制改组方案,完成资产重组;进行尽职调查、资产评估、财务审计等工作;帮助取得国务院有关部门关于同意原公司转为社会募集公司的批复;提出发行股票的申请。在发行准备工作已经基本完成,并且公开发行审查已经原则通过(有时可能仅取得附条件通过的承诺)的情况下,主承销人和国际协调人按照时间表的规定安排承销前的国际推介与询价,即根据市场情况确定发行定价区间并向机构投资者进行推介。

主承销商和国际协调人在拟定发行与上市方案时,通常应明确拟采取的发行方式、上市地的选择、国际配售与公开募股的比例、拟进行国际分销与配售的地区、不同地区国际分销或配售的基本份额等内容。确定上述内容时,需要考虑以下几方面的因素:

① 计划安排国际分销的地区与发行人和股票上市地的关系。通常倾向于选择与发行人和股票上市地有密切投资关系、经贸关系和信息交换关系的地区为国际配售地。

② 市场流动性因素。在选择国际配售地区时,通常要考虑有利于股票上市后流动性的因素,以保障各方利益。

③ 发行准备便利性因素。在确定国际分销方案时,一般选择当地法律对私募或配售没有限制和严格审查要求的地区作为配售地,以简化发行准备工作。

2. 境外债券发行

国际债券发行是指投资银行接受一般工商企业、政府、金融机构或国际金融机构、跨国公司等发行主体的委托,在国际金融市场负责组织、安排债券的发行工作。牵头经理人是发行国际债券的主要组织者,一般由一家知名度高的投资银行担任,而承销团是指共同负责债券承销业务的投资银行以及允许经营证券业务的其他金融机构等,其中每一个承销商都负责一定量的债券的承购和分销业务。国际债券的发行方式主要有公募和私募两种。按承销商的承销行为划分,一般有代销、全额包销和余额包销三种方式。

我国发行国际债券始于20世纪80年代初期。当时,在改革开放的政策指导下,为利用国外资金,加快我国的建设步伐,我国的一些金融机构率先步入国际资本市场,以发行债券的形式筹资。90年代以后,随着我国综合国力的不断提高,我国的国际债券信用等级在不断上升。特别是1996年,我国政府成功地在美国市场发行100年期扬基债券,极大地提高了我国政府的国际形象,在国际资本市场确定了我国主权信用债券的较高地位和等级。

同时,境外投资者在国内的融资需求也在逐渐增加,越来越多的国际发行人愿意尝试通过中国熊猫债市场进行融资,进入全球第三大债券市场。2018年度,共有29家境外主体在中国债券市场发行熊猫债券,累计58期955.90亿元,发行家数、发行期数和发行总额同比分别增长16.00%、65.71%和32.95%,一级市场发行呈现明显提速。

3. B股交易

投资者买卖B股必须委托经证券主管机关批准、可经营B股经纪业务的证券经营机构办理。

(1) 境内委托。个人投资者在境内买卖 B 股时,须提供 B 股账户和本人有效身份证件,并填写委托买卖单据,包括股东账号、股票名称、委托时间、委托买入或卖出的股数、限价及委托有效期。在委托买入时,各证券经营机构应根据各自核定的标准,严格核实其保证金的额度是否达到要求,以避免承担较大的风险。机构投资者在境内买卖 B 种股票时,只有授权代表才能发出委托买卖指令。

(2) 境外委托。投资者在境外委托买卖 B 股时,必须通过境外的证券代理商进行。境外证券代理商通过国际通信设备将客户的指令直接传入境内证券交易所的 B 股交易席位,再由驻场 B 股交易员将委托指令通过终端输入交易所电脑自动对盘系统,电脑在核查发出指令的投资者没有买空、卖空行为后,撮合成交。

(3) 交易方式。B 股采用无纸化交易方式及电脑申报竞价方式进行,上交所以 1 000 股为一个交易单位,深交所以 100 股为一个交易单位。

B 股交易采用的报价和结算币种,上交所为美元,深交所为港币,价格变动最小单位分别为 0.002 美元、0.01 港元。

目前,B 种股票实行 T+0 日回转交易制度。在该项制度下,投资者可以在交易日的任何营业时间内反向卖出已买入但未交收的 B 种股票,但 B 种股票的交收期和交收制度,仍按 T+3 日逐笔交收的现行规则办理。

我国境内的各大投资银行通过与多家境外投资银行签订代理协议的方式,形成广泛的境外机构客户网络,利用广泛的营业网点,为更多 B 股投资者提供投资经纪服务,其国际业务部门在 B 股市场方面主要完成以下工作:为本公司各分支机构提供有关 B 股业务的技术支持和业务指导,提供一个安全的、便利的、快速的 B 股交易平台;为海外投资者提供 B 股交易服务;为海外投资银行从事 B 股交易提供技术支持和咨询服务;提供 B 股市场投资建议,为了进一步提高资讯服务水平,通过一系列定期报告,如日报、周报、研究月刊等形式,为广大投资者提供及时、详尽的市场分析、政策分析和 B 股上市公司分析报告;B 股自营交易等。

4. 跨境资产管理

我国证券公司通过积累海外基金组建、销售、投资管理、清算等专业经验,管理的海外基金与受托资产的规模与日俱增,踊跃开展海外基金与受托资产管理业务。

(1) ADR 与 CDR。存托凭证(Depository Receipts,DR)是指在一国证券市场流通的代表外国公司有价证券的可转让凭证。它由发行者将其发行的证券交本国银行或外国银行在本国的分支机构保管,然后以这些证券作为保证,委托外国银行再发行与这些证券相对应的存托凭证。存托凭证不是原始证券,只是这些证券的所有权证书。投资者通过购买存托凭证,拥有外国公司的股权。存托凭证产生过程为:经纪商在其国内证券市场购买一定数额的股票后将其交付于当地的保管银行保管,然后由保管银行通知外国的存托银行在当地发行代表该股份的存托凭证。存托凭证发行后,与其他证券一样,可以在外国证券交易所或柜台市场自由交易。存托凭证的当事人,在国内有发行公司、保管机构,在国外有存托银行、投资人。

存托凭证主要以美国存托凭证(ADR)形式存在,即主要面向美国投资者发行并在美国证券市场交易。1927 年,英国法律禁止本国企业在海外登记上市,英国企业为了获得国际资本,引入 ADR 这一金融工具。具体做法是,由美国一家商业银行作为预托人,外国公司把股票存于该银行的海外托管银行,该预托银行便在美国发行代表该公司这些股票的可流通票证。存托凭证形式还有全球证券存托凭证(GDR)、国际证券存托凭证(IDR)以及欧洲证券存托凭证(EDR)。

CDR 即中国存托凭证。CDR 的构想主要来自美国存托凭证。CDR 是海外公司在中国内地上市集资的一种方式,投资者购买 CDR 就相当于购买海外公司的股票。按目前《中华人民共和国公司法》规定,只有在内地注册的企业才能在沪深市场上市。红筹股在目前的法律规定下难以涉足内地资本市场,如果要申请发行 A 股,那么就需要《证券法》和《公司法》做一定修改,这当然需要相当长的时间。相比之下,红筹股公司发行中国存托凭证可以更方便地达到间接在内地上市的目的。

(2) QFII(Qualified Foreign Institutional Investors),即"合格境外机构投资者"。QFII 制度是指允许经核准的合格境外机构投资者,在一定规定和限制下汇入一定额度的外汇资金,并转换为当地货币,通过严格监管的专门账户投资当地证券市场,其资本利得、股息等经审核后可转为外汇汇出的一种市场开放模式。这是一种有限度地引进外资、开放资本市场的过渡性制度。在一些国家和地区,特别是新兴市场经济的国家和地区,由于货币没有完全可自由兑换,资本项目尚未开放,外资全面介入有可能对其证券市场带来较大的负面冲击,通过 QFII 制度,管理层可以对外资进入进行必要的限制和引导,使之与本国的经济发展和证券市场发展相适应,控制外来资本对本国经济独立性的影响,抑制境外投机性游资对本国经济的冲击,推动资本市场国际化,促进资本市场健康发展。

韩国、印度、巴西以及我国台湾地区在 20 世纪 90 年代初就设立和实施 QFII 制度,积累了相当丰富的经验,并取得了许多的成果,这对于我国证券市场逐步实现对外开发的发展提供了十分有益的借鉴。2002 年 11 月 8 日中国证监会和中国人民银行联合发布《合格境外机构投资者境内证券投资管理暂行办法》(下简称《暂行办法》),并于 2002 年 12 月 1 日起实施,该《暂行办法》使得外资直接参与境内 A 股市场投资成为可能。2006 年 9 月 1 日,《合格境外机构投资者境内证券投资管理办法》正式施行。2020 年 11 月 1 日,《合格境外机构投资者和人民币合格境外机构投资者境内证券期货投资管理办法》(下简称《办法》)正式施行。《办法》第三条规定:合格境外投资者应当委托符合要求的境内机构作为托管人托管资产,依法委托境内证券公司、期货公司办理在境内的证券期货交易活动。《办法》第十二条规定合格境外投资者委托 2 个以上托管人的,应当指定 1 个主报告人,负责代其统一办理资格申请、重大事项报告、主体信息登记等事项。合格境外投资者应当在指定主报告人之日起 5 个工作日内,通过主报告人将所有托管人信息报中国证监会、外汇局备案。合格境外投资者可以更换托管人。中国证监会、外汇局根据审慎监管原则可以要求合格境外投资者更换托管人。《办法》第十三条规定合格境外投资者应当依法申请开立证券期货账户。合格境外投资者进行证券期货交易,应当委托具有相应结算资格的机构结算。

(3) RQFII(RMB Qualified Foreign Institutional Investors)是指人民币合格境外投资者,起步金额 200 亿人民币。RQFII 境外机构投资人可将批准额度内的外汇结汇投资于境内的证券市场。对 RQFII 放开股市投资,是侧面加速人民币的国际化。

2011 年 12 月 16 日,中国证监会、中国人民银行、外汇管理局联合发布了《基金管理公司、证券公司人民币合格境外机构投资者境内证券投资试点办法》,2020 年 11 月 1 日,《合格境外机构投资者和人民币合格境外机构投资者境内证券期货投资管理办法》(下简称《办法》)正式施行。《办法》允许境内基金管理公司、证券公司、商业银行、保险公司等香港子公司,或者注册地及主要经营地在香港地区的金融机构;在香港证监会取得资产管理业务资格,并已经开展资产管理业务,可以申请人民币合格投资者资格。允许符合一定资格条件的基金管理公司、证券公司的香港地区子公司作为试点机构,运用其在港募集的人民币资金在经批准的投资额度内开展境内证券投资业务,初期试点额度为人民币 200 亿元。此后,证监会批准了 9 家基金公司和 12 家证券公司的香港子公司的 RQFII 资格,外汇管理局批准了 21 家试点机构 200 亿元的投资额度,香港证监会批准了 19 份 RQFII 基金的申请(国元证券、华泰证券香港子公司发行私募产品,不需要获得香港证监会批准)。

  2012 年 4 月 3 日,经国务院批准,证监会、央行和外管局决定新增 RQFII 投资额度 500 亿元,用于发行以内地 A 股指数为标的、以人民币计价、在香港交易所上市的 ETF 产品。第二批 RQFII 全部是 ETF 产品,投资标的选择大盘蓝筹、市场覆盖性好的指数,如沪深 300、中证 100、富时 A50 或 MSCI 中国 A 股指数;每个指数原则上只批准一只 RQFII-ETF 产品,RQFII 的发展进入一个新的阶段。不少基金管理公司和证券公司都在对 RQFII-ETF 产品方案进行深入研究,并与香港证监会、联交所进行沟通,已有华夏、嘉实、易方达、南方 4 家 RQFII 正式向香港证监会递交申请。经国务院批准,国家外汇管理局决定自 2019 年 9 月 10 日起,取消合格境外机构投资者(QFII)和人民币合格境外机构投资者(RQFII)投资额度限制。同时,RQFII 试点国家和地区限制也一并取消。今后,具备相应资格的境外机构投资者,只需进行登记即可自主汇入资金开展符合规定的证券投资。

  (4) QDII(Qualified Domestic Institutional Investors,合格本地机构投资者),是允许在资本项目未完全开放的情况下,内地投资者往海外资本市场进行投资。QDII 意味着任何往海外资本市场投资的人士,均须通过这类认可机构进行,以便国家做出监管。有关专家认为,最有可能的情况是,内地居民将所持外币通过基金管理公司投资港股。它由香港特区政府部门最早提出,与 CDR(预托证券)、QFII(外国机构投资者机制)一样,是在外汇管制下内地资本市场对外开放的权宜之计。由于人民币不可自由兑换,CDR、QFII 在技术上有着相当难度,相比而言,QDII 的制度障碍则要小一些。

  QDII 机制的运作,需要通过设在境外的可从事证券经营业务的国内机构来代理买卖。因此,无论被认可的机构是否直接为投资银行,都需要有实力的国内投资银行参与,这就使得国内投资银行可以一种迂回的策略进入国际市场,通过这些项目和业务的运作,在服务自己相对熟悉的客户过程中,学习和熟悉境外资本市场,了解进而争取境外客户,从而既做到不断拓展业务范围,又可有效避免因缺乏经验导致的经营风险,逐渐做大做强。

  5. 涉外财务顾问业务

  上市公司的外资并购在 2002 年发生了深刻的变化。从 9 月末深发展宣布将引进美国新桥投资集团作为国外战略投资者起,青岛啤酒、赛格三星、深宝恒、TCL 等多家公司纷纷引入外资股东。11 月 4 日,中国证监会、财政部和国家经贸委联合发布一份通知,重新启动了向外商转让上市公司国有股和法人股的进程,为外资以战略投资者身份入主中国境内上市公司提供了途径。投资银行可以发挥自身优势,为国际资本和国际风险投资基金在国内寻找投资项目。最近证监会出台的《上市公司收购管理办法》为投资银行财务顾问业务带来了新的机会。上市公司进行兼并重组是投资银行业务创新的主要方面,由于企业间的收购重组涉及很多的法律和条款,复杂程度高,需要比较专业的人才进行运作,将会凸显财务顾问的价值,也给投资银行业带来更多的业务机会。根据《上市公司收购管理办法》要求,企业诸多收购行为均要求独立的财务顾问提供意见,无论是协议收购还是要约收购,在管理层、员工进行上市公司收购时,都要求被收购方的独立董事就收购可能对公司产生的影响发表意见。独立董事应当要求公司聘请独立财务顾问等专业机构提供咨询意见。这其中,有些业务规定是必须由投资银行来做的。

第三节 国外投资银行拓展国际业务的经验借鉴

投资银行业务的国际化是新形势下我国投资银行的必然选择。世界经济的全球化和金融市场的一体化是当今经济发展的必然趋势。我国投资银行只有充分利用国际分工所提供的历史机遇和其他国家实现优势互补,才能在为客户提供专业服务的过程中体现出我们的优势和服务水平。但投资银行业务的国际化应在条件准备充足后,有计划、有步骤地推进,因为这涉及一个国家证券市场发展水平、对外资管理、汇兑限制等一系列复杂的问题,绝不可能一蹴而就。

依据我国对外开放的总体部署,资本市场对外开放的进程稳步推进,前述两个规则也逐步退出了历史的舞台。2019年7月20日,国务院金融稳定发展委员会办公室对外发布《关于进一步扩大金融业对外开放的有关举措》,将原定于2021年取消证券公司、基金管理公司和期货公司外资股比限制的时点提前到2020年。经统筹研究,证监会进一步明确自2020年4月1日起,在全国范围内取消基金管理公司和证券公司外资股比限制,符合条件的境外投资者可根据法律法规、证监会有关规定和相关服务指南的要求,依法提交设立基金管理公司和证券公司或变更公司实际控制人的申请。

一、立足国内,拓展海外

国外的投资银行大部分首先在本国确立竞争优势地位,通过内部发展和外部战略性收购建立起强大的客户网络和服务能力,增强公司综合实力;然后以区域性金融中心或国际金融中心为重点,设立境外分支机构,实施全球化发展战略。因为他们意识到投资银行国际业务的长足发展必须依赖国内业务的充分发展和本国企业的成长壮大。投资银行开拓国际业务的真正优势在于充分依托国内资源,在现有的项目上开拓新的金融品种,迅速寻找到适合自身的业务增长点。一国证券市场的国际化,将促使更多的企业选择到国外发行和上市证券,而国外的企业也可以选择到国内资本市场进行上市融资,同时,本国金融衍生产品市场也会得到发展,以上这些都为本国投资银行拓展业务提供了大好机遇。因此投资银行的海外业务主要以本国客户为中心,随着本国企业的发展而发展,企业发展到哪里,投资银行的服务就跟踪到那里。只要国内出现一批重量级的世界性企业,投资银行就有可能成为世界性的投资银行。

在立足国内的基础上,国外的投资银行也很注意加强与当地投资银行的合作与交流。在拓展海外业务的过程中,由于对当地的证券市场不十分熟悉,他们愿意与当地的投资银行合作,以了解当地资本市场的法律、法规、经济状况以及市场运行规则等,希望通过各种方式和机会,尽快地熟悉海外市场,进而占领海外市场。

因此，我国投资银行国际化应该坚持三步走策略，首先，通过设立海外分支机构尽可能地满足本国企业及私人客户跨境的证券融资、产业并购和交易需求；同时，凭借境内广泛的分销网络、客户资源方面的业务优势，为小部分海外客户提供基于境内资本市场的相应投资银行服务。以增强自身母国服务能力和市场地位为主要诉求；寻找国际业务机会；不完全以追求商业利润为短期目的。其次，借助自身在资本、技术、制度和经验方面的国际比较优势，力图将海外分支机构的经营理念、分销网络、人力资源等全方位融入东道国。强调服务和产品的国际通用性；获取东道国市场份额及业务影响力；追求国际业务收入和利润。最后，业务全球化。形成覆盖全球主要市场的业务版图，维持国际竞争力，强化自身在全球分工体系中的控制力。

二、加强研究工作，提高研究质量与水平

国外大投资银行从拓展业务的初期对目标国家的宏观经济、市场状况的调研，以及其后的产品设计、业务创新，无不以强大的研究实力做后盾。可以说研究能力无论在开展国内业务还是国际业务方面都已成为第一竞争力。

证券研究对投资银行的支持作用是毋庸置疑的，证券研究部门日益成为投资银行的战略性部门。未来投资银行的几乎所有业务领域都必须有强大的研究力量的介入才能顺利开展，研究品牌在开展业务方面具有不可替代的作用。近年来新崛起的投资银行，往往是证券研究力量较强的投资银行，即能够通过研究力量对业务部门的渗透来培育核心竞争力的投资银行。各大投资银行成功拓展国际业务的关键因素不仅是他们都拥有一支强大的研究队伍，而且大都以某个领域独具一格的研究特色而知名。美林证券在全美证券公司研究力量的排名中位居首位；投资研究则是高盛公司增长最快的业务，来自证券分析师、经济学家、战略家的意见赋予了公司巨大的推动力；摩根士丹利同样具有独立和优秀的研究力量。投资银行的专业研究机构的研究成果反映了投资银行的专业水准。这些投资银行在开拓国外业务之前，广泛收集有关目标国家的宏观经济、市场状况与产业前景等方面的资料，在此基础上派遣相关专家前往当地进行调查研究，利用丰富的研究资料和成果为国际业务的拓展开辟成功的道路。

三、产品及业务创新和特色服务并存

在激烈的竞争中脱颖而出的关键是不断设计出各种新型的产品，并形成差异化服务，这是任何一个投资银行争取客户的关键，产品创新与业务创新提高了客户服务的质量，扩大了客户服务群体和国际业务范围，国际化程度不断加深。开展新业务并提供个性化服务，包括为客户的外币资产做投资顾问；结合为境外客户代理境内投资，进行全方位的资产管理；或是加强对全球证券市场发展的最新研究，结合当地情况，不断设计开发注重实务性的金融新品；等等，增强在国际市场的竞争力。新加坡政府为迎战国际资本的冲击，重点鼓励金融创新，通过各种措施，支持银行拓展离岸金融业务和海外业务，并利用政府优惠和促进金融创新来加强新加坡的竞争能力，巩固其国际金融中心的地位。为了生存和发展，证券公司在金融创新和证券业务多样化方面不断增强自己的竞争力。在债券市场上，80年代中期推出了具有灵活性强、资金成本和风险低等特性的备用债券（NIF）和包销备用债券（RVF）等新品种。80年代后期，亚元市场上推出"熊、牛"票据，这种商业票据，期限从7天到365天不等，赎回价由政府公债期货指数决定。这些创新的举措是新加坡的证券公司竞争力得到提升。

国外投资银行开展国际业务数十年的实践证明，全面出击的做法是不可取的，是低效率的，投资银行应当通过判断自身的优势和不足，根据各项业务的进入成本和投资回报，相应调整向不同业务领域的投入，力求达到最佳的业务构成，突出自己的经营特色。国外大投资银行根据自身的优势和经营风格，重点发展特色业务。他们尽管大力进行国内外的兼并活动，以便扩大经营范围，增强服务能力，但与此同时，他们也出售部分非核心资产，使主要业务更加突出，重点业务领域仍然十分明确。

四、适当保护国内投资银行

在国际证券市场上，外国投资银行进入本国证券市场一直是一个很敏感的问题。投资资金在国际间的转移可能影响到相应国家的货币政策和利率结构。从政府角度看，既担心本国证券公司可能顶不住竞争的压力，又怕外国公司对国内市场影响力太大。为了将外国公司的负面影响压到最低限度，政府会人为地制造一些障碍，提高国外投资银行进入的成本。如新加坡政府为了保护国内银行，以使其在与众多外资金融机构的竞争中处于优势，不仅对批准进入的外国金融机构的种类和它们的业务经营范围进行限制，而且对在境内其他地方另设分支网点等方面也加以限制。此外，还利用"对等设行"的原则，在允许外国金融机构来境内设立分支机构的同时，促进本地银行和金融机构向国外拓展。此外，新加坡股票交易所还实行了灵活佣金制，以取代过去1%的固定抽佣制，以加强新加坡股票经纪业的竞争力。

五、重视人才培养

投资银行最大的资本是人才而不是资金。投资银行的业务范围极广，专业性又极强，从市场研究到资产评估，从证券设计到操盘交易，都需要有广博的专业知识与技能。作为投资银行家，更需要具备坚实的综合知识基础，积累大量的实践经验，富有敏锐的创造力与亲和的外交手段。投资银行是"艺术"含量很高的经济实体，这主要体现在投资银行的企业收购、兼并的财务顾问这一功能及相关的技术。没有经过专门的培训，没有掌握现代化的金融综合知识与电子计算机技能，是无法运筹投资银行业务的，更谈不上创新与开拓了。因此，世界各国的投资银行都在加快培养投资银行的专门人才，积极推广投资银行技术，以维护投资银行业的高效运行，培养一批投资银行家，为投资银行的高效运作奠定基础。

六、加快法制建设，为投资银行的稳健发展保驾护航

美国对投资银行的监管形成了严格的三级结构体系，即政府的监督管理机构（证券交易委员会）、投资银行业自我管理机构（证券交易商全国协会）和投资银行内部管理。为促进投资银行的健康发展，各国都制定了一些有利于投资银行成长，有利于规范并监管其业务运作的文本与措施，用法律手段来明确投资银行的定义、经营方针与业务范围、投资银行设置条件和手续、投资银行审批权限、投资银行权利和义务等等。通过明确责、权、利关系，使投资银行的经营管理有章可循，有法可依，真正起到保障合法经营者权益，约束违法经营者不正当行为的作用。各国监督机构依照法律条款，强化对投资银行的管理，并对其经营风险进行全面、客观的前瞻性评估，及时纠偏补弊，从而引导投资银行业的良性发展。

我国投行在国际业务的市场开拓上，大都采取立足香港，布局亚太，面向全球的策略；在业

务发展上,股权和债券承销业务是进入国际市场的切入点,进而向经纪业务、资产管理业务和投资业务拓展。

以国际化较为成功的中信证券为例,其借助并购,拓展欧美和东南亚市场。通过收购里昂证券,提升了境外投行、经纪、研究水平。收购昆仑国际,布局海外大宗商品交易。收购罗素投资,拓宽欧洲和美国客户。但受制于资本金的限制和境内外资金流动的严格管制,再加上市场环境的剧烈波动,近些年国际化的步伐有些放缓。

 拓展阅读

国泰君安国际业务简介

国际业务方面,集团围绕国泰君安金融控股打造国际业务平台,在中国香港地区主要通过国泰君安国际开展经纪、企业融资、资产管理、贷款及融资和金融产品、做市及投资业务。集团已在美国、欧洲及东南亚等地进行业务布局。

同时,国泰君安深化财富管理业务的跨境经营,深度挖掘富裕和高净值客户的跨境财富管理需求;积极开发跨境资产管理服务及产品,主要以 QDII、QFII 及 RQFII 资产管理计划的形式为国内外投资者提供定制化跨境投资解决方案。

国泰君安国际为客户提供包括证券、期货、期权及杠杆式外汇交易买卖及经纪服务。国泰君安国际的网上交易平台支持中国香港地区、美国、英国、日本、加拿大、新加坡、中国 A 股及 B 股等 8 个证券市场,并涵盖马来西亚、韩国、澳大利亚及我国台湾股票市场和全球固定收益市场,以及全球超过 20 个期货及期权市场。此外,国泰君安国际还提供保险经纪服务。

国泰君安国际向中国香港地区、内地及国际客户提供企业融资服务,包括股票资本市场、债务资本市场、顾问及融资咨询服务。国泰君安国际曾担任多个标志性的首次公开发售项目的独家或联席保荐人,在香港企业融资领域赢得良好声誉。

国泰君安国际向个人客户、私募基金及公募基金提供基金综合管理及经营、提供投资意见及进行交易执行等一系列资产管理服务,包括管理投资组合,提供自选证券组合投资服务及中长期投资解决方案。此外,国泰君安国际也通过建立多实体基金管理平台支持及加强基金管理业务。

国泰君安国际提供孖展(即保证金)贷款、定期贷款、证券借贷、首次公开发售贷款、其他贷款及银行存款服务。

国泰君安国际出售个性化金融产品,并为债券及交易所买卖基金提供做市服务。国泰君安国际的投资业务主要包括对准备上市企业和已上市企业进行投资以及基金投资。

2019 年国泰君安国际主要收入构成(单位:千港元)

项目	本报告期	上年同期
费用及佣金收入		
——经纪	531 233	454 962
——企业融资	809 047	594 970

(续表)

项目	本报告期	上年同期
——资产管理	36 439	16 716
贷款及融资收入	1 134 972	1 307 294
金融产品、做市及投资收益	1 733 845	651 948
总收益	4 245 536	3 025 890

资料来源：国泰君安证券股份有限公司2019年年度报告。

资料来源：国泰君安证券，《国泰君安国际业务简介》，https://www.gtja.com/content/international.html。

复习思考题

1. 试述投资银行业务国际化的原因。
2. 投资银行进入国外市场的途径有哪些？
3. 国际业务的特点是什么？
4. 我国的外资股种类有哪些？
5. 试述 ADR 的含义及运作。
6. 试述 CDR 的含义及运作。
7. 试述 QFII 的含义及发展。
8. 试述 QDII 的含义及发展。
9. 从国际投资银行的业务发展中，得到哪些启示？
10. 我国投资银行应如何发展国际业务？

第十三章 财务顾问

第一节 财务顾问业务概述

一、财务顾问的内涵

所谓财务顾问,是指为企业单位、政府部门提供各种融资、财务安排、兼并收购、资产重组等方面的分析、咨询、策划等顾问服务的业务。金融市场上提供财务顾问服务的机构有专业性投资咨询公司、投资银行,商业银行、保险公司、信托投资公司以及其他一些金融机构,而在这其中,投资银行及其下设的专业性财务顾问机构或研究机构是从事该类业务最活跃、也最擅长的一员,因此世界上很多大型跨国公司都主动寻找著名的投资银行作为他们的财务顾问。

1. 财务顾问的特点

投资银行的财务顾问业务具有以下特点:

(1) 业务范围极为广泛。投资银行财务顾问业务包括在资产重组、财务风险管理、投融资决策等领域为客户进行宏观经济分析、行业分析、公司分析、技术分析、证券组合分析、价值评估等服务,帮助策划项目并设计方案,与客户共同合作投资,全面代理财等。通常国际大型投资银行均设立规模庞大的研究部门,为客户提供广泛的咨询服务,同时也为其他部门提供研发支持。例如,日本野村证券就设有独立的野村证券研究所,这家久负盛名的顾问机构涉及的业务范围包括:各国经济增长预测评估、宏观经济及其相关政策分析、行业及上市公司发展分析、证券市场波动趋势分析与证券投资组合建议、资本运营和资产重组方案设计与咨询、金融工具创新研究等。

(2) 表现形式灵活多样。投资银行执行财务顾问职能的方式多种多样,概括起来主要有三类模式:

① 投资银行直接参与:这种方式通过投资银行直接向重要客户派遣自己的股东(专家)担任独立董事,由独立董事(在客户企业不占股份)充当财务顾问、为企业出谋划策。有的投资银行甚至以自己的服务直接交换客户企业的股份,担任股东直接参与企业经营管理。著名投资银行拉扎德公司(Lazard Freres)就曾派自己的十位股东兼任一家客户公司的董事,而其元老人物安德烈·梅耶一个人就兼任八家公司的董事。

② 投资银行间接参与:这一模式以"股东应专心经营自己的投资银行"为原则,不允许自己的股东兼任客户公司的董事职位,对于所有客户均以签约责任制提供顾问服务。

③ 投资银行下设或另设专门的投资咨询机构参与:在前面两种情况下,财务顾问业务都是渗透于投资银行的各项业务中。可是在更多的情况下,由于财务顾问业务属于投资银行零售业务,单个顾问项目涉及金额规模通常不大,只需要由专门的中小机构承担就可以了。所以投资银行纷纷下设或另设专门的投资咨询公司(有的称投资顾问公司、理财顾问公司、投资管

理公司等),这些机构的规模较小,但运作灵活、专业化程度高。国际投资银行专设投资咨询机构的另一个考虑就是要与综合型商业银行、保险公司、世界四大会计师事务所分离出来的专业咨询公司竞争抗衡,毕竟投资银行在同类业务中的优势明显。

(3)一般不需要风险本金投入。财务顾问业务只要提供咨询服务就可以了,没有投入本金的风险,除非违规操作被处罚,否则就毛收入而言一般是稳赚不赔的(当然未考虑经营成本开支)。即便是采用直接出任股东参与企业经营管理的"零距离顾问"模式,投资银行也通常不会自掏腰包投入资本,而是以自己的部分服务交换客户企业的股份。

(4)收费方式并不唯一。投资银行财务顾问业务的收费一般有两种情况:

① 非独立收费方式:如果财务顾问业务包含在其他业务中,如证券承销中的融资方案设计、并购中的财务顾问,其报酬常常包括在整笔业务的支付中,不作单独计算;

② 独立收费方式:如果投资银行受托单独提供某类财务顾问业务,其收费常常由投资银行根据特定项目耗费的人力和时间等经营成本为基础进行单独报价,与其他业务没有关系。需要指出的是,财务顾问业务是否单独收费,并不影响该业务的独立地位。虽然财务顾问业务的标的往往或多或少地与其他业务相关联,但是它并不纯粹是一种发展与客户的公共关系、为其他业务积累资源和机会的"润滑剂",它已经成为投资银行主要、稳定的收入来源之一,并且它表现出的高附加值的知识产业特征不是其他任何一个业务部门所能够代替的。更为重要的是,财务顾问业务作为现代投资银行的一项重要业务,它正在从其他相关业务中分离出来、朝单独收费的方向发展。

(5)中介作用明显。投资银行财务顾问业务除了智力成本和时间成本外,近似于一项无本生意。投资银行在其中的角色基本上就是一个中介机构,它是否守法经营、恪尽职守主要还是依靠信用保证。所以各国法律都对这些"中介机构"进行严格的监管。

2. 财务顾问的分类

根据财务顾问的基本功能,可以将财务顾问分为普通财务顾问和独立财务顾问。

(1)普通财务顾问。以面向企业的财务顾问业务为例,普通财务顾问主要是指投资银行及其专业人员以下列形式为上市公司、拟上市公司或有关企业提供有偿或无偿咨询服务的活动:

① 为各类企业申请证券发行上市提供改制改组、资产重组、前期辅导等方面的咨询服务;

② 为各类企业收购上市公司及相关的资产重组、债务重组等活动提供咨询服务;

③ 为上市公司、拟上市公司或有关企业重大投资、收购活动、关联交易等活动提供咨询服务;

④ 为上市公司、拟上市公司或有关企业完善法人治理结构、设计经理层股票期权、职工持股计划以及信息披露等规范运作活动提供咨询服务;

⑤ 为上市公司、拟上市公司或有关企业资产重组、债务重组等资本运营和再融资活动提供融资策划、方案设计、推介路演安排、企业公共关系等方面的咨询服务;

⑥ 为企业债务人对企业进行债务重组及相关的股权重组、资产重组等活动提供咨询服务。

(2)独立财务顾问。以面向企业的财务顾问业务为例,独立财务顾问是指以独立第三人的身份就上市公司或其他有关企业的关联交易、资产或债务重组以及公司收购、兼并等涉及公

司控制权变化的交易,对所有股东(特别是中小股东)是否公平出具专业性意见的业务。具体形式主要包括:

① 受上市公司或其他有关企业聘请,为公司重大资产重组、债务重组等活动担任财务顾问,出具并向社会披露独立财务顾问报告;

② 受上市公司或其他有关企业聘请,为上市公司重大关联交易活动担任财务顾问,出具并向社会披露独立财务顾问报告;

③ 受上市公司或其他有关企业聘请,就要约收购的公允性、可行性及对中小股东的影响,出具并向社会披露独立财务顾问意见。

二、财务顾问的作用

财务顾问服务是投资银行根据具体情况,为客户量身定做的具有高知识含量的个性化金融产品。财务顾问业务被称为现代投资银行中最具活力和创意的业务之一。投资银行开展财务顾问业务对客户、对其自身及市场都产生了积极的作用。

1. 投资银行开展财务顾问业务对客户的作用

(1) 科学地制定战略发展规划和进行投资决策。投资银行通过开展财务顾问业务可以帮助客户,尤其是大的企业集团科学地制定战略发展规划和进行投资决策。具体来说,其作用主要体现在以下几个方面:帮助各类企业集团、上市公司就重大投资项目选择投资方向和投资时机,以及预测和分析投资项目的收益和风险,为投资决策者提供决策的依据;协助各类企业集团、上市公司寻求或拓展融资渠道,分析并选择筹资成本最低、资本结构最佳的筹资方式;协助各类企业集团、上市公司制定发展战略,包括对战略定位、战略目标、战略规划、战略实施等提供咨询建议;协助各类企业集团、上市公司进行资产重组、资本运作、产业整合;对企业的中长期发展规划和日常运作提供咨询建议;对集团下属企业股份制改造、上市和重大资产交易行为提供指导性建议;为公司资产管理、负债管理和风险管理提供咨询;对集团财务结构、财务管理提供咨询建议。

(2) 强化法人治理结构和拓宽信息渠道。投资银行通过开展财务顾问业务可以为企业集团、上市公司提供专业化信息服务,涉及市场最新动态和金融工具、可能的投融资机会和商业伙伴、有关集团战略和资本运作的案例、财政金融相关政策及法律法规信息。同时根据各类企业集团、上市公司人力资源部门的要求,组织安排人员对各类企业集团、上市公司的中层以上人员进行有关股份制改造和公司设立、资本运作、集团管理、投融资创新、法人治理结构的完善、上市公司的规范以及其他感兴趣的相关内容和热门话题进行培训或者组织交流。

(3) 提供日常经验管理和财务状况诊断。投资银行通过开展财务顾问业务可以从外部市场环境和内部经营条件两个方面对各类企业集团、上市公司在日常经验和管理中存在的问题进行诊断工作,提出现代企业管理的观点和建议,尤其是改进财务状况的咨询,提高各类企业集团、上市公司财务决策水平,并以此为中心推动集团整体业务活动。财务顾问可以承担各类企业集团、上市公司内部的科研课题,也可协助各类企业集团、上市公司争取重大软科学研究项目。

(4) 推动股东价值的创造。投资银行开展的财务顾问业务有利于推动股东价值的创造。一方面,财务顾问设计的资产净值和负债的最佳组合结构将会使资本成本降低到最低限度;另一方面,财务顾问提供的融资方案有助于满足公司的资金需求,并保持适当的财务灵活性。好的财务策略还可以兼容股息红利和股票回购政策，使股东获得最大利益；帮助企业优化资源、实现战略性成长，实现规模经济，防止企业被市场淘汰，提高企业的生存能力；帮助企业实现价值最大化，保障债权人利益。

2. 投资银行开展财务顾问业务对投资银行自身的作用

投资银行开展财务顾问业务虽然其使用的创新工具和手段远不如金融工程丰富，但是相比较一些传统业务而言已属高附加值服务。此项业务不仅丰富了投资银行的业务种类，还可以带动并购、承销、交易等相关业务的发展。随着投资银行之间竞争的日趋激烈，其从传统的承销或经纪业务中获得的利润越来越稀薄，于是投资银行选择了高附加值的知识产业和创新服务作为突破口以寻求突围，财务顾问服务有利于竞争优质客户和高端业务，拓宽收入渠道，改善投资银行利润结构，提高资产经营效率和综合经济效益，而且代表了未来金融服务发展的方向，因此自然受到投资银行的高度重视。

（1）获取稳定收入。财务顾问业务是一项中介业务，无须投资银行本身投入大量的资金，就可以获得十分稳定的无风险收入。中介性是投资银行业务的一大特色，从这个意义上讲，财务顾问业务是投资银行所有业务的精华所在，投资银行开展财务顾问业务具有无可替代的重要性。

（2）无形效益巨大。投资银行通过开展财务顾问业务，在市场分析研究、并购、承销等方面提供高质量的顾问咨询服务，发展与各类企业和政府部门的关系，树立专业形象，打造信誉品牌。如果投资银行策划的方案为企业或政府部门所接受并成功取得增值收益，则这一笔业务带来的无形效益是非常巨大的。

比如，投融资是企业的重大决策，而投资银行则一方面为企业提供一整套的融资服务，为其发展提供充足的资金保证；另一方面，投资银行又谋求把多余的资金有效地利用，为有投资意向的企业寻找合作伙伴和专业的市场分析及其他相关服务，使企业的产业扩张更加可靠、高效。这些创造性的顾问工作如果获得成功，对于企业的长期发展而言是具有决定性意义的，投资银行当然也从中受益匪浅。

任何一桩成功的融资或重组案例都可大大提高中介机构自身的信誉，同时也是开拓其他业务的重要桥梁，因此投资银行决定承担某一特定的财务顾问业务的目的有时并不是为了收取咨询费或分成佣金，而是看中了这一业务可能产生的一系列无形经济效益。有的著名投资银行甚至免费担任政府的财务顾问，其缘由也就在于此。

（3）提高投资银行的市场竞争力。投资银行通过提供高质量的财务顾问业务服务，既获得手续费收入，又发展与客户的良好关系，逐步树立起良好的社会形象，创立专业品牌，为进一步开拓和创新业务打下基础，从而提高其市场竞争力。随着客户金融意识和投资理念的逐步成熟，越来越多的客户要求投资银行提供包括财务顾问业务在内的综合金融服务。据调查，在长江三角洲、珠江三角洲、闽南三角洲、环渤海经济圈，越来越多的客户特别是优质客户和上市公司，将企业投融资活动转向资本市场，要求投资银行提供更多的财务顾问服务，从而促进了投资银行的市场竞争力的提高。

（4）培养专业人才。开展财务顾问业务能够使投资银行从业人员从日常重复的业务手续中解脱出来，投入到充满挑战性的创新工作中，而这种创新工作又没有金融工程业务那样繁杂，因为它强调的是单个项目、单个流程或单个难题的咨询和设计，并非金融工程业务中系化、数量化、精确化的整体解决方案,所以也就没有必要使用大量复杂的金融衍生工具。在千差万别的财务顾问业务中,无处不在的疑问和难题等待着这些投资银行专家的调查、研究、分析和解答,使他们在业务素质、观察视野、精神意志乃至个人性格上都会得到很好的锤炼,这几乎是每一个从事过财务顾问项目的投资银行从业人员的共同感受。

3. 投资银行开展财务顾问业务对市场的作用

(1) 提高市场效率。投资银行财务顾问服务部门通过专业手段,收集、整理、分析和传播信息,以确保客观、公正、准确及时地生产信息和传递信息,能够有效增强投资者参与的积极性和市场配置资源的能力,提高市场的效率。

(2) 提高上市企业的质量。上市企业的质量是证券市场稳健发展的保证。投资银行通过开展财务顾问业务,提供专业意见,帮助企业和政府在资本市场上筹集资金,提高资金的使用效率,增强其竞争力,推动上市企业质量的提高。

(3) 引导投资者理性投资。一般而言,中小投资者缺乏证券投资所需要的理论知识和经验,他们的时间、精力、财力和能力有限,难以亲自搜集、处理和分析信息,而投资银行通过开展财务顾问业务为这些客户提供服务,可以提高他们的投资水平,引导其理性投资。

三、投资银行开展财务顾问业务的动因

1. 外在压力

这种外在压力来源于两个主体:投资银行业务的需求者(客户)和供应者(投资银行的同业竞争者)。

从需求者来看,随着企业专业化经营趋势的加强和资本市场环境的变化,投资银行的客户对投资银行提出了越来越高的要求,尤其是近20年来,企业越来越注重利用资本运营的方式和战略来发展壮大自己,通过兼并重组等形式寻求持续、稳定发展。而企业的资本运营是一项复杂的工作,企业本身不具备这方面的专业化水平,需要由专业的中介机构去完成目标企业的前期调查、财务评估、方案设计、协议谈判以及相应配套的融资安排、重组规划等高度专业化的工作。显然,投资银行如果还停留在传统的为企业证券进行承销和经纪的业务上,就远远不能满足企业专业化、多样化服务的需要。而且,投资银行正是有这一能力并成为撮合者和协调者的最合适人选。投资银行作为资本市场上最主要的中介机构,具备强大的金融信息搜集能力和广泛的信息搜集渠道,与其他金融机构相比,它有明显的信息优势,投资银行充当企业财务顾问发挥了它的特长,降低了企业间的交易费用,也体现了专业化分工的行业发展趋势。

从供应者来看,资本市场上提供投资银行类业务的各类机构逐渐变多,随着金融自由化和各国金融管制的放松,这一趋势更加明显,投资银行面临着前所未有的挑战。在金融化程度不高或金融管制较严厉的时代,投资银行业可以被视为一个垄断行业,但随着全球混业经营时代的到来,投资银行的这一优势已逐步丧失。随着证券市场从卖方市场到买方市场的转变,投资银行的竞争不仅来自业内,也来自为企业提供同质服务的其他金融机构。这些巨大的变化促使投资银行转变经营理念,变被动等客上门为主动上门服务,并逐步引入市场营销的观念。财务顾问是投资银行进行市场营销的一个有力手段,起着联系投资银行与客户的重要纽带作用。

2. 内在动力

市场环境的巨大变化给了投资银行强大的外在压力,但是单凭外在压力还不足以迫使投资银行进行积极的应变,内部动力是投资银行寻求转变的另一重要条件。财务顾问是一个高度智力密集性的行业,需要投资银行为客户提供各种最新、最全的资料,并在此基础上为企业出谋划策,充当"军师"或"战略设计师",以便最终能很好地满足客户需要。是否具有这方面的人才,已成为投资银行能否成功开办财务顾问类业务的前提条件,而投资银行在与客户打交道的过程中,已经逐渐培养出了这类深谙此道的专业人才,他们不仅具备良好的职业道德及行为准则,而且具备了财务顾问所必需的数量统计分析、经济学、财务分析、企业金融、证券分析、投资组合管理等方面的专业知识与技能,此外,他们还具备了丰富的社交经验和灵活应变的能力。这些人才为投资银行开展财务顾问业务奠定了坚固的基础,同时也正是由于这些投资银行精英们的存在,投资银行才能不断地求变,不断地开拓创新,具备了开展新的业务、不断前进的内在动力。投资银行传统业务利润占所有利润的比重呈逐渐下降的趋势,传统业务的边际利润率越来越低,其拓展的空间也相当有限。投资银行在巩固传统业务的基础上开展创新型业务,目的在于增加利润来源点。财务顾问作为中介类的服务,具有低成本、低风险、高收益的特点,无疑是投资银行较佳的选择。投资银行现代核心业务的演变已经验证了这一点。

第二节 政府财务顾问业务

一、政府融资的财务顾问

政府财务顾问业务是投资银行为各级政府及其所属部门的投资环境分析、投融资政策设计、税收政策设计以及为政府主导的招商引资等各种经济活动提供的顾问业务。开展政府财务顾问业务,不仅是投资银行在业务和客户群体方面的"新创",同时也反映了投资银行职能的转变。政府财务顾问业务的延展不仅可以使企业的招商引资由"政府主导"转向"委托中介",同时也实现了国内投资银行由"融资"型向"融智"型的功能转变。而投资银行的"融智"型业务在使基础设施建设、企业重组并购、资产管理、公司理财、项目融资等方面顺畅运转的同时,也必将成为投资银行新的利润增长点。

1. 国有企业民营化的融资顾问

在西方国家,一些保留下来的国有企业由于业绩不佳而给政府增加了不少财务负担,为增加财政收入以改善社会福利,政府决定向社会出售这些企业。国有企业设立的初衷就是为了避免某些特定行业被私人垄断集团和金融资本控制,所以政府在出售这些企业时,除了盘活资产、融通资金、改善财政收支状况等基本考虑之外,还会重视购买者的分散化程度,这是政府融资与公司融资最大的不同。由于政府特有的社会责任,它除了考虑效率还必须兼顾公平和国家安全。所以,国有企业民营化通常都通过证券市场来进行。投资银行作为国有企业民营化的顾问,可提供以下服务:

第一,分析国有企业当前经营状况(如净资产水平)以及出售后由于失去特殊身份可能导致的经营成本增加、经营方式转变等因素,帮助政府判断私有化公司的未来前景及其对投资人的吸引力;

第二,结合私有化公司未来的现金流预测,分析其获利能力,然后确定合理的出售价格;

第三,根据国有企业的规模权衡证券市场承受能力,决定是一次性发售还是分批发售,以及每次发售的总价值;

第四,根据当前市场心理特征(主要是公众投资者与机构投资者的购买力情况)权衡采用私募或公募的发行方式;

第五,为确保达到政府希望的股权分散化的目标,投资银行还应对发售条款做出一些技术型设计,比如在公募发行中允许中小股东享有优先认股权,或者在私募发行中限制机构股东的最高认购上限等。

2. 政府债券发行的融资顾问

政府常常需要发行几种形式的债券进行融资:通过发行国际债券,筹集国际资金;通过发行国债,弥补财政赤字或进行基础设施建设;通过发行地方政府债券,支持地方经济建设。投资银行可以凭借其在债券发行与承销方面的丰富经验,为政府提供顾问服务,帮助政府:

第一,确定应发行何种债券最为合适,既有比较高的成功概率,又不大幅增加财政还债负担;

第二,若需要发行外债,还要对国际金融市场进行全面分析,以确定合适的借款利率和发行量;

第三,为发行债券开展推介活动。

3. 大型基础设施建设的项目融资顾问

政府的大型基础设施(公共工程)建设通常都要进行项目融资,最常见的是 BOT 方式。投资银行作为财务顾问可发挥如下作用:

第一,进行公共工程项目的可行性分析;

第二,根据项目涉及的投资规模进行筹资安排,要在全盘考虑项目建成后的资金回收方式和能力的基础上安排筹资额度。比如高速公路建设项目,就要根据将来过路过桥费收取的预算来确定筹资规模和偿还期限;

第三,安排资金运用,并对财务状况进行经常性审核;

第四,如涉及国际融资,还要设计规避国际汇率风险的方案。

这方面成功的例子很多,比如摩根士丹利为加拿大地方政府承担水力发电项目的财务顾问服务,就保证了这一大型建设工程的顺利开展并得到国际同行的高度评价。

二、政府的经济改革与相关政策咨询顾问

1. 宏观经济政策咨询顾问

投资银行为政府提供的宏观经济形势分析与预测;提供宏观经济指标,如经济增长率、通货膨胀率、货币供应量、失业率等;货币政策咨询和财政政策咨询;收入政策咨询和福利政策咨询;产业政策咨询和经济体制改革(特别是投融资体制改革)咨询等。

2. 区域性经济发展战略咨询顾问

投资银行充当地区经济发展的"经济顾问"或"智囊团",可以为政府提供区域经济规划咨询、本地支柱产业扶持政策咨询、地方重点建设项目论证咨询等。投资银行通过地区经济发展资料的搜集、整理和分析,可以为各级政府提供适合于本地区的经济发展战略建议。

例如,中建银证券为某地方政府提供的财务顾问业务如下:①协助委托方(指该地方政府,

下同)对区域经济产业结构与行业分布特点进行分析,以形成产业结构调整与行业重组的具体操作方案;②协助委托方对区域资本市场的发育状况进行分析与总结,并提供相关的主体培育、环境塑造、监督管理等政策咨询或建议;③立足于资本市场,对区域内企业发展提出合理化建议,协助区域内企业进行产权整合、股权设计、公司改制、资本运作、战略投资等方面的策划;④对委托方区域内的企业上市前和上市后的重组提出政策建议,并对区域内资产重组、特别是政府主导型资产重组提供决策咨询和操作思路;⑤为委托方区域内的国有企业改制、民营企业成长、区域内基础设施及重点项目建设中的直接融资提供策划服务;⑥为委托方提供宏观经济动态及政策趋向(包括金融政策、财政政策、产业政策等)的研究报告;⑦为委托方提供上市企业行业板块、地区板块的追踪性咨询服务及相关的研究报告;⑧为委托方提供资本市场运作及金融产品、金融制度创新的研究报告;⑨为委托方地方政府各级官员、相关企业的中高层管理人员开设有关专题讲座,如宏观政策、行业规划、资本市场、金融工程、公司改造、资产重组、资本经营等;⑩为委托方通过相关媒体进行宣传服务,多方位报道区域经济发展进程与业绩。

第三节 企业财务顾问业务

企业财务顾问业务包括企业理财、改制、股票上市、发行债券顾问业务和企业投融资顾问业务等。它是指投资银行利用自身在客户、网络、资金、信息和人才等方面的优势,根据企业客户的需求,为企业客户的投融资、资本运作、财务管理等活动提供的咨询、分析和方案设计等业务。投资银行开展的企业财务顾问业务范围包括:投融资顾问、改制上市顾问、并购顾问、债券及票据发行顾问、资产重组顾问、资产管理顾问、企业诊断等。

一、企业融资的财务顾问

在企业融资的财务顾问业务中,投资银行最主要的任务是利用专业知识,帮助企业进行全面的融资比较、分析和评价,做出正确的融资决策。

1. 企业上市融资的财务顾问

(1) 主板市场发行股票并上市的财务顾问。在主板市场上发行股票并上市是信用状况优秀的大中型企业融资的重要渠道,财务顾问在企业上市过程中将协助企业完成如下的工作:

① 制定股份制改组方案,对股份公司的设立、股本总额和股权结构、招股筹资、配售新股和股票上市等制定方案,并进行操作指导和业务服务;

② 推荐具有执业资格的会计师事务所、资产评估事务所、律师事务所等中介机构名单;

③ 协调各方业务关系、工作步骤和工作结果(即充当企业上市工作的总协调人);

④ 为境内外机构投资认股提供中介,推荐证券承销机构、登记机构和上市地点及交易所;

⑤ 按照法定程序,协助编制必要的文件,协助企业申请公司设立和股票发行;

⑥ 就股票的发行种类、发行数量、发行价格、发行方式、发行费用、发行时机等事项提供咨询意见;

⑦ 为客户申请股票发行与上市;协助客户开展以争取股票公开发行及上市为目的的公关工作;

⑧ 提供有关法规信息,组织业务培训和辅导;

⑨ 就客户募集资金投向项目提供咨询意见；

⑩ 评估股份公司的资信等级和证券发行资格。

(2) 创业板市场发行股票并上市的财务顾问。在创业板市场发行股票并上市是中小企业特别是高科技企业融资的重要渠道。从上市条件来看，主板市场更注重硬性的财务指标，而创业板市场则有更大的可塑性和不确定因素。因而，充当主板市场上市财务顾问的难度往往会小于创业板上市的难度。在现阶段，担任创业板市场融资顾问的多数是中小投资银行或者投资银行下设、分设的财务顾问公司。这类专业机构运作成本低，贴近市场，操作融资能力强，收费合理，具有充当融资顾问的各种条件，它们在创业企业上市的运作过程中最适合充当财务顾问。此类投资银行或相关机构在企业创业板上市过程中的主要作用是：

① 在大量的企业群体中发掘出适宜在创业板上市的企业；

② 通过科学优化的配置，合理利用上市条件，进行改制、重组、并购，整合出创业板上市的资源；

③ 帮助企业设计改制与重组方案，进行深层次改制、重组，使企业全面具备上市条件；

④ 帮助企业实施并购及增资扩股，引进战略投资者；

⑤ 制作商业计划书、招股说明书等。招股说明书是企业能否在创业板市场成功上市的重要文件。由于创业板市场上市条件的硬性指标较少，弹性空间很大，发行成功与否、发行价格高低完全由市场决定，而市场反应又与招股说明书的说服力和影响力密切相关。相同的企业在不同的投资银行家手里往往会出现风格差别很大的招股说明书；

⑥ 财务顾问还将作为总协调人帮助企业与保荐人、审计机构、律师事务所、评估机构行谈判，以挑选最合适的中介机构为企业上市提供服务。

2. 企业私募融资的财务顾问

企业之所以选择私募融资，一般来说主要是基于降低融资成本、减少公开信息披露、简化操作流程等方面的一些考虑，因此决定做私募融资的企业通常都是精明的民营企业和机构投资者。此时投资银行作为财务顾问主要提供以下服务：

(1) 对拟融资的公司进行估价。

(2) 按照可比的交易价格对拟私募发行的证券进行定价。如果没有可比价格，就需要通过财务分析，调整账面价值以确保合理定价。

(3) 制作私募计划书。私募计划书的内容包括：公司的详细情况、私募的目的、拟发售证券的详情、目前证券的持有情况、未来的新业务计划、资本支出和财务预测、信息披露方式等；

(4) 安排私募证券的发售。可能接受私募理念的往往是一些养老基金、保险公司和有特定投资目标的富有个人。作为财务顾问，投资银行应与拟融资的企业就私募证券的购买群体进行充分讨论以确保私募成功。

二、企业资本运营的财务顾问

公司资本运营的总体目标是优化资本结构、提高资本使用效率、促进资本增值。资本运营包括的范围十分广泛，公司资本运营咨询应该是系统化的整体顾问业务，而不是投资、融资等单项咨询。投资银行是资本运作的高手，它们可以从公司实际出发为其制定一整套的资本运营方案：

1. 对公司总体财务情况进行分析

根据公司的发展目标：

（1）制定资本运作总体方案；

（2）改善、优化财务结构，合理配置资源。

2. 公司股权运作方案的设计及实施

（1）推动企业股份制改造。担任企业改制、发行、上市顾问，提供包括但不限于以下服务：一是上市整体方案的设计（包括买壳、借壳上市）；二是资产重组、业务流程重组、股权结构调整、人员重组等方案的策划和调整；三是协助企业建立符合上市要求的现代企业制度等。

（2）上市公司二级市场增发、配股、可转债等再融资方案的策划与实施。

3. 公司债权债务运作方案的设计及实施

（1）对企业债权债务问题进行全面分析，优化调整原有债权债务结构，使偿债计划与企业未来的现金流量相匹配。

（2）通过各种金融创新方式，帮助企业降低负债利率水平，减轻财务成本。

4. 企业资金风险管理方案设计

（1）协助企业分析和预测现金流量及期限结构，保证资金链的正常运行。

（2）根据企业对资金流动性、回报率、风险承受限度的要求，协助企业设计资金综合管理方案，以降低风险，提高收益。

三、企业并购的财务顾问

相当长一段时间内，投资银行的财务顾问业务都集中在充当并购策划和咨询的角色。

1. 在不同的情况下财务顾问并购咨询职能的差异

（1）对于并购的买方而言，财务顾问的职能是帮助它以最优的条件（尽可能低廉的成本）收购最合适的目标企业，从而实现自身最优的发展；

（2）对于并购的卖方而言，财务顾问的职能则是帮助它以尽可能高的价格将标的企业出售给最合适的买主；

（3）对于敌意并购中的目标企业及其股东而言，财务顾问则可以通过反并购业务帮助它们以最低的代价成功实施反收购行动，捍卫自己的正当权益。

2. 公司并购咨询的主要内容

（1）协助公司制定总体发展战略与业务发展规划，通过收购兼并及资产剥离等方式调整主营业务与非主营业务之结构，增强企业核心竞争力；

（2）提供有关公司购并和产权交易政策、法律、财务等方面的咨询；

（3）为企业（包括上市公司）物色被购并或购并者，对目标企业进行整体的评估和分析；

（4）管理层收购（MBO）、员工持股计划 ESOP 的设计与实施。

四、企业重组的财务顾问

在公司经营过程中由于宏观基本面的变化、行业与市场环境的变化、经营管理不善或过度扩张而导致财务发生困难、但仍有继续经营的价值时，对公司实施资产重组也许会有

利于挽救濒临破产的组织。这时投资银行可以作为财务顾问,通过以下步骤帮助公司进行资产重组:

第一步:前期准备阶段。通过信息沟通与外部联络,帮助企业进行财务分析,诊断出目前危机的根源。

第二步:审定重组方案。

① 重新调整资产构成,提高资产运用效率,优化资产负债结构。根据现金流的需要情况,以适当的折让价格出售、拍卖、转让一批经营资产和非经营资产,或者质押有关固定资产和对外持有的股权,以获取当前公司运转迫切需要的现金流;

② 与有关债权人进行协商,制定债务重组计划,变现盘活一部分存量资产缓解短期偿债压力,或者考虑债权转股权,帮助公司渡过难关;

③ 与有关股东进行协商,制定股权重组计划或股权置换方案,引进有实力的大股东,优化资本结构;

④ 重新制定公司的经营发展战略和具体经营计划,将有限的资金集中用于有发展前景的主营业务上;

⑤ 撤并那些对公司发展没有积极影响的业务分支机构,精简人员结构。

第三步:根据公司需要,在必要时为其提供资产重组过程中的过桥融资服务。如果可能,协助公司安排股票或长期债券的私募,补充发展所需要的资本。

第四步:如果是上市公司,还可以考虑通过卖壳、并购等方式进行重组;

第五步:与其他中介机构协调,对拟重组的资产进行合理的评估,对拟重组的项目进行接管。

第六步:处理重组各方的利益冲突,提出建设性的解决方案。

投资银行在公司资本运营、并购和资产重组中收取的酬金往往是很高的,而且通常与给公司带来的价值成正比例关系,因为这些业务与一般的投资咨询不同,投资银行提供的是高智力的创造性服务,而且每一家客户公司的情况都大相径庭,难度是显而易见的。

第四节 我国投资银行的财务顾问业务

一、我国财务顾问业务的现状

目前,活跃在中国境内的财务顾问机构主要有证券公司、商业银行、财务顾问公司和中介服务机构四类。其中,证券公司的市场份额最大,优势明显;财务顾问公司、中介服务机构具有良好的专业知识,战术灵活;商业银行底蕴深厚,在发展财务顾问业务方面有着巨大的潜力。

1. 证券公司

(1) 境外证券公司。境外证券公司包括高盛、摩根士丹利、瑞银华宝、德意志银行等历史悠久、实力雄厚的国际"超级"投行,其注册资本往往达数十亿美元,高级人才云集,品牌价值巨大,资金实力和综合实力超群。近年来,它们参与的项目有:德意志银行担任中国石油的独家财务顾问,帮助中国石油注资140多亿美元的"西气东输"管道项目;摩根大通和摩根士丹利分别担任美国艾默生电器以75亿美元收购华为安圣电气外方和中方的财务顾问(2001年);摩根大通还担任了华能国际的电力行业重组和收购项目的财务顾问(2002年)。据统计,摩根大通2008年担任财务顾问的中国客户,除中铝外,还有中国第二大铁矿石贸易公司和中国中钢集团。此外,摩根大通还参与了中海油服25亿美元收购挪威Awilco Off shore ASA和中国联通以240亿美元收购中国网通集团的交易,后者是2008年与中国相关的最大并购案。国际大行财务顾问业务的盈利模式是利用其雄厚的资金实力、国际化的先进理念、专业化的人才队伍、声誉卓著的品牌承揽国内或跨国(特别是后者)标的额巨大的并购、重组、融资项目,以收取高额顾问费,一般高达数百万美元甚至数千万美元。

(2)境内证券公司。一些境内证券公司的投行部门另辟战场,在财务顾问业务中寻觅新的利润增长点。其实,南方证券几年前即开始担任湖南、海南、黑龙江和陕西西安、广东潮阳等地政府的财务顾问,已领风气之先。境内其他证券公司凭借其在中国传统资本市场上代表"官方"的"正规军"身份和与地方政府千丝万缕的联系,也在政府和企业的财务顾问方面跃跃欲试,其主要动机是借担任地方政府顾问之机,获取承销方面的良好资源。而在传统的承销业务受"通道"影响而极度萎缩的情况下,证券公司要通过收取财务顾问费来开辟新的利润来源是困难的。这是因为:一方面,地方政府支付的财务顾问费用应该不会太高(一般以课题费的名义支付几万元而已);另一方面,企业层面的并购重组、管理层收购(MBO)等业务往往会遇到一些政策和法律障碍,操作复杂,从而也要求证券公司有高度的灵活性。证券公司大多因其出身国有背景、管理机制欠灵活以及业务范围受限(如管理层收购中的融资安排)等原因不能如愿以偿。目前,除个别情形以外,券商大多还主要局限于传统承销业务,财务顾问业务作为其投行部门的主导业务之一还为时尚早。

同时,国内证券公司也通过合资的形式,拓展财务顾问业务。例如:中银国际证券有限公司(简称"中银国际")是由中银国际控股有限公司联合内地一些大型实力企业成立的合资证券公司,自2002年3月成立后,在短短1年的时间内,在政府财务顾问方面取得了令人瞩目的业绩:2002年,中银国际担任深圳市政府大型国企股权转让国际招标工作的财务顾问;同年,中银国际、中国银行江苏省分行与苏州市政府签订了授信额度200亿元人民币的全面合作协议;2003年2月,中银国际与陕西省政府签约,担任其财务顾问。2007年1月,徽商银行选定中银国际作为其引进境外战略投资者的财务顾问,并且中银国际已开始着手制定徽商银行引入战略投资者的初步方案。2007年3月,中银国际与山西省政府签约,担任其财务顾问。中金公司和中银国际开展财务顾问业务的领域各有侧重:前者注重大的并购项目,财务顾问费收得实实在在;后者从政府顾问入手,收费虽不多,但确立了良好的口碑,并且为IPO、并购重组等业务起到了"开路""探矿"的作用,偏重于追求中长期利益。中金公司像高盛一样从事纯粹的投行业务,中银国际则更善于利用与中国银行的"血缘"关系,追求金融控股集团中"银证联动"的良好效应。但无论是中金公司还是中银国际,合资证券公司从其境外母公司处带来的先进理念、高素质人才和国际化资源是其开展财务顾问业务的立业之本。

2. 商业银行

商业银行开展财务顾问业务既可以充分发挥其传统业务所带来的庞大信息网络优势,又可以因财务顾问业务的开展带动其传统业务的发展。但总的来说,受分业经营的法律政策限制和专业人才储备等方面的制约,目前商业银行开展财务顾问业务才刚刚起步,所取得的成绩与其庞大的规模、丰富的资源相比还不成比例。商业银行开展财务顾问业务的特点是借助其传统存、贷款业务积累下来的优势,偏重于基础设施建设、国债技改等大型融资项目,在财务分析、市场调研、效益预测、风险控制等方面提供服务。这与证券公司、财务顾问公司多从事并购重组业务的侧重点不一样。

3. 财务顾问公司

财务顾问公司是指挂以"财务顾问公司""投资(管理)公司"等头衔、专门从事财务顾问业务的机构。境内较为活跃的财务顾问公司有和君创业、万盟投资、东方高圣、亚商和北大纵横等。这类机构多为民营,是财务顾问业中"小、快、灵"的"游击队"。因为没有"体制内"的承销收入,它们反而专注于并购重组、私募融资、管理层收购(MBO)等专业财务顾问服务,几年下来练就了在资本市场上摸爬滚打的好身手。它们所从事的项目不一定很大,但一定具有较强的灵活性和技巧性,体现了投资银行最本质的特点。财务顾问公司的赢利模式是凭借其专业的水准、灵活的经营手法、高质量的服务而收取财务顾问费(或者通过一定的资本运作实现资本收益)。

4. 中介服务机构

会计师事务所、律师行等中介服务机构中也有从事财务顾问业务者。境外的如普华永道、安永、德勤等,近年来陆续在中国开展了一些境内或跨国并购重组、项目融资顾问业务。境内有为数不多的会计师事务所、律师事务所也兼带从事一些财务顾问业务。

二、我国财务顾问业务的发展模式选择

1. 我国财务顾问业在转型期面临的主要问题

(1) 缺乏合适的盈利模式。缺乏合适的盈利模式是我国财务顾问业发展的根本制约因素。至今我国财务顾问业仍没有探索出固定的盈利模式,大多数财务顾问机构是证券公司的附属部门,缺乏盈利能力。目前,在国内投资银行的收入来源中财务顾问收入所占的比例很小,很多券商把财务顾问看作服务部门,是纯粹为公司其他业务部门服务的,这说明其财务顾问业务还没有从普通的研究咨询业务中真正独立出来发挥功能。于是从整个财务顾问业来看,在发展上面临的最大问题就是缺乏利润支撑点。

(2) 财务顾问业务范围狭窄。投资银行的独立咨询机构完全可以做广泛的财务顾问业务,除了证券公司投资银行的承销业务以外,其他业务财务顾问基本上都可以介入提供独立咨询服务,如企业的资产重组、兼并、企业规划、管理咨询等等。可是我国投资银行财务顾问业务外延不太明确、独立性不强,导致业务范围比较狭窄。

2. 国外财务顾问业务的运行模式及其启示

与国外财务顾问业相比,我国财务顾问业还未形成发展模式的最终选择。因而借鉴国外的发展经验是很有裨益的。

(1) 独立运作模式。野村综合研究所股份有限公司(NRI)于1965年4月成立,是日本最大的财务顾问机构。该研究所于2001年12月17日在日本东京股票交易所挂牌上市,目前总资产达2 891亿日元,年营业额2 018亿日元,员工人数达4 213人。

财务顾问、知识解决方案、整体解决方案构成了野村综合研究所的"三大智慧力量",并形成了野村综合研究所解决问题的特色。野村研究所崇尚的理念就是"一切从调查出发"。

野村综合研究所的主营业务非常突出,而其销售收入主要来自公司的"三大智慧力量",即公司为客户提供财务顾问、系统解决方案、知识解决方案所创造的价值。野村综合研究所也为野村证券服务,但从严格意义上说,它是一个相对独立的综合性财务顾问机构,与投资银行没有直接关系。

(2) 顾问团队运行模式。与"野村模式"将所有的财务顾问业务集中于一个公司(独立研究所)或部门(附属研究所)的情形不同,"美林模式"财务顾问力量分散于各业务部门,即由各个业务团队分别针对不同地区、不同类型客户组建自己的顾问力量,并直接为相关业务服务。目前美国和欧洲的多数投资银行都是采用这种模式。该模式的优点是财务顾问队伍直接面向客户需求和市场,因而更贴近实际,对业务活动的支持力度更大。

以美银美林为例,其财务顾问力量分为几十个团队,每个团队由若干名顾问组成,并由一名顾问担任团队负责人。从业务内容上分,有些团队主要从事固定收入投资,如债券投资分析,有些团队主要从事股票投资研究;从服务客户来分,有些主要为特定的机构投资者服务,有些为特定的中、小企业客户服务,有些为特定的大公司和机构客户服务;从市场地域性来分,有些主要研究美国国内市场,有些主要研究拉丁美洲市场,有些主要研究亚洲市场。

(3) 启示。由此可见,财务顾问业没有统一的固定运作模式,具体运行模式要视行业环境、公司资源和公司文化而定。但无论采用哪种模式,是独立存在(如野村综合研究所)还是非独立存在(美林模式),建立一支具有核心竞争力的顾问队伍都是关键。而优秀的顾问队伍只有通过极其昂贵的人力资本投资才能形成,这也从根本上决定了投资银行财务顾问部门如同许多大型企业的研发部门一样,首先必定要经过一个成本中心的培育阶段,然后才有可能转型为利润中心(如野村综合研究所、美林模式)。所以我国新兴的投资银行财务顾问业务也必须要经历一个逐渐从非营利性研究咨询业务中培育、积累、剥离、转型和独立的过程。

三、投资银行财务顾问业务发展战略

不同类型的投资银行,其财务顾问业务的发展战略不尽相同,服务的品种、质量、特色也各有千秋。例如,在并购中,美林公司乐于充当敌意收购的咨询顾问,而高盛集团则一般担任被收购方的防护者。所以,投资银行在拓展其财务顾问业务时,要充分考虑自身资金实力、经营管理水平、信誉度等客观情况,同时,要结合顾客的实际需求,战略性地安排财务顾问业务的开展。不是每家投资银行都能胜任那些大型、难度较高的财务顾问业务,如果不能量力而行,盲目接手这些业务,会因业务开展不成功而损害自身的声誉,从而导致以后拓展财务顾问业务的难度加大。

按照投资银行规模、类型差别,投资银行开展财务顾问业务可以有以下两种不同的思路。

1. 一揽子服务战略

一揽子服务战略一般适用于大型投资银行。这是因为,大型投资银行具备雄厚的资金实力、良好的人力资源、丰富的管理经验、强大的融资能力和较高的信誉品牌,所以,相对于中小型的投资银行,它们开展财务顾问业务有得天独厚的优势,这也是它们可以实施"一揽子服务"战略的原因所在。大型投资银行所承接的业务工作量大,涉及的客户面广,在它们从事承销、经纪、并购、项目融资、风险投资等业务的同时,必然也会在这些业务背后起到财务顾问作用。

企业在投资银行的协助下完成证券销售和上市后,诸如项目投资、生产管理、财务运作、资产重组、市场开发、人才培训和海外融资等一系列工作,也迫切需要投资银行进行"售后服务"。成功上市只是开始的第一步,随后,企业还将面临上市后的规范化运作,改制后的内部管理、资

产管理、信息披露与交流、财务与投资的运作等一系列陌生的课题,而这些正是大型投资银行的专业优势所在。所以,大型投资银行实施财务顾问拓展战略的重点在于启动售后服务项目,为企业提供一揽子服务。

大型投资银行开展售后服务的具体思路是:投资银行内部各部门须就企业的发展及上市工作统一步调。参与其中的部门包括投资银行部、研究所、财务部及上市公司所在地的证券营业部。上市前,各部门要就企业状况及改制意见达成共识,形成项目建议书,进行项目操作,待上市工作完成,还要就售后服务形成项目计划书,统一实施。其主要内容包括:

(1) 投资银行部跟踪服务,帮助企业改制,整合结构,建立风险监控机制,以促进上市公司规范化运作。

(2) 研究所凭借研究优势,建立上市公司信息系统,为其提供行业研究、市场分析、投资价值分析、板块效益、比价结构、企业发展战略等信息资料和研究报告。

(3) 财务部为上市公司建立财务监控系统,并在资金运作和税务上给予相应的指导。

(4) 营业部作为投资银行在上市公司所在地的分支机构,应与上市公司进行经常性的沟通,将总部的服务和指导意见实施贯彻,是"售后服务"经营项目的具体操作者。同时,也要将上市公司的信息和要求及时反馈,以使总部各部门做出相应决策。此外,营业部还应将上市公司及其投资价值向二级市场客户推荐,从而获取潜在收益。

(5) 协助企业实施资本运营战略,可通过兼并收购、资产重组等资本运营手段实现企业的资源优化配置和外部扩张型的交易战略,帮助上市公司做大做强。

随着资本市场的不断发展,"售后服务"将成为投资银行与上市公司长期合作的项目,成为投资银行争取客户、创立品牌、占领市场的关键。

2. 渐进式服务战略

"渐进式"服务战略一般适用于中小型投资银行。很显然,中小型投资银行不具备大型投资银行在资金、人才、业务范围、管理经验等方面的优势,所以不存在开展一揽子服务的基础。但是,中小型投资银行也有大投资银行所没有的优势,大型投资银行出于成本的考虑,财务顾问所服务的对象很大一部分是面向大客户,往往可能忽略了一些中小客户,而这些中小客户正是中小型投资银行的机会。因为开展中小型客户的财务顾问业务无须花费自身大量的资金,对人员业务素质要求不如大型客户高。中小型投资银行发挥其比较优势,通过实施渐进式服务战略,在这一领域将会大有作为。结合国内中小型投资银行的现状,渐进式服务战略的实施步骤如下:

(1) 寻找服务对象。目前国内企业经营者大多观念转换较慢,缺乏对财务顾问服务的主动需求。投资银行往往难以找到业务,致使工作无法开展。因此,首先必须寻找开展业务的切入点,即明确最初客户群和业务的定位。只有通过广泛地走访上市公司、大企业集团、控股公司,才能了解哪一类企业最需要财务顾问服务,最需要什么样的财务顾问服务,哪一块市场竞争对手较少,尚处在未开发阶段。从分析来看,以下三类客户群符合上述条件:

一是刚刚上市的公司。刚上市的公司往往没有证券部或证券部刚刚成立,董事会、财务人员对资本运营、信息披露和年报编制等事宜缺乏经验,需要相应的辅导和咨询。另外,部分募股资金的改投也需要财务顾问的引导。

二是有实力的民营企业、控股公司。这类企业产权明确,机制灵活,实力雄厚,很有发展前景,苦于管理层倾向于国有大中型企业的上市政策、无法直接通过资本市场来筹集资金,而自身却有通过资本市场做大企业、提高名气、涉足新行业的强烈要求,这就需要专业化的中介机构帮助它们制定切实可行的买壳上市、收购、参股的方案与计划。

三是产品有广阔前景的高科技企业。真正有价值的高科技企业是许多上市公司收购的对象,这就需要财务顾问发掘出这类企业,并与其保持紧密的联系,无论将来其是买壳上市还是被上市公司收购,都会给财务顾问公司带来机会。

(2) 建立与客户的长期合作关系。明确了客户目标之后,下一步是如何与其建立长期的合作关系。中小型投资银行由于信誉度、品牌度不及大投资银行,这一阶段的关键是要取得客户的信任,并不以营利为其经营的唯一目标,长期的合作关系要比短期的利润重要得多。

投资银行可以通过免费提供宏观经济动态、行业及市场研究报告,以及替企业撰写投资价值分析报告等取得企业的初步信任,争取与企业签订常年财务顾问的协议,为企业提供包括财务咨询、管理咨询、市场信息服务、项目融资等在内的广泛服务。财务顾问业务与承销业务不同,做一个承销项目,投资银行所需时间短、利润高,随着股票顺利上市,双方的合作关系也随之结束,业务是"一次性"的;而担任财务顾问虽然花费的时间长、前期投入大、利润低,但却可以与企业建立起长期、友好的合作关系。简言之,承销业务重短期利益,财务顾问业务则重长期利益。

(3) 强化与客户的关系,稳步开拓业务。在这一阶段,投资银行一般担任项目顾问,并逐步创造品牌效应。其要在取得客户初步信任的基础上,争取成为企业的项目顾问,服务于包括资产剥离、股权出售、并购重组、股份制改造、大型项目策划等在内的业务,通过做出几个成功的案例,创出公司的品牌,强化与老客户的合作关系,并进一步拓宽新客户的服务领域。

(4) 突出专长,形成特色服务。在站稳脚跟之后,投资银行应寻求公司长期发展的竞争优势。按照美林证券的做法,将公司的咨询专家按产业、产品和地区分组,每组针对一个细分市场进行深入的研究,使这些人才由通才变成某一行业的专家,熟悉该行业的产品、市场、企业和优秀企业家,掌握行业的大量信息,从而可以自始至终地为客户提供优质的服务,不断提高公司的名气和信誉。

四、国内证券公司财务顾问业的发展趋势

我国证券公司的部分专业顾问机构已经开始转型,并取得了一定的成绩。例如申银万国证券研究所在为特定基金投资者、机构投资者提供研究报告、定制报告方面;金信证券研究所在开展企业重组、财务顾问服务方面;华夏证券研究所在特定行业和上市公司研究服务方面都已经形成了一定的特色,但这些特色还不是很突出,还需要经受时间的持续考验和进一步强化。当然从服务上看,它们都已经突破了传统非营利性研究咨询业务的限制,基本上涉足了财务顾问服务的所有领域。

为了与证券市场的转型相适应,真正树立起能与国外财务顾问机构相抗衡的生存能力,我国财务顾问机构务必进行系统创新:

首先,盈利模式的创新。投资银行的财务顾问机构要生存发展,首要的任务就是寻找适合自己的盈利模式。创新一直是证券业发展的主题,更是券商核心竞争力的基本要素。传统的"金融服务型"思维向"价值发现型"和"价值创造型"思维转变,就是盈利模式的重大创新。

其次，要建立以品牌管理为核心的战略管理理念。财务顾问是智力密集型服务业，品牌效应非常显著，品牌管理是证券顾问机构管理的龙头。而目前我国证券公司财务顾问机构的品牌管理基本上是空白的。

最后，要勇于打破行业惯例。市场转型必然带来行业的大变革，打破行业惯例是企业适应环境变化的基本手段，企业每一次打破惯例的行动，都将释放出极大的诱导价值，它足以刺激销售和利润增长，摆脱产业竞争的困扰。事实上，服务业中超常增长的公司往往是行业惯例的率先打破者。投资银行财务顾问机构也要勇于开拓新的业务领域，敢为人先。

投资银行在财务顾问领域有着独特的专长，同时作为中介其行为又有太多灵活掌握的空间，有的时候它可以利用在其他业务中得到的内幕信息去做"顾问"，有的时候它还可能故意以错误的分析结论误导投资者。如果能够对投资顾问业务进行适当的引导和有效的管理，必将大大促进这一新兴业务的蓬勃发展。

拓展阅读

境内财务顾问在OTC反向收购上市中的功能与角色

一、境内财务顾问的必要性

随着国内众多中小企业通过在OTC市场的反向收购（Reverse Merger）实现了在美国上市的梦想，有更多的中小企业开始了OTC反向收购上市的策划工作。企业在策划反向收购时，首先遇到的问题是工作从哪里开始，尤其是对于那些缺乏资本运营经验或缺少资本运营人才的中小企业更是感到无从下手。

有许多企业都是从联系境外财务顾问（许多人称之境外券商）开始。由于近几年OTC反向收购业务在境内增长速度很快，同时由于从事反向收购业务不需要任何特许，因此在OTC反向收购市场上出现了形形色色的所谓"境外券商"、投资公司、顾问公司等等，个个都声称可以为企业顺利完成OTC市场的反向收购上市。缺乏资本运营经验的中小企业很难判断其真伪，更难把握整个反向收购工作的进程与关键点。主要出现的问题包括：

1. 只讲上市不谈融资

OTC（Over the Counter）市场即场外柜台交易系统，是一个能够提供实时的股票交易价和交易量的电子报价系统，主要是为了便于交易并加强柜台交易市场的透明度。从反向收购上市的过程来看，买卖并不等于融资，买卖的过程不会带来任何新资金的流入，因此必须通过私募来解决融资问题。而许多境外财务顾问通过文字游戏，利用上市的概念（在国内的证券市场上，上市和挂牌的含义相同，而在美国的证券市场上，上市和挂牌有严格的概念区别，简单说只有符合某一交易市场的挂牌条件时，通过SEC的审核批准后，在纽约证券交易所、美国证券交易所、纳斯达克等证券市场发行新股或挂牌交易才能称之为挂牌，而在OTC市场上的反向收购，只能称之为上市）来蒙骗国内企业，只承诺上市不承诺融资。

反向收购中，壳公司所占的股权一般不会超过总股本的12%—20%，壳费用不会超过40万—50万美元。但是很多境外财务顾问通过种种名义收取高额费用和股权。

2. 不良壳造成的影响

很多境外财务顾问为了获取更多的利润,便为企业寻找一些不良壳,这些壳普遍存在以下问题:

(1) 存在债务和法律诉讼。

(2) 无申报且无交易的壳(No-Reporting and No-Trading Shell),使收购周期延长至9—12个月。

(3) 没有足够的公众股份和公众股东,并缺乏做市商,反向收购后交易不活跃。

除此之外,境外财务顾问一般对境外的法律、会计准则、上市与交易规则等方面较熟悉,而对境内的法律、境内企业的运作及重组以及与境外上市有关的行政审批等方面比较陌生,因此在许多反向收购上市的案例中,都出现了境内外相互脱节的现象,造成了企业和境外财务顾问之间相互的埋怨,严重影响了上市的过程和效果。鉴于以上情况,许多境内中小企业纷纷聘请境内财务顾问,来协助企业的反向收购上市工作。

二、境内财务顾问的功能与角色

在企业进行OTC反向收购上市过程中,境内财务顾问完全站在客户的角度,为客户争取最大的利益,企业可以把境内财务顾问看作是公司的全科家庭医生,而其他中介机构则是公司的专科医生。

(1) 全面了解企业,制定企业总体发展战略。企业进行OTC反向收购上市不是企业发展的最终目的,它只是实现企业整体战略的一种资本运营手段,因此企业欲操作上市必须要对企业自身的发展战略进行梳理,因此境内财务顾问必须首先从企业战略的高度考虑上市问题。具体而言,首先应对企业进行尽职调查,全面了解企业的基本情况企业,对企业所属行业进行分析,使企业充分了解行业地位及发展前景,分析企业的核心能力、盈利能力、增长潜力及对投资者的吸引力,对企业经营状况与发展机遇进行分析,协助企业制定和实施发展战略的方案和规划。

(2) 协助企业进行上市前的私募融资,引进投资者,并规范以前的私募行为。

(3) 根据企业的具体情况,与企业和其他中介机构协商后,为企业制定境外上市重组的总体方案。

境内财务顾问在重组中的职责:

① 明确企业产权关系,依法理清企业的原有投资关系,以及将公司的股权在性质和数量下作出具有法律效力的界定,并按合法手续取得企业资产的所有权;

② 对未取得所有权的资产进行评估;

③ 通过交易方式取得企业的产权(包括土地使用权、商标等无形资产在内);

④ 重组企业的股权结构,即针对有些民营企业股权集中,易导致决策失误、诱发经营风险及家族式企业发展的局限性,来建立科学的决策机制与风险控制和企业内部约束、协调机制;

⑤ 按照境外上市以及企业长期发展的需要对业务结构进行调整;

⑥ 重组过程符合国家法律规定,并履行相应的法律程序。

(4) 协助企业聘请相关中介机构,把握整个上市过程的进度和质量,顺利完成整个OTC反向收购上市工作。

三、如何选择境内财务顾问

企业选择境内财务顾问应该注意以下几个方面:

1. 一个好的财务顾问应该具备以下特点

（1）财务顾问团队应有丰富的企业工作经验，核心顾问人员应有担任过企业高层管理人员的经验，因为只有了解企业实际运营的顾问才能立足企业，为企业解决实际问题。

（2）熟悉OTC反向收购上市的规则与特点、操作技巧以及各个环节的具体细节。

（3）国内的中小企业，尤其是民营企业，受到发展环境的制约，其现状不仅与上市标准差距很大，而且与境外财务顾问的要求也相去甚远，即使它所从事的行业具有好的发展前景，企业的成长空间也非常大，但由于自身所限，无法被境外上市中介机构"发现"。境内财务顾问应该备"慧眼识珠"的功夫，善于发掘好的企业并具备进行初包装的专业能力，使其符合国际资本市场的基本要求。换之，就是财务顾问应当起到实现国内民营企业与国际资本场对接的桥梁作用。

（4）具备足够的业务网络和协作关系，可以根据国内企业的特点和要求提供符合其自身条件和需要的中介机构——境外财务顾问、律师、会计师、境外基金等。

（5）具备良好的把握市场机会和对经济形势的分析判断力，能够根据企业的需要选择最佳的上市时机或做出上市与否的判断；并且能够向企业提供近期与未来发展的分析和、相应的建议。

（6）提供长期的顾问服务而非仅仅顾及眼前的利益，为企业的长期发展考虑，与企业共同成长，提供完整、系统、长期的战略发展规划以及相应的财务顾问服务，排除短期行为。

（7）收费合理。一般情况下，财务顾问的费用由以下几部分组成：

① 差旅费用。主要是财务顾问在为企业从事上市工作期间的办公、通信、交通、住宿等费用，一般是实报实销。企业为了控制支出，在可能的情况下可以对有关的费用标准做出限定，如对乘坐飞机的舱位等级、住宿酒店的标准加以限制。

② 策划费用。主要包括财务顾问从事企业上市及其相关的重组并购方案的制作、代理谈判、代理操作实施以及代理融资等工作的费用。财务顾问的收费主要取决于其对相关工作的介入程度及该项工作的复杂程度。但通常财务顾问的工作是非常深入而具体的，因此需要按照其承担的职责和提供专业服务的内容以及工作的难易程度，由企业与担任财务顾问的机构具体协商。

如在上市过程中为企业提供融资帮助，则可按照融资的金额、期限、成本来协商融资顾问费的收取比例。在重组或并购业务中，则可参考重组的资产额、并购交易的金额和价格来确定收费的比例。

③ 以股权的形式支付的财务顾问费。为了得到顾问机构长期、系统、精心的资本运营指导，以利于企业的可持续发展，企业有时会承诺在其上市或与其相关的重组或并购成功后，向财务顾问支付一定比例的股权，与之形成一种长期稳定的顾问与合作关系，具体的股权比例按照财务顾问的贡献和提供服务的水平协商而定。

2. 如何考察财务顾问

（1）看业绩。要了解财务顾问的专业水平，不能仅听财务顾问的自我介绍，而要了解其以往的业绩，以此来判断其专业能力和水平。

（2）了解同行的评价。虽然同行因为涉及同业竞争的因素使其对其他机构的评价的客观性较差，但企业通过同行评价可以做出对其专业特点和不足之处的判断。

（3）向顾问单位了解情况。包括已经完成顾问事项的单位和正在进行的顾问单位，通常顾问单位所介绍的情况都比较客观，参考价值较高。

资料来源：财董并购观察，《境内财务顾问在OTC反向收购上市中的功能与角色》，https://www.sohu.com/a/455145721_120378753。

复习思考题

1. 什么是财务顾问业务？这项业务有什么特点？
2. 简述财务顾问的作用。
3. 简述投资银行开展财务顾问业务的动因。
4. 试述投资银行开展政府财务顾问业务的内容。
5. 试述投资银行开展企业财务顾问业务的内容。
6. 在我国从事财务顾问业务的机构有哪些？
7. 试述我国投资银行开展财务顾问业务存在的问题和发展建议。

第十四章 研发与咨询

第一节 研发业务概述

投资银行研究开发部门存在的主要目的是为其他业务部门提供一个基础研究和资源整合平台,并向公众宣传展示投资银行的专业化形象,由此得到的都是无形效益。研究开发部门往往是投资银行的成本中心而非利润中心,其准确定位是服务性而非营利性功能。研究开发部门提供的信息和技术支持是其他各部门高效运行的重要基础,具备雄厚研究力量和自主开发能力的投资银行通常表现出更加卓越的核心竞争力。现代投资银行都比较重视发挥研发部门的支持功能,在行业研究和创新产品开发等方面的投入在不断加大。

投资银行研究开发部门与投资咨询部门、财务顾问部门有时候是各自独立运作的,也有时候在组织结构上是紧密联系、合为一体的,但是无论机构设置情况如何,它们的业务内容和业务对象事实上存在很大差别:研究开发部门主要是为投资银行内部其他业务部门提供内部资料、信息处理和产品开发等内部研究力量支持的,有时候为了扩大影响力、进行品牌塑造和形象宣传,也会不定期向社会公众展示部分可以公开的研究成果,但从根本上是为其他业务部门服务的,本身没有独立盈利要求。投资咨询部门主要面向特定或不特定的投资者提供投资建议,其中又以面向特定投资者提供专项投资咨询比较常见。如果是面向特定客户提供具体投资指导,那么就具备了独立创造利润的投资中介性质。所以,投资咨询基本上是一种纯粹的中介服务。财务顾问业务则主要面向特定的政府和企业提供融资建议,它可以独立创造利润,也可以附属于发行并购等业务合并收费,但独立收费是发展趋势。从本质上看,财务顾问业务完全是一种纯粹的中介服务。

投资银行一般都设有研究部和开发部,专门负责研发工作,其业务内容主要包括:

一、研究与信息管理业务

1. 研究业务

投资银行研究部一般都是各部门中人才层次最高的,他们代表着整个投资银行的形象,其研究成果是一笔巨大的无形资产。国际大型投资银行一般都会组织一支以博士(后)、硕士为主体的专业研究队伍,其中多数人拥有教授、研究员等高级职衔,学历构成和研究能力均居本行业前列。没有这些人才在背后支持,投资银行的其他业务部门是很难有出色表现的。

投资银行研究部门的研究范围可以是非常广泛的,从国际到国内,从宏观到微观,从货币市场到资本市场,从上市公司到非上市公司,都可以采取动态跟踪的方式予以有点有面的研究,并以深刻的分析、独到的见解、准确的预测,形成在国内外有广泛影响的研究成果,供其他业务部门使用或用于品牌宣传,这就是研究部的基本任务。具体来讲包括:

（1）宏观研究。宏观研究主要针对与证券市场密切相关的宏观经济、政策、经济发展战略规划及国际经济形势进行时效性很强的分析，向本公司其他部门和社会公众定期或不定期提供宏观政策走向预测，包括货币政策预测、财政政策预测、证券市场政策预测等，比如公开发布《宏观经济评述》。

（2）行业研究。行业研究主要从事与国民经济景气密切相关的行业发展动态研究，向本公司其他部门和社会公众不定期免费推出最具发展前景的行业预测，如公开的《行业研究报告》，为行业内重构、公司资产重组以及股票投资提供专家建议。

（3）公司研究。公司研究主要从事公司企业（包括上市公司与非上市公司）的分析研究，向本公司其他部门和社会公众不定期免费提供主要上市公司的投资价值分析结论，如公开的《上市公司研究报告》《新股投资价值及定价预测报告》《上市公司调研报告》《潜力股投资价值分析报告》等，这些报告在内容和格式上都与投资咨询业务中面向特定收费客户提供的产品有所不同。

（4）发展战略研究。发展战略研究主要对本公司发展战略、国内外资本市场与投资银行业发展动态、政策法规变化等方面进行专题研究。

（5）基金研究。基金研究主要对基金市场进行专题研究，提出《基金评级及投资价值分析报告》。

（6）其他专题研究。

2. 信息管理业务

投资银行的信息管理业务主要是从事信息的收集、整理和加工，开发电子研究产品，包括自创数据库、上市公司信息查询系统、风险预警系统等，为公司各部门、客户以及大学和社会研究机构等提供技术支持和信息服务；对外资料交流，统筹全部研究产品的编辑、发行，包括系列研究产品的编辑、研究专著的出版，以及其他产品的包装、对外发行及其推广应用。综合信息管理系统的一个重要方面是建立先进的电子信息网络。比如我国华夏证券研究所，它的上市公司分析数据库是目前最先进的 SQL Server 7.0 数据库系统，已实现远程录入和查询；NOTES 网上的研究成果资讯系统设有 12 个栏目，登载了所有重要研究成果和大量的即时信息；因特网的研究所网站，随时更新，内容丰富，包括网上经济动态、上市公司和行业研究报告、即时行情、专家工作室等栏目。

二、产品开发业务

投资银行的产品开发部门主要从事金融创新研究，包括衍生工具与金融新产品的开发，投资组合的研究与运作策略，国际股市、汇市、债市的各种套利机制和风险对冲工具的研究，交易制度的研究等。它们主要以数理分析为工具，以量化资本市场各参数为目标，以严谨的逻辑思维追寻买卖行为中的规律。产品开发部门主要开发以下产品：

（1）创新金融工具：如资产证券化产品、复合期权产品等；

（2）定价模型产品：如 IPO 发行定价模型产品、风险投资目标企业估价模型产品、并购目标企业估价模型产品等；

（3）独立编制指数产品：比如目前国泰君安证券研究所推出的"国泰君安指数"等一系列产品对于在我国资本市场开展金融创新业务具有极高的参考价值；

(4) 投资组合套利产品：比如恒定混合动态平衡投资策略组合产品、保本避险基金产品、伞型基金组合产品等；

(5) 其他产品：比如围绕可能的做空操作而进行设计的新产品开发，这就是特定环境下必须开展的准备工作。

这些产品一旦经投资银行其他实际业务部门论证采纳并进入具体操作层面，都将会给投资银行带来长期的巨大的经济效益，尽管这种效益在一开始并不能看见，更谈不上量化。

第二节 投资咨询业务

作为投资银行业务延伸的切入点，咨询服务所串连成的诸如企业的资产重组、兼并收购、新股发行、债券发行等"业务链"，给予投资银行一个极为广阔的市场，形成一个潜在的利润增长点，并带来巨大的无形收益，诸如投资银行的品牌、实力、声誉等等。本节将通过对投资银行咨询业务运作及管理等来探讨这一发展潜力无限的业务。

一、投资咨询业务概述

1. 投资咨询业务的概念及主体

投资咨询业务是指投资银行以客户的财务顾问或管理顾问的身份出现，向客户提供服务。投资银行作为金融服务机构，具有许多企业所缺乏的人才、信息、技术等方面的优势，它可以为客户提供有关资产管理、负债管理、风险管理、流动性管理、投资组合设计、估价等多方面的咨询服务。

对投资银行来说，咨询顾问业务有其独特的重要性。一方面投资银行通过在财务管理、经营战略、证券发行、兼并重组等方面提供高质量的顾问咨询服务，发展与客户及社会各界的关系，逐步树立良好的专业形象。另一方面，有的投资银行并不是为了收取咨询费，因为通过担任公司投资咨询顾问，能经常地接触、详细地获知该公司的业绩动向和经营上的各种问题，以及有关项目融资、设备租赁等问题，一旦企业需要时，投资银行就可以提供更多的业务。美国的投资银行在上述方面表现尤为明显，一些历史悠久的老牌投资银行为一些大公司担任投资咨询顾问已长达几十年、甚至上百年的时间。

投资咨询业务的主体是从事该项业务、提供投资管理等咨询服务的专门机构及其人员，尤以证券分析师为核心。投资咨询业务的客体是指投资咨询活动的对象与内容。随着证券市场以及投资咨询行业的发展，投资银行的投资咨询业务内容已经产生了很大的变化。在早期，它们以向证券市场中的投资者，特别是中小投资者提供投资咨询的有偿服务为其主要业务内容，这包括：①提供尽可能充分、准确、迅速的市场信息；②提供有根据的、深入的、尽可能准确的市场发展情况分析与预测；③为投资者的投资决策及风险防范提供可行的建议。而在现阶段，投资咨询顾问业务已经从最早的仅仅是市场评论发展为全方位的咨询服务。这主要体现在专业的咨询机构充当企业或政府的财务顾问上。这项业务主要包括为拟上市公司提供上市前的改制咨询、为上市公司提供资产重组以及企业的长远发展规划、为非上市公司提供企业各方面咨询、为政府提供产业发展布局规划等，并成为投资咨询专业水平提高后投资银行新的利润增长点。

2. 投资咨询业务的特点和类型

(1) 投资咨询业务的特点。投资咨询业务具有如下特征：

① 知识创新性。咨询业务是以知识创新为前提的研究决策活动，知识创新是咨询业务的核心。咨询业务在开展过程中，咨询专业人员凭借着知识、智慧和技能，针对不同的客户问题，进行科学的分析，形成解决问题的方法和建议，借助知识创新给客户增加经济或社会效益。

② 信息综合性。信息综合性是咨询业务快速发展的根本手段。客户所面临的问题需要通过与咨询专业人员的信息交流才能转化为咨询问题。咨询专业人员通过对咨询问题、相关产业或技术等信息和资源进行综合分析和开发，才能形成有效的解决方案或建议。世界上著名的咨询机构大多拥有庞大的数据库、案例库和广泛的信息网络就是一个例证。

③ 独立客观性。独立客观是咨询业务的一个前提条件。咨询专业人员按照咨询方法进行分析，向客户提供客观的解决方案或建议，不受外界干扰，也不应为迎合某个人的偏好而提供不符合实际的方案或提议。

④ 方案前瞻性。立足现实，着眼未来是咨询业务的一个基本原则。咨询机构要利用当前占有的各种信息，运用科学的分析和预测方法进行前瞻性的研究，并结合咨询问题的性质和客户的实际状况，提出适当前瞻性的解决方案。

(2) 投资咨询业务的类型。投资咨询业务具有如下类型：

① 证券投资咨询。证券投资咨询是伴随着证券市场投资者队伍的扩大而产生的一项业务，包括无偿向公众提供的证券投资咨询和面向特定客户的有偿证券投资咨询。证券投资咨询主要从事证券市场趋势研究、政策效应分析及其预测，对二级市场运行机理进行有点有面的分析，把握板块互动和热点问题，对证券市场运行状况作前瞻性研究判断，向特定或不特定的投资者提供证券市场走势预测。

② 专项投资咨询。专项投资咨询通常是就证券投资领域的某一具体环节或问题向特定投资者提供的，而且一般是有偿服务。其内容主要包括：提供投资价值分析报告和投资理财咨询。

3. 投资咨询业务的一般程序

投资银行开展投资咨询业务要遵循一定的操作程序：

(1) 明确咨询业务的长期目标。咨询业务的长期目标是建立与客户之间的长期合作关系，共同解决客户所面临的问题。投资银行通过与客户的接洽，了解咨询项目的范围、要求，建立适应客户要求的咨询目标。当投资银行发现潜在客户时，应尽量使其成为新客户，并尽最大的努力取得客户的价值承认，争取得到后续的业务订单，从而通过所提供的最佳服务使客户与投资银行结成长期的合作关系。

(2) 组建咨询业务项目组。每一个客户的需求不同，所面临问题的复杂程度也不同，投资银行需要根据客户的不同要求提供适宜的咨询方式。针对不同的咨询项目，需要配置不同的专业顾问发展业务。因此，在对工作量和难易程度进行调查的基础上，按人才和知识结构进行合理搭配，组建咨询业务项目组是一个关键步骤。

咨询业务项目组通常由三个层次的顾问人员组成：资深经理，负责指导该项目的业务，并对最终的任务完成质量承担完全责任；项目经理，负责领导操作责任；管理顾问，负有操作责任。

(3) 了解客户需求，递交项目建议书。在咨询业务开展之前，投资银行首先要花时间去了解客户的需求，对高层主管人员进行一系列面对面的访谈，经过讨论与精炼咨询内容和方向后，向客户递交项目建议书，其中列明项目的研究途径与方法，以及人员配置等任务要素，以赢得客户的信任与好感。

(4) 签订合同，明确双方的权利与义务。与客户签订委托书或合同，明确咨询业务的任务、责任、费用和期限。咨询业务合同应明确以下内容：明确项目任务的边界与完成方式；明确项目的阶段性；规定向客户管理层汇报项目的成果及进展的次数；明确项目的酬金及费用支付的时间和数量。

(5) 形成最终的咨询报告。在调查研究的基础上，设计出最优的方案，在全面分析资料的基础上提出可行性方案，并结合整体的协调性、技术可行性和环境适应性分析，对方案进行优化选择，最后为客户提供简明扼要、措施具体的最终报告。

(6) 指导客户实施咨询方案。指导客户对最终方案进行实际应用，这一过程需要投资银行专业人员进行组织培训，特别是在战略管理咨询中，这一步骤是投资银行帮助客户制定适当的战略后的另一个关键任务。

(7) 信息反馈。将客户实际执行方案的效果与计划进行对比、效益评判和偏差分析，建立与客户之间的信息反馈机制，与客户建立长期合作伙伴关系，最终形成投资银行的忠诚客户。

二、证券投资咨询业务

证券投资咨询业务是投资银行的证券分析师根据自己的知识经验和信息渠道进行分析、判断，通过举办讲座、报告会或通过公众传播媒介向投资者提供证券投资分析、预测或者建议的活动。

1. 证券投资咨询业务的特点

证券投资咨询业务的特征有：

(1) 贴近市场。证券投资分析是投资银行的证券分析师根据自己的知识经验和信息，对一定时间内的证券价格的波动进行分析，从而对证券价格进行预测，提出相应操作建议的行为。证券价格每时每刻都在波动，证券投资分析的声音每天都不太相同。总之，证券投资分析是围绕着证券市场价格波动而做的评论和建议。

(2) 带有较强的个人主观色彩。不同的证券投资分析师有各自不同的知识经验和信息渠道，他们对于同样的证券价格走势、同样的K线图会有不同的理解，即不同的证券投资分析意见不一致，甚至完全相反，这是由于证券投资分析个人主观色彩太强的缘故。

(3) 证券分析师有很强的市场影响力。证券分析师通常受雇于经纪公司、银行或投资机构，主要任务是对特定证券、公司和行业进行尽职全面调查，将研究结果形成报告，成为投资建议的依据。按分析师研究报告用途，分析师可分为卖方分析师(Sell-Side Analysts)和买方分析师(Buy-Side Analysts)。卖方分析师通常受聘于经纪公司，研究报告公开发布，主要供机构和个人投资者使用。买方分析师主要在共同基金、对冲基金、投资顾问公司等投资机构工作，研究报告主要供公司内部投资决策使用。

随着信息技术的发展以及信息的广泛传播，证券分析师对股价走势有着越来越大的影响。即使一些公司的基本面没有什么变化，市场上著名分析师关于这些公司的报告也会导致股价暂时的波动。美国纳斯达克市场刚刚经历了一场大跌,其原因是多方面的,如美联储宣布加息、老虎基金倒闭、铱星公司破产、微软官司失败、一些网络股、科技股年报业绩不佳等,利空消息频传等。但为人们所非常重视的还有一个重要原因,就是被看作华尔街多头总司令的高盛投资政策委员会主席,证券分析师柯恩女士连续发表看空言论,建议投资者将投资组合转向传统产业。尽管由于证券分析师所发表的意见因为是对未来的投资环境和投资效果做的预测,其全部观点不一定都能够准确无误,但是,由于证券分析师具有较高的专业素质与职业修养,是根据各自的独特见解和信念,发表不偏倚于任何一方的各种意见和估计,因此为广大的投资大众所信赖,只要是它在市场上广泛传播,就可以给市场造成颇大的影响。

2. 证券投资咨询业务的工作流程

尽管各个国家证券市场成熟程度不同、金融制度有别,证券分析师的任务不可能完全一致,但他们的工作流程具有相似点:

(1) 信息收集。由于现实中的企业活动日益复杂化,证券发行者所提供的各种信息并不一定是投资者容易理解的。即使是具有分析能力的投资者也由于受成本费用的限制而很难全面地收集和分析信息,因而调查分析的专业化和规模化更有利于提高投资利润和投资经济效益。这样,就需要一种专业人员持续地收集发行者提供的信息,把信息加工为符合投资者投资目的且易于理解的形式并加以评价,再提供给投资者。证券分析师首先从事的,就是这种工作。即在产业调查和企业调查的基础上,对股票、债券等个别证券进行分析和评估,然后,通过向投资者提供调查报告等方法,来提供投资信息。

信息收集是证券分析师在进行具体分析之前所必须完成的工作。分析师不仅要收集所有的有关上市公司的公开资料,而且还要通过政府主管、行业组织、上市公司或者其他非正式部门获得上市公司的第一手资料。只有充分地占有资料,才能做出准确和有价值的分析。

(2) 与上市公司沟通。分析师必须与自己研究的上市公司建立稳定而长久的联系。这一方面可以通过每年的股东大会以及对上市公司的直接拜访等实现,另一方面,分析师还定期组织包括上市公司人员参加的分析师会议。由于上市公司一般都比较注重在市场的形象,因此通常都非常乐意参加这样的会议。

(3) 实际分析工作。这是证券分析师的核心工作,具体可以分为以下三方面:一是宏观经济与行业分析。通过研究公司所处的宏观和行业环境,以及上市公司自身和其竞争对手内部的经营、管理机制,对公司过去和现在的发展做出判断,同时对公司未来的经营战略和发展状况做出预测。它涉及的内容非常广泛,一般的研究策略是从公司所处的宏观经济环境和相应的行业背景出发,着眼于公司的产品、管理、人事等诸多方面对公司的影响做出判断。宏观经济与行业分析一般多采用定性分析的方法,尽管它对定量分析要求很强的投资决策的指导意义不大,但却是以后财务分析和投资分析的出发点,财务分析和投资分析中的许多假设前提实际上都是宏观经济与行业分析的结果。二是财务分析。目的在于利用源于各种渠道的公司财务信息(主要是公布的各种会计资料),通过一定的分析程序和方法,了解和分析公司过去以及现在的经营情况,发现影响公司经营目标实现的因素,以及各因素变动对经营目标实现所起到的作用。通过分析各影响因素的变动来判断公司未来的经营情况,从而研究公司股价的未来走向,为与公司有利益关系的内部和外部会计信息使用者提供决策信息。公司的财务分析主要包括利润分析、资产分析、权益分析、财务结构和综合分析等内容。三是投资分析。就是研究股市行情,估算股票的价格,目的是为股票的买卖提出建议。作为证券行业的分析师,前面的经济分析和财务分析实际上都是为这里的投资分析做准备工作,证券分析师必须通过全面的分析之后对股价的未来走向做出具体判断。在一个理性的股票市场中,股价的实际变动也是对分析师所作工作的最好检验。投资分析是分析师整个工作的最终目标。

3. 证券投资咨询的内容和分析手段

(1) 证券投资咨询的内容。证券投资咨询包括但不限于以下内容:

① 当天最新市场表现概述;描述大盘行情的开盘价、最高价、最低价、收盘价、成交量等;
② 大盘整体走势分析(包括宏观政策面、基本面等);
③ 板块热点与行业综合分析(包括行业调研结果分析);
④ 具体个股技术分析;
⑤ 上市公司最新披露的财务报表、重大事项公告、盈利预测等信息分析;
⑥ 投资组合建议;
⑦ 风险提示;
⑧ 投资理念、投资方法和技巧介绍。

(2) 证券投资咨询所运用的分析手段。证券投资咨询所运用的分析手段包括:

① 根据经济学、金融学、财务管理学及投资学的基本原理,对决定证券投资价值及价格的基本要素如宏观经济指标、经济政策走势、行业发展状况、产品市场状况、公司销售和财务状况进行基本分析;

② 从证券的市场行为来分析证券价格未来变化趋势,运用各种技术指标和其他技术分析方法预测证券价格走势,帮助和启发投资者寻找市场的无效区间从而获得超额投资收益;

③ 运用现代证券组合理论评估市场的系统性风险,分析整体市场的风险-收益特征,建议投资者在大势向好的时候买进、在大势向淡的时候卖出以规避风险;

④ 运用现代随机漫步理论、心理预期流派理论等向投资者揭示证券市场的无序性,告诫投资者在没有形成主流趋势的市场中要尊重市场,而不要企图完全认清和控制市场,才能更好地保护自己。

4. 证券投资咨询中面临的利益冲突及处理措施

(1) 证券分析师面临的利益冲突。证券分析中证券分析师面临的利益冲突主要包括来自分析师所在公司的压力、来自所分析公司管理层的压力、来自分析师机构客户压力、分析师个人投资所带来的利益冲突这四个方面。

① 来自分析师所在公司的压力。投资银行的收入通常来自经纪、承销和自营这三块业务,每一块业务都会为分析师带来利益冲突。在经纪业务方面,分析师通常会写"乐观"的报告,提供买入建议,以增加交易量,从而获得更多的佣金。这是因为许多客户不愿或不能卖空,因此除非客户在其资产中有该股票,分析师推荐卖股票的建议很难产生交易佣金。

在承销业务方面,分析师是许多投资银行承销业务的重要参与者,承销部门在很大程度上决定他们的薪酬。而且,许多分析师在许多公司未上市前就持有该公司股票,待公司股票上市后,便发表关于该公司的乐观的研究报告。投资银行还通常指派研究人员分析公司承销的股票。美国证监会还发现,在公司股票出售锁定期(Lock-Up)结束前的一个星期内,其所调查的97家公司中有26家的分析师都提出买的建议。美国证券交易委员会认为这类报告"在公司、公司客户或分析师出售股票时,可能会激发对该股票的购买兴趣,提高股票价格。"

在自营业务方面,分析师所在公司可能持有大量分析师负责分析的股票。投资银行也可能在分析师分析的公司股票上市前就持有大量股票。因此,投资银行可能不按分析师的建议操作,在分析师推荐买某公司股票时,可能正在抛售该公司股票。

② 来自所分析公司管理层的压力。分析师工作的一个重要方面是及时获得他所分析公司的新信息。因此,分析师不可避免地需要和公司管理层合作,否则就会失去和公司管理层交流的机会。分析师所分析公司的管理层可能会对分析师施加压力,要求分析师发布有利该公司的研究报告。不利报告可能不受管理层欢迎。因此分析师若发布负面报告,公司管理层将拒绝和其交流。这可能导致分析师发表的报告对公司有利。

③ 来自机构客户的压力。分析师所在投资银行的机构客户可能拥有大量分析师所分析的股票。投资银行可能迫于机构客户的压力,担心失去机构投资者的业务,而不允许分析师发布影响机构投资者证券组合的负面报告。而且,许多杂志是根据机构投资者的意见而对分析师评级。机构投资者直接影响到卖方分析师的薪酬。

④ 分析师的个人投资。分析师持有其分析的股票是最根本的利益冲突。分析师可能在所分析公司发行上市前就持有这些公司股票。当分析师所在公司承销的这些公司上市后,分析师有可能建议购买这些股票,同时分析师通过抛售他们推荐购买的股票获利。

以上分析可见,分析师面临的种种利益冲突可能会影响他们的独立性、客观性和信誉。

(2) 处理利益冲突措施。针对证券分析师面临的利益冲突,学术界和业界提出了若干建议和措施。以美国证券交易委员会关于证券分析师利益冲突的规定为例,包括以下几方面:

① 禁止分析师对所在投资银行服务公司提供带有偏见性的利好报告;

② 禁止分析师在 40 天内对所在投资银行负责首次公开发行的公司提供评估报告;或者在 10 天内对增发股票的公司提供报告;

③ 限制但非禁止分析师和投资银行员工间对评估报告交换意见;

④ 限制公司在分析师做出正式评估之前发表预期评价报告;

⑤ 限制分析师对其负责行业的首次公开发行股票进行交易,多元化共同基金除外;

⑥ 要求分析师在对公司做出评估报告的前 30 天和之后 5 天内,不得买卖该公司股票;

⑦ 禁止分析师卖出其近期推荐的股票;

⑧ 要求投资银行披露股票评级标准和历史记录。

三、专项投资咨询业务

1. 提供投资价值分析报告

在现代资本市场中,股东价值的重要性日益受到关注。企业界、投资界和分析师们都更加明确地认识到,所有公司,尤其是上市公司,应该尽其所能地为公司的股东创造尽可能多的价值。为了实现股东财富最大化的目标,就需要对公司股票的价值进行动态的评价、分析和监控。

证券价值分析是从预期收益贴现模型和资本资产定价模型(CAPM)开始的。以此为基础,再加上一定的实地调研获取的第一手信息,投资银行就可以为客户撰写提供"股票投资价值分析报告"和"债券投资价值分析报告"。

以"股票投资价值分析报告"为例,它主要包括但不限于如下内容:股份公司的设立、股票发行、募集资金使用情况、近年来重大变更事项等历史信息及其对股票投资价值的影响,当前公司所在行业竞争状况、经营环境与经营管理情况(特别是主营业务发展状况和产品竞争能力)、财务状况(包括资产负债情况、成本管理等)等方面存在哪些有利因素和哪些不利因素,它们对股票投资价值将产生怎样的影响;以未来公司预测现金流为基础,根据证券(股票)估价模型对公司价值进行评估并得出结论;列举各种不确定因素对评估结论可能发生的影响,特别是严重改变该股票投资价值的市场风险、信用(违约)风险等需要做出强调说明;判断目前该股票市场价格相对于其价值而言偏高或偏低并给出投资建议。一般可做出四种不同类型的推荐:大量购买、购买、持有和出售。

投资银行提供一份详细的投资价值分析报告,将有助于投资者做出科学的投资决策。

2. 投资理财咨询

(1) 投资项目筛选与评估。投资项目筛选与评估包括如下内容:

① 投资银行利用投资信息网络为客户提供特定地区的投资环境及投资机会调查评估报告,并提供相关的行业政策、法律法规的咨询意见。

② 投资银行为投资者寻找可供选择的投资项目,包括为跨国公司、境内外风险投资公司、基金管理公司等在国内筛选合适的投资项目,担任其国内投资事务顾问,结成跨国战略投资联盟。

③ 投资银行对已有的投资项目进行评估,通过未来收益净现值分析、行业分析、竞争分析、风险分析等方法,判断是否值得投资。

④ 投资银行做出投资建议。

(2) 合作投资。合作投资包括如下内容:

① 对于某些经营管理能力有欠缺的投资者,投资银行为其寻找合适的合作伙伴,帮助其引见、谈判,直至签署合作协议。

② 对于从事证券投资但在资金、技术等方面实力不足的投资者,投资银行可与其签订合作投资协议,开设共同账户,互相监督投资。这种方式与委托理财有很大不同,它并不是投资者对投资银行的一种全权委托,而是投资银行与客户合作或合伙投资的新形式,它很容易引起法律纠纷。

(3) 投资风险管理顾问。投资银行可以根据客户的不同需求与风险承受能力,运用风险管理方法,对投资风险进行有效监控及评估,并为企业设计合理的风险防范架构。

第三节 投资咨询业务管理

我国证券投资咨询业是作为一项业务来管理的,从事证券投资咨询业务的既有证券经营机构,也有专业投资咨询机构。1997年国务院证券委发布《证券、期货投资咨询管理暂行办法》、2010年中国证券监督管理委员会公布《证券投资顾问业务暂行规定》、2019年中国证券业协会通过《证券投资咨询机构执业规范(试行)》、2020年中国证监会发布《证券基金投资咨询业务管理办法(征求意见稿)》,不断规范和加强对投资咨询业务的管理。

各国和地区的管理法规对于投资咨询业,基本上都是从资格管理和行为管理两方面来进行的。

一、资格管理

证券投资顾问的资格管理就是证券投资顾问的从业条件,从各国法律规定的情况来看,包括对机构和人员的从业资格的申请、获得、存续及取消等方面的内容。

1. 资格的获得

咨询机构和咨询人员是投资咨询业的主体,也是中外各国和地区法律重点监管的对象,投资咨询机构和咨询人员设立及从业必须满足法定的条件并向相应的政府管理部门申请。

美国是投资顾问业的发源地,也是最早建立起投资顾问业监管体系的国家,对于投资顾问机构的资格授予,美国《1940年投资顾问法》规定,任何利用邮政或其他跨州商务工具开展跨州投资顾问业务者,必须按照该法的规定进行注册。根据该法,申请注册者必须填写详尽的申请表格,内容包括:

① 投资顾问机构的名称、组织形式、主要营业场所和分支机构;

② 该投资顾问、合伙人、职员、主管、行使类似职能者以及所有对该投资顾问拥有控制权人员的学历、最近10年及目前的商业附属机构;

③ 该投资顾问的业务性质,包括提出建议、提交分析报告的方式;

④ 由一名独立、公共会计师签字证实的资产负债表和其他财务报表(证券交易委员会可要求其提供有关证明);

⑤ 该投资顾问支配客户资金和账户的性质和权限;

⑥ 该投资顾问提供服务的基础;

⑦ 该投资顾问或其相关人有否被证券交易委员会拒绝、暂缓、撤销、废止登记资格的情况;

⑧ 关于该投资顾问是否以投资顾问业务为主业的声明和关于该投资顾问的业务是否包含投资监理服务的声明。

证券交易委员会在收到申请后要进行充分的考虑和听证,并在120天内,做出允许或拒绝登记的决定。如果调查结果表明申请人符合要求,证券交易委员会应该允许登记,如果调查结果表明申请人不符合要求,或者有被暂停或终止资格的情况,证券交易委员会有权拒绝登记。

我国《证券、期货投资咨询管理暂行办法》对从事证券投资咨询业务的机构和人员的资格条件也有严格的规定。

申请证券、期货投资咨询从业资格的机构,应当具备下列条件:

① 分别从事证券或者期货投资咨询业务的机构,有五名以上取得证券、期货投资咨询从业资格的专职人员;同时从事证券和期货投资咨询业务的机构,有十名以上取得证券、期货投资咨询从业资格的专职人员;其高级管理人员中,至少有一名取得证券或者期货投资咨询从业资格;

② 有100万元人民币以上的注册资本;

③ 有固定的业务场所和与业务相适应的通信及其他信息传递设施;

④ 有公司章程;

⑤ 有健全的内部管理制度;

⑥ 具备中国证监会要求的其他条件。

从事证券投资咨询业务的人员,必须取得证券投资咨询从业资格并加入一家有从业资格的证券投资咨询机构后,方可从事证券投资咨询业务。

任何人未取得证券、期货投资咨询从业资格的,或者取得证券、期货投资咨询从业资格,但是未在证券、期货投资咨询机构工作的,不得从事证券、期货投资咨询业务。

证券投资咨询人员申请取得证券投资咨询从业资格,必须具备下列条件:

① 具有中华人民共和国国籍;
② 具有完全民事行为能力;
③ 品行良好、正直诚实,具有良好的职业道德;
④ 未受过刑事处罚或者与证券、期货业务有关的严重行政处罚;
⑤ 具有大学本科以上学历;
⑥ 证券投资咨询人员具有从事证券业务两年以上的经历;
⑦ 通过中国证监会统一组织的证券从业人员资格考试;
⑧ 中国证监会规定的其他条件。

2. 资格的限制和撤销

国外对投资咨询资格实行动态的管理,投资顾问在取得咨询资格后并非一劳永逸,管理当局可以视投资顾问业者的运行情况,依法给予限制活动或撤销登记的处理。

美国《1940 年投资顾问法》规定,投资顾问在取得资格后,在某些情况下,证券交易委员会有权依据法令谴责、限制投资顾问的业务活动,暂时中止(中止时间不超过 12 个月)或者撤销投资顾问的登记资格。通常这些情况是指证券交易委员会经过调查与听证之后认为对该投资顾问进行谴责、限制、中止或撤销登记资格符合公众利益,且该投资顾问或与其相关人员参与了以下不良活动:

① 在登记申请表或向证券交易委员会提供的报告中,有意制造或唆使制造重大虚假陈述或容易引起歧义的重要事实陈述,或隐瞒要求报告的重要事实;
② 在申请登记之前 10 年之内被判有罪,或在申请登记之后的任一时间证券交易委员会发现其有法定的相应刑事犯罪;
③ 已被法院判令暂时或永久地禁止其作为投资顾问;
④ 有意违反《1933 年证券法》《1934 年证券交易法》《1940 年投资公司法》《1940 年投资顾问法》《商品交易法》等法律下的任何规则与条例,以及不能遵守上述条款者;
⑤ 有意帮助、唆使、劝导、命令、诱使或收买他人违反《1933 年证券法》《1934 年证券交易法》《1940 年投资公司法》《1940 年投资顾问法》等上述法令下的任何规则与条例,或因失职而没能监督、防止属下违反上述法令的任一条款(已建立合理、可行之程序以防止、监督他人违反上述法律,以及没有合理理由怀疑有人违反上述程序并依照程序进行防止和监督者,不属于失职)。

我国《证券、期货投资咨询管理暂行办法》规定:证券、期货投资咨询机构有下列行为之一的,由地方证管部门处一万元以上,五万元以下的罚款;情节严重的,地方证管部门应当向中国证监会报告,由中国证监会做出暂停或者撤销其业务资格的处罚。

① 向证券监管部门报送的文件、资料有虚假陈述或者重大遗漏的;
② 未按照本办法规定履行报告和年检义务的;
③ 未按照本办法规定履行对本机构有关情况发生变化的变更手续的;

④ 本机构证券、期货投资咨询人员违反本办法规定,受到证券监管部门行政处罚的;
⑤ 干扰、阻碍地方证管办(证监会)检查、调查,或者隐瞒、销毁证据的。

同时,证券投资咨询机构和人员在从业过程中违反有关规定,也可能被暂停或者取消业务资格。

二、行为管理

资格管理是对投资顾问的基本约束,是一种静态的约束方式,而投资顾问业务是动态的,每时每刻都在发生,因此静态的资格管理必须配合动态的行为管理,才能做到对整个投资顾问业务全面、有效的规范。从各国和地区对行为管理的具体规定来看,行为管理主要包括以下内容。

1. 名义的管理

获得注册资格的投资顾问,其名称是经过监管部门备案的,这一特定名称既表明了一种特殊行业的执业资格,又包含了管理层对该投资顾问的业务及管理水平的认可,是一种与该投资顾问实体不能分割的身份权利,投资顾问在使用其注册名称时,不得违反法律的规定。

我国法规规定:证券、期货投资咨询人员在报刊、电台、电视台或者其他传媒上发表投资咨询文章、报告或者意见时必须注明所在证券、期货投资咨询机构的名称和个人真实姓名,并对投资风险作充分说明。证券、期货投资咨询机构向投资人或者客户提供的证券、期货投资咨询传真件必须注明机构名称、地址、联系电话和联系人姓名。

2. 契约的管理

契约是投资顾问与服务对象之间签订的确定双方权利义务关系的法律文件。契约本来是平等主体间表示约束的一种法律形式,一般是不需要政府加以干预的。但在投资顾问契约中,当事人双方处于一种信息极不对称的状态,投资顾问拥有明显的专业知识优势,为了平衡双方间权利义务的实际负担,法律对投资顾问业的契约进行一定的管理。

我国《证券、期货投资咨询管理暂行办法实施细则》中规定,从事证券或者期货投资咨询业务的机构接受投资人或者客户委托,提供证券、期货投资咨询服务时,应当与投资人或者客户签订投资咨询服务合同。

投资咨询服务合同的订立应当遵循自愿、平等和诚实信用原则,不得违反国家的法律、法规和中国证监会的有关规定。

投资咨询服务合同应当载明下列事项:
① 从事证券或者期货投资咨询业务的机构的名称、地址及法定代表人的姓名;
② 从事证券或者期货投资咨询业务的人员的姓名以及执业资格证书的编号;
③ 咨询内容与方式;
④ 当事人双方的权利与义务;
⑤ 服务费或者费用金额、计算方法、支付方式及支付期限等;
⑥ 合同解除;
⑦ 违约责任;
⑧ 合同签订日期;
⑨ 中国证监会规定的其他事项。

3. 禁止的交易行为

投资顾问的业务行为中,有一些是直接侵害顾客利益的,如利用欺诈、胁迫或暴力手段签约或解约;以为自己或第三人谋取利益为目的,提供无正确根据的建议等,这些行为当然地为法律所禁止。但投资顾问的业务行为中还有一类,其本身并不必然导致对顾客利益的侵害,但允许投资顾问从事该类行为会产生对顾客利益侵害的潜在威胁,出于保护投资者的考虑,法律禁止投资顾问从事这些行为。

我国法规规定,证券、期货投资咨询机构及其投资咨询人员,不得从事下列活动:

① 代理投资人从事证券、期货买卖;
② 向投资人承诺证券、期货投资收益;
③ 与投资人约定分享投资收益或者分担投资损失;
④ 为自己买卖股票及具有股票性质、功能的证券以及期货;
⑤ 利用咨询服务与他人合谋操纵市场或者进行内幕交易;
⑥ 法律、法规、规章所禁止的其他证券、期货欺诈行为。

根据《关于规范面向公众开展的证券投资咨询业务行为若干问题的通知》,证券投资咨询机构及其执业人员在与自身有利害冲突的下列情况下应当做出执业回避:

① 经中国证监会核准的公开发行证券的企业的承销商或上市推荐人及其所属的证券投资咨询机构和证券投资咨询执业人员,不得在公众传播媒体上刊登或发布其为客户撰写的投资价值分析报告,也不得以假借其他机构和个人名义等方式变相从事前述业务;
② 有证券投资咨询业务资格的证券公司的自营、资产管理和投资银行等业务部门的专业人员在离开原岗位的六个月内不得从事面向社会公众开展的证券投资咨询业务;
③ 证券投资咨询机构或其执业人员在知悉本机构、本人以及财产上的利害关系人与有关证券有利害关系时,不得就该证券的走势或投资的可行性提出评价或建议;
④ 中国证监会根据合理理由认定的其他可能存在利益冲突的情形。

4. 信息披露

行为学的理论证明,当行为者意识到自己处于众目睽睽之下时,其行为将趋向于公众认同的行为标准。信息披露对投资顾问机构规范运作的作用与此有异曲同工之妙,而且,投资顾问机构运作的透明化也是监管部门行使监管职能和投资者获得知情权的根本保证。因此,建立投资顾问的信息披露制度是规范投资顾问业发展和保护投资者的一个重要手段,也是各国和地区共同的一种制度选择。

投资顾问机构的信息披露义务,应该说贯穿在整个投资顾问事业从设立到运行的每一环节之中,除资格管理中的信息披露义务外,投资顾问机构在业务开展中的信息披露义务也是非常细致、详尽的,包括业务账簿的保存、营业报告的提交、接受现场检查等内容。

关于信息披露,我国法规规定,证券、期货投资咨询机构应当将其向投资人或者社会公众提供的投资咨询资料,自提供之日起保存2年。另外,证券期货投资咨询机构应在每年4月30日之前向所在地地方证管部门提供年度业务报告、经注册会计师审计的财务会计报表等资料,申请办理年检。

根据《关于规范面向公众开展的证券投资咨询业务行为若干问题的通知》,证券投资咨询机构或其执业人员在预测证券品种的走势或对投资证券的可行性提出建议时应当按以下要求

进行相应的信息披露:

(1) 证券投资咨询机构或其执业人员在预测证券品种的走势或对投资证券的可行性提出建议时,应明确表示在自己所知情的范围内,本机构、本人以及财产上的利害关系人与所评价或推荐的证券是否有利害关系。

(2) 证券投资咨询机构需在每逢单月的前三个工作日内,将本机构及其执业人员前两个月所推荐的证券是否涉及下列各项情况,向注册地的中国证监会派出机构提供书面备案材料:

① 证券投资咨询机构前五名股东、前五名股东所控股的企业是否持有相关证券;

② 证券投资咨询机构"理财工作室"客户和其他主要客户是否持有相关证券;

③ 证券投资咨询执业人员在财产上有利害关系的企业或自然人是否持有该相关证券;

④ 证券投资咨询机构或其执业人员是否与持有相关证券流通部分前五位的股东有利害关系;

⑤ 证券投资咨询执业人员所在的机构在过去 18 个月内是否从事了涉及其推荐证券所属企业的除担任承销商和推荐人以外的投资银行业务活动;

⑥ 证券投资咨询机构及其执业人员是否就同一证券在同一时间,向不同类型的客户做方向不一致的投资分析、预测或建议;

⑦ 证券投资咨询机构及其执业人员在从事面向社会公众开展的证券投资咨询业务活动时是否向所依托的媒体支付任何形式的费用或其他利益;

⑧ 中国证监会根据合理理由认定的其他可能存在利益冲突的情形。

5. 建立防火墙

根据《关于规范面向公众开展的证券投资咨询业务行为若干问题的通知》,有证券投资咨询业务资格的投资银行应当建立起研究咨询业务与自营、资产管理和承销等业务之间的"防火墙"和相应的管理制度,从事面向社会公众开展的证券投资咨询业务的人员必须专职在研究咨询部门工作,并由所在机构将其名单向中国证监会和机构注册地的中国证监会派出机构备案;专业证券投资咨询机构应当建立起研究咨询业务与其他证券类业务之间的"防火墙"和相应的管理制度,从事面向社会公众开展的证券投资咨询业务的人员必须专职在研究咨询部门工作,并由所在机构将其名单向中国证监会和机构注册地的中国证监会派出机构备案。

拓展阅读

投资者如何正确对待证券投资咨询

证券投资咨询业务是指取得相关资格的机构及其咨询人员为投资者提供证券投资的信息、分析、预测或建议,并直接或间接收取服务费用的活动。我们一般将从业者称为证券分析师或投资顾问。分析师通过对证券市场和上市公司有关信息的处理和分析,向客户提供分析报告和操作建议,帮助客户建立投资策略,确定投资方向。为防范投资者在接受咨询服务时遭遇侵权行为,也为避免投资者与证券投资咨询机构发生不必要的纠纷,本文着重向投资者介绍在接受证券投资咨询服务时应该注意的一些问题。

一、正确对待建议,提高判断能力

投资者接受投资建议时,最大的问题就是容易失去自我,完全听从分析师给出的投资建议,而丧失了自己的判断力。由于证券价格的波动特性、证券分析的主观性和分析师个人条件等因素的影响,分析师不可能对股票价格进行准确预测,也不可能提出稳赚不赔的投资建议,只能为投资者提供具有一定参考价值的意见或建议。对股票走势的看法,每个分析师的观点也不一致,看多、看空各说不一。

所以,投资者对待证券投资咨询的正确态度就是:一方面可以听取广大证券投资咨询专家的意见,开拓自己的思路,但更为重要的是自己也要进行独立思考,参考分析师的意见,形成自己的独立正确决断。

二、股票属高风险投资,"风险承诺"不可信

投资者经常可以在网上或其他媒体上看到一些证券投资咨询机构设立的各色名目的"理财工作室"。这些"理财工作室"不仅向客户提供咨询服务,而且还受理投资者全权委托代其买卖股票,并且向投资者承诺具有无风险保本收益。很多投资者对此行为是否合法区分不清。

一些投资顾问或经纪人对投资者的风险承诺理论上难以兑现,尤其难以抵御系统性风险,证券投资既有其高收益的一面,也有其高风险的一面。投资者绝对不能把希望寄托在与投资顾问签订的风险承诺上以获得无风险收益。"收益自得、风险自担",是每个投资者入市前应有的清醒认识。

三、参加会员制的投资咨询公司应该注意什么问题?

(1) 明确证券投资咨询能达到什么样的目的。如果希望通过投资咨询得到一些可供参考的信息、分析、预测和投资建议,那么这一预期目的是有可能达到的。如果想获得股票等证券未来价格波动的准确预测,获得稳赚不亏的投资建议,这一目的则是无法达到的,建议不要接受这样的咨询服务。

(2) 为了更好地维护自己的合法权益,投资者应了解与证券投资咨询业务有关的法律法规和行业自律规则。

(3) 了解证券投资咨询公司和提供服务的证券分析师的基本情况,包括:证券投资咨询公司是否有中国证监会的证券投资咨询业务许可,是否已在中国证券业协会报备;证券分析师是否具有执业资格;媒体上的咨询栏目是否已在中国证券业协会备案;咨询公司的规模大小、人员多少、业内信誉;公司的经营情况,提供咨询服务的方式和内容,以往提供的咨询质量及会员服务情况,特别是以往与会员的纠纷情况等。这些信息中的大部分可以通过相关公司网站和中国证券业协会网站(www.sac.net.cn)查阅。

(4) 评估自己的资产情况和风险承受能力。由于证券投资是一项高风险的投资,投资亏损是经常发生的,建议投资者在进入证券市场之前,认真评估自己的资产,不要将养家糊口等必需和急用的资金投资在证券上,并且做好投资亏损时承受损失的思想和资金准备。

(5) 与证券投资咨询公司签订合同,并认真阅读合同内容。建议投资者特别关注如下事项:项目和内容是否已经包括在合同中;合同中约定的服务方式是否适合自己;是否接受合同中约定的收费标准和收费方式;合同中是否有违反国家法律法规和行业自律组织规定的禁止性内容等。

(6) 确认拟签订合同的证券投资咨询公司是否可在投资者所在的地域招收会员。

四、树立正确投资理念,莫被股票分析软件迷了眼

有的投资者,不研究上市公司的基本面,而是迷信所谓的炒股软件,希望借助所谓高科技

的力量,寻找并捕捉股市黑马。结果,不仅没有享受到炒股软件给自己带来的丰厚回报,反而还搭上了巨资购买软件的钱。这里,还是要奉劝投资者,一定要树立正确的投资理念,做一个稳健的投资者。

例如:2006年7月,吴某向某公司购买了一套股票操作咨询软件。该公司承诺将由分析师盘中指导股票操作咨询软件的运用,并提供大盘分析短信服务。而之后,该公司未提供过任何证券投资咨询服务。吴某提起诉讼,主张双方协议无效,要求返还钱款。庭审中,法官提醒中小股民,如确实需要股票投资咨询,应慎重选择有资质的机构。同时,法官提醒,尚不具备股票咨询资质的投资咨询公司,应遵守我国《证券法》及相关规定,诚信经营。在上述案例中,法院最后裁决双方签订的《协议书》无效。公司应将5万元全额返还吴某。并且,法院还建议相关的管理机构,依法对该公司做出相应的行政处罚。

五、投资者与投资咨询机构发生纠纷如何处理?

投资者与咨询机构都应该按照合同约定行使权利,履行义务,避免纠纷。如果合同双方因合同解释或执行发生纠纷,应当先本着善意通过友好协商解决,协商不成的,可申请由证券业协会调解,调解不成或不符合协会调解规定的可根据合同约定通过仲裁或司法途径解决。会员签订合同时选择以仲裁解决纠纷的,应在合同中约定仲裁机构。

资料来源:中国证券业协会,《投资者如何正确对待证券投资咨询》,http://www.sac.net.cn/tzzyd/cjwt/rdwt/201008/t20/00805_32742.html。

复习思考题

1. 投资咨询的内涵是什么?
2. 投资咨询业务有何重要性?
3. 证券投资分析的含义及特征是什么?
4. 证券分析的工作流程有哪些?
5. 财务顾问主要体现在哪些方面?
6. 企业并购财务顾问的主要内容是什么?
7. 我国对从事证券投资咨询业务的机构和人员的资格条件有哪些规定?
8. 投资咨询业务的行为管理主要包括哪几方面?

第十五章 投资银行的内部控制

按照中国证券监督管理委员会 2003 年制定的《证券公司内部控制指引》,证券公司内部控制是指证券公司为实现经营目标,根据经营环境变化,对证券公司经营与管理过程中的风险进行识别、评价和管理的制度安排、组织体系和控制措施。内部控制应充分考虑控制环境、风险识别与评估、控制活动与措施、信息沟通与反馈、监督与评价等要素。2018 年中国证券监督管理委员会公布《中国证券公司投资银行类业务内部控制指引》,进一步细化了证券公司内部控制的相关制度。

第一节 投资银行内部控制概述

一、内部控制的发展

内部控制是在内部牵制的基础上,由企业管理人员在经营管理实践中创造、并由研究人员进行总结而逐步完善的自我监督和自行调节体系。在其漫长的产生和发展过程中,大体经历了萌芽期、发展期和成熟期三个历史阶段。

1. 萌芽期——内部牵制

内部控制,作为一个专用名词和完整概念,直到 20 世纪 30 年代才被人们提出、认识和接受。但在此前的人类社会发展史中,早已存在着内部控制的基本思想和初级形式,这就是内部牵制(Internal Check)。该时期的内部牵制基本上是以查错防弊为目的,以职务分离和账目核对为方法,以钱、账、物等会计事项为主要控制对象。

2. 发展期——会计控制和管理控制

1934 年,美国审计程序委员会(CAP)下属的内部控制专门委员会发表了题为《内部控制、协调系统诸要素及其对管理部门和注册会计师的重要性》的专题报告,对内部控制首次做出了如下权威定义:"内部控制是企业所制定的旨在保护资产、保证会计资料可靠性和准确性、提高经营效率、推动管理部门所制定的各项政策得以贯彻执行的组织计划和相互配套的各种方法及措施。"

由于这一概念过于宽泛,不具备可执行性,审计程序委员会于 1953 年对内部控制的定义进行了修正,把内部控制划分为会计控制和管理控制。前者的责任在于保护企业资产、检查会计数据的可靠性和准确性,后者的责任在于提高经营效率、促使有关人员遵守既定的方针。这一时期的内部控制定义后来经过了多次修正,但始终都是以会计控制为主的,虽为独立审计界所认可,却屡屡遭到管理人员代言人的攻击。他们认为这种定义过多地把精力放在纠错防弊上,目标过于消极,控制范围过于狭窄。

3. 成熟期——内部控制整体结构

人们在实践和研究中逐渐发现会计控制和管理控制是不可分割、相互联系的。1988 年美国注册会计师协会发布了《审计准则公告第 55 号》(SAS No. 55)，以内部控制结构(Internal control structure)一词取代原有的"内部控制"一词，并将内部控制结构的内容明确为控制环境、会计系统和控制程序，即不再区分会计控制和管理控制，并正式将内部控制环境纳入内部控制范畴。

1992 年，美国反对虚假财务报告委员会(Internal Comission on Fraudulent Financial Reporting)所属的内部控制专门研究委员会——发起机构委员会(Committee of Sponsoring Organizations of the Treadway Commission，简称COSO委员会)，在进行专门研究后提出专题报告:《内部控制——整体架构》(Internal Control—Integrated Frame)，也称《COSO 报告》。1994 年委员会又提出了报告的修改篇，并得到了美国审计总署(General Accounting Office，GAO)的认可。与此同时，AICPA 也全面接受了《COSO 报告》的内容。2004 年 COSO 委员会发布《企业风险管理——整合框架》。该框架拓展了内部控制，更有力、更广泛地关注于企业风险管理这一更加宽泛的领域。

《COSO 报告》指出：内部控制是一个过程，受企业董事会、管理当局和其他员工影响，旨在保证财务报告的可靠性、经营的效果和效率以及现行法规的遵循。其构成要素具体包括：

(1) 控制环境(Control Environment)。环境要素是推动企业发展的引擎，也是所有其他内部控制组成要素的基础。控制环境的因素包括企业的组织结构、管理哲学和经营风格；员工的诚信原则、道德价值观及能力；责任的分配与授权；人力资源政策与实务等。

(2) 风险评估(Risk Appraisal)。每个企业都面临来自内部和外部的不同风险，这些风险都必须加以评估。评估的先决条件是制定目标，然后分析和辨识实现所定目标可能发生的风险，并采取必要的行动。

(3) 控制活动(Control Activity)。控制活动是确保管理阶层的指令得以执行的政策及程序，如核准、授权、验证、调节、复核营业绩效、保障资产安全及职务分工等。

(4) 信息与沟通(Information and Communication)。企业在其经营过程中，必须在合适的时间与地点辨识、取得确切的信息，并进行沟通，以使员工能够履行责任。

(5) 监督(Monitoring)。整个内部控制系统需被施以恰当的监督，通过监督活动在必要时对其加以修正。

二、内部控制对投资银行的重要性

首先，内部控制作为企业自我约束、调节和监督的体系，由上而下地贯穿在企业的整个组织结构和运作流程中，使经营管理活动发挥应有的功能。所以内部控制可以保证风险管理工作从决策、执行到完善、改进的各个环节都达到既定的目标，使投资银行在经营过程中趋利避害，达到持续高效的经营。即使有再先进的风险管理手段，还是需要通过和借助完善的内部控制来贯彻执行的。所以，内部控制对投资银行的持续稳定经营有着尤为重要的意义。

其次，证券业是典型的信用产业，证券市场的运转依赖于信用关系、信誉基础。投资银行在证券业中的特殊位置则使它成为证券市场信用的主要载体。如在证券发行业务中，证券的信用、信誉不仅来自上市公司的信用、信誉，在很大程度上也来自该承销投资银行的信用、信誉。在进行融资、融券以及授信、授权等活动时投资银行要以一定的形式进行信用介入。投资银行提供经纪服务或介入证券投资，依靠的也是信用和信誉。所以良好的信用是投资银行进行业务经营活动的基础。而信用是非常脆弱的,如果投资银行的内部控制不够完善,无论在哪个环节存在欠缺和失误而出了问题,都势必会导致投资银行的信用下降,破坏其稳健可靠的社会形象,进而危及投资银行的生存基础。从这个角度来讲,内部控制对投资银行也有着特殊的重要性。

最后,由于证券业带有强烈的资本参与、资本扩张色彩,其影响渗透到经济社会生活的各个方面,证券投资又带有广泛的大众性、社会性,所以证券业一旦出现问题,不但会使证券业自身受害,还会引起难以预料的连锁反应,甚至殃及一国正常的经济运行。因此对证券业风险的防范和化解已经成为一个社会性的命题。投资银行在证券业中处于核心和枢纽地位,理所当然地成为整个证券市场风险管理、监督的杠杆和"传导器"。但外在的监督、管理只能起到"警察"的作用,并且外在的监督、管理能否奏效,在很大程度上还是依赖于微观主体的自觉和自律。所以单纯依靠外在的监管是不能彻底解决问题的,只有在投资银行建立了完善有效的内部控制,对风险的防范和化解成为投资银行的自觉行动、自律行为的情况下,投资银行才能步入规范、稳健的成长上升通道,对证券业乃至整个国民经济的稳定和健康发展起到积极的作用。从这个意义上讲,投资银行的内部控制不仅对投资银行本身有重要的意义,对证券业以至整个经济金融体系都有重要的意义。

三、投资银行内部控制的目标和原则

1. 投资银行内部控制的目标

证券公司内部控制的总体目标是要建立一个决策科学、运营规范、管理高效和持续、稳定、健康发展的证券经营实体。具体来说,必须达到以下目标:

(1) 严格遵守国家有关法律法规和行业监管规章,自觉形成守法经营、规范运作的经营思想和经营风格;

(2) 健全符合现代企业制度要求的法人治理结构,形成科学合理的决策机制、执行机制和监督机制;

(3) 建立行之有效的风险控制系统,确保各项经营管理活动的健康运行与公司财产的安全完整;

(4) 不断提高经营管理的效率和效益,努力实现公司价值的最大化,圆满完成公司的经营目标和发展战略。

2. 投资银行内部控制的原则

(1) 投资银行完善内部控制机制必须遵循以下原则:

① 健全性原则:内部控制机制必须覆盖公司的各项业务、各个部门和各级人员,并渗透到决策、执行、监督、反馈等各个经营环节;

② 独立性原则:公司必须在精简的基础上设立能充分满足公司经营运作需要的机构、部门和岗位,各机构、部门和岗位职能上保持相对独立性;

③ 相互制约原则:内部部门和岗位的设置必须权责分明、相互牵制,并通过切实可行的相互制衡措施来消除内部控制中的盲点;

④ 防火墙原则:公司投资银行、自营、经纪、资产管理、研究咨询等相关部门,应当在物理上和制度上适当隔离。对因业务需要知悉内幕信息的人员,应制定严格的批准程序和监督处

罚措施；

⑤ 成本效益原则：公司应当充分发挥各机构、各部门及广大职员的工作积极性，尽量降低经营运作成本，保证以合理的控制成本达到最佳的内部控制效果。

(2) 投资银行制定内部控制制度必须遵循以下原则：

① 全面性原则：内部控制制度必须涵盖公司经营管理的各个环节，并普遍适用于公司每一位职员，不得留有制度上的空白或漏洞；

② 审慎性原则：公司内部控制的核心是风险控制，内部控制制度的制订要以审慎经营、防范和化解风险为出发点；

③ 有效性原则：内部控制制度必须符合国家有关法律法规的规定，公司全体职员必须竭力维护内部控制制度的有效执行，任何职员不得拥有超越制度约束的权力；

④ 适时性原则：内部控制制度的制订应当具有前瞻性，并且必须随着公司经营战略、经营方针、经营理念等内部环境的变化和国家法律法规、政策制度等外部环境的改变及时进行相应的修改或完善。

四、投资银行内部控制的基本要求

证券公司必须按核定的业务经营范围和自身的经营管理特点，建立架构清晰、控制有效的内部控制机制，制定全面系统、切实可行的内部控制制度。基本要求是：

1. 证券公司必须依据自身经营特点设立顺序递进、权责统一、严密有效的三道监控防线

(1) 建立一线岗位双人、双职、双责为基础的第一道监控防线。直接与客户、电脑、资金、有价证券、重要空白凭证、业务用章等接触的岗位，必须实行双人负责的制度。属于单人单岗处理的业务，必须有相应的后续监督机制。

(2) 建立相关部门、相关岗位之间相互监督制衡的第二道监控防线。公司必须在相关部门和相关岗位之间建立重要业务处理凭据顺畅传递的渠道，各部门和岗位分别在自己的授权范围内承担各自职责。

(3) 建立以内部稽核部门对各岗位、各部门、各机构、各项业务全面实施监督反馈的第三道监控防线。内部稽核部门独立于其他部门和业务活动，并对内部控制制度的执行情况实行严格的检查和反馈。

2. 证券公司必须建立科学的授权批准制度和岗位分离制度

各业务部门和分支机构必须在适当的授权基础上实行恰当的责任分离制度，直接的操作部门或经办人员和直接的管理部门或控制人员必须相互独立、相互牵制。

3. 证券公司必须建立完善的岗位责任制度和规范的岗位管理措施

在明确不同岗位的工作任务基础上，赋予各岗位相应的责任和职权，建立相互配合、相互制约、相互促进的工作关系。通过制定规范的岗位责任制度、严格的操作程序和合理的工作标准，大力推行各岗位、各部门、各机构的目标管理。

4. 证券公司必须在保证资产安全性的前提下追求利润的最大化，严格控制公司的财务风险

公司必须真实、全面地记载每一笔业务，充分发挥会计的核算和监督职能，健全会计、统计、业务等各种信息资料及时、准确报送制度，确保各种信息资料的真实与完整。

5. 公司必须建立严密有效的风险管理系统

包括主要业务的风险评估和监测办法、分支机构和重要部门的风险考核指标体系以及管理人员的道德风险防范系统等。通过严密的风险管理，及时发现内部控制的弱点，以便堵塞漏洞、消除隐患。

6. 证券公司必须制订切实有效的应急应变措施，设定具体的应急应变步骤

尤其是证券营业部等重要部位遇到断电、失火、水灾、抢劫等非常情况时，应急应变措施要及时到位，并按预定功能发挥作用，以确保公司的正常经营不会受到不必要的影响。

第二节 投资银行内部控制的主要内容

投资银行内部控制的主要内容包括：环境控制、业务控制、资金管理控制、会计系统控制、电子信息系统控制、内部稽核控制等。

一、环境控制

（1）科学的投资银行治理结构包括民主、透明的决策程序和管理议事规则，高效、严谨的业务执行系统，以及健全、有效的内部监督和反馈系统。公司必须严格按照现代企业制度的要求，健全符合公司发展需要的组织结构和运行机制，充分发挥独立董事和监事会的监督职能，坚决避免内部人控制现象的发生。

（2）投资银行管理层必须牢固树立内控优先思想，自觉形成风险管理观念；同时制定有效的信息资料流转通报制度，保证全体员工及时了解重要的法律法规和管理层的经营思想。公司全体职工必须忠于职守，勤勉尽责，严格遵守国家法律法规和公司各项规章制度。

（3）投资银行必须建立科学的聘用、培训、轮岗、考评、晋升、淘汰等人事管理制度，严格制定单位业绩和个人工作表现挂钩的薪酬制度，确保公司职员具备和保持正直、诚实、公正、廉洁的品质与应有的专业胜任能力。对重要岗位（如证券营业部负责人、财务主管和电脑主管等）必须在回避的基础上实行委派制和定期轮换制。

（4）投资银行授权控制，主要内容包括：

① 股东（大）会、董事会、监事会必须充分履行各自的职权，健全公司逐级授权制度，确保公司各项规章制度的贯彻执行；

② 公司实行法人负责制，公司各业务部门、各级分支机构在其规定的业务、财务、人事等授权范围内行使相应的经营管理职能；

③ 各项经济业务和管理程序必须遵从管理层制定的操作规程，经办人员的每一项工作必须是在其业务授权范围内进行的；

④ 公司授权要适当，对已获授权的部门和人员应建立有效的评价和反馈机制，对已不适用的授权应及时修改或取消授权。

二、业务控制

投资银行必须自觉遵守国家有关法律法规，严格制定各项业务（包括经纪业务、自营业务、发行承销业务、资产管理业务、金融创新业务等）的管理规章、操作流程和岗位手册，并针对各

个风险点设置必要的控制程序。

1. 经纪业务控制管理

(1) 对证券营业部的整体布局、规模发展和技术更新等进行统一规划,对新设营业部的选址、投入与产出进行严密的可行性论证;

(2) 统一制定证券营业部的标准化服务规程,不断提高证券营业部的服务质量和避免差错事故的发生;

(3) 制定统一的股东账户和资金账户管理制度,妥善保管客户的开户资料,严格客户资金的存取程序和授权审批制度;

(4) 严格遵守保密原则,如实记录证券交易情况,并妥善保存委托记录。无书面委托记录的,应当事先明确双方的权利与义务,坚决防止新的电子交易方式的各种风险;

(5) 实行证券交易法人集中清算制度,严格资金的及时清算和股份的交割登记,及时有效地防止结算风险和法律纠纷;

(6) 对客户托管的国债及其他上市流通的有价证券实行定期盘点制度,并按有关规定进行表外登记,不得将代保管的证券进行抵押、回购或卖空等。

2. 自营业务控制管理

(1) 充分发挥集体智慧的决策能力,坚决避免由一个部门或主管全权决定证券投资策略或投资品种;

(2) 建立恰当的责任分离制度。自营交易管理部门、操作部门、资金结算部门与会计核算部门相互分离、相互监督;

(3) 严格控制自营业务的股东账户和专用席位。自营股东账户应由自营部门以外的部门统一管理,不得假借他人名义或席位从事自营业务;

(4) 自营业务必须使用自有资金和依法筹集的资金,自营交易的资金必须履行严格的资金调度审批手续;

(5) 严格自营业务的风险评估和控制制度,直接操作人员的业务活动必须严格限制在规定的风险权限额度之内,为防范和化解市场风险管理层必须及时采取恰当的止损措施;

(6) 公司全体职工必须严格执行公司各项保密制度,不得利用职位便利为自己及他人买卖证券或提供咨询意见。

3. 发行承销业务控制管理

(1) 建立严格的项目风险评估体系和项目责任管理制度,根据各项发行承销业务和证券品种的不同特点制定各自不同的操作流程、作业标准和风险防范措施;

(2) 建立科学的发行质量评价体系,在认真核查发行人文件的真实性、准确性和完整性基础上,确保推荐优质企业发行上市;

(3) 强化发行承销业务的风险责任制,尽量降低投资银行业务风险。在实施风险权限管理的基础上,明确各当事人在事前、事中、事后各自不同的风险控制责任;

(4) 建立严密的内核工作规则与程序,不断提高发行申报材料的编制质量,确保证券发行文件不存在严重误导、重大遗漏、虚假和欺诈。

4. 资产管理业务控制管理

(1) 资产管理业务由证券公司统一受理,并指定专业部门和人员统一管理。资产管理业

务和自营、经纪、承销等其他业务,以及资产管理业务各操作岗位之间应建立严格的"防火墙"制度;

(2) 每一笔资产管理业务都要按业务授权进行审核批准,受托资金的投资策略、投资品种等要严格按授权和合同规定办理;

(3) 受托资金专户独立核算,不得与自有资金混同使用,也不得将不同客户的委托资金混同使用;

(4) 随时评估和监控每笔受托资金的管理效益,有效避免各项受托资金的重大损失,坚决防止资产管理业务的不道德行为。

5. 金融创新业务控制管理

证券公司应在审慎经营和合法规范的基础上力求金融创新。在充分论证的前提下周密考虑金融创新品种或业务的法律性质、操作程序、经济后果等,严格控制金融新品种、新业务的法律风险和运行风险。

三、资金管理控制

(1) 坚持资金营运安全性、流动性和效益性相统一的经营原则,强化资金的集中统一管理制度,各分支机构不得自行从事资金的拆借、借贷、抵押、担保等融资活动;

(2) 严格资金业务的授权批准制度,强化重大资金投向的集体决策制度。凡对外开办的每一笔资金业务都要按业务授权进行审核批准,对特别授权的资金业务要经过特别批准;

(3) 健全资金业务的风险评估和监测制度,严格控制资金流动性风险。日常头寸调度外的每笔资金业务在使用前需进行严格的风险收益评估,各项资金比例严格控制在公司可承受风险范围之内;

(4) 建立科学的资金管理绩效评价制度,严格考核各责任单位资金循环的成本与效益,坚决奖勤罚懒和奖罚分明。

四、会计系统控制

(1) 根据会计准则、财务通则、会计基础工作规范、证券公司会计制度和财务制度等制定公司会计制度、财务制度、会计工作操作流程和会计岗位工作手册,并针对各个风险控制点建立严密的会计控制系统;

(2) 建立公司内各级机构会计部门的垂直领导和主管会计委派制度,在岗位分工的基础上明确各会计岗位职责,严禁需要相互监督的岗位由一人独自操作全过程;

(3) 坚持正确的会计核算,建立严格的成本控制和业绩考核制度,强化会计的事前、事中和事后监督,加强对重大表外项目(如担保、抵押、未决诉讼、赔偿责任等)的风险管理;

(4) 严格制定财务收支审批制度和费用报销管理办法,自觉遵守国家财税制度和财经纪律,坚决避免重大财务支出由一个部门、一个主管、一支笔全权决定;

(5) 制订完善的会计档案保管和财务交接制度。财会部门必须妥善保管密押、业务用章、空白支票等重要凭据和会计档案,严格会计资料的调阅手续,防止会计数据的毁损、散失和泄密;

(6) 强化财产登记保管和实物资产盘点制度。对自营证券、代保管证券、固定资产等重要资产必须进行定期或不定期盘点,及时处理盘盈盘亏并分析总结原因。

五、电子信息系统控制

（1）根据国家法律法规的要求，遵循安全性、实用性、可操作性原则，严格制定电子信息系统的管理规章、操作流程、岗位手册和风险控制制度；

（2）对电子信息系统的项目立项、设计、开发、测试、运行和维护整个过程实施明确的责任管理，严格划分软件设计、业务操作和技术维护等方面的职责；

（3）强化电子信息系统的相互牵制制度，系统设计、软件开发等技术人员与实际业务操作人员必须相互独立，计算机系统的日常维护和管理人员必须独立于会计、交易等部门，禁止同一人同时掌管操作系统口令和数据库管理系统口令；

（4）严格制定电子信息系统的安全和保密标准，保证电子信息数据的安全、真实和完整，并能及时、准确地传递到会计等各职能部门；

（5）严格计算机交易数据的授权修改程序，建立电子信息数据的即时保存和备份制度，并坚持电子信息数据的定期查验制度；

（6）电子信息管理部门应指定专人负责计算机病毒防范工作，定期进行病毒检测。

六、内部稽核控制

（1）内部稽核（审计）部门独立于公司各业务部门和各分支机构，就内部控制制度的执行情况独立地履行检查、评价、报告、建议职能，并对董事会负责；

（2）强化内部稽核检查制度，通过定期或不定期检查内部控制制度的执行情况，确保公司各项经营管理活动的有效运行；

（3）全面推行稽核工作的责任管理制度，明确内部稽核部门各岗位的具体职责，严格内部稽核的组织纪律；

（4）严格内部稽核人员的专业任职条件，充分发挥内部稽核部门和人员的权威性，不断提高内部稽核工作的质量和效率；

（5）健全内部稽核处罚制度，任何部门和人员不得拒绝、阻挠、破坏内部稽核工作，对打击、报复、陷害稽核工作人员的行为必须制定严厉的处罚制度；

（6）严格稽核人员奖惩制度，对滥用职权、徇私舞弊、玩忽职守的，应追究有关部门和人员的责任；对在稽核工作中表现突出的，应予以适当的表彰与奖励。

最后必须指出，有了规章制度不等于就能防范风险，执行制度比编制条文更重要，再好的制度若不严格执行就等于一纸空文。纵观各类案例，每一个均与明知故犯的冒险心理、利益驱动的投机心理、不易暴露的侥幸心理和人看人样的从众心理有关。巴林银行、山一证券、百富勤的内部控制面面俱到，然而也难逃灭顶之灾。由此可见，执行制度比编制条文更为重要。

第三节 投资银行的内部控制系统构建

投资银行的内部控制如同人体中的神经系统，贯穿渗透到公司经营管理的各个部位，它应是一个由相互作用、相互影响、相互制约、相互依赖的多个子系统集合而成的具有特定功能的有机整体。投资银行系统中任何一个环节出了问题，都会影响到公司整体的风险控制和管理。因此投资银行内控的构建是一项系统工程，包括形成科学的内控管理理念，建立完整的内控组织架构、流程、报告路线,明确管理层与业务部门的内控职责、纪律程序和量化的风险管理评价体系以及手段、措施等。

一、内控管理理念

1. 独立性

独立性是一套好的风险管理体制能够有效发挥作用的重要保证条件。虽然内控作为投资银行经营管理体系中的一个重要组成部分必须服从、服务于公司总体的发展方针和经营目标,但是相对于经营管理的其他部分来说,风险管理仍然具有具有一定的独立性。这决定了内部控制在尽可能体现、覆盖于每一经营管理环节的同时,应保持自身组织、职能的独立性,相对独立地对风险进行测试、监管并制定政策、实施控制,不受具体业务部门的牵制。

2. 协调性

风险存在于投资银行的几乎每一项资源调配、业务开展等活动中,而机会也蕴藏在其中。投资银行收益和利润的相当一部分来源于因承担潜在风险而获得的那部分风险补偿。因此,投资银行应该在获取收益和控制风险之间找到平衡点,协调公司市场营销、市场拓展与实施风险控制管理之间的关系。内部控制的构建不是要消除经营活动中的风险因素、风险来源本身,也不是停留在防范风险、堵塞漏洞,而是在于经营风险、管理风险。即通过合理的安排及实施一系列决策、管理、操作政策和程序,保证在尽可能大的盈利下,避免或减少风险发生的可能性和危害性,实现安全基础上的企业价值最大化,保证经营管理活动的连续性和有效性。

3. 管理层对内控负有最终责任

有效内控的基本点是投资银行的最高管理层必须承诺对控制管理风险负有全部责任,即由全权负责整个公司业务的最高层自上而下推动和实施内控和风险管理,其制定的各项内控和风险原则、制度必须适用于基金管理公司的所有部门、环节、岗位,并能被贯彻执行。概括地说,一套有效的内控体系首先需要投资银行领导层的重视、参与和监督贯彻。

4. 公司中普及内控意识

有效的内控管理的主要特征是公司上下均对风险问题具有很强的敏感性和认知度,相关的部门和人员去认真对待和控制,并通过持续不断的培训教育将控制风险的意识贯穿到企业所有员工的言行之中与部门间的业务环节中。因此,不仅仅是管理人员、内部审计或董事会,公司中的每一个人都对内部控制负有责任,确立这种理念有利于形成良好的内控文化,将公司中所有员工团结一致,使其主动地维护及改善公司的内部控制,保证内控管理不流于形式。

二、投资银行的内控管理程序

投资银行内控管理程序,即公司为控制和管理风险而安排和设置的、由若干前后衔接相互联系的步骤与环节组成的管理程序和工作规程。投资银行内控流程的编制和创设,既要反映、适应风险运动的本质和规律,又应结合投资银行的实际情况,包括建立控制标准、识别风险确立控制点、评估风险、制定和执行计划和控制的监控、评估五个部分:

第一,应当由公司董事会来建立控制标准。

第二,风险识别。

第三,风险评估。风险评估应当包括所有影响公司业绩和目标的内部因素(比如,公司组织结构的复杂程度与变动、公司业务的性质、关键管理人员的素质和流失情况)和外部因素(比如,宏观经济环境的变化、行业竞争态势的变化、技术进步对本行业的影响),并且应当在每一项业务、子公司和整个总公司的层次进行。风险因素可以是可度量的,也可以是不可度量的。还应评价控制该种风险的成本是多少。风险评估应当区分哪些风险是公司可以控制的,哪些是公司不能控制的。对可以控制的风险,应当决定是接受还是以一定的代价转移给其他愿意接受的机构;对不能控制的风险,应当决定是接受、放弃,还是减少该种业务的规模。一个有效的内控系统要求,影响企业实现经营目标的重大风险应当被认识,并被持续地评估。这种评估应当包括企业或企业集团面对的所有风险。风险应当不断评估,以便发现从前未被认识的风险,以及新出现的风险。对这些风险的评估最好使用情景分析方法,考察不同情景对现金流和交易收入的影响。

第四,有效的风险控制和管理将落实到各业务职能部门制定和执行具体的内部控制计划,如建立一系列具体的制度,包括:岗位分离制度、空间分离制度、作业流程制度、集中交易制度、信息披露制度、资料保全制度、保密制度等,这些部门的负责人应当定期(每天、每周或者每月)研究业务进展报告,其频率和仔细程度应当高于公司高层管理人员,并及时地将内部控制制度的实质性不足或失控向公司高级管理层报告。

第五,对控制的监控、评估是内部审计稽核部门对公司内控系统进行的实时监测。公司管理高层应当保障内审部门的独立性,还应赋予其为履行工作职责所需要的其他必要权限,如对防火墙的穿越权,对所有文件、资料的调阅权,对违规行为的制止权等。内部审计稽核部门应当定期验证与核对内控执行的细节和风险评估模型的分析结果,一旦发现不当之处应向管理层报告,以便管理层及时更新修正控制标准。如此循环往复的程序如图 15-1 所示。

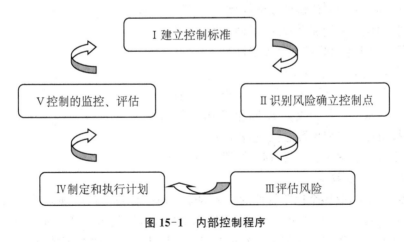

图 15-1 内部控制程序

三、投资银行的内控管理技术

1. 建立风险预警指标体系

建立一个有效的内部控制预警系统是在具体操作中设立一组能反映投资银行所面临风险的指标,定期对投资银行及其下属机构的内控机制进行考察评估,以便尽早发现和防范新的金融风险,使投资银行在风险的控制和管理中始终占据主动地位。这一风险预警指标体系可参照如下:

(1) 财务风险监测指标为：

① 流动性风险监测指标：流动比率＝流动资产/流动负债；速动比率＝（流动资产－应收账款净额）/流动负债；流动资产占比＝流动资产/净资产；

② 资本风险监测指标：负债比率＝负债/资产总额；净资产负债率＝负债/净资产；风险投资比率＝风险投资额/长期投资额。

(2) 经纪业务风险控制管理指标为：

① 代理交易赔偿率＝代理交易赔偿金额/代理交易总额；

② 客户保证金挪用比率＝挪用金额/客户保证金总额；

③ 交易出错率＝操作错误次数/交易总次数；

④ 设备先进度＝同业设备先进程度协调度＋与其他部门协调情况得分。

(3) 自营业务风险控制管理指标为：

① 自营证券比＝自营有价证券总额/自由资本规模；

② 单一证券比＝自营单一证券成本/净资产；

③ 流通市值比＝自营单只证券总市值/该证券流通总市值；

④ 自营证券损益率＝自营证券收益/自营证券投入额；

⑤ 总风险＝自营证券组合的系统风险（自营证券组合的 β 系数）＋非系统风险（自营证券组合的残差风险）。

(4) 承销业务风险控制管理指标为：

① 承销股票损益率＝承销股票业务利润（亏损）金额/承销股票业务总金额；

② 配售股票损益率＝配售股票业务利润（亏损）金额/配售股票业务总金额；

③ 余存证券比率＝未认购证券金额/承销证券总金额；

④ 佣金收益比＝承销佣金收入/承销成本。

(5) 资金营运业务风险控制管理指标为：

① 现金留存比率＝（清算＋储备金）/净资产；

② 资金收益率＝营运资金收益/营运资金总额；

③ 资金营运水平＝资金收益率/同业资金收益率；

④ 股权投资比＝股权投资总额/总资产；

⑤ 股权投资损益率＝股权投资收益/股权投资额。

2. VAR 风险管理技术

科学地测量风险，是整个风险管控的重要因素。风险计量方法必须涵盖公司头寸、市场、货币和对手方面等所有已知的风险。量化风险需要应用风险技术工具。进入 20 世纪 90 年代以来，应用数学模型来测量市场风险已经成为世界范围内众多风险管理的要点。VAR 风险管理技术是近年来在国外兴起的一种金融风险评估和计量模型，目前已被全球各主要银行、非银行金融机构、公司（包括证券公司、保险公司、基金管理公司、信托公司等）和金融监管机构广泛采用。

(1) VAR 的定义、计算和模型检验。VAR 即 Value At Risk，中文译为"风险价值"，是在正常的市场条件和给定的置信度内，用于评估和计量任何一种金融资产或证券投资组合在既定时期内所面临的市场风险大小和可能遭受的潜在最大价值损失的技术。它的优势在于：

①能够帮助管理人员测度与其交易头寸相关的市场风险暴露头寸,从而可以应用于各种各样的市场风险检测;②能够反映组合分散后所带来的风险减少;③包含的内容很多,但易于分解和解释。VAR 模型加入大量的可能影响公司交易组合公允价值(Fair Value,也即市场价值)的因素,如证券和商品价格、利率、汇率、有关的波动率以及这些变量之间的相关值。VAR 模型一般考虑线性和非线性价格暴露头寸、利率风险及隐含的线性波动率风险暴露头寸。借助该模型,输入历史风险数据,进行模拟运算,可求出在不同的置信度(比如 99%)下的 VAR 值。

对历史数据的模拟运算,需要建立一个假设交易组合值每日变化的分布,该假设是以每日观察到的市场重要指标或其他对组合有影响的市场因素("市场风险因素")的变化率为基础的。据此算出的公司某日 VAR 值与当日公司组合可能的损失值相对应。对于置信度为 99%,时间基准为一天的 VAR 值,可以理解为该值被超过的概率为 1% 或在 100 个交易日内可能发生一次。例如,某投资银行 2001 年某日 99%VAR 值平均为 3 500 万美元,这表明该投资银行可以以 99% 的概率做出保证,其该日投资组合在未来 24 小时内的平均损失不会超过 3 500 万美元。通过这一 VAR 值与该投资银行 2001 年的年利润和资本额相对照,则该证券公司的风险状况即可一目了然。

假定某投资银行在某年 1 月 1 日买入本年度 6 月份的国债期货合同,按当日收盘价计算,该合同价值为 110 000 美元,要求计算出平均一日内置信度为 99% 的 VAR 值。VAR 通常是根据金融资产的收益率而非价格来计算的,收益率=(期末价值-期初价值)/期初价值。假定收益率 Z 是一个呈正态分布的随机变量,且我们已估算出 X 的均值和方差分别为 0.002 4% 和 0.605 074%,那么根据正态分布规律(查正态分布表),收益率 Z 有 99% 的概率应落在均值的 2.33 个标准差内[即区间(-2.33,2.33)]。由于 2.33×0.605 074%=1.41%,这表明收益率有 99% 的可能性将落到-1.41% 和 1.41% 的范围之内,即收益率高于-1.41% 的概率为 99%。这时在 99% 的置信度内的一日 VAR 值为 1.41%×\$110 000=\$1 551。它说明每日有 99% 的可能性以保证其损失不会高于 1 551 美元。这里,VAR 值计算的关键在于估算出收益率在未来一定时期内的均值和方差,它是通过收益率的历史数据对未来数据进行模拟得出的。

为了确保风险评估计量模型的质量和准确性,需经常对模型进行检验。"返回检验"(Backtesting)就是一个评价公司的风险计量模型,是 VAR 模型一种常用的计量检验方法。它的核心是将实际交易的结果与根据模型生成的风险值进行比较,以确认和检验 VAR 风险计量方法的可信度。巴塞尔银行监管委员会在《关于使用"返回检验"法检验计算市场风险资本要求的内部模型法的监管构架》文件中,也专门对这一检验方法的使用做了详细说明。目前,这一方法已被许多使用 VAR 模型的机构用于模型检验。

但是,和其他任何一种风险检测的技术工具一样,VAR 也有其局限性,这表现在以下几个方面:①VAR 模型着重于从分析过去来预测未来,但是,市场风险因素过去的变化并不总能精确地预测一个交易组合值将来的变化,1998 年著名对冲基金长期资本管理公司出现巨额亏损濒临破产,就是因为市场波动出现了大幅偏离以往经验值的状况;②难以精确地模拟所有交易组合的市场风险因素;③公开的 VAR 值反映过去的交易头寸,而将来的风险取决于将来的头寸;④VAR 模型使用一天作为时间基准,不能完全捕捉到那些无法在一天内清偿或规避的头寸的市场风险。VAR 模型的这些局限,决定 VAR 模型只能是风险管理和检测的一个组成部分。投资银行为了弥补这些局限,还在 VAR 模型外加入敏感性分析和压力测试等更多的技术工具。作为压力测试的一个组成部分,投资银行应制定应急计划,以应付不利情况和最坏情形的发生。但是,即使使用更多的技术工具,增加更多的数学风险模型,也只能增加风险管控的可靠性,而不能保证风险的杜绝。即使投资银行应用一系列的技术工具来量度风险,但是,如果公司管理松懈,一旦发生违反纪律或监管失误,公司依然面临着承担巨大损失的风险。

(2) VAR 模型的应用。目前,VAR 计量模型及在此基础上形成的管理模式和方法正不断地被越来越多的金融监管当局、商业银行、投资银行和机构投资者所普遍认同和广泛接受。

自从 1993 年 G30 发表《衍生产品的实践和规则》的研究风险评估报告并竭力推荐各国银行使用 VAR 风险管理技术后,巴塞尔委员会也在其《关于市场风险资本要求的内部模型法》(1995)、《关于使用"返回检验"法检验计算市场风险资本要求的内部模型法的监管构架》文件中向其成员国银行大力倡导这一方法,并且规定依据 VAR 风险计量模型计算出的风险来确定银行的资本金,同时对这个计量方法的使用和模型的检验提出了可行的建议,并做出了明确的规定。

许多国家的金融监管当局利用 VAR 技术对银行和证券公司的风险进行监控,以 VAR 值作为衡量金融中介机构风险的统一标准与管理机构资本充足水平的一个准绳和依据。与此同时,很多银行也采用 VAR 风险计量模型来计量各种业务和投资组合的市场风险,将其资本水平与所承担的市场风险相挂钩,以提高银行的资本充足率,增强其资本实力和抵御风险的能力,促进银行高效、稳健运营。

VAR 方法也是投资银行进行投资决策和风险管理的有效技术工具。投资银行利用 VAR 方法进行营运资金的管理,制定投资策略,通过对所持有的资产的风险值的评估和计量,及时调整投资组合,以分散和规避风险,提高资产运营质量和运作效率。以摩根士丹利公司为例,该公司利用各种各样的风险规避方法来管理它的头寸,包括风险暴露头寸分散化,对有关证券和金融工具头寸的买卖以及种类繁多的金融衍生产品(包括互换、期货、期权和远期交易)的运用。公司在全球范围内按交易部门和产品单位来管理与整个公司交易活动有关的市场风险。

摩根士丹利公司按如下方式管理和检测其市场风险:①建立一个交易组合,使其足以将市场风险因素分散;②整个公司和每一个交易部门均有交易指南和限额,并按交易区域分配到该区域交易部门和交易柜台;③交易部门风险经理、柜台风险经理和市场风险部门都检测市场风险相对于限额的大小,并将主要的市场和头寸变化报告给高级管理人员。市场风险部门使用 VAR 与其他定量和定性测量分析工具,根据市场风险规律,独立地检查公司的交易组合。公司使用利率敏感性、波动率和时间滞后测量等工具来估测市场风险,评估头寸对市场形势变化的敏感性。交易部门风险经理、柜合风险经理和市场风险部门定期使用敏感性模拟系统,检测某一市场因素变化对现存的产品组合值的影响。公司高级管理人员使用 VAR 技术工具,以协助其管理人员测度与其交易头寸相关的市场风险暴露头寸。

随着交易组合的分散化以及模型技术和系统能力的改善,VAR 模型也在不断改善。进入 21 世纪,在研究范式的转变、方法创新以及计算科学技术不断发展的基础上,VAR 模型的使用领域和拓展形式有了新的突破,主要表现为以下三个方面:一是利用贝叶斯估计法,与具有微观经济理论基础的研究方式相融合——以 DSGE-VAR 模型为代表。二是向非线性、时变参数的趋势发展——以 TVP-VAR 模型为代表。三是向大规模、多变量的趋势发展——以 FAVAR 模型为代表。总的来看,未来 VAR 模型的发展,会向更具有严密经济理论基础、能够处理非线性、多变量以及空间计量的趋势演进,贝叶斯统计推断技术在进行模型参数估计时仍具有无可替代的优势。

拓展阅读

第四章 主要控制内容
第一节 承揽至立项阶段的内部控制

第四十五条 证券公司应当建立健全利益冲突审查机制,对拟承做的投资银行类项目与公司其他业务和项目之间、拟承做项目的业务人员与该项目之间等存在的利益冲突情形进行审查,并对利益冲突审查结果发表明确意见。

第四十六条 证券公司应当建立投资银行类业务立项制度,明确立项机构设置及其职责、立项标准和程序等内容,从源头保证投资银行类项目质量。同类投资银行业务应当执行统一的立项标准和程序。

第四十七条 证券公司应当设立立项审议机构,履行立项审议决策职责,对投资银行类项目是否予以立项做出决议。未经立项审议通过的投资银行类项目,证券公司不得与客户签订正式业务合同。

第四十八条 立项审议机构应当聘任一定数量的立项委员,独立发表意见和行使表决权。立项委员不得参与其负责或可能存在利益冲突项目的表决。

第四十九条 立项审议机构应当以现场、通讯、书面表决等方式履行职责,以投票方式对投资银行类项目能否立项做出决议。证券公司应当明确立项审议的具体规则和表决机制。每次参加立项审议的委员人数不得少于5人。其中,来自内部控制部门的委员人数不得低于参会委员总人数的1/3。同意立项的决议应当至少经2/3以上的参会立项委员表决通过。立项决议应当制作书面或电子文件,并由参与表决委员确认。

第五十条 证券公司应当建立立项、内核工作考核评价制度,从参会频率、履职效果等方面对立项、内核委员的履职情况进行考核评价。对于兼职的立项、内核委员,证券公司可以通过薪酬考核等方式予以奖励,鼓励其勤勉尽责地履行相关职责。

第二节 立项至报送阶段的内部控制

第五十一条 证券公司应当根据各类投资银行业务风险特性,针对性地建立尽职调查制度,规范项目组在实施尽职调查过程中的行为,确保项目组勤勉尽责地履行尽职调查职责。

第五十二条 证券公司应当建立工作日志制度,要求项目组为每个投资银行类项目编制单独的工作日志。工作日志应当按照时间顺序全面、完整地记录尽职调查过程,并作为工作底稿一部分存档备查。

第五十三条 证券公司质量控制部门或团队应当对投资银行类项目是否符合立项、内核等标准和条件,项目组拟提交、报送、出具或披露的材料和文件是否符合法律法规、中国证监会的有关规定、自律规则的相关要求,业务人员是否勤勉尽责履行尽职调查义务等进行核查和判断。发现投资银行类项目存在重大风险的,质量控制部门或团队应当指派专人进行必要的现场核查。

第五十四条 证券公司应当建立质量控制现场核查制度,明确现场核查的标准、内容和程

序等要求。质量控制部门或团队应当根据具体执业要求和风险特征合理确定各类投资银行业务现场核查项目的比例,保证足够的进场时间。

第五十五条 开展现场核查的投资银行类项目,质量控制人员应当形成书面或电子形式的现场核查报告并存档备查。现场核查报告应当如实记录、反映现场核查情况,分析、判断项目风险和项目组执业情况,形成明确的现场核查结论。

第五十六条 发现投资银行类项目存在合规风险隐患的,专职合规管理人员应当主动及时向合规负责人报告。如有必要,合规负责人可授权专职合规管理人员或其他合规人员开展现场合规检查。现场合规检查应当形成明确检查意见,经检查人员确认并提交合规负责人。

第五十七条 业务部门申请启动内核会议审议程序前,应当完成对现场尽职调查阶段工作底稿的获取和归集工作,并提交质量控制部门或团队验收。质量控制部门或团队应当出具明确的验收意见。质量控制部门或团队应当认真审阅尽职调查工作底稿,对相关专业意见和推荐文件是否依据充分,项目组是否勤勉尽责出具明确验收意见。验收通过的,质量控制部门或团队应当制作项目质量控制报告,列示项目存疑或需关注的问题提请内核会议讨论。验收未通过的,质量控制部门或团队应当要求项目组做出解释或补充相关工作底稿后重新提交验收。工作底稿未验收通过的,不得启动内核会议审议程序。

第五十八条 证券公司应当建立针对各类投资银行类业务的问核制度,明确问核人员、目的、内容和程序等要求。问核内容应当围绕尽职调查等执业过程和质量控制等内部控制过程中发现的风险和问题开展。问核情况应当形成书面或者电子文件记录,由问核人员和被问核人员确认,并提交内核会议。

第五十九条 内核委员会应当以现场、通讯等会议方式履行职责,以投票表决方式对下列事项做出审议:

(一)是否同意保荐发行人股票、可转换债券和其他证券发行上市;
(二)是否同意出具上市公司并购重组财务顾问专业意见;
(三)是否同意承销债券发行;
(四)是否同意推荐申请挂牌公司股票挂牌;
(五)是否同意设立专项计划、发行资产支持证券;
(六)规章和其他规范性文件、行业规范和自律规则以及公司认为有必要的事项。

内核审议应当在对项目文件和材料进行仔细研判的基础上,结合项目质量控制报告,重点关注审议项目是否符合法律法规、规范性文件和自律规则的相关要求,尽职调查是否勤勉尽责。发现审议项目存在问题和风险的,应提出书面反馈意见。证券公司应当明确内核会议的具体规则和表决机制。内核会议应当制作内核决议和会议记录等书面或电子文件,并由参会的内核委员确认。

第六十条 内核会议应当形成明确的表决意见。同意对外提交、报送、出具或披露材料和文件的决议应当至少经2/3以上的参会内核委员表决通过。有效的内核表决应当至少满足以下条件:

(一)参加内核会议的委员人数不得少于7人;
(二)来自内部控制部门的委员人数不得低于参会委员总人数的1/3;

(三) 至少有 1 名合规管理人员参与投票表决。

第六十一条　证券公司应当建立内核意见的跟踪复核机制。内核机构应当对内核意见的答复、落实情况进行审核,确保内核意见在项目材料和文件对外提交、报送、出具或披露前得到落实。

第六十二条　证券公司应当为内核机构独立履行职责创造必要的条件,确保内核委员独立行使表决权。

第三节　报送至发行上市或挂牌阶段的内部控制

第六十三条　证券公司应当建立健全投资银行类项目跟踪管理机制,确保项目组对与项目有关的情况进行持续关注和尽职调查,避免项目材料和文件对外提交、报送、出具或披露后可能出现的新情况、新问题未能及时报告或披露。

第六十四条　证券公司应当建立反馈意见报告制度,项目组应当将中国证监会和证券交易场所、行业协会等自律组织在反馈意见中提出的问题向相关业务负责人、质量控制部门或团队报告。质量控制部门或团队认为有必要的,应当将反馈意见及时告知合规、风险管理等部门。

第六十五条　项目组人员应当充分研究、落实和审慎回复反馈意见,对相关材料和文件进行认真修改、补充和完善。

第六十六条　对项目材料和文件提交、报送、出具或披露后进行补充或修改的,证券公司应当明确需履行的内核程序,避免项目组人员擅自出具项目相关意见、修改项目材料和文件。反馈意见回复报告、发审委意见回复报告、举报信核查报告、会后事项专业意见、补充披露等材料和文件对外提交、报送、出具或披露前,均应当履行内核程序。

第六十七条　证券公司应当建立健全承销业务制度和决策机制,加强对定价、发行等环节的决策管理,明确具体的操作规程,切实落实承销责任。证券公司应当设立相应的职能部门或团队,专门负责证券发行与承销工作。

第六十八条　证券公司应当建立定价配售集体决策机制,以现场、通讯、书面表决等方式对定价配售过程中的重要事项进行集体决策。重要事项包括但不限于:

(一) 发行利率或者价格的确定;

(二) 配售及分销安排。

决策结果应当制作书面或电子文件,并由参与决策的人员确认。

第六十九条　证券公司应当建立完善的包销风险评估与处理机制,通过事先评估、制定风险处置预案等措施有效控制包销风险。

第七十条　证券公司应当对存在包销风险的投资银行类项目实行集体决策,以现场、通讯、书面表决等方式对包销事宜做出决议。证券公司应当制定包销决策的具体规则,明确参与决策的人员、决策流程和表决机制等内容。包销决议应当制作书面或电子文件,并由参与决策人员确认。

第七十一条　证券公司风险管理部应当委派代表参与包销决策过程,独立发表意见。

自 2018 年 7 月 1 日起正式施行

资料来源:节选自中国证券监督管理委员会,《证券公司投资银行类业务内部控制指引》,http://www.csrc.gov.cn/pub/zjhpublic/zjh/201803/t20180330_336000.htm。

复习思考题

1. 投资银行面临哪些主要风险？
2. 投资银行的操作风险有何危害？
3. 内部控制对投资银行有何重要性？
4. 简述投资银行内部控制的管理理念。
5. 举例说明投资银行的内控组织架构。
6. 投资银行的内控管理程序包括哪些部分？
7. 投资银行的风险预警指标体系该如何建立？
8. 风险价值模型有何优缺点？

第十六章 投资银行的外部监管

金融监管是保证一国金融和经济体制安全稳定,保障国民经济健康发展的重要手段。由于投资银行业务面广,业务风险大,主要业务领域又是在居于国民经济核心地位的证券市场,因而对其管理就显得特别重要。本章将从金融监管、投资银行管理体制、投资银行的资格管理、投资银行的业务管理和投资银行保险制度五个方面来探讨这一问题。

第一节 金融监管概述

一、金融监管的概念

监管在经济生活中又称管制,也就是由监管主体(监管者,主要是政府)为实现监管目标而利用各种监管手段对监管对象(被监管者)所采取的一种有意识的和主动的控制活动。其目标即使监管对象(被监管者)在不影响政府宏观经济目标的前提下实现其自身的微观经济目标。金融监管是金融监督和金融管理的复合,是指一个国家(地区)的中央银行或其他金融监督管理当局依照国家法律法规的授权对金融业实施监督管理。中央银行或其他金融监管当局是金融监管的主体;金融机构是金融监管的对象;金融监管的手段则主要是法律手段、经济手段和行政手段;金融监管的目标则是防范金融风险的发生,维护金融秩序的稳定,保证货币政策的正确实施,促进经济健康发展。

二、金融监管的模式

由于金融业在国民经济中的特殊地位,各国对金融业都存在着不同程度的监管,并且金融监管的模式也随着金融业的经营模式的变化而或多或少地变化着,但并非什么样的经营方式就一定对应着什么样的监管方式,一国或一地区的监管方式在很大程度上还受该国或该地区历史沿袭、文化背景等其他因素的制约。因此在现实的经济生活中表现为监管模式的多样性,具体可分为以下几种。

1. 分业经营,分业监管

金融业严格按银行、证券、保险等业务分业经营,不允许任何形式的业务交叉;相应地,在各个业务领域分设专业的监管机构分别进行监管。金融改革之前的美、英、日等国以及目前的中国(鉴于目前金融控股公司的存在,实际上分业经营、分业监管的格局已近突破的临界)、意大利等均是采用这种监管模式。

这种监管模式的优点:一是监管的专业化优势,有利于监管机构对监管业务的细分;二是竞争优势,每个监管机构尽管监管对象不同,但在监管有效性、监管成本等方面存在着竞争压力。缺点在于:适应性差,当被监管对象通过金融创新绕过法律约束,进入其他领域时,监管缺乏行之有效的方法,如果此时严格按功能进行监管,即当银行从事证券业务时,证券部分交由证券监管部门,则形成重复监管,增加监管成本。

2. 混业经营,分业监管

某些金融机构可从事银行、证券、保险等业务中的任意几种业务,这些业务有些国家是要求严格分开的,即内部"防火墙"制度,如美国,有些国家则没有这些要求,甚至银行和实业可以交叉持股,如德国,而监管体系却按银行、证券、保险三大行业分设机构。这种监管模式的典型国家或地区有美国、德国、中国香港地区。

以美国的具体制度为例来说明这种监管模式的优缺点。美国1999年的《金融服务现代化法》颁布后,美国采用了按金融机构来划分监管领域的形式,该法规规定经营性金融机构可以对自己的法律地位做出选择,并依此决定相应的监管部门;除参加保险的银行联营机构和储蓄协会之外的投资银行控股公司,可以选择是否接受证券交易委员会的监督。由于美国本身监管机构太多,有联邦一级的多家监管机构、州一级监管机构,因此该法强调了信息共享。这种制度安排的设计思路是想保持目前成熟的监管分工体系,同时克服分业经营、分业监管的缺点而具备其优点,在信息充分的基础上这样的制度安排理论上能够做到这一点,但这种信息渠道的保障性如何呢?当一方对另一方的信息产生怀疑时谁的权威更大呢?出了问题由谁负责呢?总之,诸如此类的问题很多。

3. 混业经营,统一监管

金融混业经营,成立统一的监管机构对其进行监管。典型的国家有英国、日本、韩国等。

该种监管模式的优点有:适应性、协调性强,可以充分适应金融创新的发展,协调监管业务在各监管部门的划分;这种适应、协调能力和分业监管相比节约了获取信息的成本;改善监管环境,监管的责任明确,当被监管者和一般消费者的利益受到损害时,可以进行投诉(一般成立专门协调监管者与被监管者之间冲突的机构)。

该种监管模式的缺陷有:获取信息成本低,并不代表整个监管成本一定比分业监管低,由于缺乏竞争,可能导致浪费严重;官僚主义可能使监管环境恶化;如缺乏协调机构导致监管者无人监督。

4. 混业经营,综合监管

综合监管是介于分业监管和统一监管两种监管模式之间的一类监管模式,在现实中又分为两种,一种接近于分业监管,如澳大利亚审慎监管局负责存款类机构、保险机构、养老金保管人、退休金储蓄账户的经营性、非经营性投资银行控股公司的审慎监管,而证券投资委员会负责对证券业、保险业的业务经营进行监管;一种接近于混合监管模式,如巴西国家货币委员会是牵头监管者,负责协调中央银行、证券和外汇管理委员会、私营保险监理署和补充养老金秘书局分别对商业银行、证券公司、保险公司进行监管。

这种监管模式的优点在于:与分业监管模式相比具有更好的适应性,避免出现监管真空,可以降低重复监管、多头监管的成本,同时具有分业监管的专业化、竞争性优势;与统一监管相比,具备了一定的效率优势。

这种监管模式也有比较明显的缺陷:协调机构的协调能力很大程度上取决于协调对象的信息反馈,也就是说,协调机构和被协调机构之间的信息如果是不对称的,不充分或滞后的信息将导致监管滞后;而道德风险容易导致被监管机构之间的恶性竞争;如协调机构的权威性不够强,则容易导致协调缺乏效率。

纵观各国监管模式,分业监管仍是一种主流模式。综合监管、统一监管是金融监管当局被动地适应经济全球化、市场一体化、金融业混业经营这样一种趋势而调整的结果,目前由于这两种监管模式的建立还比较晚,与成熟的分业监管模式相比,其在具体制度上有待进一步完善,但由分业监管向统一监管,由业务监管向审慎监管转化是一种趋势,正被越来越多的国家所采纳。

第二节 投资银行监管体制

众所周知,尽管各国金融监管体制各不相同,法律、惯例千差万别,但对商业银行的管理责任基本上都是由中央银行或承担中央银行角色的金融机构承担。然而,投资银行的监管主体却复杂得多,这主要是因为各国证券管理体制的差异造成的。

一、集中型监管体制

集中型监管体制是指政府通过制定专门的证券市场管理法规,并设立全国性的证券管理监督机构来实现对全国证券市场的管理,包括对投资银行的监管。集中型监管体制的代表是美国,此外,加拿大、日本、菲律宾、韩国、巴西、巴基斯坦、印度尼西亚、墨西哥、以色列、尼日利亚、埃及、土耳其及我国大陆和台湾地区等国家或地区也实行集中型的监管体制。在集中型监管体制下,投资银行的监管主体又可分为三类:

1. 以独立监管机构为主体

这一类型的典型代表是美国。美国根据《1934年证券交易法》,设立了专门管理机构——证券交易委员会(SEC),它由总统任命、参议院批准的5名委员组成,对全国的证券发行、证券交易所、投资银行、投资公司等实施全面管理监督的权力。证券交易委员会下设全国市场咨询委员会、联邦证券交易所、全国投资银行协会。证券交易委员会本身的组织机构则包括公司管理局、司法执行局、市场管理局、投资银行管理局等18个部门和纽约、芝加哥、洛杉矶等9个地区证券交易委员会。证券交易委员会有权制定为贯彻执行《1933年证券法》和《1934年证券交易法》所需要的各种行政法规,并监督其实施。这些行政法规,在某些场合,具有与法律同等的效力。这种监管体制的优点是监督者可以站在较超然的地位监督投资银行,避免部门本位主义,可协调各部门的立场和目标,但它要求监督者有足够的权力,否则难以解决各部门的扯皮现象。

2. 以中央银行为主体

这种类型国家的证券监督机构就是该国中央银行体系的一部分,其代表是巴西。巴西投资银行的监督机构是证券委员会,它根据巴西国家货币委员会的决定,行使对投资银行的监管权力。这种体制使一国宏观金融的监督管理权高度集中于中央银行,便于决策和行动的协调和统一,有利于提高管理效率,不足之处是过分集权将导致过多的行政干预和产生"一刀切"现象,以致忽视不同意见的吸取和缺乏有针对性的监管。

3. 以财政部为主体

这类的监管体制是指由财政部为监管主体或完全由财政部直接建立监管机关,其代表有日本、韩国、印度尼西亚等国家。日本的投资银行监管机构是大藏省的证券局。其《证券交易法》规定,投资银行在发行有价证券前必须向大藏省登记,证券交易的争端由大藏大臣调解。韩国虽然有专门的证券交易委员会和证券监督局,但两者均受制于财政部长。韩国的《证券和交易法》规定,证券交易委员会由韩国银行行长、韩国证券交易所董事长、财政部副部长和经财政部长推荐由总统任命的 6 名委员,共 9 名委员组成,主席由总统从专职委员中任命。在主席出缺期间,由财政部长指定 1 名专职委员行使主席的权力和履行主席的职责。证券交易委员会的任何决议都必须立即向财政部长报告,不得迟延。证券监督局的局长由证券交易委员会主席兼任,副局长和助理副局长经局长推荐由财政部长任命。

二、自律型监管体制

自律型监管体制是指政府除了某些必要的国家立法外,较少干预证券市场,对证券市场和投资银行的监管主要由证券交易所及投资银行协会等组织自律监管。自律组织通过其章程、规则引导和制约其成员的行为。自律组织有权拒绝接受某个投资银行为会员,并对会员的违章行为实行制裁,直至开除其会籍。自律型监管的典型代表是英国,此外,荷兰、爱尔兰、芬兰、挪威、瑞典等欧洲国家和新加坡、马来西亚、中国香港地区、津巴布韦、肯尼亚、新西兰等国家或地区也实行自律监管。在自律型监管体制下,投资银行主要通过证券交易所及投资银行协会等组织进行监管。

例如,英国的投资银行,没有单行法律,多以"君子协定"和道义劝告等方式进行管理。其自律监管体系由证券业理事会、证券交易所协会及企业收购和合并问题专门小组三家机构组成。证券业理事会是 1978 年根据英格兰银行的提议成立的自律监管机构,其主要职责是制定并执行有关证券交易的各项规章制度,如《证券交易商行动准则》《基金经理个人交易准则》《大规模收购股权准则》等。该理事会下设一个常设委员会,负责调查证券业内人士根据有关规章制度进行的投诉。证券交易所协会管理着伦敦及其他 6 个地方性证券交易所的业务,实际上管理着全国日常的证券交易活动。该协会制定的规章主要有:证券交易所管制条例和规则,关于批准证券上市及发行公司须进行连续宣述的规则,以及关于特殊情况下的行动规则。企业收购和合并问题专门小组于 1968 年由参加"伦敦城工作小组"的 9 个专业协会发起组成,负责解释和执行伦敦城关于收购和合并的准则,并进行咨询和发布消息等活动。

三、中间型监管体制

中间型监管体制既强调立法管理,又注重自律管理。在中间型监管体制下,投资银行的监管主体既有全国性的证券管理机构,又有证券交易所、证券业协会等自律性组织。实行中间型监管体制的国家有德国、意大利、泰国、约旦等。目前,世界上大多数实行集中型或自律型监管体制的国家已逐渐向中间型过渡,使两种体制取长补短,发挥各自的优势。但是由于各国国情不同,在实行中间型监管体制时其侧重点也有所不同,有的较倾向于立法管理,有的较倾向于自律管理。

综上所述,我们可以借助表 16-1 来更好地理解各国投资银行管理主体的特殊性。

表 16-1　投资银行的管理主体

	美国	英国	德国	日本
第一层次	证券交易委员会(SEC)	政府和中央银行间接管理下的证券交易所	中央银行	财政部(大藏省)
第二层次	证券交易委员会在各州的分支机构		中央银行在各地之分支机构	各地政府财政局
第三层次	证券交易所		证券交易所	证券交易所

第三节　投资银行资格管理

一、投资银行的管理模式

投资银行的管理模式是指投资银行的设立及从事经营活动要履行怎样的法律手续，即是只要经过注册，还是要特许，抑或须履行其他法律手续。目前世界上投资银行的管理模式主要有三种，即注册制、特许制和承认制。

1. 注册制

投资银行管理的注册制是指投资银行设立及从事某种证券业务必须首先到有关证券监管机关注册登记，否则即为违法。其特点是对投资银行设立的审查讲求客观标准，通常申请人只要符合法律规定的投资银行设立条件，证券主管机关就会批准注册申请。美国在投资银行管理上就实行这一制度，我国香港地区的投资银行管理模式也类似于注册制。

美国证券交易法规定，所有经营全国性证券业务的投资银行，包括证券承销商、证券自营商和证券经纪商，都必须向联邦证券交易委员会注册登记。注册申请人必须首先填写一份注册登记表，其内容主要包括：注册申请人希望从事证券业务活动的种类和范围；注册申请人资产净值；注册申请人的主要负责人及成员的资历；以及作为注册申请人的投资银行，其前身（指注册申请人或其投资者或所属机构）有无违反联邦或州证券法的历史，或有无违反联邦证券交易委员会或联邦性证券交易所管理规定的历史。

在通常情况下，投资银行提交注册申请表后，联邦证券交易委员会应在 45 天内对注册申请做出答复。但是，如果证券交易委员会在对有关申请材料进行审查后认为有必要对注册申请的投资银行做进一步调查（主要指证券交易委员会对申请人提供的材料存在疑问，而必须通过进一步的调查进行证实有关情况的情形），则可以将注册批准期限延长到 90 天。对于联邦证券交易委员会是否批准投资银行的注册申请，其决定因素主要有三方面：一是注册申请人是否有足够的自有资本及与其业务相应的交易设施，这一点主要透过注册申请人的资产状况判定；二是注册申请人是否有合格的管理人员，这一点主要透过注册申请人有关主要负责人的资料判定；三是注册申请人能否遵守联邦证券法和联邦证券交易委员会制定的关于证券交易的规章制度，这一点主要从注册申请人的前身以及其主要负责人以往在遵守法纪方面的表现判断。联邦证券交易委员会如果拒绝投资银行的注册申请，必须公布拒绝注册的理由。

另外，投资银行在向联邦证券交易委员会申请注册的同时，也要向联邦性证券交易所或全国证券交易商协会登记注册。投资银行要想在某一全国性证券交易所从事交易活动，就要向该交易所申请注册,成为其会员;要想在场外交易市场进行交易活动,就要向全国证券交易商协会申请注册,成为其会员。联邦性证券交易所或全国证券交易商协会也各有一套自己的注册要求和注册程序,但基本内容与联邦证券交易委员会相同,注册程序也相似。投资银行只有在联邦证券交易委员会与证券交易所或全国证券交易商协会都获得注册,才能开业经营。

2. 特许制

特许制是指证券商设立和从事经营活动除必须具备法律规定的各种实质要件外(如资金、人员等),还必须经有关主管机关的特许。其特点是除客观标准外,证券主管机关还有权根据当时的证券市场状况乃至经济金融状况决定是否允许设立证券商或其营业部,因此这是一种较之注册制严格的证券商管理模式,一些对证券市场管理较严的国家多采用这一模式。由于特许制对证券商要发给许可经营的牌照,因此也有人称特许制为发牌制度。目前日本就实行这一制度,欧洲的法国、意大利、德国等对证券商的设立也采取特许制,我国以及台湾等地区也都实行这一制度。

日本目前对证券商设立实行特许制,但以前也曾实行证券商的注册制,其1948年证券交易法规定对证券公司实行注册制,即只要按规定程序向大藏省注册,就可以自由成立证券公司。这一制度造成每年的证券公司大量出现又大量倒闭的弊病。因此从1950年开始,日本在注册制中附加了最低资本金的条件,谋求通过改进注册制控制证券公司的数量,但情况并未得到根本改变。1948—1964年,已登记的证券公司中约有60%倒闭或被取消注册,证券公司的大起大落极大地损害了投资者的利益。为保护投资者利益,60年代后,日本收紧了对证券商的管理,于1965年修订了证券交易法,对证券商的设立改为特许制。根据新的证券交易法,非经大藏大臣特许,不得经营证券业务。并且对经营不同证券业务的证券商给予不同的特许,这就形成了日本证券公司业务侧重不同、规模大小不同的特点。申请许可者必须向大藏大臣提交许可申请书,其内容包括:申请人名称、资本额,董事及监事的姓名,希望取得许可的种类,公司总部及其营业所的名称及所在地,并附上公司章程、公司登记簿副本、业务方法等文件,以及大藏省令规定的其他文件。为了便于审查,日本证券交易法还规定了许可的标准:①财产基础和收支前景标准,即许可申请者必须拥有足以顺利实现其经营业务的财产基础,并且该申请者必须有良好的业务收支前景;②人员组成标准,即许可申请者的从业人员构成必须具备可以保证其公正且恰当地实现其经营业务的知识和经验,并且拥有良好的社会信誉;③地区合理性标准,即预定营业地区在证券交易状况、证券公司及其营业所数目以及该地区的其他经济状况方面适宜,证券公司或其营业所的设立有利于方便投资者。实行特许制后,政府证券监管当局可随时督促证券公司纠正其业务内容及经营方式的缺点。实行特许制后,日本证券公司逐年减少,由1949年最多时的1 127家减少到1982年仅剩243家。

为促使证券公司遵守法规,进行正常的营业活动,大藏省定期派出官员对证券公司进行检查。检查内容包括四个方面:一是营业状况的检查,即检查证券公司的营业内容是否符合法规要求和客户需要,是否能保护投资者利益;二是财务状况检查,即检查证券公司的资金筹措和运用是否合理,是否有稳定的收益和发展潜力;三是内部管理状况的检查,主要是检查证券公司是否注意防范事故于未然,是否能赢得客户的信赖,是否有完善的管理系统;四是经营管理状况的检查,主要指对证券公司经营方针、经营态度方面的检查。当证券公司的准备金状况、货币和有价证券借入、贷出及有价证券和其他财产的持有情况违反法律和规定、经营处于混乱状况时,政府有关部门为维护公众利益和保护投资者,可颁布营业保全命令,主要措施有:变更业务方法、营业内容;全部或部分停止业务;财产寄存;吊销营业执照等。

3. 承认制

承认制是政府对证券商的设立不予管理,而是由证券市场的自律管理机构管理,对于自律管理机构的会员均予承认其作为证券商的资格。一些对证券市场以自律管理为主的国家过去实行这一管理制度。例如英国是自律管理最典型的国家,在1986年金融改革以前,英国政府对于证券交易所的会员都承认其为合法的证券商。但这种承认制只存在于正式交易市场,对于场外交易市场,即店头市场,因其不像正式市场那样受交易所严格管制,因此英国政府也实行许可制,店头市场的证券商要经贸工部的特别许可,并受贸工部的管理。承认制现在已基本被取消,英国1986年金融改革后,加强了政府对证券市场的管理,证券商的设立要受贸工部及证券和投资局的管制。

无论采用何种证券商管理模式,有一点十分明确,即在当今证券市场日益国际化和证券市场风险日益高企的情况下,各国政府均积极参与证券商的管理。实行注册制的国家也对注册生效添加了越来越多特许制常用的评价申请人经营能力、社会信用及分布合理等方面的条件和标准;而实行特许制的国家,则也越来越倾向于规定明确的设立条件,使特许制中人为决定的因素逐渐减弱,出现向注册制靠拢的趋势,例如,日本证券交易法1998年修改后规定了证券公司申请登记的程序和申请被拒绝的条件。注册制与特许制之间的界限越来越模糊。

二、投资银行的设立条件

如前所述,投资银行设立的注册制与特许制出现了融合趋势,无论注册制还是特许制,都对投资银行设立的条件做了许多明确规定,而且这些规定基本上都包含以下几个要点:即财务条件、人员条件、机构履历和信誉以及必要的经营场所和交易设施等。

1. 财务条件

投资银行财务体制和制度的健全,对于证券交易的安全及顺利进行,以及投资者利益的保护十分重要,各国为了使投资银行能合理履行职责,不致因财力不足而使投资者受损,对投资银行都有财务方面的要求。至于在财务方面的具体要求,各国并不相同,主要有最低资本额、保证金或准备金提存、负债比率、流动比率、保险等形式。这些方式中,过去保证金的方式主要流行于欧洲大陆,法国、德国、比利时等国法律都做了此项规定,但各国规定的金额各不相同。欧洲大陆的其他国家则实行最低资本额的制度,如卢森堡、荷兰等国。日本证券交易法采取了类似于保险形式的准备金提存制度,规定了各种各样的准备金,如买卖损失准备金、收益准备金和交易责任准备金等。对于上述财务要求,目前多数国家都规定多种财务标准。而其中,被最多国家采用的是最低资本金要求和准备金提存。

(1) 日本对证券商的财务要求。日本证券交易法规定,设立证券公司的申请者必须拥有足以顺利实现其经营业务的财务基础,并且还要有良好的收支前景。如果申请人资本额按照许可种类、业务状况及营业所在地情况,达不到保护公益及投资者利益所必要的且适当的标准,不能成为证券商。对于财产基础,日本证券交易法和大藏省令有明确规定,但大藏大臣在审查时通常还会考虑申请人申请营业地的具体情况,例如东京、大阪证券交易所的正式会员的资格为2亿日元以上,对于欲申请成为该证券交易所会员的申请人,大藏大臣会将此标准作为最低资本金的标准。

然而市场是多变的,证券商在经营过程中,其资产状况可能发生急剧变化,如果没有一套完善的财务制度,证券公司和证券市场难以稳健发展。为此,日本证券法规对证券公司规定了一套财务基准,主要包括负债比率和各种准备金制度。证券公司必须遵守这一规定才被允许营业。①负债比例。负债比例是指公司负债合计金额对公司净资产的比例,合理的负债比例是确保证券公司最终支付能力的保障,目前大藏省令规定的负债比率为不超过1 000%,如果证券公司的负债比率超过这一比例或大藏大臣认为有可能超过这一比例,可以命令证券公司变更业务方法、或停止其部分业务以及委托保管财产等其他监督措施。②准备金制度。日本证券交易法要求证券公司必须提存多项准备金,这些准备金包括:A.买卖损失准备金。证券公司在证券买卖所得收益额超过证券买卖损失时,必须依照大藏省令规定的比例提存款项,作为买卖亏损准备金。除非大藏大臣特别批准,买卖损失准备金只能用于证券买卖损失额超过收益额时的差额补足。法定买卖损失准备金比例,由大藏省制定,通常为股票30%,债券10%。B.收益准备金。证券公司在达到资本金标准之前,必须于每一决算期,将以货币分配的收益额的五分之一以上提存作为收益准备金积累,用于弥补资本的亏损或纳入资本。C.证券交易责任准备金。证券公司必须按有价证券买卖及其他交易的数量,积存证券交易责任准备金,用于补偿因有关有价证券买卖及其他交易发生事故而产生的损失。证券交易责任准备金的提存办法由大藏省制定,目前按每股0.1日元提存。日本这些财务制度的实施,在一定程度上减小了证券公司的市场风险和财务风险,对证券市场的稳定和投资者的保护起较大作用。

(2)我国香港地区对证券商的财务要求。香港证券法规对证券商也有保证金、最低净资产和资本流动比率的规定。香港证券条例规定,注册成为证券交易商,规定必须交纳5万港元的注册保证金,否则不能获准登记成为交易商。保证金主要用途在于当证券商破产、结业、被撤销注册时,用于赔偿其信托人、客户或其他证券商的损失,但若该证券商没有未清偿之债务和未履行之经济义务,则保证金将归还给证券商或其破产财产管理人。除交纳保证金外,作为香港联交所会员的证券商,还必须通过交易所向证监会交纳5万港元的会员保证金作为补偿基金。补偿基金主要用于补偿因证券商违约而给投资者造成的损失。除注册保证金和会员保证金外,证券商还必须提供并始终保持一定的资本,具体要求是:当证券商是公司时,应有不少于500万港元的净资产,且拥有至少500万港元已发行且已全部缴款的普通股股本;当证券商为个人时,应有不少于100万港元的净资产;当证券商为合伙时,其合伙人若为个人,则每个合伙个人的净资产不少于100万港元;若合伙人为公司,则每个合伙公司的净资产不少于500万港元。同时香港有关法例还限制不动产在净资产中所占的比例,规定证券商在香港境内的不动产在最低净资产中所占的比例不得超过25%。另外,香港联交所对于其会员证券商在净资产方面还有一些额外的规定,即当个人会员持有联交所的股份不止一股时,其净资产按每股100万港元计;当公司会员的持股在5股以内时,净资产要求为500万港元,超过5股的则以每股100万港元计。香港证券条例及证券交易所规则除规定证券商的资本最低限额外,还规定了资本流动比率,即证券商在交易中必须始终保持10%以上的净资本流动幅度。证监会在认为需要时,还可由董事会主管人员通过公报修改有关最低净资产的金额和流动比率。联交所理事会也有权对其会员的最低净资产和流动资产比率做出修改。

2. 人员条件

整个人类社会的活动都是以人为中心的，人的因素始终是一切社会活动的决定因素，因此证券商设立和经营还有另一个重要条件就是人员条件。通常，人员条件包括证券商主要负责人或董事及高级管理人员的资格条件和其他从业人员的资格条件两类，其中以证券商的主要负责人及高级管理人员的资格尤为重要，因为这些人员作为证券商的决策者，其行为对市场的影响力远超过一般个人对市场的影响，因此各国立法都集中对证券商的高级管理人员的资格做了详细规定。当然，一般从业人员因其职位的不同，在证券市场中所起的作用是不同的，其中也不乏因其特殊职位而能对证券市场产生影响者，例如直接从事证券发行工作的业务人员，证券商自营业务的直接操作者，证券交易系统的操作、维护者等，因此对其也有资格的特别规定。在这些方面各国的规定差异不大；而且其资格条件的内容及注册或审查的标准也相差不远。因为证券行业作为高风险和专业性很强的行业，管理人员和从业人员的职业道德、专业知识等直接影响到证券商的稳健经营、对于投资者利益的保护，以及证券市场的稳定。因此对于从业人员的资格条件，主要集中于对个人信誉、专业知识水平这两方面的考查，并为此建立了一套相应的制度，例如资格考试制度、市场禁入制度等。

3. 机构的履历和信誉

许多国家证券法除对证券从业人员有严格要求外，还对申请成为证券商的机构的履历和信誉有严格要求，基本上要求不得有各种不良记录。例如，美国《统一证券法规》(Uniform Securities Act)规定，注册申请人有下列情形之一，证券管理机构有权拒绝或撤销注册：①在注册文件提交后的有效期限内，其提交的申请注册文件在资料或陈述方面有欠缺；②有任何故意违反本法或不遵守本法或判例法，以及不遵守依据本法或判例法所发布的命令的情形；③在申请注册之日的过去十年内，被宣告在证券经营方面有不法行为，或者犯有重罪；④被法院宣告永久性或暂时性地不适合从事证券以及证券相关业务者；⑤在申请成为证券商时，被证券管理机关发布拒绝命令或暂缓命令者，或被确认为无效者；⑥在申请之日起的过去五年内被联邦证券交易委员会或其他州的证券管理机关发布拒绝或宣告无效命令，或者根据《1934年证券交易法》被证券交易委员会暂停或开除全国证券商协会会员资格，或被美国行政机构宣告有欺诈行为；⑦从事不诚实或不道德的证券交易行为；⑧被确认资不抵债或者到期未履行债务者；⑨不具备从事证券业务之培训以及不具备证券业务知识水平；⑩未交付注册费用。这十种情形中，除第一种与第十种情形外，其余八种均涉及申请人的过去履历和信誉，各种证券领域的不良记录、经济领域的其他不良记录以及其他犯罪行为都成为证券商设立申请被拒绝或被撤销的依据。

日本的有关证券法规规定，申请成为证券商的公司，曾被根据证券交易法被判处罚金处罚，该处罚执行终了之日起未满五年或该处罚免予执行之日起未满五年的，大藏省不得给予许可；被大藏省取消已取得的全部许可或部分许可的，自该取消之日起未满五年的，大藏省不得就同一类许可申请给予许可。

4. 必要的经营场所和合格的交易设施

必要的经营场所和合格的交易设施是证券商开展业务活动的必要物质条件，尤其需要提及的是，证券商所提供的交易设施必须能够及时显示证券市场行情，以便投资者准确做出投资判断；必须能够及时传输投资者的买卖委托，保障投资者的投资机会。在这方面，各国立法的规定是一致的,只是各国因报价方式以及证券交易所设施上的差别,在具体要求上稍有不同。

此外,对于经营不同业务的证券商的设立,在具体条件上是不同的,有的还有额外的资历要求。例如,深圳证券监管部门对证券商开办自营业务必须具备条件提出了具体要求,包括:具有深圳证券交易所会员资格,在深圳市有固定的营业场所,经营期满六个月以上,注册资本不少于1 000万元人民币,有两年以上证券经营经验的证券投资分析人士等。其中有深圳证券交易所会员资格、经营期限满六个月等都是额外要求。

第四节 投资银行业务监管

一、投资银行交易违规行为

1. 投资银行交易违规行为界定

对投资银行的监管主要针对信息披露和交易行为两大方面。前者的违规行为包括信息披露不充分,错误陈述,故意误导等。交易行为方面的违规包括违反交易规则、内幕交易和操纵市场等。有效的监管体系必须对这些市场违规有明确而及时的判断。对于投资银行来说,不仅其自身交易行为违规将受到监管体系的监视,由于其内部控制体制不完善也可能导致其雇员违规,因此投资银行的内部监督不力已经被许多市场认为属违规操作现象。

2. 投资银行违规行为分类

证券市场违法违规行为是指证券市场的参与者、管理者违反法律、法规、规章的规定,在从事证券的发行、交易、管理或者其他相关活动中,扰乱证券市场秩序,侵害投资者合法权益的行为。作为证券市场不可或缺的组成部分,证券公司发展到今天,其违规行为也是层出不穷,多种多样,在表现形式上主要有以下几种:

(1) 内幕交易。证券交易内幕信息的知情人或者非法获取内幕信息的人,在涉及证券的发行、交易或者其他对证券的价格有重大影响的信息公开前,买卖该证券,或者泄露该信息,或者建议他人买卖该证券。我国《证券法》第五十九条、第六十条、第六十一条、第六十二条有详细说明。

(2) 操纵市场。操纵证券市场行为包括:单独或者通过合谋,集中资金优势、持股优势或者利用信息优势联合或者连续买卖,操纵证券交易价格或者证券交易量;与他人串通,以事先约定的时间、价格和方式相互进行证券交易,影响证券交易价格或者证券交易量;在自己实际控制的账户之间进行证券交易,影响证券交易价格或者证券交易量;以其他手段操纵证券市场。《证券法》第六十三条有详细说明。

(3) 虚假陈述。发行人、上市公司或者其他信息披露义务人未按照规定披露信息,或者所披露的信息有虚假记载、误导性陈述或者重大遗漏致使投资者在不了解事实真相的情况下做出证券投资决定的行为。《证券法》第六十四条有详细说明。

(4) 欺诈客户。指证券公司,证券登记结算机构及证券发行人或者发行代理人等在证券发行、交易及其相关活动中诱骗投资者买卖证券以及其他违背客户真实意愿、损害客户利益的行为。《证券法》第六十五条有详细说明。

(5) 其他违规行为。其他违规行为主要有证券公司挪用客户资金,发行人、上市公司及发行人、上市公司的控股股东擅自改变募股资金用途。《证券法》第六十四条有详细说明。

二、对投资银行的业务监管

1. 对投资银行证券承销业务的管理

投资银行在证券承销时很容易通过掌握大量的证券来控制二级市场价格,从而获取不正当收益,因此,世界各国对投资银行监管的重点都放在禁止其利用承销业务操纵市场,获取不正当利润方面。一般说来,主要有以下几方面的管理内容:

(1) 禁止投资银行以任何形式欺诈、舞弊、操纵市场和内幕交易。

(2) 在承销中,投资银行要承担诚信义务,禁止投资银行参与或者不制止发行证券企业在发行公告中从事弄虚作假、欺骗公众的行为。投资银行与发行公司之间如有特殊关系(例如持股),必须在公告书中讲明。

(3) 禁止投资银行在承销中过度投机,包销风险超过本行所能承受范围的证券。

(4) 禁止投资银行对发行企业征收过高的费用,从而造成企业的筹资成本过高,侵害发行者与投资者的利益,影响二级市场的正常运行。

2. 对投资银行经纪业务的管理

投资银行作为经纪商接受客户委托代理买卖证券时,是客户和证券市场之间的桥梁,也和客户的利益休戚相关,因此,各国金融监管机构总是最为注重这方面的管理。概括起来,其主要包括以下几方面的内容:

(1) 投资银行在经营经纪业务时要坚持诚信的原则,禁止任何欺诈、违法、私自牟利行为。在编辑、发放投资参考资料时,必须保证其真实合法,不得含有使人误信的内容。

(2) 许多国家和地区(如我国海峡两岸)禁止投资银行受理全权由投资银行选择证券种类、买卖数量、买卖价格、买卖时机的委托,以防止投资银行借此弄虚作假,侵犯客户利益。有些国家(例如美国)规定可以设立"全权委托账户",但禁止投资银行利用其作不必要的买卖,以牟取佣金。

(3) 除了"全权委托账户"外,未经委托,投资银行不能自作主张替客户买卖证券。受委托买卖之后,应将交易记录交付委托人。

(4) 不得向客户提供证券价格即将上涨或下跌的肯定性意见;不得劝诱客户参与证券交易;不得利用其作为经纪商的优势地位,限制某一客户的交易行为;不得从事其他对保护投资者利益和公平交易有害的活动,或从事有损于证券业信誉的活动。

(5) 有些国家对佣金比例做了明确规定,因而投资银行必须按规定比例收取佣金,不得自行决定收费标准和佣金比例。另外有些国家对佣金比例没有做出规定,佣金的多少由投资银行和客户商讨决定,此时投资银行必须坚持诚信原则,不得以任何方式欺诈客户。

(6) 投资银行必须对客户的证券交易情况保密,不得向任何人公开和泄露。金融监管机关和国家执法机关在进行调查时,则不在此列。

3. 对投资银行自营业务的管理

投资银行的自营业务往往风险大,操纵市场的可能性大,同时还很可能通过兼营自营业务和经纪业务侵犯客户的利益,因此,各国对该业务的管理主要包括以下几方面:

(1) 限制投资银行承担的风险。例如要求投资银行对其证券交易提取一定的风险准备金;规定投资银行的负债总额不得超过其资本净值的一定倍数;规定投资银行的流动性负债不得超过流动资产的一定比例,从而限制其通过借款来购买证券;限制投资银行大量购买有问题的证券,例如遇到重大自然灾害或严重财务困难的公司的股票,或者连续暴涨暴跌的股票等。

(2) 禁止投资银行操纵证券价格。有的国家规定,一家投资银行所购买的任一家公司发行的证券数量,不得超过该公司发行的证券总量的一定百分比,或者规定投资银行购买的任一家公司的股票,不得超过该公司资产总额的一定百分比。

(3) 为了防止投资银行通过兼营自营业务和经纪业务侵犯客户利益,许多国家还规定:投资银行必须将代客买卖与自营买卖严格分开,不准混淆;实行委托优先和客户优先的原则,即如果投资银行的买卖价格与其客户的买卖价格正好相同时,即便投资银行叫价在先,仍以客户的委托优先成交;在同一交易时间,不得同时对一种证券既自行买卖又接受委托买卖。

(4) 投资银行在经营自营业务时,应当以维持市场稳定、维护市场秩序为己任,不得有任何破坏正常交易、侵害客户利益和过度投机的行为。

4. 对投资银行实施的常规管理

各国证券监管机构对投资银行的总体监督和业务监督,很大程度上,通过对投资银行的常规管理来实现。通常,常规管理包括以下几个方面的内容:

(1) 经营报告制度。投资银行必须定期将其经营活动按统一的格式和内容报证券监管机关。有些国家还规定,经营报告分为年报、季报和月报3种,经营情况很好的投资银行只要上交经营年报,经营情况不太好的投资银行要上交季报,而经营情况较差的投资银行则必须上交月报。这一制度是为了让金融监管机构及时了解投资银行的经营管理状况,以便更好地实施监督和管理。这些情况尤其将成为在决定是否有必要对于那些经营不良的投资银行采取相应措施时的重要依据。

(2) 证券交易所作为第一线的证券业监管机构,其通过贯彻和执行证券监管当局的管理规定,对投资银行的经营活动进行具体管理和监督,并随时向证券监管机构申报;另外,证券交易所作为自律型的证券经营机构,在不与证券监管机构规章制度相冲突的前提下,制定本交易所的管理规定,控制和引导投资银行在本交易所的经营活动。

(3) 各国证券监管机构对投资银行业务的收费标准都有一定的规定,例如,美国投资银行经纪业务的佣金额不得超过交易额的5%,其他业务的佣金比例不得高于10%,否则均按违反刑法论处。

(4) 投资银行必须向证券监管机构和证券交易所交纳一定的管理费,它们将这些管理费集中起来,主要用于对投资银行经营活动检查、监督等方面的行政开支。

我国2019年修订的《证券法》中强调加强监管,显著提高证券违法违规成本。一是完善交易行为监管规定。这主要包括细化操纵行为规定,新增虚假申报、蛊惑操纵、抢帽子操纵、跨市场操纵等行为类型(第五十五条);扩大内幕交易知情人范围,发行人也可以构成内幕交易(第五十一条);新增老鼠仓交易行为(第五十四条);强化了证券交易实名制要求(第一百零七条);授权证监会对程序化交易管理做出规定等(第四十五条)。二是大幅提高证券违法违规成本。这主要包括对于欺诈发行行为的罚款额从原来募集资金的百分之五提高至募集资金的一倍(第一百八十条),对于上市公司信息披露违法行为的罚款额从原来的六十万元提高至一千万元(第一百九十七条),对于操纵行为的罚款额从违法所得的五倍提升到十倍(第一百九十二条)。2020年2月28日,中国证券业协会发布了《证券公司投资银行类业务工作底稿电子化管理系统建设指引》,目的是推动投行类业务工作底稿电子化建设,督促证券公司加强投资银行类业务工作底稿电子化管理,进一步健全证券公司能力和责任体系。

第五节 投资银行保险制度

一、投资银行保险制度的必要性

为了防止投资银行由于承担过大的风险,造成严重亏损,甚至破产倒闭而对国家金融秩序、经济发展和公众利益造成损害,并且妥善地处理与解决投资银行破产与投资银行之间相互兼并的问题,许多国家都建立了投资银行保险制度,并取得了很好的效果。

例如,美国《1970年证券投资保护法》规定,设立证券投资者保护协会,要求所有在证券交易所注册的投资银行都必须成为该协会会员,并按照经营毛利的0.5%交纳会费,以建立保险基金,用于投资银行财务困难或破产时的债务清偿。新加坡的《证券业法》亦规定,各证券交易所必须建立会员忠诚基金,该基金由证券交易所缴纳款项、证交所会员缴纳款项和该基金投资收益等构成,主要用于证交所的会员公司(投资银行)发生支付困难或债务危机时的补偿和救济。1995年3月,在受到有233年历史号称世界第三大投资银行的巴林集团由于衍生工具的操作不当而倒闭这一事件的震撼之后,新加坡通过《新加坡期货交易法》,要求新加坡国际金融交易所也必须设立"补偿基金",以在会员公司倒闭时用于赔偿公司客户的损失。日本在实施金融大改革中,也在1998年12月1日通过的《证券交易法》中规定,要设立"投资者保护基金",在2001年3月底之前,对投资者放在证券公司的全部资产进行保护,其中个人投资者的最高保护限额为1千万日元。此外,英国、加拿大、法国、我国香港等许多国家和地区均建立了这一制度。

二、投资银行保险制度的作用

首先,对投资银行的经营状况进行监督,当投资银行面临经营困难时,可以根据实际情况给予资金上的援助,以保证投资银行自身、投资银行的客户、投资银行的股东和整个证券市场的利益免受过大损失。

其次,当某投资银行的破产确实无法挽回时,该保险机构负责对其资产、债务进行清理,完成其未完成的交易,并对其客户按有关规定给予补偿。

最后,监管投资银行之间的兼并行为,一方面要防止兼并收购过程中损害投资银行客户的利益,另一方面又可以资助其他投资银行兼并或者接受已破产的投资银行。

三、投资银行保险制度的内容

1. 必须设立专门的、非营利性的投资银行保险机构

对投资银行保险机构的设置一般有如下3种情况:第一,直接隶属于最高证券监管机构,例如,我国香港地区的《证券条例》就规定隶属于香港政府设立的证券事务监察委员会的赔偿基金委员会,该委员会由监察委员会任命的5人组成,其中最少有2人应是监察委员会成员,2人应由联交所理事会提名。第二,直接隶属于证券交易所,或者由证券交易所进行管理,例如新加坡的会员忠诚基金由各证券交易所设立,由在证券交易所注册的投资银行认股,并由交易

所管理。第三,相对独立于证券监管机构和证券交易所,例如美国的证券投资者保护协会的最高机构是董事会,该董事会由7名董事组成,其中1名董事由财政部任命,另1名董事由联邦证券交易委员会任命,其余5名董事由美国总统任命,因而具有很强的独立性。

2. 必须建立专门的、由投资银行保险机构管理的投资保险基金

要求在各证券交易所登记的所有投资银行都必须向该保险基金缴纳一定金额的款项(保险费),用于投资银行遇到财务困难或破产时的资金补偿。从理论上讲,根据投资银行所承担的风险大小确定其应缴纳的款项是最公平合理的,但这种方法在实践中极为困难,几乎完全不可操作。因此,目前世界上通行的方法主要有2种:一种是每年按照投资银行经营毛利的多少,在税前收取一定比例的保险费;另一种则是每年按照投资银行营业额(交易额)的大小收取一定比例的保险费。

3. 设立投资银行报告制度

即要求各投资银行必须向投资银行保险机构提交各种财务报表和经营报告,并随时准备接受投资银行保险机构对其经营风险和经营状况的调查和评估。当然,投资银行保险机构在执行这一规定时可以和证券监管机构或证券交易所一同检查投资银行的经营状况,免得各机构功能重复。

4. 必要时向财政部或中央银行融资

即允许投资银行保险机构在某些紧急情况下,向财政部或中央银行融资,以应付在投资银行大面积亏损,或者严重倒闭事件及严重侵害投资者利益的事件发生时,保险基金不足的困境。

此外,各国投资银行保险制度都规定,如果某投资银行破产殃及该投资银行的客户时,投资银行保险机构应当对该客户给予补偿。同时还应规定给予每一客户的最高清偿限额,以免除投资银行保险机构的无限清偿责任,同时促使投资者主动分散风险,降低投资银行之间竞争的激烈程度。

拓展阅读

2018年证监会稽查八起典型违法案例

一、虚假陈述及中介机构未勤勉尽责案件

1. 金亚科技信息披露违法违规案——重拳打击严重损害中小投资者合法权益的欺诈发行、财务造假行为

本案系一起欺诈发行、财务造假的典型案件。金亚科技股份有限公司(简称"金亚科技")通过虚构客户和业务、伪造合同等方式虚增收入和利润,骗取首次公开发行(IPO)核准。上市后,金亚科技虚增2014年利润约8 049万元,虚增银行存款约2.18亿元,虚列预付工程款约3.1亿元。2018年3月,证监会依法对金亚科技及相关责任人员作出行政处罚,同年6月,证监会依法将相关人员涉嫌欺诈发行等犯罪问题移送公安机关。同年8月,证监会依法对立信所及相关人员作出行政处罚。欺诈发行、财务造假严重违反信息披露制度,严重破坏市场诚信基础,始终是证监会监管执法的重中之重。

2. 华泽钴镍信息披露违法违规案——实际控制人为掩盖资金占用指使上市公司违规披露

本案系一起上市公司实际控制人为掩盖资金占用的事实，指使上市公司违规披露的典型案件。2013年至2015年上半年，成都华泽钴镍材料股份有限公司（简称"华泽钴镍"）累计发生向关联方提供资金的关联交易8.9亿元、30.4亿元、14.9亿元，关联方资金占用余额达13.3亿元。为掩盖关联方长期占用资金的事实，上市公司实际控制人王涛等人先后通过虚构采购合同、虚构代付业务、凭空进行票据背书等违法手段，将37.8亿元无效票据入账充当还款。2018年1月，证监会依法对华泽钴镍作出行政处罚。同年8月，将相关人员涉嫌证券犯罪移送公安机关依法追究刑事责任。同时，国信证券作为华泽钴镍2013、2014年重大资产重组财务顾问和恢复上市的保荐机构，在执业过程中未勤勉尽责。瑞华会计师事务所在2013年、2014年年度财务报表审计过程中未勤勉尽责，出具了存在虚假记载的审计报告。2018年6月，证监会依法对国信证券及其相关从业人员作出行政处罚。2018年12月，证监会依法对瑞华会计师事务所及相关从业人员作出行政处罚。本案的查处表明，部分上市公司法人治理缺位、内控管理混乱，违法行为损害上市公司和投资者的合法权益，必将受到法律严惩。

二、操纵市场案件

1. 北八道操纵市场案——依法查处利用杠杆资金短线操纵"次新股"

本案系一起筹集巨量资金、使用众多账户炒作"次新股"的典型案件。2017年2至5月，北八道集团有限公司（简称"北八道"）及其实际控制人组织操盘团队，通过多个资金中介筹集数十亿资金，利用300多个证券账户，采用频繁对倒成交、盘中拉抬股价、快速封涨停等手法操纵"张家港行""江阴银行"和"和胜股份"等多只次新股，合计获利9.5亿元。2018年4月，证监会依法对北八道及相关责任人作出行政处罚。本案的查处，打击了利用杠杆资金短线操纵"次新股"行为，维护了市场秩序。

2. 阜兴集团、李卫卫合谋操纵大连电瓷股票案——上市公司实际控制人滥用信息优势内外勾结操纵市场

本案系一起上市公司实际控制人滥用信息优势勾结市场机构合谋操纵市场案。上海阜兴金融控股（集团）有限公司（简称"阜兴集团"）在取得大连电瓷控股权后，与李卫卫合谋，通过控制公司重大信息披露的发布节奏和内容，利用资金优势操纵"大连电瓷"股价。2018年7月，证监会依法对阜兴集团及相关责任人作出行政处罚。本案的查处表明，部分上市公司与市场机构勾结，非法操纵信息披露内容和节奏，严重破坏市场定价功能，证监会对此始终予以严厉打击。

三、内幕交易及利用未公开信息交易案件

1. 王麒诚等内幕交易汉鼎宇佑股票案——上市公司法定内幕信息知情人内幕交易

本案系一起典型的内幕交易窝案。2016年2月至10月，汉鼎宇佑互联网股份有限公司（简称"汉鼎宇佑"）在筹划收购汉鼎宇佑传媒集团有限公司的过程中，上市公司实际控制人王麒诚及关联公司高管王某等法定内幕信息知情人，利用本人及他人账户，在内幕信息敏感期内提前大量买入公司股票。2018年7月，证监会依法对相关人员作出行政处罚。本案的查处表明，证监会始终保持对内幕交易的监管高压态势，警示上市公司内部人和其他内幕信息知情人律己慎行，切勿逾越法律底线。

2. 胡忠权等内幕交易维格娜丝股票案——银行从业人员利用职务便利从事内幕交易

本案系一起银行从业人员传递内幕信息、从事内幕交易的典型案件。2016年5月，维格娜丝时装股份有限公司（简称"维格娜丝"）拟以现金方式收购某服装品牌及相关资产和业务，并就该事项向招商银行南京分行申请贷款。银行授信审批部副总经理胡忠权、南京江宁支行工作人员樊某分别参加授信审批及融资方案讨论会。2016年8月，胡忠权使用本人及他人账户在内幕信息公开前大量交易维格娜丝股票，于某等与内幕信息知情人存在特定关系和联络接触的多人大量交易该股。2018年8月，证监会对胡忠权等人作出行政处罚。本案的查处表明，银行等从业人员利用因履行岗位职责获取的内幕信息买卖相关证券，或者泄露内幕信息、建议他人买卖相关股票，构成内幕交易。

四、欺诈发行公司债券案件

1. 五洋建设欺诈发行公司债券案——首次对欺诈发行公司债券作出行政处罚

本案系证监会对欺诈发行债券行为行政处罚的首起案件。五洋建设集团股份有限公司（简称"五洋建设"）为了符合公司债券公开发行条件，将工程项目应收账款和应付账款"对抵"后少计提坏账准备，骗取了债券发行核准并多次向合格投资者公开发行。此外，五洋建设还存在未按规定及时披露年报、未按规定及时披露审计机构变更事项等违法行为。2018年7月，证监会依法对五洋建设及相关责任人员作出行政处罚。本案的查处表明，企业通过交易所债券市场融资必须依法履行信息披露义务，守法诚信是对市场主体的基本要求。

五、编造传播证券期货虚假信息案件

2. 曹磊编造传播虚假信息案——严肃查处通过互联网、自媒体编造传播虚假信息行为

本案系一起利用自媒体编造传播证券期货虚假信息的典型案件。2017年11月20日，曹磊在无权威来源、未尽核实义务情况下将微信好友转来的《2018年金融机构会议纪要》改编成《金融机构和房企在证监会开闭门会》并通过其运营的"山石观市"微信公众号发布，产生了严重的社会影响和市场影响。2018年1月，证监会依法对曹磊作出行政处罚。本案的查处充分警示市场参与者，新媒体不是法外之地，编造传播证券期货虚假信息严重扰乱市场秩序，是法律严格禁止的行为。

资料来源：节选自中国证券监督管理委员会，《2018年证监稽查20起典型违法案例》，http://www.csrc.gov.cn/pub/newsite/zjhxwfb/xwdd/201901/t20190111_349689.html。

复习思考题

1. 金融监管有哪几种模式，各有什么优缺点？
2. 投资银行的监管体制有哪几种？
3. 集中型监管体制下投资银行的监管主体可分为哪几类？
4. 投资银行的管理模式主要有哪几种？
5. 投资银行的设立条件主要包括哪些要点？
6. 投资银行交易违规行为有哪些主要分类？
7. 对投资银行经纪业务的监管包括哪些内容？
8. 简述投资银行保险制度的意义。

主要参考文献

1. 陈琦伟、阮青松,《投资银行学》(第二版),东北财经大学出版社,2007年版。
2. 赵智文、马晓军,《投资银行学》,科学出版社,2008年版。
3. 杨德勇、石英剑,《投资银行学》,中国人民大学出版社,2009年版。
4. 王长江,《投资银行学》,南京大学出版社,2010年版。
5. 张为群、益智,《投资银行业务案例实操》,北京交通大学出版社,2010年版。
6. 董雪梅,《投资银行概论》,中国金融出版社,2010年版。
7. 栾华,《投资银行学》,高等教育出版社,2011年版。
8. 郭红、孟昊,《投资银行学教程》,人民邮电出版社,2011年版。
9. 刘瑞波、崔越,《投资银行学》,经济科学出版社,2011年版。
10. 马晓军,《投资银行学:理论与案例》,机械工业出版社,2011年版。
11. 赵洪江,《投资银行学》,西南财经大学出版社,2011年版。
12. 吴作斌、吴治成,《投资银行学》,化学工业出版社,2012年版。
13. [美]斯托厄尔,黄嵩,赵鹏译,《投资银行、对冲基金和私募股权投资》,机械工业出版社,2013年版。
14. 韩复龄,《投资银行学》,对外经贸大学出版社,2014年版。
15. [美]罗森鲍姆,[美]珀尔著,刘振山,曹建海译,《投资银行:估值、杠杆收购、兼并与收购》(原书第2版),机械工业出版社,2014年版。
16. 夏红芳,《投资银行学》(第二版),浙江大学出版社,2015年版。
17. 阮青松、余萍,《投资银行学精讲》(第三版),东北财经大学出版社,2017年版。
18. 胡海峰,《现代投资银行学》(第二版),北京师范大学出版社,2018年版。
19. 金德环,《投资银行学》(第三版),格致出版社,2018年版。
20. 俞姗,《投资银行业务》(第二版),北京大学出版社,2018年版。

图书在版编目(CIP)数据

投资银行学/常巍,赵玉娟主编. —2 版. —上海:复旦大学出版社,2021.8
(通用财经类系列)
ISBN 978-7-309-15493-1

Ⅰ.①投… Ⅱ.①常…②赵… Ⅲ.①投资银行-高等学校-教材 Ⅳ.①F830.33

中国版本图书馆 CIP 数据核字(2021)第 020826 号

投资银行学(第 2 版)
TOUZIYINHANGXUE(DI ER BAN)
常 巍 赵玉娟 主编
责任编辑/方毅超

复旦大学出版社有限公司出版发行
上海市国权路 579 号 邮编: 200433
网址: fupnet@ fudanpress.com http://www.fudanpress.com
门市零售: 86-21-65102580 团体订购: 86-21-65104505
出版部电话: 86-21-65642845
上海四维数字图文有限公司

开本 787×1092 1/16 印张 19.75 字数 480 千
2021 年 8 月第 2 版第 1 次印刷

ISBN 978-7-309-15493-1/F·2774
定价: 48.00 元

如有印装质量问题,请向复旦大学出版社有限公司出版部调换。
版权所有 侵权必究